出版基金资助项目

美国国家情报战略研究

谢海星/钟思礼◎著

A Study on U.S. National Intelligence Strategy

时事出版社
北京

本书系国家社会科学基金项目（批准号：17BGJ044）的
阶段性研究成果

目　录

绪　论

“战略并非一种单纯固定的教条，而是一种‘思想方法’。其目的就是要整理事件，将他们照着优先次序来加以排列，然后再选择有效的行动路线。”①

——安德烈·薄富尔

一、问题的提出

美国有着层次分明的战略体系，位于顶端的被称为“国家战略”（National Strategy）或“大战略”（Grand Strategy），② 指导着下级的类别战略。这些类别包括军事、外交、经济等方面，而情报作为美国国家安全的第一道防线，③ 也是这些类别之一。虽然“情报是国家呼吸的空气”，④ 与美国的生存与发展息息相关，但是直到“9·11”事件发生后，美国才逐渐形成了适应新时代要求的国家情报理念和国家情报战略指导体系。

“9·11”事件的发生，暴露了美国国家情报工作的严重缺陷，

---

① 安德烈·薄富尔：《战略绪论》，钮先钟译，内蒙古文化出版社，1997 年版，第 4 页。

② “总体战略”“国家战略”和“大战略”这几个名词，使用至今已几乎变成同义词。关于这几个名词之间的差异，在此不予赘述，详见吴春秋：《论大战略和世界战争史》，解放军出版社，2002 年版，第 10－13 页；钮先钟：《战略研究》，广西师范大学出版社，2003 年版，第 7－34 页。

③ The White House, The National Security Strategy of the United States of America, September 2002, p. 30, http://www.globalsecurity.org/military/library/policy/national/nss－020920.pdf.

④ Loch K. Johnson (ed.), *Strategic Intelligence* (Vol. 5), London: Praeger Security International, 2007, p. 179.

美国上下因此意识到必须打破情报机构之间的壁垒，整合对内和对外情报工作，并加强情报、执法和国防系统之间的合作。随后，2004 年《情报改革与防止恐怖主义法》(*Intelligence Reform and Terrorism Prevention Act of 2004*) 将国家情报理念的变化以法律的形式确定下来，使“一体化”(integration) 成为新时期国家情报工作的灵魂；同时，该法还对国家情报系统进行重大调整，设立“国家情报主任”(Director of National Intelligence)，① 对国家情报工作进行统一的协调与管理。

随后，在 2005 年 10 月，美国国家情报主任办公室 (Office of the Director of National Intelligence) 第一次公开发布《国家情报战略》报告，② 标志着国家情报主任开始以战略管理的方式对国家情报工作进行指导，而国家情报战略也就此正式加入美国的战略“金字塔”。此后，美国国家情报的各类活动和能力建设（内部改革与转型）都在国家情报战略的指引之下进行。

本书的研究对象是 2005 年 10 月以后才为外界所知的美国国家

---

① “国家情报主任”(Director of National Intelligence) 这一职务最早于 1971 年由白宫管理与预算办公室副主任詹姆斯·施莱辛格（1973 年成为中央情报主任）提议设立，1985 年前中央情报主任斯坦斯菲尔德·特纳也建议设立这一职务。目前，国内对于“Director of National Intelligence”这一职务名称有不同的翻译，有的翻译为“国家情报总监”，还有的翻译为“国家情报局局长”，而其办事机构“Office of the Director of National Intelligence”也相应地被翻译为“国家情报局”。笔者认为，这一职务翻译为“国家情报主任”更合适。因为，对于这一职位的翻译，应该放到历史发展的过程中去考察，才可得到恰当的翻译。1946 年 1 月 22 日，美国杜鲁门总统发布行政命令要求组建一个情报协调机构——“中央情报组”(Central Intelligence Group)，当时规定该组的领导是“中央情报主任”(Director of Central Intelligence)。1947 年 7 月 26 日，杜鲁门总统签署了《1947 年国家安全法》，在“中央情报组”的基础上组建了“中央情报局”(Central Intelligence Agency)，其领导人的称谓并未变化，仍然是“中央情报主任”。2004 年 12 月 17 日，小布什总统签署了《2004 年情报改革与防止恐怖主义法》，规定“中央情报主任”要被另外一个同样负责协调整个情报界的职务代替，这一职务的英文名为“Director of National Intelligence”。因此，从历史的延续关系来讲，将取代“中央情报主任”的职务翻译为“国家情报主任”更能反映出其前后相继的关系。

② Office of the Director of National Intelligence, The National Intelligence Strategy of the United States of America: Transformation through Integration and Innovation, October 2005, http: //www. dni. gov/publications/NISOctober2005. pdf.

情报战略。既然“国家情报战略是国家情报主任代表总统和国家安全委员会管理情报界（Intelligence Community）的最重要的工具”,[1] 那么这个工具的构成要素是什么？它是如何运作的？取得了哪些突出的成就？存在哪些难以解决的问题？未来将会如何发展？这些就是本书要探讨的主要问题。

二、研究意义

首先，国家情报战略是美国国家情报主任管理情报界最重要的工具，指出了情报界最优先的任务，以及未来一段时间美国国家情报能力建设的方向。对其进行研究，剖析其背景、机制、内容和实施情况，有助于掌握当前和未来一段时间美国国家情报工作的重点，理解美国情报界设定这些重点的原因，以及这些重点之间的内在联系。

其次，国家情报战略作为美国情报界的最高纲领，回答了一些争论已久的理论命题，如国家情报的主要任务、情报与决策的关系、“情报周期”（intelligence cycle）概念的演变与缺陷等等。对其进行系统研究，可以了解美国官方对这些理论命题的最新看法，有助于更加全面地掌握美国情报理论的发展。

三、基本概念

（一）国家情报

早在美国《1947 年国家安全法》（*National Security Act of 1947*）中，便出现了“国家情报”的用语，只是当时并没有将其作为一个定义加以阐释。[2] 经过近 60 年的发展，到了 2004 年，《情报改革与

---

① Office of the Director of National Intelligence, The National Intelligence Strategy of the United States of America, August 2009, p. 17, http://www.dni.gov/reports/2009_NIS.pdf.

② National Security Act of 1947, July 26, 1947, http://www.intelligence.senate.gov/nsact1947.pdf.

防止恐怖主义法》对其进行了迄今为止最大的一次修订。以下引证几个“国家情报”定义，以比较其变化。

表0－1　“国家情报”概念的变化

时间	文件名称	内容
1948 年	《国家安全委员会第3号情报指令》①	国家情报对各类部门的情报进行融合，覆盖了国家政策和国家安全的诸多方面，涉及多个部门和机构
2002 年	《国家安全法》②	“国家情报”和“有关国家安全的情报”： （A）均指与多个政府部门或机构利益相关的情报 （B）均不包括由联邦调查局实施的反情报或执法活动
2004 年	《情报改革与防止恐怖主义法》③	1947 年《国家安全法》第三款第五段经过修正，做如下表述：“国家情报”和“有关国家安全的情报”是指一切情报，而无论其来源为何，且包括在美国国内或国外搜集到的信息 （A）经确定，与总统颁布的所有指令一致，他们属于多个美国政府部门 （B）它们包括 （i）对美国及其人民，财产或利益构成的威胁 （ii）大规模杀伤性武器的发展、扩散和使用 （iii）任何与美国国家或本土安全相关的事务

由此可见，修订后的美国“国家情报”，超越单一部门的属性没有变化，但其内涵却得到扩充，囊括了“一切情报”（all intelligence）。这意味着以下两点变化：第一，国家情报的来源增加。[④] 修

---

① National Security Council, National Security Council Intelligence Directive No. 3: Coordination of Intelligence Production, January 13, 1948, http://www.fas.org/irp/offdocs/nscid03.htm.

② National Security Act of 1947 (as amended), 2002, http://www.intelligence.gov/0-natsecact_1947.shtml.

③ Public Law No. 108-458: Intelligence Reform and Terrorism Prevention Act of 2004, December 17, 2004, http://www.intelligence.senate.gov/laws/pl108-458.pdf.

④ 所谓“情报来源”，是指获取情报或信息的手段和系统。参见：U. S. Joint Chiefs of Staff, *Joint Publication* 2-0: *Joint Intelligence*, Washington, D. C.: Government Printing Office, June 22, 2007, pp. 1-5, http://www.fas.org/irp/doddir/dod/jp2_0.pdf.

订后的“国家情报”概念，将联邦调查局实施的反情报活动也包括在内。第二，突破了空间上的限制，将国外、国内的情报工作整合起来。这标志着“9·11”事件后，美国官方充分意识到，冷战时期遗留下来的情报理念已经严重滞后于环境的变化，而且开始重新设定新安全环境下情报的角色和功能。从法律条文的变更，可以发现美国新的“国家情报”理念的特点，即打破国外和国内的分野，加强执法部门和情报部门的合作，力图整合机构之间过时的条块分割。可见，“一体化”已经成为新时期美国国家情报工作的关键。

（二）战略

1. 战略的起源和要素

英文中的战略一词，词根出于希腊。古希腊语中有“stratos”一词，意为军队，后衍生出“strategeia”，其意义为将道（generalship）。[①] 东罗马皇帝毛里斯（Maurice）曾著 *Strategikon* 一书以教育其将领，其意为“将军之学”。直到 1777 年，法国人梅其乐将该书译成法文，并据其书名创造出“strategy”一词，此即为“战略”一词作为现代军语的起源。[②]

战略概念从产生至今有一个发展过程，基本上可以分为三个阶段：第一阶段为我国古代和西方 18 世纪以前的古代战略时期；第二阶段为 18 世纪末至第一次世界大战爆发时的近代战略时期；第三阶段是两次世界大战后的现代战略时期。[③]

在美国，战略概念发展至今，已有诸多官方或学者的权威界定，虽然表述方式不同，内容上也有所区别，但对于战略的基本要素，“在美国军事学界已经形成了比较一致的看法：将手段和途径联系起来以达成目的，这便是战略。”[④] 如在《国防部军事及相关用语词

---

① 钮先钟：《战略研究》，广西师范大学出版社，2003 年版，第 2 页。

② 钮先钟：《西方战略思想史》，广西师范大学出版社，2003 年版，第 69 页。

③ 杨毅主编：《国家安全战略理论》，时事出版社，2008 年版，第 15－16 页。

④ Daniel M. Gerstein, *Securing American's Future*: *National Strategy in the Information Age*, London: Praeger Security International, 2005, p. 11.

典》中，“战略是指协调一致地使用国家权力，以达成战区、国家或多国目标的谨慎计划”。[①] 丹尼斯·德鲁（Dennis M. Drew）和唐纳德·斯诺（Donald M. Snow）也认为，战略是一个既要考虑追求的目的（目标），又要考虑达成目标的途径和手段的复杂的决策过程。[②] 而用公式表示即：战略 = 目的（追求的目标）+途径（行动方案）+手段（实现目标的工具）。[③]

2. 美国的战略层级和类别

随着历史的发展，战略的层级和类别都不断地拓展。“若就目标和方法而论，战略应当作一个单独的整体来看待，但是若谈到应用时，则又必须再加以分项，使每一类的战略仅适用某一特殊的领域。”[④] 按照薄富尔将军的观点，不同层级和类别的战略概念逐渐形成了战略“金字塔”，位居顶点的是最高政治权威直接控制的“总体战略”（total strategy）。在其下，每一个领域（军事、政治、经济、外交等）都应有一个分类战略。[⑤] 美国的战略“金字塔”也在不断地发展完善，以美国官方公布的战略报告为线索，可以跟踪美国战略“金字塔”的发展轨迹。

1986 年，美国通过《戈德华特—尼科尔斯国防部改组法》（*Goldwater – Nichols Department of Defense Reorganization Act of 1986*），要求总统每年提交关于国家安全战略的报告，在美国安全战略体系的顶端正式建立了汇报机制。1987 年，第一份《国家安全战略》（*National Security Strategy of the United States of American*）报告出台，

---

① U. S. Joint Chiefs of Staff, *Joint Publication* 1 – 2: *Department of Defense Dictionary of Military and Associated Terms*, Washington, D. C.: Government Printing Office, August 2009, p. 525, http://www.dtic.mil/doctrine/jel/new_pubs/jp1_02.pdf.

② 丹尼斯·德鲁、唐纳德·斯诺：《国家安全战略的制定》，王辉青等译，军事科学出版社，1991 年版，第 13 页。

③ 军事科学院战略研究部编：《战略学》，军事科学出版社，2001 年版，第 13 页。

④ 安德烈·薄富尔：《战略绪论》，钮先钟译，内蒙古文化出版社，1997 年版，第 18 页。

⑤ 安德烈·薄富尔：《战略绪论》，钮先钟译，内蒙古文化出版社，1997 年版，第 19 页。

至今为止，已有6位总统颁布了17份《国家安全战略》报告。[1]

“9·11”事件之后，美国在2002年通过了《国土安全法》(*Homeland Security Act of 2002*)，设立国土安全部，并在同年7月颁布了第一份《国土安全战略》(*National Strategy for Homeland Security*)报告。该报告专门针对恐怖主义威胁，对《国家安全战略》报告进行补充。[2] 在此之后，又出现了一些针对具体领域的类别战略报告，如2002年12月出台的第一份《打击大规模杀伤性武器国家战略》(*National Strategy for Combating Weapons of Mass Destruction*)报告，2003年2月出台的第一份《打击恐怖主义国家战略》(*National Strategy for Combating Terrorism*)报告，2003年2月出台的第一份《网络空间安全国家战略》(*National Strategy to Secure Cyberspace*)报告，2005年3月出台的第一份《国防战略》(*National Defense Strategy*)报告，2005年10月第一次公开颁布的《国家情报战略》报告等等。这些战略报告的不断出现，标志着美国战略体系的不断成熟与完善。

（三）美国国家情报战略

美国国家情报战略是情报界为了完成国家情报担负的国家安全使命，协调一致地运用和发展国家情报能力的纲领和计划。其内容包括“运用”和“发展”两个层面：一是运用现有的国家情报能力，设定国家情报活动的优先等级；二是发展国家情报能力，指出资源投入的重点，即指导美国情报界的内部改革。国家情报战略由国家情报主任办公室牵头，与情报界其他16个机构共同制定，经过国家安全委员会

---

① 里根总统2份（1987年、1988年）、老布什总统3份（1990年、1991年、1993年）、克林顿总统7份（1994年、1995年、1996年、1997年、1998年、1999年、2000年）、小布什总统2份（2002年、2006年）、奥巴马总统2份（2010年、2015年）、特朗普总统1份（2017年）。

② The White House, National Strategy for Homeland Security, 2002, p. 5, http://www.dhs.gov/xlibrary/assets/nat_strat_hls.pdf02.

主要成员的审查和批准，每隔四年进行一次调整并出台报告。[①] 迄今为止，已经在2005年、2009年、2014年、2019年出台了四份战略报告。至于国家情报战略的依据，一方面是根据上位的国家安全战略，设定国家情报日常业务工作的优先任务；另一方面是根据《四年情报界评估》[②]《情报界构想2015》[③]《情报界构想2025》[④] 等文件的长远设计，设定未来四年美国国家情报能力建设的重点。[⑤]

四、研究现状

（一）国外研究状况

2005年之后的美国国家情报工作都是在国家情报主任办公室的

① Office of the Director of National Intelligence, Media Conference Call with the Director of National Intelligence Mr. Dennis C. Blair, 2009 National Intelligence Strategy, September 15, 2009, p. 1, http://www.dni.gov/interviews/20090915_interview.pdf.

② 《四年情报界评估》(Quadrennial Intelligence Community Review) 类似于国防部的《四年防务评估》，其作用是预测未来15年内，全球趋势和新兴威胁对美国情报活动和能力的影响，以及情报界对付这些威胁所需要的能力、资源、职权和人员等。该评估已经在2001年和2005年进行了两次，每次都提交了一份保密的报告。2005年美国《国家情报战略》报告依据《四年情报界评估》，制定了十项能力目标。详见：H. Rept. 109 - 101, Intelligence Authorization Act for FY2006, June 2, 2005, http://www.fas.org/irp/congress/2005_rpt/hrpt109 - 101.htm. 以及 Catherine Dale, *National Security Strategy: Legislative Mandates. Execution to Date, and Consideration for Congress*, Washington, D. C.: Congressional Research Service, December 15, 2008, p. 15, http://www.fas.org/sgp/crs/natsec/RL34505.pdf.

③ 《构想2015：成为一个全球网络化、一体化的情报业界》是第二任国家情报主任约翰·麦康奈尔 (John McConnell) 于2008年7月颁布的战略文件。类似于《联合构想2010》和《联合构想2020》文件对美军的指导，该文件以前瞻性的视角，描绘了情报改革（转型）的完成状态，为理想中的情报界设定了蓝图，将在较长时期内牵引情报界的能力建设。参见：Office of the Director of National Intelligence, Vision 2015: A Globally Networked and Integrated Intelligence Enterprise, July 2008, http://www.dni.gov/publications/vision_2015.pdf.

④ 《情报界2025构想与基础性优先处理事项》是第五任国家情报主任丹尼尔·科茨 (Daniel Coats) 于2018年7月9日面向整个情报界发布的战略文件，旨在确保情报界始终处于领先地位，应对国家面临的各种分散、复杂和不断增长的威胁，以及支持特朗普总统发布的2017年《国家安全战略》。参见：IC2025 Vision and Foundational Priorities, July 9, 2018, https://fas.org/irp/news/2018/07/dni - ic2025.html.

⑤ Office of the Director of National Intelligence, 2009 National Intelligence Strategy Frequently Asked Questions, September 15, 2009, p. 3, http://www.dni.gov/reports/2009_NIS_FAQ.pdf.

战略管理之下进行的。虽然美国国家情报工作的现实问题自“9·11”事件以来就一直是各界热议的重点，但是却少有人从国家情报战略的视角对其进行考察。而且，对国家情报战略的讨论多限于舆论对战略报告的报道和评价，缺乏深入的专题研究。因此，就出现了对国家情报战略的直接研究少，而对2005年之后美国国家情报工作现实问题的研究又非常丰富的局面。首先，直接对国家情报战略的背景、内容与影响进行的研究以新闻评论居多，学术研究成果很少。例如，马德里康普顿斯大学（University of Complutense）的研究论文《美国情报改革与2005年〈国家情报战略〉》①介绍了情报改革的背景，并对战略文本的内容做出了评价。其次，设立国家情报主任职位以来，针对美国国家情报改革（转型）的进展与缺陷的研究成果非常丰富，按照研究角度与方法的不同，又可分为以下几类：

1. 从组织层面对美国国家情报系统进行的研究

如美国情报组织问题专家艾米·萨格特（Amy Zegart）的专著《失明的间谍：中央情报局、联邦调查局与“9·11”的起源》，②利用组织理论对国家情报改革进行了分析，并指出新的国家情报体系在设计上的问题；法学家理查德·波斯纳（Richard A. Posner）在其专著《反恐：模糊的焦点、停滞的脚步》③之中，利用自身的法律专长，评价了目前国家情报系统的成效与不足，认为对内反恐情报工作亟待加强；杰弗里·里彻尔森（Jeffrey T. Richelson）的《美国情报界》（第五版），④系统地介绍了调整之后的美国国家情报组织

① Gustavo Díaz Matey, The U. S. Intelligence Reform and the National Intelligence Strategy of October 2005, UNISCI Discussion Papers, January 2006, http://redalyc.uaemex.mx/redalyc/pdf/767/76701022.pdf.

② Amy Zegart, *Spying Blind: The CIA, the FBI, and the Origins of 9/11*, Princeton and Oxford: Princeton University Press, 2007.

③ Richard A. Posner, *Countering Terrorism: Blurred Focus Halting Steps*, New York: Rowman & Littlefield Publishers, August 2007.

④ Jeffrey T. Richelson, *The US Intelligence Community*, Boulder: Westview Press, 2008.

体系；国家情报主任办公室前任监察长爱德华·马奎尔（Edward Maguire）公布的《情报界关键的管理挑战》,[①] 分析了国家情报主任在领导和管理情报界方面存在的问题和挑战。

2. 从功能层面对美国国家情报工作进行的研究

此类学术研究试图超越国家情报组织问题，深入分析国家情报活动在能力上存在的不足。比较综合的研究有《美国大规模杀伤性武器情报能力调查委员会最终报告》（简称“WMD委员会报告”),[②] 全面考察了美国情报界应对新型威胁的能力，对之后的国家情报工作产生了很大的影响；曾任国家情报助理副主任（负责战略、规划和政策事务）的黛博拉·巴杰（Deborah G. Barger）的研究报告《面向情报革命》[③]，以国防转型为例，指出由于安全环境、技术手段、用户需求等方面都发生了巨大的变化，情报工作正在经历一系列革新，为了确保这一过程平稳有序，作者提出要制定统一的战略，以应对新的任务并指导情报能力建设；葛里高利·特勒沃顿（Gregory F. Treverton）的研究报告《重塑情报的后续步骤》[④] 则分析了国家情报主任的权责问题，并对下一阶段超越组织层面的改革进行了探讨（许多提议与国家情报战略的重点一致）。

在情报分析方面，由国家情报主任办公室指派，马里兰大学（University of Maryland）负责制作的研究报告《情报分析的未来》,[⑤] 对情报分析工作存在的问题进行了研究，呼吁构建相互协作的分析

---

① Edward Maguire, *Critical Intelligence Community Management Challenges*, Washington, D. C.: Office of the Inspector General of ODNI, November 12, 2008.

② The Commission on the Intelligence Capabilities of the United States Regarding Weapons of Mass Destruction, *Report to the President of the United States*, Washington, D. C.: Government Printing Office, March 31, 2005, http://www.wmd.gov/report/wmd_report.pdf.

③ Deborah G. Barger, *Toward a Revolution in Intelligence Affairs*, Santa Monica, CA: RAND Corporation, 2005, http://www.rand.org/pubs/technical_reports/2005/RAND_TR242.pdf.

④ Gregory F. Treverton, *The Next Steps in Reshaping Intelligence*, Santa Monica, CA: RAND Corporation, 2005, http://www.rand.org/pubs/occasional_papers/2005/RAND_OP152.pdf.

⑤ William J. Lahneman, The Future of Intelligence Analysis (Vol. I & Vol. II), Center for International and Security Studies at Maryland, March 2006, http://www.cissm.umd.edu/projects/nic.php.

文化，并就情报分析的组织建设等问题提出了建议；特勒沃顿和兰德公司的研究人员布莱恩·加巴德（C. Bryan Gabbard）合作的研究报告《评估情报分析的技能》,[①] 研究了情报界目前采用的分析技能，提出了比较全面的建议。前中央情报局资深官员罗杰·乔治（Roger Z. George）与詹姆斯·布鲁斯（James B. Bruce）主编的《分析情报：起源、障碍与创新》,[②] 则探讨了近年来情报分析工作的转变以及未来的发展趋势。

在反情报工作方面，前任国家反情报总监米歇尔·范·克里夫（Michelle Van Cleave）的研究报告《反情报与国家战略》[③] 和论文《战略反情报：是什么、该怎么做?》[④] 总结了近年来反情报工作面临的挑战和存在的不足，呼吁提高反情报工作的地位，要求反情报工作更加统一、更加积极。

在信息共享方面，马克尔基金会（Markle Foundation）的最新研究报告《国家处于危险之中：决策者需要更好的信息以保护国家》[⑤] 对目前的信息共享状况不甚乐观，认为情报界仍然很难“将各点连接起来”（connect the dots），美国在恐怖威胁面前仍然很脆弱。报告建议奥巴马政府与国会重新将信息共享确定为最优先的事项，并立即采取行动。

此外，还有专门针对信息网络技术对传统情报工作冲击的研究

---

① Gregory F. Treverton and C. Bryan Gabbard, *Assessing the Tradecraft of Intelligence Analysis*, Santa Monica, CA: RAND Corporation, 2008, http: //www. rand. org/pubs/technical_reports/2008/RAND_TR293. pdf.

② Roger Z. George and James B. Bruce (ed.), *Analyzing Intelligence: Origins, Obstacles, and Innovations*, Washington, D. C.: Georgetown University Press, 2008.

③ Michelle Van Cleave, *Counterintelligence and National Strategy*, Washington, D. C.: National Defense University Press, April 2007.

④ Michelle Van Cleave, “Strategic Counterintelligence: What Is It and What Should We Do about It?” *Studies in Intelligence*, Vol. 51, No. 2, June 2007, pp. 1 – 15.

⑤ The Markle Foundation Task Force on National Security in the Information Age, Nation At Risk: Policy Makers Need Better Information to Protect the Country, March 2009, http: //www. markle. org/downloadable_assets/20090304_mtf_report. pdf.

成果，如中央情报局《情报研究》杂志的《连接虚拟的点：网络将如何缓解信息过剩并使我们相互交流》① 《维基与博客：面向一个复杂适应性的情报界》②，以及获得国家情报主任办公室“伽利略奖”（Galileo Award）的论文《与红女王共舞：指数世界中的线性情报》③，都分析了新型信息技术（主要是网络和网络工具）给情报工作带来的革新，建议情报界构建通用的网络空间，以加强信息共享与协作。

3. 尝试总结美国国家情报改革一般规律的研究

例如，约翰·班泽默（John D. Bansemer）的专著《情报改革：一个平衡的问题》④ 通过对比分析 1986 年的国防改革和 2004 年的国家情报改革，认为情报改革实质上是在各种矛盾冲突（集中与分散、共享与保密、国家与部门等）之中进行微调，使其重新达成精妙的平衡。理查德·贝茨（Richard Betts）的著作《情报的敌人：美国国家安全中的知识与权力》⑤ 也得出了相似的结论，认为受人的认知能力和情报工作的诸多“困境”（如集中与分散、准确与及时、共享与保密、客观性与相关性等等）所限，情报改革都是在各种相互冲突的选项中谋求折中、平衡的解决方案，所以任何实际改进都是渐进而微小的。

---

① Matthew S. Burton, “Connecting the Virtual Dots: How the Web Can Relieve Our Information Glut and Get Us Talking to Each Other,” *Studies in Intelligence*, Vol. 49, No. 3, September 2005, pp. 55 – 62.

② D. Calvin Andrus, “The Wiki and the Blog: Toward a Complex Adaptive Intelligence Community,” *Studies in Intelligence*, Vol. 49, No. 3, September 2005, pp. 63 – 70.

③ D. Calvin Andrus, “Dancing with the Red Queen: Linear Intelligence in an Exponential World,” Office of the Director of National Intelligence, September 14, 2007, http://www.acadac.net/wiki/images/9/9b/RedQueen_2007 – 09 – 14_V1.0.pdf.

④ John D. Bansemer, *Intelligence Reform: A Question of Balance*, Maxwell Air Force Base, Alabama: Air University Press, 2006.

⑤ Richard Betts, *Enemies of Intelligence: Knowledge & Power in American National Security*, New York: Columbia University Press, 2007.

4. 对美国国家情报工作的事实性描述和评价

这类资料以新闻报道和评论为主，通过两大网站的索引——美国科学家联盟（Federation of American Scientists）网站的“秘密新闻”（Secrecy News）[①] 和“情报资源项目”（Intelligence Resource Program）的新闻索引[②]，以及马斯金格姆大学（Muskingum University）的情报改革文献索引[③]，可以跟踪 2005 年至今，美国国家情报工作为外界所知的重要事件。

（二）国内研究状况

自从 2005 年《国家情报战略》报告颁布以来，国内学者就对美国出台相关的战略文件非常关注。在《情报杂志》《情报探索》《国际资料信息》等杂志上都有相关的论文发表。此外，申华教授的专著《美国国家情报管理制度研究》，则从组织理论的视角，探讨了国家情报战略对美国国家情报管理制度的影响，并得出了颇有见地的结论。概而言之，目前国内对美国国家情报战略进行的研究还缺乏系统性，仅限于对单个战略文本进行评介，没有把它们纳入国家情报战略的大系统，以整体眼光对其进行考察，更缺乏对后续执行情况的跟踪研究。

总之，国内外对美国国家情报战略的直接研究不足，而相关资料又十分丰富，这就为本书的研究留下了较大的空间。

五、研究方法与思路

（一）研究方法

1. 文献分析法

本书的研究基于大量一手文献，特别是掌握了国家情报主任办公室成立之后公布的大部分倡议、政策、演讲、采访、国会听证会

---

① http：//www. fas. org/blog/secrecy.

② http：//www. fas. org/irp/news.

③ http：//intellit. muskingum. edu/reform_folder/reformtoc. html.

报告和其他报告与出版物，通过对其进行筛选、统计、比较和分析，将从中得到的信息进行整理归类，发现了许多重要的素材和理论观点，这为本书的研究打下了扎实的基础。

2. 层次分析法

本书从三个层面对研究对象进行考察：一是制度层面，通过分析国家情报战略赖以运作的美国国家情报制度，发现国家情报主任对情报界进行战略管理的规则和手段；二是理念层面，从报告文本入手，分析国家情报战略内容的演变，国家情报战略与国家安全战略的关系，以及国家情报战略与外界提出的能力建设要求之间的关系；三是实践层面，对国家情报战略的实施情况进行跟踪考察，梳理美国情报界采取的具体行动，分析取得的成绩和存在的问题。

（二）研究思路

本书遵循美国战略思维的模式，展开对美国国家情报战略的研究。第一章分析美国国家情报工作的国内外环境，从而阐明制定国家情报战略的基础；第二章至第四章观察小布什政府、奥巴马政府、特朗普政府时期美国国家情报战略目标和实施方案的演变，落实举措的差异，剖析不同版本国家情报战略所呈现出的主要特征；第五章总结分析美国国家情报战略的实施机制和未来发展走向；结语部分则着重分析国家情报战略的标志性成果、面临的主要挑战以及主要理论创新。

六、创新点与难点

（一）创新点

第一，通过战略分析，在运用和发展两个层面，研究了美国国家情报战略在目标设计上的依据与问题，以及在战略实施过程中的创新与不足。

第二，借用组织理论，以外部改革和内部改革的视角，从美国行政系统、立法系统和情报界内部三个层面，分析美国国家情报改革，揭示了三者之间的关系，以及国家情报战略对情报界内部改革的纲领性作用。

第三，通过对美国国家情报工作的及时跟踪，以及掌握国家情报主任办公室建立之后公布的大部分文件，获得了大量国内缺乏关注的重要材料。对这些新材料加以筛选、评介和分析，再辅以2005年之后美国国内研究国家情报工作的新观点，反映了美国国家情报工作的最新动态。

第四，对2005年之后的美国国家情报工作进行了全方位的考察，识别其重点与趋势，为进一步研究美国国家情报工作的现实问题打下基础。

（二）难点

第一，情报工作的秘密性导致诸多相关信息无法获取，为本书的研究制造了很大困难。虽然美国有着“公开”“透明”的传统，但是受情报工作秘密性的影响，外界能够获得的信息仍旧非常有限，即便掌握了大量的官方文件和报告，仍然很难深入了解相关情报活动和项目的细节。因此，根据公开材料进行的分析也受到局限。

第二，由于本书研究的问题处在动态发展之中，不断有新情况、新材料出现，需要及时跟踪和对比分析，识别前后的异同，根据问题的实时发展，对研究进行调整和补充。

第三，本书的研究需要广阔的知识背景，要对美国国家情报改革与发展的历史、各类情报活动以及相关的专业技术有相当程度的了解，此外还必须具备一定的战略和组织理论素养。

第一章　美国国家情报工作的战略环境

对战略环境进行分析，是战略决策的第一步。而观察美国国家情报工作的国内外环境，即是分析美国国家情报战略的第一步。冷战结束后，以“9·11”事件为标志，美国的安全环境发生了巨大变化，其国家情报工作也面临严峻挑战，这是国家情报战略形成的外部环境。为了应对挑战，美国行政和立法系统大力推进国家情报改革，建立了新的国家情报体系，并为情报能力建设设定了方向，这是国家情报战略形成的内部环境。

第一节　外部环境：安全环境的变化

在全球化的背景下，美国面临着一系列新兴的威胁与挑战，但是美国国家情报工作却没能跟上时代的变化，没有及时地调整任务与目标，并且缺乏应对新问题的手段和能力。

一、全球化背景下威胁数量和性质的变化

当今世界，全球化程度不断加深，存在许多改变全球态势的动力与潮流，这些因素共同作用，产生了一系列难以预见、迅速变化、超越了地理边界和组织界限的威胁和风险。

（一）全球化时代充满着不确定性

冷战的结束消除了美苏两大集团的对立；通信和运输技术的进

步大大降低了跨区域活动的成本。这两项变化使得世界各地前所未有地连接在一起，掀起了新一轮全球化的浪潮。① 美国国家情报委员会认为：全球化——即信息、技术、资本、货物、服务以及人口在整个世界的自由流动和相互关联——“是当今时代的主导潮流，其力量无处不在以至于将显著地影响未来世界的其他主要潮流的形成”。②

诸多动力驱动着全球化的发展，如人口与社会变化、经济融合与竞争、科技革新与扩散、能源与环境的压力、地缘政治的巨大改变等，每个因素都可以带来独特的转变和挑战，而它们的共同作用，则使局面更加复杂和难以预测。正是全球化的持续发展，导致当今时代“不确定”的因素前所未有地增多。

1991 年的《美国国家安全战略》报告早已指出，冷战虽然已经结束，但是国际关系可能会更加复杂、更加反复无常和难以预测。③ 著名政治学家塞缪尔·亨廷顿（Samuel P. Huntington）曾对此作出形象的描述：“在新的世界里，冷战时期所特有的笼罩一切的分明界线将不复存在，而种族、民族、宗教、经济和文化对抗则会交织在一起。……总而言之，未来的世界很可能缺乏冷战中的那种明确和稳定。它很可能更像一个危险四伏、陷阱密布、令人惊恐、道义模糊的丛林世界。”④

在 2001 年 9 月 11 日之前，美国官方惯于用“混乱”和“不确定”来概括冷战后的世界，这两个词暗示其难以掌握世界大势。⑤ 即

---

① 约瑟夫·奈、约翰·唐纳胡主编：《全球化世界的治理》，王勇、门洪华等译，世界知识出版社，2003 年版，第 5－6 页。

② 美国国家情报委员会：《大趋势：2020 年的世界》，相蓝欣译，华东师范大学出版社，2007 年版，第 4 页。

③ 梅孜编译：《美国国家安全战略报告汇编》，时事出版社，1996 年版，第 191 页。

④ 塞缪尔·亨廷顿：《变化中的美国战略利益》，中国现代国际关系研究所选编《冷战后的美国与世界》，时事出版社，1991 年版，第 174－175 页。

⑤ 托马斯·巴尼特：《五角大楼的新地图：21 世纪的战争与和平》，王长斌等译，东方出版社，2007 年版，第 1 页。

使在“9·11”之后，恐怖主义威胁更加明确的情况下，美国情报界依旧用“不确定”来形容当今时代：

> “我们生活在一个不断变化的世界中，而且这种变化的速度越来越快，范围越来越广，复杂程度越来越高。全球化不断发展、独立行为体不断增加、技术革新和扩散不断加速，这些驱动力使全世界越发地相互连通、相互依存和纷繁复杂，制造了更多的不确定因素和风险，使未来更加难以预测。”①

（二）威胁的数量和性质都发生了变化

全球化的深入发展导致国际社会严重分化，以美国为主导的全球化规则的制定者，与拒绝接受这些规则的国家或集团，不可避免地产生了巨大的矛盾。按照美国海军战争学院高级分析家托马斯·巴尼特（Thomas P. M. Barnett）的观点，“社会被分成两部分：一部分将它们自己积极融入全球化正在发挥作用的‘核心’国家之中，另一部分仍然陷于‘非融合的断层国家’中——在很大程度上与全球经济和保证其稳定的规则相脱节的国家”②。那些“脱节”的国家或集团拒绝接受美国主导的规则体系，而当今美国的主要威胁，则大多来自这些国家或集团。美国发动的反恐战争，实际就是对“脱节”发动的战争，最终目的是使后者融入前者的阵营。③

因此，相较于冷战时期，“9·11”后美国面临的威胁具有以下特点：

---

① Office of the Director of National Intelligence, Vision 2015: A Globally Networked and Integrated Intelligence Enterprise, July 2008, p. 4, http://www.dni.gov/publications/vision_2015.pdf.

② 托马斯·巴尼特：《五角大楼的新地图：21世纪的战争与和平》，王长斌等译，东方出版社，2007年版，第6页。

③ 托马斯·巴尼特：《五角大楼的新地图：21世纪的战争与和平》，王长斌等译，东方出版社，2007年版，第166页。

1. 潜在威胁的数量激增

美国面临的威胁并没有随着冷战的结束而减少。1994 年的《美国国家安全战略》报告就已经指出了这一问题："在冷战时期左右我们参与活动的单一威胁已为一系列复杂的挑战所代替。"[①] 虽然"9·11"事件使美国将恐怖主义作为优先目标，但这并不意味着威胁种类的减少。伊拉克与阿富汗的稳定、大规模杀伤性武器的扩散、新兴大国的挑战、经济危机、网络安全、能源安全、毒品走私、流行疫病等问题，在一定的条件下，都能成为非常迫切的威胁。所以，监控众多不确定的因素和风险，就成为及时识别威胁和采取应对措施的前提。第一位国家情报主任约翰·内格罗蓬特（John D. Negroponte）则更明确地指出："在过去15 年中，最大的变化是我们必须识别、跟踪和分析的目标数量呈指数型增长。"[②]

2. 威胁的性质发生变化

（1）威胁分布的空间更加广泛

当今的威胁出现在多个维度上，而"9·11"事件后引起美国高度关注的非传统威胁，则超越了传统的国家界限。按照约瑟夫·奈（Joseph S. Nye Jr.）的观点，如今国际社会的权力分配呈现复杂的三维模式。军事实力主要是单极的，美国是唯一的超级大国；经济实力是三极的，美国、欧洲和日本占了世界产品的2/3；跨国关系层面则超越政府的控制界限，许多跨国问题——不论是金融问题、流行疫病还是恐怖主义——不与其他国家进行合作就无法解决。[③] 这些跨国威胁在全球呈网状分布，打破了领土的界限，对美国传统的安全理念构成严重挑战。如"9·11"委员会所述："在后'9·11'的世界里，威胁更多被定义在不同的社会层面上，而并非以领土为界。

① 梅孜编译：《美国国家安全战略报告汇编》，时事出版社，1996 年版，第 251 页。

② John D. Negroponte, "Intelligence Reform: Making It Happen," Office of the Director of National Intelligence, April 20, 2006, http://www.dni.gov/speeches/20060420_speech.pdf.

③ Joseph S. Nye Jr., *The Paradox of American Power: Why the World's Only Superpower Can't Go It Alone*. New York: Oxford University Press, 2002, p. 140.

从恐怖主义到全球疫病或环境恶化，这一系列挑战已变得毫无国界。”[①]

（2）威胁的变化更加迅速

相较于大国在军政领域的传统威胁，如今的跨国威胁可以非常迅速地发生变化。通信和网络技术的发展，使得分散在全球各地的极端分子可以更有效地组织起来，更迅速地开展行动；[②] 发达的全球交通运输系统，使疫病能够以前所未有的速度，在全球迅速传播，如“重症急性呼吸综合征”（SARS）、甲型 H1N1 流感、“新型冠状病毒”（COVID－19）的流行；日益融合的全球经济体系，使遥远角落发生的危机，也可以迅速影响到美国经济。

（3）威胁的毁伤能力更加强大

恐怖分子等跨国行为体的组织能力和破坏力前所未有地增强，能够更隐蔽、更迅速地运用非对称手段，造成更大的破坏。由于“信息和通信技术的变革，使得权力从政府转移到个人和集团，使他们在世界政治中扮演更重要的角色——包括报复性的大规模毁伤——这在以前是只有国家政府才拥有的能力”[③]。这些新技术既便宜又容易获取，而且政府很难禁止其传播，[④] 再加上核、生物、化学等毁灭性技术的扩散非常严重，少量、分散的恐怖分子利用这些技术能够造成大规模破坏。如小布什（George Walker Bush）总统所述：“过去的敌人需要拥有大量军队和巨大的工业能力才能使美国遭受危险。而现在，藏在暗处的、有组织的一小撮人，用比一辆坦克

---

① National Commission on Terrorist Attacks Upon the United States, *The 9/11 Commission Report: Final Report of the National Commission on Terrorist Attacks Upon the United States*, Washington, D. C.: Government Printing Office, 2004, pp. 361 - 362, http://www.9-11commission.gov/report/911Report.pdf.

② 美国著名记者托马斯·弗里德曼（Thomas L. Friedman）对此有形象的描述，参见托马斯·弗里德曼：《世界是平的：21 世纪简史》，湖南科学技术出版社，2006 年版，第 392－398 页。

③ Joseph S. Nye Jr., *The Paradox of American Power: Why the World's Only Superpower Can't Go It alone*, New York: Oxford University Press, 2002, p. x.

④ Bruce D. Berkowitz and Allan E. Goodman, *Best Truth: Intelligence in the Information Age*, New Haven: Yale University Press, 2000, p. 9.

还少的花费，就能给美国本土造成巨大的混乱和伤害。”①

二、新安全环境下美国国家情报工作面临的挑战

前中央情报主任詹姆斯·伍尔西（James Woolsey）曾这样描述冷战后美国面临的世界：“我们虽然除掉了巨龙，但现在却生活在充满毒蛇的丛林之中。在很多方面，巨龙反而比毒蛇更易掌控。”② 在新安全环境下，美国国家情报的角色和任务发生了变化，据此展开的国家情报活动以及这些活动所依托的国家情报组织也必须进行相应的调整。这意味着冷战后的美国情报界不仅不能享受“和平红利”，还面临着更大的挑战。

（一）国家情报的角色和任务发生了变化

在新的安全环境下，由于主要威胁的性质发生了改变，国家情报的角色也发生了变化。“冷战时期的威胁（苏联的军事力量）难以消灭，但却容易发现；而现在的威胁（恐怖分子）虽然容易消灭，但却很难发现。”③ 要预防恐怖袭击，情报机构必须提供具体的时间、地点、人员和袭击方式的情报，而这属于战术预警的范畴。所以，为了维护美国本土安全，相较于以前战略预警的角色，国家情报必须提供更加准确、具体的战术预警，这是未来情报工作成败的关键。④

---

① The White House, The National Security Strategy of the United States of America, September 2002, p. I, http: //www. globalsecurity. org/military/library/policy/national/nss－020920. pdf.

② Douglas F. Garthoff, *Directors of Central Intelligence as Leaders of the U. S. Intelligence Community 1946－2005*, Washington, D. C.: Central Intelligence Agency Center for the Study of Intelligence, 2005, p. 221.

③ Thom Shanker and Scott Shane, “Elite Troops Get Expanded Role on Intelligence,” *The New York Times*, March 8, 2006, http: //query. nytimes. com/gst/fullpage. html? res＝9C03E0D61531F93BA35750C0A9609C8B63&sec＝&spon＝&pagewanted＝1.

④ Deborah G. Barger, *Toward a Revolution in Intelligence Affairs*, Santa Monica, CA: RAND Corporation, 2005, p. 30.

同时，国家情报承担的任务也发生了改变。“9·11”事件促使美国大幅度调整其国家安全战略，而国家情报工作的优先任务也随之发生变化。例如更加重视反恐与本土安全问题，以及加强情报与执法系统之间的合作。此外，网络安全、环境和健康问题也变得越发突出，需要国家情报系统在这些方面投入更多的资源。既然在新的安全形势下，国家情报承担的任务发生了变化，那么如何区分各项任务的轻重缓急？如何厘清各项任务之间的相互关系？围绕这些问题的争论持续了很长一段时间，而这些问题的最终解决则是开展下一步工作的前提。

（二）国家情报工作缺乏足够的能力

情报作为一种活动，主要包括对情报信息的搜集和分析，以及为对抗敌方情报活动而开展的反情报行动。① 国家情报角色和任务的调整，导致情报活动的各个要素都面临新挑战：

1. 情报搜集能力难以满足需要

在人力搜集手段方面，由于冷战期间美国的大部分人力情报资源都投入到苏联方向，随着冷战结束，这些资源严重萎缩，再加上美国情报系统的人力搜集手段逐渐为各国所了解，导致美国的人力情报能力相对薄弱。在技术搜集手段方面，电子通信技术的迅速发展，导致传统的信号情报搜集很难再获得高价值情报；搜集目标发生变化（如小股恐怖分子），以及目标的隐蔽和欺骗能力增强，导致传统的图像情报搜集也面临巨大挑战。②

2. 情报分析能力面临极大挑战

负责情报分析事务的前国家情报副主任托马斯·芬加（Thomas

---

① Abram N. Shulsky and Gary J. Schmitt, *Silent Warfare: Understanding the World of Intelligence*, New Delhi: Manas Publications, 2006, p. 2.

② The Commission on the Intelligence Capabilities of the United States Regarding Weapons of Mass Destruction, *Report to the President of the United States*, Washington, D. C.: Government Printing Office, March 31, 2005, p. 12, http://www.wmd.gov/report/wmd_report.pdf.

Fingar）曾指出当前美国情报分析工作面临的五项挑战：[①] 第一，现代社会进入信息时代，公开来源信息剧增，但是情报界却没有做好准备，无法充分利用这些信息；第二，搜集技术不断进步，能够生产海量的原始数据和信息，远远超出现有的情报处理和分析能力；第三，冷战期间，美国情报界85%的分析资源都投向了苏联等少数几个国家，分析人员用不着过多地关注其他问题，而现在，需要关注的问题数量更多、跨度更广、难度更大；第四，由于当今威胁变化迅速，决策周期被大大缩短，因此，情报分析必须具备更强的时效性，要在更短的时间内回答更多的问题；第五，情报用户需要分析人员提供更深入的专业意见，如前国务卿科林·鲍威尔（Colin L. Powell）所说："我不需要新闻，不需要零散的事实，我可以通过电视、网络和电话掌握这些情况。我想知道的是这些事实的含义和重要性，需要的是你们（分析人员）的看法。"[②]

3. 反情报工作零散而被动

美国如今面临着规模巨大、范围广泛的外国情报威胁，这些威胁来自恐怖分子、敌国甚至美国的盟友。美国前国家反情报总监米歇尔·范·克里夫曾指出："如今针对美国的外国情报活动更广泛、更活跃，采用的技术也更加复杂，而且可能比之前任何时期都更为成功。"[③] 而美国的反情报能力分散在各个机构之中，每个机构的反情报行动都基于本单位的利益，追求本单位的目标。这些零散的反情报行动缺乏协同，难以针对国家的优先目标形成合力，不足以应

---

① Thomas Fingar, "Speech at the DNI's Information Sharing Conference &Technology Exposition," Office of the Director of National Intelligence, August 21, 2006, http://www.odni.gov/speech/20060821_2_speech.pdf.

② Thomas Fingar, "Speech at the DNI's Information Sharing Conference &Technology Exposition," Office of the Director of National Intelligence, August 21, 2006. http://www.odni.gov/speech/20060821_2_speech.pdf.

③ Michelle Van Cleave, "Strategic Counterintelligence: What Is It and What Should We Do about It?" *Studies in Intelligence*, Vol. 51, No. 2, June 2007, p. 2.

对当前美国面临的广泛威胁。[①] 此外，情报系统开展的反情报行动过于被动。以中央情报局为例，它进行的反情报行动仅限于对自身的情报活动进行“被动防护”（defensive mission），缺乏足够的“主动反情报措施”（offensive mission），难以提前发现和阻止针对美国的情报行动。[②] 未来的反情报工作必须扭转这种局面，“不能等到间谍进入美国之后再想办法抓他，而要在他进入美国之前就阻止他”。[③]

（三）国家情报组织落后于时代的变化

情报界作为美国国家安全系统的一部分，其组织体系的设计和运作规则，都源自后者。但是，“美国政府的国家安全制度仍旧是为赢得冷战胜利而建立的那套制度”，[④] 这种组织制度与当今错综复杂的问题根本不相称。[⑤] 而美国情报界的整体设计，也是针对一个巨大、固定的目标——苏联集团。[⑥] 冷战时期，美国情报机构与传统对手的组织体制颇为类似，都保持着层次分明的等级秩序，相互之间的斗争与对抗大体都在同一层面。冷战之后，双方的对抗模式开始发生变化。一方面，美国情报机构内部专业分工愈发精细，不同情报门类及功能之间条块分割严重，互不通联，整个情报界更是如此。

---

① Office of the National Counterintelligence Executive of United States of America, The National Counterintelligence Strategy of the United States of America of 2007, April 24, 2007, p. 7, http://www.ncix.gov/publications/policy/CIStrategy.pdf.

② The Commission on the Intelligence Capabilities of the United States Regarding Weapons of Mass Destruction, *Report to the President of the United States*, Washington, D. C.: Government Printing Office, March 31, 2005, pp. 489 - 490, http://www.wmd.gov/report/wmd_report.pdf.

③ Michelle Van Cleave, "Strategic Counterintelligence: What Is It and What Should We Do about It?" *Studies in Intelligence*, Vol. 51, No. 2, June 2007, p. 4.

④ National Commission on Terrorist Attacks upon the United States, *The 9/11 Commission Report: Final Report of the National Commission on Terrorist Attacks upon the United States*, Washington, D. C.: Government Printing Office, 2004, p. 399, http://www.9-11commission.gov/report/911Report.pdf.

⑤ 马丁·J. 高迈、亚历山大·科隆贾德：《跨机构行动的机制化——适用于美国政府的〈戈德华特—尼科尔斯法〉》《先发制人与美国的战争方式：美国参联会主席奖战略论文获奖作品精选》，许斌编译，解放军出版社，2008 年版，第 58 页。

⑥ The White House, The National Security Strategy of the United States of America, September 2002, p. 30. http://www.globalsecurity.org/military/library/policy/national/nss-020920.pdf.

另一方面，以恐怖主义为代表的新对手却呈现出完全不同于以往对手的组织形态，即采取分布式网络化布局，以确保任一节点遭到破坏都不会导致系统崩溃。“9·11”事件之后，美国更加清醒地意识到情报界这种源自“热战和冷战”的组织体系已经严重过时，必须进行重大调整。

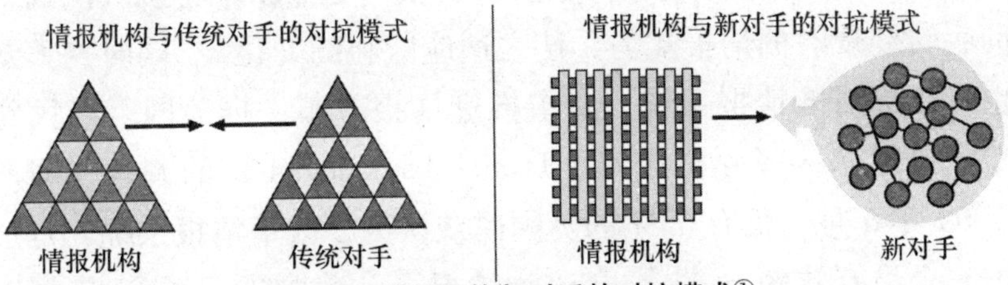

图1－1　情报机构与对手的对抗模式①

美国情报组织问题专家艾米·萨格特曾做过研究，分析了1991年至2001年间美国关于情报问题的12次重大调查。这些调查提出了大量改革建议，其中84%的建议都与情报组织问题相关。这些组织问题可分为四类：②

第一，中央情报主任权力不足，导致情报界内部号令不一，各机构之间缺乏协作；

第二，情报官员和决策者都对区分任务优先级别的问题缺乏重视；

第三，需要在组织层面加强人力情报能力建设；

第四，人事问题。

“9·11”事件发生后，国会联合调查委员会和“9·11”委员会再次指出了美国情报界存在的重大组织问题，并再次将情报界缺

① Toffler Associates, Dove Consulting, Defense Intelligence Agency Workforce Planning Project Team, *DIA Workforce of the Future*: *Creating the Future of the Defense Intelligence Agency*, Defense Intelligence Agency, May 15, 2003, p. 53.

② Amy B. Zegart, *Spying Blind*: *The CIA*, *the FBI*, *and the Origins of* 9/11, Princeton and Oxford: Princeton University Press, 2007, pp. 35 –38.

乏融合与协作视作组织问题之首。①

第二节　内部环境：美国国家情报改革

"9·11"事件暴露了美国安全系统的巨大漏洞，而情报系统的缺陷，也再次成为美国朝野关注的焦点。美国官方逐渐认识到，必须彻底转变现有的情报能力，使之适应威胁的变化。② 同时，大众舆论也将目标对准情报系统，要求推进情报改革。据美国著名民意测验专家丹尼尔·杨克洛维奇（Daniel Yankelovich）的调查，即便到了2005年6月，仍有65%的美国民众认为，改革情报系统，是加强美国安全最有效的方式。③ 在这种情况下，美国进行了1947年以来规模最大、影响最深的一系列国家情报改革。这是美国国家情报战略形成的国内环境。对国家情报战略有以下两点影响：第一，新的国家情报体系是国家情报战略的制度基础。这个制度基础，决定了美国国家情报战略能够利用的手段，关系到该战略能否有效执行。第二，这一阶段的改革对情报界内部能力建设提出了要求，而这些要求则是制定国家情报战略的重要依据。

---

① U. S. Senate Select Committee on Intelligence and House Permanent Select Committee on Intelligence, *Report of the Joint Inquiry into the Terrorist Attacks of September* 11, 2001, Washington, D. C.: Government Printing Office, December 20, 2002, p. 33, http://www.gpoaccess.gov/serialset/creports/pdf/fullreport.pdf; National Commission on Terrorist Attacks upon the United States, *The 9/11 Commission Report: Final Report of the National Commission on Terrorist Attacks Upon the United States.* Washington, D. C.: Government Printing Office, 2004, p. 409, http://www.9-11commission.gov/report/911Report.pdf.

② The White House, The National Security Strategy of the United States of America, September 2002, p. 30, http://www.globalsecurity.org/military/library/policy/national/nss-020920.pdf.

③ Paul R Pillar, "Great Expectations: Intelligence as Savior," *Harvard International Review*, Winter 2006, http://proquest.umi.com.library.ramapo.edu:2048/pqdweb?index=6&sid=6&srchmode=1&vinst=PROD&fmt=6&startpage=-1&clientid=44880&vn.

一、主要的国家情报改革行动

情报系统作为国家官僚组织的一部分，其改革通常有三种途径：第一，内部改革，即情报系统内部通过修订政策、制定计划、演讲宣传等方式推进改革；第二，行政改革，即白宫通过发布行政命令、总统指令等方式对情报系统进行调整；第三，立法改革，即经过行政系统和国会的共同努力，通过立法的方式推进情报改革。[①] 由于后两者的改革动力均来自情报界外部，故称之为外部改革。

一般情况下，美国情报界重大的改革都要经过这样的步骤：第一步，专家进行调查分析，指出情报界存在的问题，并提出修正建议；第二步，行政系统和国会考虑并采纳建议，通过行政手段或立法手段进行改革；第三步，情报界接受并落实外界的要求，进行内部改革。[②] 下文将分析美国国家情报改革的前两步行动，其时间跨度为2001 年9 月11 日至2005 年4 月22 日正式成立国家情报主任办公室。至于第三步——国家情报主任办公室成立之后情报界进行的内部改革，基本上是在国家情报战略的指引之下进行的，故将在后文章节详加讨论。

（一）调查委员会的研究

自美国1947 年建立现代情报体系之后，重大的情报改革活动无一不始于调查委员会的研究。[③] 在采取行动之前组建调查委员会对问题进行研究，是美国情报改革的通用模式。从“9·11”事件发生前

---

① Amy B. Zegart, *Spying Blind: The CIA, the FBI, and the Origins of 9/11*, Princeton and Oxford: Princeton University Press, 2007, p. 50.

② Deborah G. Barger, “It Is Time to Transform, Not Reform, U. S. Intelligence,” *SAIS Review*, Winter 2004, http://proquest. umi. com/pqdweb? did = 608276031&sid = 2&Fmt = 3&clientId = 10772&RQT = 309&VName = PQD.

③ Michael Warner, J. Kenneth McDonald, *U. S. Intelligence Community Reform Studies Since 1947*, Washington, D. C.: Center for the Study of Intelligence, April 2005; Richard A. Best, *Proposals for Intelligence Reorganization*, 1949 – 2004. Washington, D. C.: Congressional Research Service, September 24, 2004, http://www. fas. org/irp/crs/RL32500. pdf.

后，至2005年4月国家情报主任办公室成立，这一时期美国官方进行了大量与情报事务相关的调查。在这些调查委员会中，“9・11”委员会最为特殊。其调查建立在同年的国会联合调查的基础之上，提出的部分建议也类似于国会联合调查，如设立摆脱了中央情报局日常管理、管理权力大为增加的国家情报主任。① 但是“9・11”委员会与之前的多次调查有很大的不同，它“拥有更多的调查资源，受到更多的关注，其调查结果和建议也更具影响力。”② 在最终报告出台之后，“9・11”委员会和“9・11”遇难者家属组成了强大的利益集团，这是美国历史上第一个推动情报改革的利益集团，他们向公众和媒体宣传改革提议，并且游说立法人员。从2004年7月最终报告出台，至12月国会通过《情报改革与防止恐怖主义法》，美国新闻媒体对“9・11”委员会和“9・11”遇难者家属的关注，甚至超过了伊拉克战争。③ 当时正逢大选季节，既然情报改革的话题能够左右民意，总统和国会当然不会放过这个捞选票的好机会。“转眼之间，问题就从政府会不会进行情报改革，变成了政府将进行何种程度的改革。”④

---

① U. S. Senate Select Committee on Intelligence and U. S. House Permanent Select Committee on Intelligence, Final Report of the Congressional Joint Inquiry into 9/11: Recommendations, December 2002, http: //www. fas. org/irp/congress/2002_rpt/recommendations. html; National Commission on Terrorist Attacks upon the United States, *The 9/11 Commission Report: Final Report of the National Commission on Terrorist Attacks Upon the United States*, Washington, D. C. : Government Printing Office, 2004, p. 411, http: //www. 9 – 11commission. gov/report/911Report. pdf.

② Michael Warner & J. Kenneth McDonald, *US Intelligence Community Reform Studies Since* 1947, Washington, D. C. : Central Intelligence Agency Center for the Study of Intelligence, 2005, p. 37.

③ Amy B. Zegart, *Spying Blind: The CIA, the FBI, and the Origins of* 9/11, Princeton and Oxford: Princeton University Press, 2007, p. 179.

④ Office of the Director of National Intelligence, *Reforming Intelligence: The Passage of the Intelligence Reform and Terrorism Prevention Act of* 2004, February 2009, p. 7, http: //www. fas. org/irp/dni/reform. pdf.

表1-1　与情报事务相关的官方调查

调查委员会名称	调查发起时间	发起者	任务	提交调查报告情况
国内应对大规模杀伤性武器恐怖主义能力评估委员会（吉尔摩委员会）①	1998年10月17日	依据公法105-241第1405款，由总统和国会共同发起	评估国内机构应对大规模杀伤性武器袭击的能力	每年出台一份调查报告，2003年12月15日出台最后一份调查报告
恐怖主义国家委员会（布雷默委员会）②	1998年10月21日	依据公法105-277第591款，由总统和国会共同发起	审查国内预防和惩治恐怖主义的法规、政策和实践	2000年6月5日出台最终调查报告
21世纪国家安全美国委员会（哈特—拉德曼委员会）③	1999年9月2日	国防部长威廉·科恩（William S. Cohen）	研究美国在21世纪面临的安全环境和应对的战略	在1999年9月，2000年4月和2001年3月出台3份调查报告
斯考克罗夫特情报调查委员会④	2001年6月	小布什总统	识别情报界存在的机遇与挑战	2002年2月提交了保密的最终调查报告
国会联合情报调查委员会⑤	2002年2月14日	国会参众两院情报委员会	调查美国情报界在“9·11”事件发生前后的活动	2002年12月15日出台最终调查报告

① The Advisory Panel to Assess Domestic Response Capabilities for Terrorism Involving Weapons of Mass Destruction (Gilmore Commission), http://www.rand.org/nsrd/terrpanel.

② The National Commission on Terrorism (Bremer Commission), http://www.access.gpo.gov/nct.

③ The U.S. Commission on National Security/21st Century (Hart-Rudman Commission), http://www.crs.gov/staff/911/pdf/rmap_ns1.pdf.

④ 2001年8月31日，斯考克罗夫特领导的情报调查委员会向中央情报主任提交了中期调查报告。2002年2月，该委员会向中央情报主任提交了最终调查报告。然而，这份调查报告始终处于保密状态，并未提交给总统，也从未完整地向外界公开，甚至情报界内部都不知道该报告的具体内容。

⑤ U.S. Senate Select Committee on Intelligence and House Permanent Select Committee on Intelligence, *Report of the Joint Inquiry into the Terrorist Attacks of September* 11, 2001, Washington, D.C.: Government Printing Office, December 20, 2002, http://www.gpoaccess.gov/serialset/creports/pdf/fullreport.pdf.

续表

调查委员会名称	调查发起时间	发起者	任务	提交调查报告情况
美国遭受恐怖袭击国家委员会（“9·11”委员会）①	2002年11月27日	依据公法107－306第六编，由总统和国会共同发起	调查“9·11”恐怖袭击的原因，政府的应对及缺陷	2004年7月22日出台最终调查报告
参议院情报特别委员会	2003年6月20日	参议院情报特别委员会	调查情报界对伊拉克的战前情报活动，以及决策层对情报的使用	2003年至2008年间发布了6份调查报告②
美国大规模杀伤性武器情报能力调查委员会（WMD委员会）③	2004年2月6日	根据第13328号行政指令，由小布什总统发起	评估美国情报界识别和应对大规模杀伤性武器及相关设备的能力	2005年3月31日提交最终调查报告

（二）行政改革

通过行政命令或总统指令对情报界进行改革，相较于委员会调查和立法，是一种更迅速、更有效的改革方式。④“9·11”事件后，

① National Commission on Terrorist Attacks upon the United States, *The 9/11 Commission Report: Final Report of the National Commission on Terrorist Attacks Upon the United States*. Washington, D. C. : Government Printing Office, 2004, http: //www. 9－11commission. gov/report/911Report. pdf.

② 这6份调查报告分别是《美国情报界对伊拉克的战前情报评估》(2004年)、《战后发现的伊拉克大规模杀伤性武器计划和其与恐怖主义的联系以及这些发现如何与战前评估相比较》(2006年)、《情报界对伊拉克国会所提供的信息的使用》(2006年)、《战前对战后伊拉克所作的情报评估》(2007年)、《美国政府官员有关伊拉克的公开言论是否曾被情报信息所证实》(2008年)、《负责政策事务的副国防部长办公室下辖的政策反恐怖主义评估组与特别计划办公室对伊拉克开展的情报活动》(2008年)。

③ The Commission on the Intelligence Capabilities of the United States Regarding Weapons of Mass Destruction, *Report to the President of the United States*, Washington, D. C. : Government Printing Office, March 31, 2005, http: //www. wmd. gov/report/wmd_report. pdf.

④ Bruce Berkowitz, "Intelligence Reform: Less Is More," *Hoover Digest*, 2004, http: //www. hoover. org/publications/digest/3042191, html.

总统通过这种方式推进了诸多重要改革。

1.《“9·11”委员会报告》出台之前的改革措施

在《“9·11”委员会报告》出台之前，改革的焦点并没有集中到情报系统上。这一阶段总统采取的措施有：第一，成立“国土安全部”（Department of Homeland Security）。“9·11”事件后，国会强烈要求行政系统采取改革行动。到了2002年，国会中期选举临近，民主党参议员乔·利伯曼（Joe Lieberman）提出组建国土安全部的议案，在国会中产生很大影响。在这种情况下，总统必须抢先采取行动，做出成绩以稳住共和党的多数地位。因此，在同年6月，小布什政府突然宣布整合22个机构，成立内阁级别的国土安全部。这是美国政府20世纪40年代以来，规模最大的一次重组。第二，成立“恐怖威胁融合中心”（Terrorist Threat Integration Center）。2003年1月28日，小布什政府组建恐怖威胁融合中心，负责恐怖威胁的综合分析，并直接向中央情报主任汇报。

2.《“9·11”委员会报告》出台之后的改革措施

《“9·11”委员会报告》出台后，小布什总统按照报告的建议，在2004年8月27日，连续颁布三个与情报相关的行政命令，以此表明积极推进情报改革的态度，为即将到来的大选添加筹码。① 这三个行政指令分别是：

第13354号行政指令，成立国家反恐中心，负责分析和整合所有反恐信息，对反恐行动进行战略指导和计划，向各大机构分配反恐行动任务，并且担任恐怖分子和恐怖组织信息的数据共享中心。②

第13355号行政指令，加强情报界的管理。该指令对1981年颁布的第12333号行政指令进行了大范围修订，增加了中央情报主任

① 相较之下，布什的竞争对手约翰·克里（John Kerry）在整个竞选过程中都回避情报改革议题。参见：Helen Fessenden, “The Limits of Intelligence Reform,” *Foreign Affairs*, November/December 2005, http://www.foreignaffairs.com/articles/61204/helen-fessenden/the-limits-of-intelligence-reform.

② The White House, Executive Order 13354: National Counterterrorism Center, August 27, 2004, http://www.fas.org/irp/offdocs/eo/eo-13354.htm.

的权力，将中央情报主任从总统的“主要（primary）情报顾问”，提升为“首席（principal）情报顾问”；并且扩展了中央情报主任的管辖范围，从“国家对外情报”扩展到“一切情报事务”，解除了1947年《国家安全法》设定的对内和对外的限制。[①]

第13356号行政指令，加强恐怖主义信息共享以保护美国人民。在情报机构和各级地方政府之间最大限度地共享恐怖主义信息。[②]

（三）立法改革

对于情报改革，“虽然机构本身能够自动改进，总统也可以单方面采取改革行动，但是影响最深远的改革基本上都需要设立新的法律”。[③]“9·11”事件后，美国进行了大量立法工作，修补安全系统的漏洞，以防范和打击恐怖主义，其中很多内容都与情报相关。而最重要的立法当属《情报改革与防止恐怖主义法》。该法于2004年12月17日正式生效。“相较于1947年的《国家安全法》和1986年的《国防改组法》，该法是国家安全立法中的另一个里程碑。”[④] 该法最重要的突破就是设立了国家情报主任这一职位，加强了对情报界的集中管理。

对情报系统进行更有效的协调管理，一直是美国国家安全的诉求。从珍珠港事件的后见之明，到“9·11”事件的调查总结，前后跨越近60年，得出的结论居然惊人地相似：情报系统缺乏统一的管

① The White House, Executive Order 13355: Strengthened Management of the Intelligence Community, August 27, 2004, http://www.fas.org/irp/offdocs/eo/eo-13355.htm.

② The White House, Executive Order 13356: Strengthening the Sharing of Terrorism Information To Protect Americans, August 27, 2004, http://www.fas.org/irp/offdocs/eo/eo-13356.htm.

③ Amy B. Zegart, *Spying Blind: The CIA, the FBI, and the Origins of* 9/11, Princeton and Oxford: Princeton University Press, 2007, p. 5.

④ Office of the Director of National Intelligence, *Reforming Intelligence: The Passage of the Intelligence Reform and Terrorism Prevention Act of* 2004, February 2009, p. 25, http://www.fas.org/irp/dni/reform.pdf.

理与协作是导致灾难发生的主因之一。① 情报系统缺乏强有力的中央管理者，导致其成为"美国国家安全最脆弱的环节"。② 为了解决这个严重的设计缺陷，"9·11"之前的多次调查都提出增强中央情报主任的权力，甚至是建立国家情报主任。③ 但在《情报改革与防止恐怖主义法》出台之前，在这方面都没有实质性的进展。与中央情报主任相比，新设立的国家情报主任承担的职责更少，拥有的权力更多，从而减轻了情报界中央管理者权责不相匹配的状况。

表1-2　中央情报主任与国家情报主任的主要职责与权力之比较④

名称	中央情报主任	国家情报主任	效果
职责	总统的"主要"（primary）情报顾问；⑤ 情报界的首脑；担任中央情报局的局长	总统的"首席"（principal）情报顾问；情报界的首脑	减轻工作量，使国家情报主任有更多的精力从事情报界的管理工作

① Michael Warner (ed.), *Central Intelligence: Origin and Evolution*, Washington, D. C.: Central Intelligence Agency Center for the Study of Intelligence, 2001, p. 1, https://www.cia.gov/library/center-for-the-study-of-intelligence/csi-publications/books-and-monographs/Origin_and_Evolution.pdf.

② Amy B. Zegart, *Spying Blind: The CIA, the FBI, and the Origins of* 9/11, Princeton and Oxford: Princeton University Press, 2007, p. 271.

③ Alfred Cumming, *The Proposed Authorities of a National Intelligence Director: Issues for Congress and Side-by-Side Comparison of S.* 2845, *H. R.* 10, *and Current Law*, Washington, D. C.: Congressional Research Service, October 5, 2004, pp. 7-11. Alfred Cumming, *The Position of Director of National Intelligence: Issues for Congress.* Washington, D. C.: Congressional Research Service, August 12, 2004, pp. 16-19.

④ Richard A. Best Jr. and Alfred Cumming, *Director of National Intelligence Statutory Authorities: Status and Proposals*, Washington, D. C.: Congressional Research Service, April 17, 2008.

⑤ 第13355号行政命令将其更改为"首席（principal）情报顾问"，实际上此举并未增加中央情报主任的实权，象征意义大于实际价值。

续表

名称		中央情报主任	国家情报主任	效果
权力	预算权	“促进”（facilitate）年度预算的制定	“制定和决定”（develop and determine）国家情报计划①预算	扩大了国家情报主任控制预算和开支的权力（例如，当某个机构没有按照国家情报主任设定的优先级别进行开支，国家情报主任可以停止向该机构提供资金），但是对国防部下属情报机构的影响力并未增强
		无此权力	在国家情报主任的专门指导下，由“管理与预算办公室”（Office of Management and Budget）实施，将经过国会批准的资金，从财政部分配到包含情报机构的各内阁级别的部局	
		无此权力	有权监督预算的使用情况，以确保预算计划得到有效执行	
		无此权力	向国家情报计划之外的、情报界的其他机构提供预算指导	
		可以参与制定国防部的年度联合军事情报计划和战术情报及相关活动的预算②	关键词依然是“参与”	
	资金调拨与再计划权	在各部门首脑不反对的情况下，才可以采取行动	可单方面采取行动，不超过1.5亿或部门预算的5%	有限增加了预算执行层面的权力
	人事调动权	在相关部门不反对的情况下，才能调动人员，时间不超过一年	经过管理与预算办公室同意，有权在情报界内调动人员，期限不超过两年	有限增强了人事调动的权力
	高级情报官员任免权	无举荐权，只有3家情报机构的首脑任命需要征求中央情报主任同意	可以举荐国家情报第一副主任和中央情报局局长，同意权的范围扩展到9家情报机构③	增强了对情报界各机构首脑人选的影响力

---

① 之前被称为“国家对外情报计划”（National Foreign Intelligence Program），《情报改革与防止恐怖主义法》将其重命名为“国家情报计划”（National Intelligence Program）。

② 美国在2005年9月设立了“军事情报计划”（Military Intelligence Program），该计划整合了全部的“联合军事情报计划”（Joint Military Intelligence Program）和大部分“战术情报及相关活动”（Tactical Intelligence and Related Activities）的预算。参见：Richard A. Best, *Intelligence Issues for Congress*. Washington, D. C.: Congressional Research Service, January 9, 2009, p. 6.

③ 包括国家安全局局长、国家侦察办公室主任和国家地理空间情报局局长，扩展到情报与研究助理国务卿、能源部情报办公室主任、能源部反情报办公室主任、财政部情报与分析部长助理、联邦调查局长情报行政助理、国土安全部信息分析助理部长。

续表

名称		中央情报主任	国家情报主任	效果
权力	采购权	无此权力	在重大采购项目上（除了涉及国防部的项目）有决定权	有助于采购方案的整合与资源的优化利用
	任务分配权	仅限于搜集阶段	有权管理和指导国家情报的搜集、分析、生产和分发各阶段的任务分配	有助于在情报流程各个环节优化利用资源

二、国家情报改革的局限

虽然这一阶段的国家情报改革轰轰烈烈，但是美国情报界“太复杂、太庞大，对其进行改革不可能一蹴而就”[1]。而且，改革作为一种对既存权力平衡的解构和重建，在美国“以权力制约权力”的制度之下，通常只是对权力平衡进行微调，很难产生重大突破，这一阶段的情报改革也不例外。此外，这一阶段的国家情报改革重在调整组织结构，没有解决调查委员会指出的其他能力建设问题。

（一）调查委员会的局限

在冷战后的美国，对情报问题进行调查的委员会几乎从未间断，经常是上届委员会的报告尚未发布，新的委员会又已经成立。[2] 但是，委员会要对情报工作产生重大影响却非常困难。据艾米·萨格特统计，在1991年1月至2001年9月之间，美国共进行了12次重要的调查研究，提出了340项与情报改革相关的建议，但是其中79%的建议完全没有得到采纳。[3]

---

① Michael Warner & J. Kenneth McDonald, *US Intelligence Community Reform Studies Since* 1947, Washington, D. C.: Central Intelligence Agency Center for the Study of Intelligence, 2005, p. 43.

② Berkowitz, Bruce, "Intelligence Reform: Less Is More," *Hoover Digest*, 2004, http://www.hoover.org/publications/digest/3042191.html.

③ Amy B. Zegart, *Spying Blind: The CIA, the FBI, and the Origins of* 9/11, Princeton and Oxford: Princeton University Press, 2007, pp. 28 – 35.

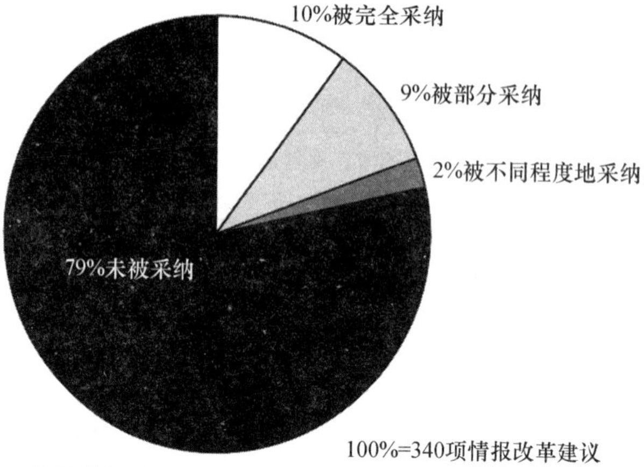

图 1-2 美国情报改革建议的采纳情况（1991 年 1 月至 2001 年 9 月）①

出现这种情况，首先，是由于委员会没有推进改革的实际权力。委员会不能立法，不能直接控制被调查的机构，只能为行政和立法系统提供建议。其次，很多委员会的设立都有政治目的。有些时候设立调查委员会只是为了转移责难，显示出总统和国会应对危机的积极态度和快速反应，同时又避免了因采取实际行动而带来的各种反对和阻挠。② 再次，委员会的调查耗时太长，容易错过改革良机。委员会通常需要数月，甚至数年的时间来完成工作，在这期间很多改革措施都被推迟，而官员和大众的注意力也转向了其他事项。如 2002 年的两院联合调查，当最终报告出台时，改革的时机已经错过，国会和总统都已失去了进行情报改革的动力，导致联合调查报告的建议遭到忽视。③

---

① Amy B. Zegart, *Spying Blind: The CIA, the FBI, and the Origins of* 9/11, Princeton and Oxford: Princeton University Press, 2007, p. 36.

② Amy B. Zegart, *Spying Blind: The CIA, the FBI, and the Origins of* 9/11, Princeton and Oxford: Princeton University Press, 2007, pp. 176, 218.

③ 但是《“9·11”委员会报告》与《WMD 委员会报告》却相当例外，前者是 2004 年美国国家情报改革的关键推手，而后者的大部分建议都被小布什政府采纳。

（二）行政改革的局限

虽然行政改革速度快，效率高，但是“9·11”事件之后，美国对情报系统进行的行政改革“非常温和，尽量避免触及既得利益集团”[①]，因而存在着很大的缺陷。

1. 情报改革错失良机且未能聚焦情报界存在的问题

重大的情报失误通常都是情报改革的催化剂，[②] 但是“9·11”事件发生之后，小布什政府否认这是一次情报失误，[③] 回避情报改革的问题，将政府的改革重心转移到了其他方向。先是花费大量精力促成《爱国者法》通过，后又组建国土安全部。虽然斯考克罗夫特审查和国会的联合调查都指出情报界存在大量问题，但是在“9·11”报告出台之前，情报改革始终没有被提上政治议程。

2. 新成立的国土安全部和恐怖威胁融合中心都存在明显的组织缺陷

首先，国土安全部的情报能力非常弱。在该部成立之初，只有“信息分析与基础设施保护处”（Information Analysis and Infrastructure Protection Division）一个单位具备情报能力。而该处只负责分析境内外的恐怖威胁信息，没有权力进行情报搜集，没有权力对国土安全部下属的其他机构进行任务指导，更没有能力使各机构在情报问题上开展合作。而且其情报能力很弱，难以独立地开展情报活动，需

---

① Michael A. Turner, “Intelligence Reform and the Politics of Entrenchment,” Annual Conference of the International Studies Association, Honolulu, Hawaii, March 2, 2005, http://www.allacademic.com//meta/p_mla_apa_research_citation/0/7/0/8/pages70838/p70838-26.php.

② 以几件在美国现代情报史上有重大影响的改革事件为例：第一，对“珍珠港事件”的反省，导致美国现代情报体制的建立；第二，1950-1953年间，中央情报主任“甲壳虫”史密斯（Walter Bedell Smith）主导的情报改革，起因于情报界对朝鲜战争的预警失误；第三，1971年“施莱辛格委员会”（Schlesinger Commission）推动的情报改革，起因于情报界在越战中的不良表现。

③ 例如，时任美国国家安全事务助理赖斯在“9·11”委员会公开作证时称：“我认为，没有任何事情可以阻止这次袭击。”参见：“Hearing of the National Commission on Terrorist Attacks upon the United States,” April 8, 2004, http://www.9-11Commission.gov/archive/hearing9/9-11Commission_Hearing_2004-04-08.pdf.

要其他情报机构的帮助。其次，国土安全部已经有了综合分析恐怖威胁的职责，再设立相同职责的恐怖威胁融合中心，导致机构关系上出现混乱。第一任国土安全部长汤姆·里奇（Tom Ridge）对该中心的成立感到震惊，另有内部人士更是说："白宫创造了我们，却又努力地排斥我们。"① 而且，恐怖威胁融合中心的设立，导致联邦、州和地方各级政府感到迷惑，不清楚该中心与国土安全部二者的角色区别。② 总之，以上两项行动没有解决情报界的任何组织缺陷。

（三）立法改革的局限

"政治上的妥协，在法案得以通过的过程中虽然不可避免，但是它通常会减弱预计的改革力度。"③ 在美国的宪政制度下，为了立法能够顺利通过，必然会在各种意见之间进行折中妥协。而由此组建的机构，往往在成立之初就偏离了原始的设计，难以达到理想效果。如 1947 年创立中央情报主任时，由于联邦调查局、国务院和各军种的反对，中央情报主任缺乏中央管理权力，导致其在随后的 57 年中一直存在职责和权力不相匹配的问题。

《情报改革与防止恐怖主义法》虽然是继 1947 年《国家安全法》之后，对情报系统影响最大的一部法律，但它也是妥协的产物。在立法过程中，参议院和众议院提出的议案差别巨大，争议的焦点之一是国家情报主任应该拥有多大的权力。在这个问题上，最终妥协的结果比最初的设想大大打了折扣。如参议院情报特别委员会（Senate Select Committee on Intelligence）副主席克里斯托弗·邦德

① Susan B. Glasser and Michael Grunwald, "Department's Mission Was Undermined from Start," *The Washington Post*, December 22, 2005, p. A01, http://www.washingtonpost.com/wp-dyn/content/article/2005/12/21/AR2005122102327.html.

② Markle Foundation Task Force on National Security in the Information Age, "Creating a Trusted Network for Homeland Security: Second Report of the Markle Foundation Task Force," December 2003, p. 3, http://www.markle.org/downloadable_assets/nstf_report2_full_report.pdf.

③ Office of the Director of National Intelligence, Reforming Intelligence: The Passage of the Intelligence Reform and Terrorism Prevention Act of 2004, February 2009, p. 16, http://www.fas.org/irp/dni/reform.pdf.

（Christopher S. Bond）所说，法案没有赋予国家情报主任足够的权力，使之可以对情报界进行指导（direct），而不仅仅是协调（coordinate）。① 结果，新设立的国家情报主任对各情报机构没有“直线管理权”（Direct Line Management Authority），不能像军队系统那样对下级进行直接指挥，而只能通过制定政策和调配资源，引导和约束各情报机构的活动，对其进行间接控制。在最关键的预算和人事权力方面，虽然国家情报主任在计划层面上享有广泛的权力，但是在执行层面上的实际权力却受到严格限制。以预算调拨和再计划权以及人事调动权为例，可见立法过程中的妥协导致国家情报主任获得的权力远小于最初的设计。

表 1－3　国家情报主任的预算调拨和再计划权以及人事调动权②

权力类型	《“9·11”委员会》报告	第 2845 号参议院议案	第 10 号众议院议案	《情报改革与防止恐怖主义法》
预算调拨和再计划权	应该具有单方面调拨和再计划资金的权力	可不经部门和机构首脑同意，调拨和再计划资金，数量不限	单方面调拨和再计划资金最多不超过相关部门5%的情报预算	单方面调拨和再计划资金最多不超过 1.5 亿，或者部门预算的5%；超过部分需征得部门首脑同意
人事调动权	应该具有单方面调动人员的权力	可不经部门和机构首脑同意调动人员，数量不限	不能单方面调动人员	按照与部门和机构首脑制定的程序，可以调动人员，时间不超过两年；当成立新的国家情报中心时，可为其单方面调动 100 名以内的人员

① Office of the Director of National Intelligence, “Hearing of the Senate Select Committee on Intelligence: DNI Authorities and Personnel Issues,” February 14, 2008, p. 3, http: //www.odni.gov/testimonies/20080214_transcript.pdf.

② 表 1－3 主要根据下述文件制作而成：National Commission on Terrorist Attacks upon the United States, *The 9/11 Commission Report: Final Report of the National Commission on Terrorist Attacks upon the United States*, Washington, D. C.: Government Printing Office, 2004, http: //www.9－11commission.gov/report/911Report.pdf; Office of the Director of National Intelligence, Reforming Intelligence: The Passage of the Intelligence Reform and Terrorism Prevention Act of 2004, February 2009, http: //www.fas.org/irp/dni/reform.pdf; Public Law No. 108－458: Intelligence Reform and Terrorism Prevention Act of 2004, December 17, 2004, http: //www.intelligence.senate.gov/laws/pl108－458.pdf.

正如前中央情报主任助理詹姆斯·西蒙（James Simon）所言，“1.5 亿对于庞大的情报预算来说，实在只能算是零头，”[①] 而 100 名人员的调动上限也实在太少。[②] 对资金和人员流动的严格限制，将严重制约国家情报主任的管理能力，使其难以及时、有效地应对瞬息万变的局势。另外，国家情报主任的预算权局限在国家情报计划之内，国防部长仍然完全掌控着占全部情报预算 50% 左右的军事情报计划预算。[③] 而且，二者的预算管辖范围又有重叠之处（国家情报计划中的许多重要内容，都由国防部掌控的军事情报计划预算出资），[④] 容易产生冲突。当冲突发生时，只有总统有权进行裁决。除非获得总统的支持，否则国家情报主任与国防部长就情报预算发生冲突时，前者总是处于弱势地位。

除此之外，法案本身有多处用语模糊的地方，留下了很大的解读空间。如前任中央情报局总法律顾问杰弗里·史密斯（Jeffrey H. Smith）所说，新法案存在许多“令人迷惑和矛盾”的地方，对这些条款的争论将持续很长一段时间。[⑤] 1947 年《国家安全法》就存在类似的问题，导致中央情报主任获得的实际权力远小于纸面上的法律条文。因此，“如何解读和执行 2004 年的法案，远比纸面上的法律条文重要得多”。[⑥]

---

① Shane Harris, “Reform Bill Misses the Mark,” Intelligence Veterans Say, GovExec. com, December 16, 2004, http://www. govexec. com/story _ page. cfm? filepath =/dailyfed/1204/121604h1. htm.

② Gregory F. Treverton, *The Next Steps in Reshaping Intelligence*, Santa Monica, CA: RAND Corporation, 2005, p. 5, http://www. rand. org/pubs/occasional_papers/2005/RAND_OP152. pdf.

③ Stephen Daggett, *The U. S. Intelligence Budget: A Basic Overview*, Washington, D. C.: Congressional Research Service, September 24, 2004, p. 3.

④ The Commission on the Intelligence Capabilities of the United States Regarding Weapons of Mass Destruction, *Report to the President of the United States*. Washington, D. C.: Government Printing Office, March 31, 2005, p. 315, http://www. wmd. gov/report/wmd_report. pdf.

⑤ Douglas Jehl, “The Spymaster Question,” *The New York Times*, December 8, 2004, http://query. nytimes. com/gst/fullpage. html? res =9E0DE1D81231F93BA35751C1A9629C8B63.

⑥ Ned F. Carmody, *National Intelligence Reform*, Carlisle Barracks, Pennsylvania: U. S. Army War College, March 18, 2005, http://handle. dtic. mil/100. 2/ADA432487.

总的来说，2004 年的立法改革并没有建立一个对情报界进行集权控制的“情报沙皇”（intelligence czar），它只是稍微增强了情报界中央管理者的权力。新设立的国家情报主任，要以十分有限的权力，跨越 6 家内阁级别的部门，对 16 家情报机构进行指导和协调，仍然十分困难。与单个内阁部门的首脑（特别是国防部长）相比，国家情报主任仍然处于弱势地位。

第二章 小布什政府的国家情报战略

2002年9月20日，小布什政府颁布了其任内首份《国家安全战略》，正式把“先发制人”战略确定为美国在21世纪的国家安全战略。该战略明确指出：“情报以及我们对情报的使用方式是应对恐怖分子和敌对国家威胁的第一道防线。情报界的工作重点过去一直是针对苏联集团这个庞大而固定的对象搜集大量信息，目前面临的挑战是必须监控更加复杂、更难发现的各类目标。我们必须推动情报力量转型，根据威胁性质的变化打造新的情报力量。情报工作必须与国防和执法部门相融合，并与我们的盟友相协调。”① 由此可见，小布什政府已经意识到情报工作在应对国家安全威胁方面的重要作用和能力差距，并决心推进国家情报力量的全面转型。

2005年10月26日，美国首任国家情报主任约翰·内格罗蓬特（John Negroponte）第一次公开发布了《国家情报战略》。该战略反映了“9·11”事件后美国国家情报工作在“全球反恐战争”的大背景下肩负的新使命，以及《国家安全战略》对情报界能力建设提出的要求。该战略首先指出了小布什政府对情报界的要求：“我们广大的情报业界（intelligence enterprise）必须更加联合、更加协调、更加高效。”② 小布什政府以“业界”一词描述转型中的情报界，颇

① The White House, The National Security Strategy for the United States of America, September 2002, p. 30, http: //www. globalsecurity. org/military/library/policy/national/nss – 020920. pdf.

② Office of the Director of National Intelligence, The National Intelligence Strategy of the United States of America: Transformation through Integration and Innovation, October 2005, p. 1, http: // www. dni. gov/publications/NISOctober2005. pdf.

具深意。“业界”一词的基本含义为：第一，一项大胆、困难、有风险而又非常重要的工程，或是一个正处于创业期的公司；第二，一种积极主动的意愿，勇于承担新的、有风险的工程；第三，非常积极地投入某项工程。① 采用“业界”② 这个新概念，是为了表明情报界经历转型后充满活力、积极主动的新状态；同时也说明了情报转型是一项非常重要的事业，尽管困难重重，充满风险，仍然需要全力推进。遵此指示，该战略提出了情报界的远景规划：“我们将成为一个由具有创新精神的情报专业人员组成的统一业界，我们共同的目标是保卫美国人民的生命和利益以及推广美国的价值观，我们将从美国的民主制度，多样性和智力及技术优势中获取力量。”③ 在这一构想的指导下，该战略决定按照一体化的基本原则推动情报界的转型，并按照任务目标（5 个）和能力目标（10 个）的区分，对小布什政府时期（第二任期）的国家情报工作进行总体部署。

第一节　国家情报战略设定的战略目标与实施方案

安全环境的变化导致美国国家情报的任务发生变化，新的任务不断出现，传统任务的优先等级也在调整之中。为了完成这些任务，首先需要充分运用现有的国家情报能力，当现有能力不足以满足需求时，就需要通过改革（转型）的方式，进行情报能力建设。也就是说，美国国家情报战略包括运用和发展两个层面。因此，战略目标就分为两类：“任务目标”（mission objective）——指出国家情报的优先任务，对各类情报活动提出要求，即运用国家情报力量的目

---

① Victoria Neufeldt and David B. Guralnik (eds.), *Webster's New World Dictionary of American English*, New York: Prentice Hall, 1994, p. 453.

② 为了避免术语的混乱，本书其他地方仍用“情报界”一词。

③ Office of the Director of National Intelligence, The National Intelligence Strategy of the United States of America: Transformation through Integration and Innovation, October 2005, p. 3, http://www.dni.gov/publications/NISOctober2005.pdf.

标；“能力目标”（enterprise objective）——为完成国家情报任务，遵循外部改革要求，针对情报界内部改革（转型）提出的目标，即发展国家情报力量的目标。

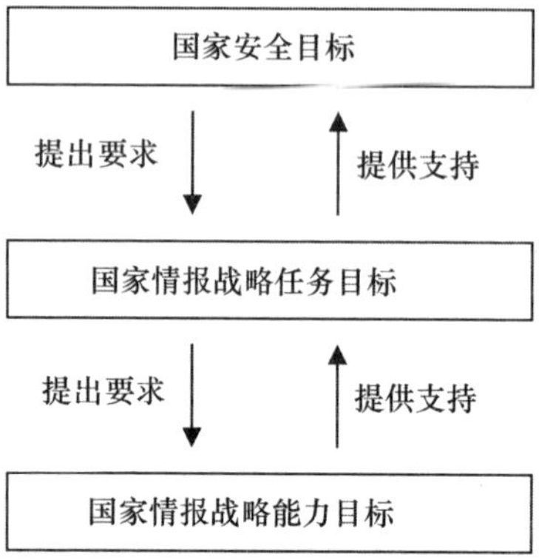

图 2—1　战略目标之间的关系

一、任务目标与实施方案

“9·11”事件后，在越发危险的世界中重塑美国的安全，成为小布什政府的首要目标。[①] 美国的国家安全战略也因此进行了重大调整。2002 年《美国国家安全战略》报告明确指出：“美国所面临的最严重的威胁是激进主义与技术的结合。”[②] 因此，打击恐怖主义，防止大规模杀伤性武器的扩散，同时阻止二者的结合，已经成为美国维护国家安全的首要任务。为此，2002 年《美国国家安全战略》报告确定了达成国家安全目标的八项实施方案：[③]

① John Lewis Gaddis, “Grand Strategy in the Second Term,” *Foreign Affairs*, Vol. 19, No. 1, January/February 2005, p. 2.

② The White House, The National Security Strategy for the United States of America, September 2002, p. II, http://www.globalsecurity.org/military/library/policy/national/nss－020920.pdf.

③ The White House, The National Security Strategy for the United States of America, September 2002, pp. 1－2, http://www.globalsecurity.org/military/library/policy/national/nss－020920.pdf.

1. 支持对人类尊严的追求（在全世界推进美国式的自由和民主）；

2. 加强联盟以击败全球恐怖主义，并防止恐怖袭击；

3. 与其他国家合作，化解地区冲突；

4. 阻止敌人以大规模杀伤性武器相威胁；

5. 通过自由市场和自由贸易，促进全球经济增长；

6. 通过开放社会和建立民主体制扩大发展范围；

7. 与其他主要的全球力量中心进行合作；

8. 改革美国国家安全体制。

情报作为美国国家安全的第一道防线，必须支持以上的国家安全政策，承担相应的责任。情报界必须识别优先的任务，将国家安全政策的要求转化为国家情报工作的目标。2005 年颁布的《国家情报战略》便根据国家安全战略的要求，为国家情报工作设定了五项任务目标,① 明确了小布什政府时期美国国家情报工作的优先任务。这些目标与 2002 年《国家安全战略》报告保持一致。

根据国家安全战略的要求，情报界将“反恐”作为各项任务之首，最优先的工作都要围绕“反恐”展开。正如内格罗蓬特所言：“反恐战争是我们的第一要务，是情报界进行重大转型的动力和焦点。”② 同时，如果大规模杀伤性武器落入恐怖分子手中，将会对美国构成致命的威胁，此二者的结合是美国的“阿喀琉斯之踵”。③ 因此，美国情报机构必须发现任何地点、任何规模的核生化武器计划，并在攻击来临之前发出预警。至于“促进民主”的目标，则与小布

① Office of the Director of National Intelligence, The National Intelligence Strategy of the United States of America: Transformation through Integration and Innovation, October 2005, p. 4, http://www.dni.gov/publications/NISOctober2005.pdf.

② Office of the Director of National Intelligence, John D. Negroponte, Annual Threat Assessment of the Director of National Intelligence for the Senate Select Committee on Intelligence, February 2, 2006, p. 1, http://www.odni.gov/testimonies/20060202_testimony.pdf.

③ 理查德·福肯瑞斯等：《美国的致命弱点》，许嘉等译，上海人民出版社，2005 年版，第 1－2 页。

什政府的政策密切相关。对外输出民主制度，贯穿了整个美国外交史。[①] “9·11”事件之后，小布什政府借反恐之名，在推行民主制度输出这一全球战略中，更是使尽浑身解数，采取了多种手段，如在伊拉克进行美国式的民主重建，在东欧和中亚推动“颜色革命”等等。[②] 小布什政府坚持认为，如果中东国家不能建立稳固的民主制度，世界就难以摆脱恐怖主义的威胁。[③] 因此，推进民主成为美国国家安全战略的重要组成部分。为了响应白宫的政策，美国情报界也将“促进民主”作为国家情报工作的目标。

表 2－1　2005 年《国家情报战略》的任务目标与 2002 年《国家安全战略》的关系

2005 年《国家情报战略》的任务目标与实施方案		与 2002 年《国家安全战略》的关系
任务目标	实施方案	
1. 通过瓦解恐怖分子的行动能力，在国内外击败他们，并通过倡导民主与自由，从他们手中夺回主动权	1.1 整合和激励美国所有情报活动，以发现和瓦解美国国内外的恐怖组织 1.2 揭示恐怖分子的计划和意图，特别是那些可能涉及到获取或使用大规模杀伤性武器的情况 1.3 通过在易受恐怖分子影响的地区支持民主化和法治进程，使恐怖分子无法获得行动避风港、避难所和政治合法性 1.4 推动情报界以外的拥有高价值反恐信息的机构和人员为国家反恐活动做出贡献（例如，警察、政府官员、边境巡逻人员） 1.5 打造一个信息共享环境，将涉恐信息访问权与所有参与反恐活动的机构的角色、职责和任务进行匹配，使信息可及时获取并与其需求相关	支援反恐、促进民主和自由的行动（实施方案 1、2、6）

① 对外输出民主有两层含义：第一、寻求亲美的所谓“民主派”上台执政，完全接受美国的控制；第二、利用执政者的力量移植美国的宪法，即接受美国的人权和价值观念，然后建立美国式的民主体制，逐步在社会关系和社会生活的各个方面都实现“美国化”。

② 刘国平：《美国民主制度输出》，社会科学文献出版社，2006 年版，第 4 页。

③ John Lewis Gaddis, “Grand Strategy in the Second Term,” *Foreign Affairs*, Vol. 19, No. 1, January/February 2005, p. 12.

续表

2005 年《国家情报战略》的任务目标与实施方案		与 2002 年《国家安全战略》的关系
任务目标	实施方案	
2. 防止和应对大规模杀伤性武器的扩散	2.1 聚焦积极的和创新的搜集手段，从而缩小在大规模杀伤性武器技术以及相关武器项目上（特别是在生物恐怖活动领域）的知识空缺，发现他们的运输方法，并阻止这些武器进入美国本土 2.2 向情报界以外的机构寻求与大规模杀伤性武器技术相关的信息和专业知识 2.3 在国家反扩散中心的领导下，通过利用情报界每一个机构独特的专门技能和相对优势，对整个情报界的分析活动进行整合 2.4 与外国情报机构密切合作，对威胁进行共同评估，并制定有效的应对方案 2.5 确保涉及大规模杀伤性武器的情报信息与保护性应对措施信息关联起来，并被分发到参与作战、保护国家和执行法律的所有人员	支援反扩散的行动（实施方案 4）
3. 推动民主的发展，支持和平的民主国家	3.1 在需要加以干涉之时，支持外交和军事活动（包括冲突爆发前和结束后） 3.2 发展与新的和初生民主国家的关系，这能够帮助他们加强法治，击退对代议制政府的威胁 3.3 为决策者提供更好的分析框架，以便他们确定对于促进民主发展（包括自由市场和经济发展）以及警示国家失败的威胁和机遇	支援促进民主与自由的行动（实施方案 1、5、6）
4. 开发创新性的方法以了解和分析最困难的目标	4.1 充分利用有关最困难目标的全源情报，包括使用开源情报 4.2 制定全新方法，包括开展专业化训练和职业发展，用于分析硬目标的能力和意图 4.3 提升人力情报及相应的技术情报能力 4.4 评估敌方的情报能力及行动，确保富有洞察力的反情报分析能力有助于渗透进硬目标并有助于理解其领导核心	要掌握恐怖组织、封闭国家等目标的意图，防止他们采取危害美国的行动（实施方案 2、4）

续表

2005 年《国家情报战略》的任务目标与实施方案		与 2002 年《国家安全战略》的关系
任务目标	实施方案	
5. 预测战略问题发展态势，为决策者识别机遇和弱点	5.1 确定和分析可能的机遇，并就可能出现的问题示警 5.2 使各层次人员具备更深刻的文化理解，更熟练的语言能力和更丰富的科技知识 5.3 确定情报工作覆盖范围的空缺，并通过招募人员、培训和咨询外部专业人士努力缩小这些空缺 5.4 把注重远期分析和战略分析作为每名分析人员职责的一部分，训练分析人员预测可能影响美国利益的活动，确保他们对可能出现的情况保持警惕，从而能够及时采取行动	加强对战略趋势的了解，以抓住扩展美国利益的机会，并防止威胁出现（实施方案 1、3、5、6、7）

此外，任务目标的设置贯穿着先发制人的思想。如 2005 年《国家情报战略》序言所述："在危险的世界里，仅靠戒备是不够的。国家情报工作必须做得更多。"① 情报作为国家安全的第一道防线，必须扭转被动防守的态势，采取积极主动的搜集、分析和反情报行动。首先要尽早捕捉有关潜在威胁的信息，进而通过前瞻性的分析预测，既识别危险，又发现行动的机会，同时还必须采取更加积极主动的反情报措施。总之，要通过这些先发制人的情报行动，将威胁消灭在萌芽之中。这与小布什政府先发制人的战略思想是一脉相承的。

二、能力目标与实施方案

国家情报战略的能力目标，实质上就是遵循外部改革提出的要求，对情报界的内部改革（转型）提出的目标。因此，从外部改革的要求之中，能够找到制定能力目标的依据。下文将以《情报改革

① Office of the Director of National Intelligence, The National Intelligence Strategy of the United States of America: Transformation through Integration and Innovation, October 2005, p. 2, http://www.dni.gov/publications/NISOctober2005.pdf.

与防止恐怖主义法》的要求，以及美国大规模杀伤性武器情报能力调查委员会（下文简称“WMD 委员会”）提出的对策建议为背景，观察它们与国家情报战略能力目标之间的关系。首先，《情报改革与防止恐怖主义法》除对情报界的领导结构进行调整外，还对情报能力建设提出了以下要求：一是加强情报分析；二是加强信息共享；三是保护公民自由；四是其他领域，如加强教育和训练，转变联邦调查局的文化，改革“安全审查”（security clearance）制度等。[①] 其次，在《情报改革与防止恐怖主义法》出台三个月后，“WMD 委员会”也提交了最终报告。与大多数委员会的建议遭到忽视不同，“WMD 委员会”最终调查报告提出的 74 条建议中，有 70 条被小布什政府采纳。[②] 这些建议更细致地规划了美国情报界未来的发展。

表 2－2　2005 年《国家情报战略》的能力目标与外部改革的关系

2005 年《国家情报战略》的能力目标与实施方案		背景分析
能力目标	实施方案	
1. 根据美国法律及保护隐私与公民自由的要求，建设一体化的情报能力，以应对美国本土面临的威胁	1.1 司法部和国土安全部的情报机构获得合适的资源，并且能够与更广泛的情报界密切融合 1.2 情报界的所有机构协助推动关于恐怖分子、大规模杀伤性武器和美国本土面临的其他威胁的情报搜集和分析工作 1.3 各州、地方和部族政府以及私营部门参与到我们的国土安全和情报活动	情报界必须将国内国外，以及各机构分散的行动联合起来，以打破藩篱，更加有效地合作这是“9·11”事件的惨痛教训，是《情报改革与防止恐怖主义法》设定的本轮情报改革的核心，也是《WMD 委员会报告》对国家情报主任履行领导管理职责的核心要求

① House Permanent Select Committee on Intelligence, Initial Assessment on the Implementation of The Intelligence Reform and Terrorism Prevention Act of 2004, July 27, 2006, p. 2, http://www.fas.org/irp/congress/2006_rpt/hpsci072706.pdf.

② The White House, "Bush Administration Actions to Implement WMD Commission Recommendations," June 29, 2005, http://georgewbush-whitehouse.archives.gov/news/releases/2005/06/WMD-Commission-Matrix-6-29-05.pdf.

续表

2005年《国家情报战略》的能力目标与实施方案		背景分析
能力目标	实施方案	
2. 增强分析技艺、方法和实践能力，利用各领域的专业知识，并探索其他可供选择的分析观点	2.1 建设和维持情报界分析员团队的专门技能和能力，利用每个部门的独特能力，促进各个层面的跨机构合作 2.2 利用情报界以外的专门技能为判断提供信息，加强情报界知识较为缺乏的领域 2.3 改进整个情报界的分析方法和实践，确保严密性以及探索使用“可选择性分析法”①	“9·11”事件之前，分析人员没能综合关键的信息，错过预警良机；不久之后，对伊拉克是否拥有大规模杀伤性武器的情报评估又严重出错。作为情报工作的核心环节，情报分析存在着严重问题。《情报改革与防止恐怖主义法》的第1017款、1019款和1020款要求国家情报主任推动“可选择性分析法”的广泛使用，并保证分析的客观性；《WMD委员会报告》专辟一章论述情报分析问题，提出16条建议
3. 调整、整合和优化情报搜集能力，以满足情报用户和分析人员当前和未来的重点需求	3.1 扩大对开源信息的搜集和分析，并将其作为一体化情报活动进行管理 3.2 建立一个国家级秘密机构，根据职业精神及智力优势的优良传统，整合所有的人力情报搜集单位 3.3 重新调整技术搜集的构架，以提升对用户需求的响应性，增强适应性和生存能力，并为当前目标和新目标提供新的情报来源和搜集方法 3.4 扩展来自各州、地方和部落执法部门和私营部门利益攸关方具有情报价值的信息报告	作为一切情报工作的基础，当今美国的情报搜集面临巨大挑战。《情报改革与防止恐怖主义法》加强了情报界进行通信侦察的权力（如第6001款、6002款），并要求设立协调公开来源情报工作的机构（第1052款）；《WMD委员会报告》也专辟一章，论述情报搜集问题，并提出11条建议

① “可选择性分析法”用于应对非常复杂且不确定局面，通过系统地分析可能影响某个问题走向的多个潜在的主导因素，从而推导出问题的多种潜在发展趋势，得出多个“可选择”的结论。此方法通过拓宽结论的范围来提高分析的质量，在应对模糊而复杂的局面时非常有用。

续表

2005年《国家情报战略》的能力目标与实施方案		背景分析
能力目标	实施方案	
4. 吸引和招募人才，将其整合为一支勇于创新、注重实效的情报人才队伍	4.1 从各领域人才库招募优秀人才，针对他们将面临的挑战进行训练和培养，以适当的方式部署这些人才，使他们能够最大限度地发挥他们的才能和潜力 4.2 奖励专门技能、表现优秀和积极投身工作；提供职业发展和领导能力提升的机会，鼓励情报界军人和文职雇员以及领导者形成主动、创新、机智和坚韧的品质 4.3 建立覆盖整个情报界的文化。这种文化重视情报界每名工作人员的能力，并根据他们的才能和意愿，为他们提供在整个情报界发展的机遇	人才队伍建设是美国情报界内部改革的重要事项。《情报改革与防止恐怖主义法》第一编的第四分编“加强情报界教育”，专门规定了相应的措施；《WMD委员会报告》也将人才队伍建设的要求融入各章，提出与此相关的7条建议
5. 确保情报界成员机构和用户能够在需要时获得所需情报	5.1 消除在情报界内部进行信息共享的障碍，制定体现出所有数据需要共享（而不是需要知道）的政策，取消情报机构对情报信息的“所有权”① 5.2 建立一个用户友好型系统，使用户可以找到所需的情报并立即获取该情报 5.3 开发灵活而安全的网络。该网络既能适应快速变化的环境，又可以能够将情报以非保密的形式提供给非传统用户，例如各州、地方、部族政府和私营部门 5.4 创建一个情报“网络业界”，通过这个平台情报分析人员、搜集人员和用户可以迅速便捷地就秘密信息进行互动	“9·11”以来，美国上下强烈要求情报界打破“烟囱”。信息共享成为了必须解决的紧迫问题，是“9·11”以来情报改革的重点。《情报改革与防止恐怖主义法》要求国家情报主任确保情报信息在最大范围内实现共享，并建立“信息共享环境”。《WMD委员会报告》也将信息共享作为专门章节加以讨论，并给出了8条建议

① 《WMD委员会报告》提出，“共享”（share）的概念是基于以前陈旧的观念，即获取的信息或情报归各机构所有。正基于此，才出现了和其他机构共享信息的观念。但是实际上这些获取的信息是整个情报界的共同财产，如果被某一机构独占才是不合理的。所以，该报告拟用“信息融合”（information integration）或“信息访问”（information access）来替换“信息共享”一词，只是为了避免术语混乱，才继续沿用后者。参见：The Commission on the Intelligence Capabilities of the United States Regarding Weapons of Mass Destruction, *Report to the President of the United States*, Washington, D.C.: Government Printing Office, March 31, 2005, p.430, http://www.wmd.gov/report/wmd_report.pdf.

续表

2005年《国家情报战略》的能力目标与实施方案		背景分析
能力目标	实施方案	
6. 强化现有的对外情报伙伴关系并建立新的伙伴关系，以帮助应对全球安全挑战	6.1 参与和支持友好国家的情报机构的工作，以帮助确定和瓦解美国境内外恐怖组织的活动 6.2 与外国情报机构密切协作，从而为共同评估威胁和应对措施提供信息 6.3 确保从对外情报关系中获得的见解能够帮助情报决策和制定有效的应对措施	虽然在《情报改革与防止恐怖主义法》和《WMD委员会报告》中都没有直接对应，却符合2002年《美国国家安全战略》报告提出的“加强联盟关系以打击全球恐怖主义”的要求①
7. 制定明晰而统一的保密措施和准则，从而使我们共同努力，保护国家秘密并能够开展进攻性的反情报活动	7.1 重新定义保密指导方针，使大量的“敏感”信息能够获得灵活使用和共享，而小部分“秘密”信息则让更少的人掌握 7.2 在共同关心的安全问题上建立统一、互惠的情报界指导方针，包括设施使用权和电子系统及资料库的访问权 7.3 建立新机制，包括创新性的安全评估和可靠性监控，使情报机构能迅速对存在潜在弱点的人员进行评估 7.4 确保情报界进行反情报活动的不同机构能够作为一个有机整体采取积极而统一的反情报行动	《情报改革与防止恐怖主义法》中的第三编，专门论述安全审查制度的改革；《WMD委员会报告》设一章探讨如何增强反情报能力，并提出6条建议
8. 利用开创性的科研成果，使我们能够保持并扩展情报优势，以应对新兴威胁	8.1 在情报界的一切科技活动中建立集中领导、分工执行的流程 8.2 在情报机构内部深化专业技能，加强尖端项目的研发 8.3 通过国家情报主任办公室确定需要重点关注的高风险高回报研究项目，特别是在不同机构之间存在的“空白处” 8.4 适时推动各情报机构的联合研发	保持技术优势，一直是美国情报界内部建设非常重要的内容。《情报改革与防止恐怖主义法》要求在国家情报主任办公室内设立负责科技事务的职位，对相关事务进行统筹管理

① The White House, The National Security Strategy of the United States of America, September 2002, pp. 5－7, http: //www. globalsecurity. org/military/library/policy/national/nss－020920. pdf.

续表

2005 年《国家情报战略》的能力目标与实施方案		背景分析
能力目标	实施方案	
9. 从成功和错误中学习，预测新挑战并为之做好准备	9.1 创建一个汲取经验教训的机制，对情报部门的工作效率进行评估，并将其作为支持国家政策目标的“系统之系统” 9.2 建立严格的评价程序来判定单个战略规划在多大程度上实现了各自提出的目标，以及他们支持相关任务目标和能力目标的效果如何 9.3 将处理危机和突发事件的应急方案纳入每个单位的战略规划 9.4 为国家情报主任建立一个坚强的指挥与控制系统	《WMD 委员会报告》在第六章“领导与管理”中，要求情报界改进内部程序，加强自我检验，其中包括加强对经验教训的研究
10. 削减冗余和那些无价值或低价值的项目，并将节约的资源投入到现有和新兴的国家安全重点事项中	10.1 实现财政报告的标准化、同步化和协调，以提供一份全面的、可供审计的情报界开支纪录 10.2 对当前项目的进展进行评估，着重评估项目目标的实现情况 10.3 取消毫无成效或收效甚微的多余任务或项目 10.4 中止与国家安全重点不符或没有达到预期目的的项目或方案 10.5 在统一的情报界领导下合并类似的项目和任务 10.6 合并或取消一些项目后，把节省出来的资金进行重新分配，以应对当前的或新出现的威胁 10.7 确保新系统的研发与情报界的业界架构相符	在情报界内进行适当的重复建设有一定的好处，但是过分的重复建设会严重浪费资源，导致恶性竞争，阻碍相互合作。另外，资源的配置没有集中到优先任务上来，这也是情报界一直存在的问题。① 因此，加强对计划和项目的统筹管理和审查监督，确保资源得到优化利用，就成了情报界需要重点解决的管理问题

① National Commission on Terrorist Attacks upon the United States, *The* 9/11 *Commission Report*: *Final Report of the National Commission on Terrorist Attacks upon the United States*, Washington, D. C.: Government Printing Office, 2004, p. 409, http: //www. 9 – 11commission. gov/report/911Report. pdf.

以上二者为下一阶段的美国情报改革设定了发展方向，要求情报界内部加以贯彻落实。因此，以它们为背景，可以更深刻地理解国家情报战略能力目标提出的原因，以及目标之间的优先排序和相互关系。

综上所述，在小布什政府时期，美国情报界的内部能力建设有以下六个重点：

第一，坚持“一体化”的原则。正如首任国家情报主任内格罗蓬特所言：“国家情报战略以一体化为基本前提。”① “一体化”的基本含义是：“将孤立的各部分加在一起或使之联合起来，组成一个整体。”② 对于情报界能力建设，“一体化”就是将对内、对外和军事情报能力联合起来，构建无缝隙的一体化情报能力。③ 为了这个最终目标，2005 年《国家情报战略》指出了情报界一体化建设的三个层面：一是以情报机构为单位，各机构紧密合作；二是仅限于机构之间的合作还不够，还必须打破机构的界限，以反恐等优先任务为牵引，在情报流程的各个环节上融合各机构的工作；三是情报界还必须与外界合作，形成更大范围的合作群体。

第二，人才队伍是能力建设的核心。“毋庸置疑，美国情报界要协助保卫国家安全，首先要依靠具有奉献精神的军职和文职人员队伍。”④ 未来的情报工作对人员素质的要求更高，需要他们具备更强的外语能力，更深入地理解外国文化，以及更善于与他人进行合作。情报界的领导层也必须学会跨越机构和组织文化的障碍，具备从事

---

① John D. Negroponte, “Remarks by the Director of National Intelligence,” Office of the director of National Intelligence, June 28, 2006, http://www.dni.gov/speeches/20060628_speech.htm.

② The Oxford English Dictionary (Vol. II). London: Clarendon Press, 1989, p. 1065. 值得注意的是词性的变化——integrate, integrated, integration，根据词性与语境不同可译作“整合”“融合”或“一体化”，但其基本含义相同。

③ John D. Negroponte, “Remarks by the Director of National Intelligence,” Office of the director of National Intelligence, June 28, 2006, http://www.dni.gov/speeches/20060628_speech.htm.

④ Office of the Director of National Intelligence, The US Intelligence Community's Five Year Strategic Human Capital Plan, June 2006, p. iii, http://www.dni.gov/publications/DNIHumanCapital StrategicPlan18October2006.pdf.

多个情报门类工作的经验，将不同的机构和组织文化联合起来，为了统一的目标采取协调一致的行动。

第三，信息共享是能力建设的突破口。未能对“9·11”事件的发生做出“便于行动”（actionable）[①] 的预警是美国情报界的重大失误，这一失误的直接原因在于情报分析没有准确地识别威胁，而出现这种状况的一大主要原因又在于执法机构与情报机构没能充分地共享信息，因此没有分析人员能够掌握全部的情报信息，不能“连点成线”。所以，改进信息共享，就成了此轮美国情报改革的中心议题，也是情报界能力提升的关键突破口。

第四，情报能力建设要增强情报的各主要功能（搜集、分析和反情报）。一方面，这需要技术和技能的创新，如研发新的传感器和搜集平台，改进情报分析的方法等；另一方面，在加强这些功能时，必须运用一体化的原则，例如构建一体化的搜集系统，将各门类和各层级的搜集资源整合在一起；创建虚拟的网上平台，促进分析人员之间的合作；将各情报机构的反情报能力整合起来，创建“反情报界”（Counterintelligence Community）等等。

第五，保持技术优势是能力建设的传统重点。在整个冷战中，美国情报界都占据着技术革新的前沿位置，在计算机、卫星技术等方面都保持着对苏联的优势。从这个意义上说，保持技术优势是美国情报界的传统。[②] 但近年来，受全球化的影响，先进技术在全世界迅速扩散，美国在科技上的领先优势逐渐变小，而对手的技术水平却迅速提升。面对这样的形势，美国情报界加强了对科技研发的协

① 所谓“便于行动的情报”是指可以使用户立即采取行动（包含了具体的时间、地点等信息），以消除即将到来的威胁的信息。例如，小布什总统曾表示他在“9·11”事件之前得到的预警缺乏“便于行动的情报”，没有可以据以采取措施的具体信息。Jan Goldman, *Words of Intelligence: A Dictionary*, Maryland: Scarecrow Press, 2006, p. 3.

② 关于美国情报界重视技术研发，并保持对苏的技术优势，可参见前中央情报主任斯坦斯菲尔德·特纳的专著《秘密与民主》的第八章《悄悄的革命：机器代替间谍》（The Quiet Revolution: Machines as Spies）。Stansfield Turner, *Secrecy and Democracy: The CIA in Transition*, New York: Harper and Row Publishers, 1985, pp. 90 – 98.

调指导，充分利用美国在信息技术等关键领域的领先优势，力图保持情报技术手段的领先。

第六，加强对情报资源的统一监管。国家情报主任必须充分利用法律赋予的权力，扭转情报界在资源运作上缺乏管理与协调的状况。在财、物管理方面，通过加强对情报资源的中央管理，可以促进资源的优化配置，减少不必要的冗余和重复，以节省宝贵的情报资源；在人事管理方面，通过改革和统一情报界的安全审查流程，可以在保护秘密的同时，促进人员和信息的流动。

第二节　国家情报战略的具体落实

一、约翰·内格罗蓬特任期内的改革

2005 年 4 月 21 日，约翰·内格罗蓬特正式成为美国第一任国家情报主任，其在近两年的任期内①使国家情报主任办公室这一新机构站稳了脚跟，并通过制定计划、政策和预算等手段，初步建立了领导情报界的指挥控制系统，同时，还领导情报界按照国家情报战略设定的目标，一方面承担维护国家安全的任务，另一方面系统地展开了情报界内部改革（转型）。在内格罗蓬特任期内，为完成《国家情报战略》设定的战略目标，美国情报界积极地开展各类工作。

（一）打击恐怖主义，支援国家的反恐行动

“美国处在战争之中”，② 为了维护国人的安全，美国情报界将反恐作为第一要务。③ 为此，情报界的各个机构开展了大量工作，这

---

① 2005 年 4 月 21 日至 2007 年 2 月 13 日

② The White House, The National Security Strategy of the United States of America, March 2006, p. i, http://georgewbush-whitehouse.archives.gov/nsc/nss/2006/nss2006.pdf.

③ John D. Negroponte, “Statement by the Director of National Intelligence John D. Negroponte to the Senate Select Committee on Intelligence,” February 2, 2006, p. 1, http://www.dni.gov/testimonies/20060202_tesitimony.pdf.

些工作可以分为三类：情报搜集、分析与整合、行动支援。[①]

1. 情报搜集

为了搜集反恐情报，美国情报界必须依靠国内外的传感器网络和搜集人员。在技术手段方面，针对恐怖分子分布零散、行动隐蔽的特点，情报界对传统的技术搜集手段进行了现代化改造，例如国家安全局（National Security Agency）的“恐怖分子监视项目”（Terrorist Surveillance Program, TSP），[②] 就对反恐贡献良多。在人力手段方面，中央情报局和国防情报局（Defense Intelligence Agency）采取了雇用线人的新方法，并与盟友合作，共同搜集信息；联邦调查局则更新了人力情报搜集的政策，修改了验证情报和信息真伪的方式，使之更加可靠。[③]

此外，在伊拉克和阿富汗进行的反恐情报搜集行动，占用了情报界的大量资源，如各种情报、监视、侦察系统，新配置的各种识别“简易爆炸装置”（Improvised Explosive Device, IED）的设备，从没收的文件和资料中寻找线索的处理工具，以及在偏远地区部署的传感器。这些巨大的投入取得了良好的效果，所获取的数据在数量和质量上都有明显提高。最好的证据就是情报人员追踪到了扎卡维（Abu Musab al - Zarqawi）的行踪，并为后续的打击行动提供了精确

---

① Director of National Intelligence, The 2006 Annual Report of the United States Intelligence Community, February 2007, p. 9, http: //www. dni. gov/electronic_reading_room/2006AnnualReportto Congress. pdf.

② 2005 年，美国媒体曝光了国家安全局在《对外情报监视法》授权之外的电子监视行动，即“恐怖分子监视计划”，引起了很多争议。该计划的行动细节虽然保密，但情报界称这是针对“基地”组织的行动，只要确信通信的一方与“基地”组织有关联，则可以进行监听，而不论另一方的身份（是否是美国公民）和所处的位置（是否在美国境内）。美国国会两院情报特别委员会在 2006 年 3 月达成协议，要建立程序，加强对国家安全局的监督，并考虑对《对外情报监视法》进行修订。参见：Richard A. Best, *Intelligence Issues for Congress.* Washington, D. C.: Congressional Research Services, 9 January 2009, pp. 14 - 15.

③ Director of National Intelligence, The 2006 Annual Report of the United States Intelligence Community, February 2007, pp. 9 - 10, http: //www. dni. gov/electronic_reading_room/2006AnnualReportto Congress. pdf.

的情报支援。① 但是，反恐情报搜集也存在不足，如缺乏精确的反情报保障，信号情报不能满足需求等。另外，由于担心泄露情报，美国情报机构也很难与外国伙伴进行合作。

2. 分析与整合

国家反恐中心是这方面行动的代表。正是通过国家反恐中心，美国情报界的反恐行动才越来越有效地汇集起来。需要时，它可以成为帮助国家领导人决策的关键情报中枢。该中心已经拥有数百名工作人员，② 其分析人员可以连接超过 30 家美国政府部门的网络，并向全世界 5000 名以上的分析人员分发信息。③ 同时，该中心还建立了多个分析融合中心，跟踪潜在的恐怖威胁。因此，国家反恐中心对潜在的恐怖威胁有了更全面的掌握。在 2006 年都灵冬奥会的安全保障中，以及在同年挫败伦敦跨国劫机恐怖活动的行动中，该中心都发挥了很大作用。为此，小布什总统还专门对美国的情报工作者表示感谢。④

除了国家反恐中心之外，美国情报界其他机构的分析人员也正在利用全新的方法，跟踪并击败海外的恐怖分子，同时阻止美国本土极端伊斯兰势力的增长。例如，联邦调查局采用“区域管理”(domain management) 的方法，通过对各区域进行持续掌控，为进一步的执法调查和情报工作提供基础；⑤ 财政部负责分析财政数据，寻找流向“基地”组织、哈马斯等恐怖组织的资金；国土安全部的

---

① John F. Burns, “U. S. Strike Hits Insurgent at Safehouse,” *The New York Times*, June 8, 2006, http: //www. nytimes. com/2006/06/08/world/middleeast/08cnd – iraq. html? _ r = 1&hp&ex = 1149825600&en = d6d9b3b68ae5cc4a&ei = 5094&partner = homepage.

② John D. Negroponte, Intelligence Reform: Challenge and Opportunities, February 17, 2006, http: //www. dni. gov/speeches/20060217_speech. htm.

③ Benjamin Powell, “Remarks by Benjamin Powell ODNI General Counsel,” June 22, 2006, http: //www. dni. gov/speeches/20060222_speech. htm.

④ “President Bush's Remarks on London Terror Arrests,” *The Washington Post*, August 10, 2006, http: //www. washingtonpost. com/wp – dyn/content/article/2006/08/10/AR2006081000834. html.

⑤ John S. Pistole, “Statement before the Senate Select Committee on Intelligence,” January 25, 2007, http: //www. fbi. gov/congress/congress07/pistole012507. htm.

“情报与分析办公室”（Office of Intelligence and Analysis）正在研究美国本土的激进势力产生和发展的根源，另外，该部的“国土基础设施威胁和风险分析中心”（Homeland Infrastructure Threat and Risk Analysis Center）及其“基础设施保护办公室”（Office of Infrastructure Protection）向情报界和私人公司提供情报分析，以发现哪些关键基础设施可能遭受潜在威胁。①

此外，情报界还向伊拉克和阿富汗方向调配了更多的分析资源，以了解当地的叛乱分子和武装派别。为此，国防情报局和中央情报局都投入了大量分析力量，向战场和华盛顿的决策者提供直接的情报支援。多个情报单位已经开始使用新的目标识别方法，以识别叛乱网络和走私网，发现伊拉克叛乱分子的财政来源，减轻简易爆炸装置带来的威胁，并了解巴格达和喀布尔政府的长处和弱点。②

3. 行动支援

情报界的所有搜集和分析活动，都是为了向决策者提供支援，使其能够及时地采取行动，以提前抓住罪犯或者避免遭到突袭。无论是在战场上消灭恐怖分子，还是干扰恐怖分子的行动，或者是切断对恐怖分子的援助，情报界的行动都极大地帮助了美国其他政府部门、机构，以及外国伙伴。例如，国家反恐中心负责制定所有与反恐相关的战略行动计划，协调各机构的反恐行动；国务院和财政部的情报分析人员负责识别美国境内外支持恐怖势力的组织，辅助对他们采取的资产没收和制裁行动；联邦调查局在一些战区与作战部队结成了长期伙伴，同他们一道组成一体化的任务小组，并利用其专业技能进行目标识别和行动结果分析，以发现潜在的机会和本

---

① Department of Homeland Security, Fact Sheet: Protecting the Homeland Post September 11, September 8, 2006, http://www.dhs.gov/xnews/releases/pr_1158339830666.shtm.

② Director of National Intelligence, The 2006 Annual Report of the United States Intelligence Community, February 2007, p. 11, http://www.dni.gov/electronic_reading_room/2006AnnualReportto Congress.pdf.

土可能受到的威胁。[①]

此外，在美国军队打击恐怖分子的特殊行动中，一些军方和非军方的情报机构进行了密切的合作。例如，在伊拉克和阿富汗，情报界的目标就是尽可能地向前部署行动人员、分析人员和技术资源，以支援战术行动。使各级指挥官，哪怕是最小的单位，都可以利用国家级资源和数据库，来优化他们的作战计划和态势感知。在伊拉克，“联合情报行动中心”（Joint Intelligence Operation Center，JIOC）已经开始令基层部队受益，它可以通过“扁平的网络”，向营级部队传输信息，并向战区和国家级别的指挥官回传战术报告。[②]

（二）防止并打击大规模杀伤性武器的扩散

“更准确、更完整地掌握大规模杀伤性武器的各种威胁，现在是，今后仍将是美国情报工作的最优先的任务之一”。[③] 为了达到这项目标，情报界必须搜集大规模杀伤性武器扩散、研制和运输的信息，并通过后续分析，帮助决策者制定反扩散的措施。为此，国家情报主任设立了“国家反扩散中心”（National Counterproliferation Center，NCPC），以管理和协调情报界各机构的反扩散工作，加强、整合和集中情报界的反扩散力量。[④] 首先，该中心制定了一系列战略，确认了反扩散情报工作的优先目标，如需要密切关注的国家、裂变材料的安全和潜在的扩散途径等。这些战略包括《反扩散国家情报战略》（*National Intelligence Strategy for Counterproliferation*）、《国家战略阻拦战略》（*National Strategy for Strategic Interdiction*）、《反生

---

① Director of National Intelligence, The 2006 Annual Report of the United States Intelligence Community, February 2007, p. 11, http: //www. dni. gov/electronic_reading_room/2006AnnualReportto Congress. pdf.

② Tyler Akers, “Taking Joint Intelligence Operations to the Next Level,” *Joint Force Quarterly*, December 2007, www. ndu. edu/inss/Press/jfq_pages/editions/i47/16. pdf.

③ The White House, National Strategy to Combat Weapons of Mass Destruction, December 2002, p. 5, http: //www. fas. org/irp/offdocs/nspd/nspd - wmd. pdf.

④ 至2009年7月，该中心拥有68名全职工作人员。参见：National Counterproliferation Center, http: //ncpc. dni. gov/index. htm.

物威胁国家情报战略》（*National Intelligence Strategy for Countering Biological Threats*）以及《美国一体化铀浓缩战略》（*U. S. Integrated Uranium Enrichment Strategy*）。[①] 其次，该中心积极采取行动，促进多家机构在技术研发及其他反扩散领域进行合作，并帮助搜集和分析人员掌握最新的技术和方法，以增强整个情报界的反扩散能力。[②]

情报界的其他机构也一直在监控大规模杀伤性武器扩散的问题，特别是朝鲜和伊朗的相关活动。国家安全局、国家侦察办公室（National Reconnaissance Office，NRO）、国家地理空间情报局（National Geospatial - Intelligence Agency，NGA）在这方面贡献突出，不可或缺；中央情报局在开辟新的情报来源、研发新的搜集平台和传感器方面是整个情报界的领头羊；国防情报局也启动了新的项目，为驻伊拉克部队提供分析和技术支援，帮助他们发现和移除海湾战争之前制造的数以百计的化学武器；此外，从公开途径也能获取大量与大规模杀伤性武器相关的信息，在这方面，“公开来源中心”（Open Source Center）[③] 起了重要作用。

情报界中许多注重国内问题的机构，也将其分析能力投入该领域。如联邦调查局设立了“大规模杀伤性武器处”（WMD Directorate），[④] 并与能源部合作以提高分析质量；国土安全部情报与分析办公室也启动了一项特殊的评估，以分析大规模杀伤性武器对本土造成的威胁；能源部执行2006年8月总统的指令，建立一个关于国际核物质储备和安全的数据库；[⑤] 财政部情报与分析办公室（Office of

---

① National Counterproliferation Center, How We Do It, http: //ncpc. dni. gov/howwedoit. htm.

② National Counterproliferation Center, How We Do It, http: //ncpc. dni. gov/howwedoit. htm.

③ 该中心于2005年11月1日正式成立，由中央情报局负责具体的运作和管理。https: //www. cia. gov/news - information/press - releases - statements/press - release - archive - 2005/pr11082005. html.

④ 隶属于“国家安全处”（National Security Branch），成立于2006年7月。http: //www. fbi. gov/hq/nsb/wmd/wmd_home. htm.

⑤ The White House, National Security Presidential Directives 48 : Nuclear Materials Information Program, August 28, 2006, http: //www. fas. org/irp/offdocs/nspd/nspd - 48. html.

Intelligence and Analysis of the Department of the Treasury)[①] 在发现大规模杀伤性武器支持者的联络网和干扰其行动的过程中发挥着重要作用。

（三）促进民主制度的发展，维护民主国家的和平

对外输出民主制度是小布什政府的政策重点之一。情报界据此采取措施，与其他国家的情报和安全机构展开接触，宣传美国的政策，赢得新的盟友，并帮助他们增强应对敌人的能力。中央情报局在其中扮演最重要的角色，国防部的驻外武官和情报系统也在对外联络中发挥着重要作用。[②] 此外，情报界还要就全球民主的发展问题为领导人提供情报分析产品，帮助他们了解全球民主制度的发展态势。为此，国家情报委员会制作了一份前所未有的国家情报评估（保密），评估未来全球民主制度的发展态势；国务院情报与研究署（Bureau of Intelligence and Research，INR）负责监控拉美、东欧、中东和中亚国家民主转型的进展；另外，中央情报局和国务院情报与研究署都设法寻求外界专家的帮助，积极寻找在弱小国家建立民主制度和维持过渡政府的方法。

（四）针对防护严密的高难度目标，研发新的搜集和分析方法

美国情报界一直非常重视对封闭的、意识形态氛围浓厚的政体（如朝鲜和伊朗）开展情报活动，推测其领导人的意图，发现他们试图掩盖的活动（如大规模杀伤性武器与弹道导弹的研发）。这些国家往往防护严密，即便美国的情报手段非常先进，也很难达到目的。例如，情报界虽然已经对伊拉克进行了十多年的监控，但是在判断伊拉克是否拥有大规模杀伤性武器的问题上，却依然得出了错误的

---

① 隶属于财政部“恐怖主义与金融情报办公室”（Office of Terrorism and Financial Intelligence）。

② Director of National Intelligence, The 2006 Annual Report of the United States Intelligence Community, February 2007, p. 13, http://www.dni.gov/electronic_reading_room/2006AnnualReporttoCongress.pdf.

结论。[①] 情报界领导认为，要解决这个问题，只有情报搜集和分析人员、情报机构以及情报门类之间进行更加密切的合作。[②] 为此，国家情报主任办公室采取了一系列行动，如调查情报用户对于高难度目标的情报需求；根据分析人员的信息缺口，为搜集人员制作目标清单；设置针对伊朗、朝鲜、古巴和委内瑞拉的任务主管，[③] 在这些热点问题上集中情报界的全部力量；建立“多元情报工作组”（Multi - Intelligence Working Group，MINTGW），[④] 促进机构之间的创新与合作等等。

（五）预测战略重点的发展态势，发现潜在的机会和危险

情报界除将大量资源投入反恐和反扩散项目外，还必须高度关注潜在的威胁，并对战略形势的发展做出预测。

第一，为了向总统提供更优质的动态情报产品，国家情报主任改进了《总统每日简报》（*Presidential Daily Brief*，*PDB*）的制作流程。主要改革措施包括：改变之前中央情报局“垄断”总统每日简报的状况，大量吸收其他情报机构的分析成果；采用“可选择性分析法”，提高分析质量；重视公开来源情报的运用，与公开来源中心

---

① Richard Kerr，“Collection and Analysis on Iraq：Issues for the US Intelligence Community，” *Studies in Intelligence*，Vol. 49，No. 3，September 2005，p. 50.

② Director of National Intelligence，The 2006 Annual Report of the United States Intelligence Community，February 2007，p. 14，http：//www. dni. gov/electronic_reading_room/2006AnnualReporttoCongress. pdf.

③ 任务主管负责监督和协调相关任务领域内的一切国家情报活动，整合各情报机构的工作，避免遗漏或重复。2006 年，国家情报主任办公室共设有 6 个任务主管，负责的领域分别是：反恐（由国家反恐中心主任兼任），反扩散（由国家反扩散中心主任兼任），反情报（由国家反情报总监兼任），伊朗、朝鲜、古巴和委内瑞拉（后两国由同一主管负责）。参见：Office of the Director of the National Intelligence，Intelligence Community Directive 900：Mission Management，December 21，2006，p. 2，http：//www. fas. org/irp/dni/icd/icd－900. pdf.

④ “多元情报工作组”是分析转型的一部分，旨在加强多机构和多情报门类的合作，开展涉及两个或以上机构和情报门类的试验，因为单个机构会认为这些试验成本太高或风险太大。每年该项目大概有 500 万美元的经费。参见：CNN & Federal News Radio，Interview of Dr. Mike Wertheimer Assistant Deputy Director of National Intelligence for Analytic Transformation & Technology，September 5，2008，p. 4，http：//www. dni. gov/interviews/20080905_interview. pdf.

设立之初相比，总统每日简报对其产品的采纳已经至少增加了一倍。①

第二，根据《国家情报战略》的要求，情报界更加注重战略分析。如国家情报委员会新设立了“长期分析小组”（Long－Range Analysis Unit），② 领导了许多跨机构的分析项目。该小组融合了多家情报机构的分析能力，生产深入的、多门类的战略评估。③ 同时，中央情报局依然是情报界战略分析的领导者，为研究伊斯兰世界的问题（如伊斯兰教教义与法律、恐怖分子的财政来源等）投入了大量资源。

第三，达成该项战略目标的另一个挑战是迅速地调配资源，处理突发危机。为此，国家情报主任开发了配置情报界搜集和分析资源的“调集与转移”（lift－and－shift）的新模式，在应对2006年的黎以冲突，以及达尔富尔和索马里发生的危机时发挥了很大的作用。④

第四，由于非传统安全问题造成的威胁越来越大，美国情报界必须加强对这些问题的研究（如传染疾病、环境与气候变化等）。但是，处理这些问题并非情报界的传统长项，因此情报界各机构必须广泛地进行合作，并利用情报界外的组织和专家。例如，在2006年，为了监视禽流感的威胁，中央情报局、国土安全部和国防情报局的“武装力量医疗情报中心”（Armed Forces Medical Intelligence Center）进行了密切合作。同时，情报界还利用了政府各相关机构的能力，获取了很多情报界原本不可能掌握的信息（如禽流感病毒的

① John D. Negroponte, Transforming Intelligence: A Focus on Analysis, June 7, 2006, http://www.dni.gov/speeches/20060607_speech.htm.

② 2006年3月宣布成立，隶属于国家情报委员会。参见：Loch K. Johnson (ed.), *Handbook of Intelligence Studies*, New York: Routledge, 2007, p. 225.

③ Office of the Director of National Intelligence, Intelligence Community Directive 207: National Intelligence Council, p. 4, http://www.fas.org/irp/dni/icd/icd-207.pdf.

④ John D. Negroponte and Michael V. Hayden, Intelligence Reform Progress Report, January 19, 2007, p. 7, http://www.dni.gov/speeches/20070119_speech.pdf.

病理机制、鸟群迁徙路径等)。[①]

(六) 整合对内、对外和国防情报系统

为了整合对外和对内情报工作，加强情报系统与国防和执法系统的合作，情报界采取了如下具体措施：第一，联邦调查局与情报界各机构建立更广泛的合作，利用其与各州、地方、部族及私人机构的执法关系，为情报界建立广泛的情报网；第二，国土安全部情报与分析办公室向各州的“融合中心”(Fusion Center)[②] 派遣专业情报人员，加强融合中心的情报工作，促进情报和信息的共享，得到了高度评价；[③] 同时，国土安全部的成员，包括海岸警卫队，被更好地整合到情报界之中，以维护美国的边界和海港的安全；第三，国家情报主任办公室和海军、海岸警卫队合作，启动了“全球海上情报一体化倡议”(Global Maritime Intelligence Integration Initiative),[④] 响应总统发布的《国家海上安全战略》(*National Strategy for Maritime Security*),[⑤] 使政府部门能够有效地获取关键的海事信息和数据，以监测和防止来自海上的威胁。

---

① Director of National Intelligence, The 2006 Annual Report of the United States Intelligence Community, February 2007, p. 15, http: //www. dni. gov/electronic_reading_room/2006AnnualReportto Congress. pdf.

② “融合中心”存在于美国地方、州和联邦各级，由国土安全部和司法部联合指导，目的是融合多家政府和私人机构的情报和信息，促进情报共享，防止犯罪和恐怖活动。参见：Department of Homeland Security and the Department of Justice, Fusion Center Guidelines: Developing and Sharing Information and Intelligence in a New Era, August 2006, http: //www. it. ojp. gov/documents/fusion_center_executive_summary. pdf.

③ Department of Homeland Security Office of Inspector General, DHS' Role in State and Local Fusion Centers Is Evolving, December 2008, p. 37, http: //www. dhs. gov/xoig/assets/mgmtrpts/OIG_09 – 12_Dec08. pdf.

④ 后发展为“全球海空情报一体化”(Global Maritime and Air Intelligence Integration, GMAII)。参见：Office of the Director of National Intelligence, Intelligence Community Directive 902: Global Maritime and Air Intelligence Integration, January 14, 2009, http: //www. dni. gov/electronic_reading_room/ICD 902. pdf.

⑤ The White House, The National Strategy for Maritime Security, September 2005, http: //georgewbush – whitehouse. archives. gov/homeland/maritime – security. html.

（七）加强人才队伍建设

为了建设一支拥有各种专业人才和具备合作精神的工作团队，在内格罗蓬特任期内，美国情报界采取了以下改革举措：第一，在2006年6月，国家情报主任办公室公布了《情报界人力资本五年战略规划》，作为最早公布的一份战略执行计划，为情报界人力资本建设提出了实现“情报界人才队伍一体化”的构想，设定了基本发展框架。第二，内格罗蓬特任期内公布了一系列人力资本政策：第601号情报界指令《人力资本：情报界联合任职委任》，[①] 初步建立了“联合任职”（joint duty）制度，要求晋升高级职位情报官员，必须有在其他情报机构工作的经历，以激励情报人员在不同情报机构之间流动，在联合任职工作中培育联合意识；第602号情报界指令《情报界关键支付职位》，[②] 允许国家情报主任自主设立关键的职位；第2006-600-1号情报界政策备忘录《国家情报预备队》[③] 建立了“国家情报预备队”机制，该预备队主要面向情报界的退休人员开展招募工作，并提供了包括减免养老金扣税在内的多种优惠政策支持。第三，开始建立情报界通用的“补偿金体系”（compensation system），[④] 与社会上其他机构争夺人才。第四，由人力资本官牵头，开始修订情报界的招募计划，促进人才多样化发展，吸纳急需的语言和科技专家。第五，大力推动联合教育训练，开始构建“国家情报

---

① Office of the Director of National Intelligence, Intelligence Community Directive Number 601: Joint Intelligence Community Duty Assignment, May 16, 2006, http://www.dni.gov/electronic_reading_room/ICD601.pdf.

② Office of the Director of National Intelligence, Intelligence Community Directive Number 602: Human Capital Intelligence Community Critical Pay Positions, August 16, 2006, http://www.dni.gov/electronic_reading_room/ICD602.pdf.

③ Office of the Director of National Intelligence, Intelligence Community Policy Memorandum Number 2006-600-1: National Intelligence Reserve Corps, July 24, 2006, http://www.dni.gov/electronic_reading_room/ICPM2006-600-1_NationalIntelligenceReserveCorps.pdf.

④ 情报界未根据情报人员在社会上的市场价值调整人员薪金，过多强调根据入行年限进行薪金调整，导致部分人员在情报界内的待遇不如界外，这不利于情报界与外界争夺人才。所以，美国情报界启动该系统，意图打赢“人才争夺战”，尤其是争夺稀缺技术人才和语言人才。

大学”（National Intelligence University），整合情报界内外的教学资源，研发新的训练课程，吸收来自各情报机构的人员，促进跨机构的交流学习。[①] 第六，由于忙于当前的事务，情报界的成员较少对历史进行回顾和总结。为了扭转这种习惯，国家情报主任办公室鼓励情报界进行历史研究，对典型案例进行总结，并且共享研究成果，帮助训练新一代情报人员。为此，国家情报主任办公室建立了新的“经验汲取中心”（Lessons Learned Center），与国家反恐中心合作推出一系列研究计划，以帮助开展反恐行动，并在情报界内举行了一系列研讨会，以总结经验教训。[②]

（八）促进信息共享

在信息共享环境项目主管和国家情报主任办公室首席信息官的具体指导下，情报界在以下几个方面有了明显进展：第一，继续加强“信息共享环境”[③] 的建设，在2006年1月提交了中期执行计划报告；[④] 第二，在首席信息官的要求下，所有重要信息技术的研发，必须与整个情报界和联邦政府的信息系统相互兼容；第三，国家情报主任办公室和国防部两个部门的首席信息官，共同建立了“联合跨界办公室”（Joint Cross Domain Office），加强两个部门的合作，促

① Office of the Director of National Intelligence, ODNI Progress Report – WMD Commission Recommendations, July 27, 2006, p. 7, http://www.dni.gov/reports/WMDCommissionReport.pdf.

② Office of the Director of National Intelligence, ODNI Progress Report – WMD Commission Recommendations, July 27, 2006, p. 6, http://www.dni.gov/reports/WMDCommissionReport.pdf.

③ 根据《情报改革与防止恐怖主义法》第1016款建立，将联邦、州和其他各级政府及私人公司的政策、技术和资源联合起来，以促进反恐信息和国土安全信息的共享。美国总统于2005年6月设立了信息共享环境项目主管一职，其隶属于国家情报主任办公室。该主管有权雇佣40名以下的全职员工，每年可调度3000千万美元的经费。参见：Office of the Director of National Intelligence, Intelligence Community Legal Reference Book, Fall 2007, pp. 128 – 137, http://www.dni.gov/reports/IC_Legal_Reference_Book.pdf.

④ Information Sharing Environment Program Manager, Information Sharing Environment Interim Implementation Plan, January 2006, http://www.ise.gov/docs/reports/ise_interim_implementation_plan – 20060109.pdf.

进国防部与情报界信息系统的一体化建设，增进信息共享；① 第四，有效执行了一项与盟国进行信息共享的保密倡议，该项目在此之前进展很不顺利。②

（九）增强各类情报活动的能力

情报搜集是美国情报界最昂贵的活动，但也是美国情报界的优势所在。内格罗蓬特在 2006 年 10 月颁布了第 300 号情报界指令《管理、整合和监督情报界搜集和隐蔽行动》，③ 优化国家情报搜集管理体系；启动了“一体化搜集架构”（Integrated Collection Architecture），④ 调整各搜集系统的资源分配，构建一体化的搜集能力；在公开来源情报方面，出台了第 301 号情报界指令《公开来源》，促使情报界更加充分地利用公开来源情报；⑤ 在人力情报方面，联邦调查局、国防情报局和军方情报机构都与国家隐蔽行动中心加强了协调与合作。

在加强情报分析能力方面，情报界采取了一系列措施，促进不同机构的分析人员进行合作，强化分析人员的训练，提高分析的标准和质量，并且积极寻求外界专家的帮助。例如，内格罗蓬特于 2007 年 1 月签署了第 200 号情报界指令《管理、整合和监督情报界

---

① Dale Meyerrose and John Grimes, Intelink and Beyond: Dare to Share. The DNI's Information Sharing Conference & Technology Exposition, August 21, 2006, p. 3, http://www.dni.gov/speeches/20060821_1_speech.pdf.

② John D. Negroponte and Michael V. Hayden, Intelligence Reform Progress Report, January 19, 2007, p. 7, http://www.dni.gov/speeches/20070119_speech.pdf.

③ Office of the Director of National Intelligence, Intelligence Community Directive 300: Management, Integration, and Oversight of Intelligence Collection and Covert Action, October 3, 2006, http://www.dni.gov/electronic_reading_room/ICD300.pdf.

④ 由国家情报主任和国防部联合创办，对情报界各门类的搜集系统进行整体规划和投资建设，构建“一体化”的搜集能力。参见：Office of the Director of National Intelligence, Remarks and Q&A by the Director of National Intelligence Ambassador John D. Negroponte, November 16, 2006, http://www.dni.gov/speeches/20061116_speech.pdf.

⑤ Office of the Director of National Intelligence, Intelligence Community Directive 301: National Open Source Enterprise, July 11, 2006, http://www.dni.gov/electronic_reading_room/ICD301.pdf.

分析工作》,[①] 建立了新的国家情报分析管理体系；开发了“情报百科”[②] 等网络协作平台，便于分散在各情报机构中的分析人员突破物理空间的限制，在网络上自由地交流与合作；启动了“分析资源目录”（Analytic Resource Catalog），[③] 便于分析人员之间加强合作；此外，中央情报局、国务院情报与研究署、国家情报委员会赞助了许多研讨会，借此与学术界和私人公司的专家进行交流，如中央情报局主办的“全球未来论坛”（Global Futures Forum）[④] 和国家情报主任办公室启动的“私营部门（接触）倡议”（Private Sector Initiative）等行动。[⑤]

---

① Office of the Director of National Intelligence, Intelligence Community Directive Number 200: Management, Integration, and Oversight of Intelligence Community Analysis, January 8, 2007, http://www.dni.gov/electronic_reading_room/ICD200.pdf.

② 2005 年秋，国家情报主任办公室决定与中央情报局合作研发一个类似于“维基百科”的、互动式的情报信息共享与协作网络——“情报百科”（Intellipedia）。任何拥有相关访问权限的情报人员都可以注册为用户，并能够使用浏览器内简单的网页界面自由地创建、访问、上传、编辑自己感兴趣的情报信息。2006 年 3 月 20 日，“情报百科”正式投入使用，并将三个不同密级的情报信息存储于不同的网络空间：绝密级情报存储于“联合全球情报通信系统”（Joint Worldwide Intelligence Communication System, JWICS）内，代号为“Intellipedia - TS”；秘密级情报存储于“机密因特网协议路由网络”（Secret Internet Protocol Router Network, SIPRNet）内，代号为“Intellipedia - S”；受控非保密级情报存储于普通内部网络内，代号为“Intellipedia - U”。在实际运行过程中，“情报百科”有力地保障了情报分析人员之间的网络共享与协作。截至 2008 年 10 月 1 日，“情报百科”共有 47590 名注册用户，这些用户共创建了 375640 个网页。参见：Adrienne Werner, *The Potential Transformative Impact of Web 2.0 Technology on the Intelligence Community*, Monterey, CA: Naval Postgraduate School, December 2008, p. 19.

③ 关于情报界所有情报分析人员的数据库，包含了他们的能力、经验、擅长方向、联络方式等信息。参见：John D. Negroponte, Transforming Intelligence: A Focus on Analysis, June 7, 2006, http://www.dni.gov/speeches/20060607_speech.htm.

④ 在 2005 年末，由中央情报局的“全球未来伙伴”（Global Futures Partnership）小组启动，组织来自 30 多个国家的政府和民间专家就相关问题进行公开的研讨。参见：The Global Futures Partnership, https://www.cia.gov/offices-of-cia/intelligence-analysis/organization-1/gfp.html.

⑤ 在 2006 年 10 月启动的倡议，与四家私人公司开展合作，在一年内进行了 6 大专题的研讨。参见：Director of National Intelligence Private Sector Engagement Initiative, http://csis.org/programs/transnational-threats-project/transnational-threats-project-past-initiatives/director-natio.

（十）保持技术方面的传统优势

由于技术革新和扩散日益加快，美国情报界的技术优势受到很大的削弱。国家情报主任办公室致力于将情报界分散的科研力量整合起来，维持并拓展情报技术优势。2006 年，国家情报主任办公室授权成立“情报高级研究计划局”（Intelligence Advanced Research Projects Activity，IARPA），[①] 拟整合前国家安全局颠覆性技术办公室（NSA Disruptive Technology Office）、中央情报局情报技术创新中心（CIA Intelligence Technology Innovation Center）和国家地理空间情报局国家技术联盟（NGA National Technology Alliance）三家机构的情报科技研发力量，重点投资“高风险、高回报”的前沿、基础项目，保持情报界的技术领先优势。2007 年，情报高级研究计划局正式组建运行。情报界同时还在如下领域开展重点研究：第一，跨越多个情报机构的联合研究项目；第二，各机构遗漏的、有重大价值的项目；第三，各机构回避的高风险项目；第四，革命性的、出敌意料之外的项目。[②] 此外，在国家情报主任科技事务助理的领导下，启动了跨机构的联合研究计划，促进机构之间的科研合作，降低成本，并使多个机构共同受益。[③]

（十一）加强对情报资源的中央监管

在情报项目和预算管理方面，国家情报主任与负责情报事务的国防部副部长（Under Secretary of Defense for Intelligence）密切合作，协调国家情报计划和军事情报计划的制定，确保二者不相互冲突，也不留下漏洞；当从各个部门向国家情报计划调集资源时，国家情报主任办公室都要与相关部门和机构进行协调，尽量减小资源调动对各部门工作的不利影响；此外，国家情报主任办公室还公布了第

① 官网主页 http：//www. iarpa. gov.

② John D. Negroponte，“Remarks by John D. Negroponte，Woodrow Wilson International Center for Scholars，” September 25，2006，http：//www. dni. gov/speeches/20060925_speech. pdf.

③ Office of Director of National Intelligence，Fact Sheet：Real Progress in Reforming Intelligence，January 23，2007，p. 4，http：//www. dni. gov/press_releases/20070123_release. pdf.

801 号情报界指令《采购》,[①] 规范了情报界的采购流程，厘清了各部门的职权。

此外，在人事管理方面，国家情报主任办公室大力推进安全审查制度的改革，在其能够控制的范围内（国家情报计划涉及的机构），对安全审查进行全面监管，要求各机构汇报安全审查结果，全面掌握现存问题。同时，还修订了一系列政策，对有关问题进行规范。例如，颁布了第 2005 - 700 - 1 号、[②] 2006 - 700 - 7 号、[③] 2006 - 700 - 8 号[④]、2006 - 700 - 10 号情报界政策备忘录,[⑤] 对“敏感隔离信息”（sensitive compartmented information）的定密和访问制度进行调整。但是，安全审查制度的改革超出了国家情报主任的职权范围，其还需要与其他部门合作推进。[⑥]

---

① Office of Director of National Intelligence, Intelligence Community Directive Number 801: Acquisition, August 15, 2006, http: //www. dni. gov/electronic_reading_room/ICD801. pdf.

② Office of the Director of National Intelligence, Intelligence Community Policy Memorandums 2005 - 700 - 1: Intelligence Community Update to Director of Central Intelligence (DCID) 6/9, Physical Security Standards for Sensitive Compartmented Information Facilities (SCIFs), December 1, 2005, http: //www. dni. gov/electronic_reading_room/ICPM2005 - 700 - 1UpdatetoDCID6 - 9. pdf.

③ Office of the Director of National Intelligence, Intelligence Community Policy Memorandums 2005 - 700 - 7: Intelligence Community Modifications to DCID 6/9, Physical Security Standards for Sensitive Compartmented Information Facilities (SCIFs), July 12, 2006, http: //www. dni. gov/electronic_reading_room/2006 - 07 - 25ICPM2006_700_7TabE_00442. pdf.

④ Office of the Director of National Intelligence, Intelligence Community Policy Memorandums 2006 - 700 - 8: Intelligence Community Modifications to DCID 6/1 Supplement, Security Policy Manual For SCI Control Systems, July 12, 2006, http: //www. dni. gov/electronic _ reading _ room/2006 - 07 - 25ICPM2006_700_8Tab F_00442. pdf.

⑤ Office of the Director of National Intelligence, Intelligence Community Policy Memorandums 2006 - 700 - 10: Intelligence Community Update to Director of Central Intelligence (DCID) 6/11, Controlled Access Program Oversight Committee, January 1, 2006, http: //www. dni. gov/electronic_reading_room/ICPM - 2006 - 700 - 10. pdf.

⑥ 大部分美国政府部门的安全审查都由人事管理办公室（Office of Personnel Management）负责。

二、约翰·麦康奈尔任期内的改革

2007年2月13日，约翰·麦康奈尔（John M. McConnell）正式就任国家情报主任。其在近两年的任期内[①]更加积极地推进国家情报战略的落实，利用其情报专家的优势，加强了内部管理，并且注重巩固自身职权，拓展实施战略的手段。从目前公开的材料看，麦康奈尔任期内的主要工作都是在《情报界一体化与协作100天计划》（下文简称“100天计划”）和《情报界一体化与协作500天计划》（下文简称“500天计划”）两份战略执行计划的指导之下进行的。虽然麦康奈尔在《100天计划》的“序言”中指出该计划既是对任务目标的落实，又是对能力目标的落实，[②] 但是公开文本的内容，却全是关于情报能力建设，没有提及如何推动任务目标的完成。

表2－3 《100天计划》《500天计划》与2005年《国家情报战略》报告的关系③

《100天计划》和《500天计划》	2005年《国家情报战略》报告
创建协作文化	能力目标4
促进信息共享④	能力目标5、能力目标6
促进情报搜集和情报分析转型	能力目标2、能力目标3、能力目标9
建立精良的采购系统并保持技术优势	能力目标8
实现运作管理现代化	能力目标7、能力目标9、能力目标10
阐明并落实国家情报主任的职权	能力目标1

---

① 2007年2月13日至2009年1月28日。

② Office of the Director of National Intelligence, 100 Day Plan: Integration and Collaboration, April 11, 2007, p. 2, http://www.dni.gov/100-day-plan/100_day_plan.pdf.

③ Office of the Director of National Intelligence, 100 Day Plan Follow-Up Report, July 27, 2007, http://www.dni.gov/100-day-plan/100_FOLLOW_UP_REPORT.pdf.

④ 在《500天计划》中，“加速信息共享”从《100天计划》中的第五位提升到第二位，优先级别上升。

（一）以培养合作精神为原则，加强人力资本建设

由于“烟囱”式的发展模式，情报界中的各个机构都形成了独特的文化和工作方式，并且相互之间缺乏联系与合作。为了改变这种局面，“必须为整个情报界创造一种合作的文化，既有利于各机构进行合作，又不损害单个机构的独特视角和能力”。[①] 为此，麦康奈尔在其任期内，大力培养不同机构人员之间的协作意识，以推进情报一体化。国家情报主任办公室主要采取了以下行动：

第一，通过加强联合任职制度，促进情报机构之间的合作。为此，国家情报主任办公室颁布了第601.01号情报界政策指导——《情报界文职人员联合任职计划执行指南》，[②] 提出了“轮岗任职”的具体规定，要求文职情报人员在晋升高级职务之前，必须具备在其他情报机构工作的经历，以此加强情报人员对其他情报机构内部运作的了解，促进各机构的合作。2007年6月25日，国家情报主任办公室正式启动了“情报界文职人员联合任职计划”（Intelligence Community Civilian Joint Duty Program），并计划于2010年10月取得阶段性成果。[③] 联合任职的制度安排是对情报界人事任免制度做出的最具创新性的调整，因为它利用制度来激励情报人员在不同情报机构之间流动，在联合任职工作中积累跨部门工作经验，并逐渐形成从整个情报界的视角来观察问题的意识。2008年9月，情报界联合任职计划被哈佛大学评选为“2008年美国政府创新奖”。[④] 该奖项最

---

① Mike McConnell, “Overhauling Intelligence,” *Foreign Affairs*, July/August 2007, http://www.foreignaffairs.com/articles/62643/mike-mcconnell/overhauling-intelligence.

② Office of the Director of National Intelligence, Intelligence Community Policy Guidance 601.01: Intelligence Community Civilian Joint Duty Program Implementing Instructions, June 25, 2007, http://www.dni.gov/electronic_reading_room/GuidanceInstructions601-01.pdf.

③ Cerami, J. R., Robert H. Dorff, Matthew H. Harber, *National Security Reform 2010: A Mid-Term Assessment*, Carlisle Barracks, Pennsylvania: U. S. Army War College Strategic Studies Institute, August 2011, p. 64.

④ Office of the Director of National Intelligence, “Intelligence Community Civilian Joint Duty Program Honored as Innovations in American Government Award Winner,” September 10, 2008, http://www.dni.gov/press_releases/20080910_release.pdf.

早是由哈佛大学肯尼迪政府学院于1980年设立，旨在表彰政府部门中有助于提高工作质量的创新项目。该奖项每年评选一次，在美国有着较大的影响。联合任职项目从上千个项目中脱颖而出，足以说明其受到充分的认可。

第二，建立了鼓励合作和“按业绩支付酬劳”（performance - based pay）的业绩管理制度。国家情报主任颁布了第651号情报界指令《情报界文职人员业绩管理系统要求》① 和第656号情报界指令《情报界高级文职官员业绩管理系统要求》②，建立了情报界通用的业绩管理和反馈评估系统，特别注重鼓励跨机构的沟通与合作。在实践过程中，情报界人力资源部门采用了“图尺度评价法”（参见表2-4）制定业绩评价标准，评价者利用一个五分评价尺度来对被评者的绩效进行评价。管理人员每次只需考虑一位员工的绩效状况，在每项特性的五个分数中圈出一个与被评价员工最为相符的分数即可。此外，国家情报主任还发布了第650号情报界指令《国家情报文职人员补偿金项目》③、第653号情报界指令《情报界文职人员酬劳设定和管理政策》④ 和第654号情报界指令《情报界文职人员按业绩支付酬劳标准》⑤，修改论资排辈的酬劳设定标准，按照个人贡献

---

① Office of the Director of National Intelligence, Intelligence Community Directive Number 651: Performance Management System Requirement for the IC Workforce, November 28, 2007 (Updated: November 21, 2008), http://www.dni.gov/electronic_reading_room/ICD 651.pdf.

② Office of the Director of National Intelligence, Intelligence Community Directive Number 656: Performance Management System Requirement for Intelligence Community Senior Civilian Officers, April 28, 2008, http: // http: //www.dni.gov/electronic_reading_room/ICD_656.pdf.

③ Office of the Director of National Intelligence, Intelligence Community Directive Number 650: National Intelligence Civilian Compensation Program Guiding Principles and Framework, April 28, 2008, http: //www.dni.gov/electronic_reading_room/ICD_650.pdf.

④ Office of the Director of National Intelligence, Intelligence Community Directive Number 653: National Intelligence Civilian Compensation Program: Pay - Setting and Administration, May 14, 2008, http: //www.dni.gov/electronic_reading_room/ICD_653.pdf.

⑤ Office of the Director of National Intelligence, Intelligence Community Directive Number 654: Performance - Based Pay for the Intelligence Community Civilian Workforce, Apirl 28, 2008, http: // www.dni.gov/electronic_reading_room/ICD_654.pdf.

的大小支付相应的酬劳。

表2-4　情报人员工作业绩“图尺度评价法”①

等级	业绩目标	业绩要素	综合评定
杰出（5）	情报人员在实现所有业绩目标方面均远远超出预期，其对组织的贡献是他人无法企及的，发挥了榜样作用	情报人员的表现远远超出业绩要素规定的所有行为标准	情报人员对组织任务所做出的总体贡献，无论是结果还是方法都是非凡的，仅有少数人能达到这一模范业绩层级
优秀（4）	情报人员在实现大部分业绩目标方面超出预期，同时也按要求实现了其他业绩目标	情报人员的表现超出业绩要素规定的所有行为标准	情报人员对组织任务所做出的总体贡献，无论是结果还是方法，明显优于大部分人
良好（3）	情报人员达到所有预期的业绩目标	情报人员的表现符合业绩要素规定的所有行为标准	情报人员对组织任务所做出的总体贡献，无论是结果还是方法，都是积极和有价值的
尚可（2）	情报人员在接近某些业绩目标方面取得了令人满意的进步，但仅是完成了这些目标的部分任务	情报人员做出并表现出了具有发展性的进步，但尚未满足立即提升的一个或多个业绩要素规定的行为标准	情报人员为任务做出的总体贡献小于预期
较差（1）	情报人员没有完成预期的一个或多个业绩目标	情报人员的表现不符合业绩要素规定的行为标准	情报人员在一个或多个业绩目标方面表现都较差

第三，构建一支多元化的情报队伍，加强不同类型人员之间的合作。麦康奈尔说：“情报界应对复杂的全球威胁的能力，完全建立

① Office of the Director of National Intelligence, Intelligence Community Directive Number 651: Performance Management System Requirement for the IC Workforce, November 28, 2007 (Updated: November 21, 2008), http://www.dni.gov/electronic_reading_room/ICD 651.pdf.

在多元的情报队伍之上，这支队伍必须包括不同种族、不同经历、不同语言和不同视角的各式各样的人才。”① 因此，情报界在“平等就业机会与多元化主管”（equal employment opportunity & diversity chief）的领导下，出台了《情报界平等就业机会与多元化跨重点领域计划 2007—2012》（*IC Equal Employment Opportunity and Diversity Cross Cutting Emphasis Area Plan 2007 - 2012*），② 并且草拟了第110号情报界指令《平等就业机会与多元化》，③ 推动情报界的人才多元化建设。

第四，加强联合教育与训练。为了打破局限于单一情报机构的培训模式，使新一代的情报人员具备更广阔的视野和更强的合作技能，国家情报主任办公室加强了国家情报大学的建设，充分利用整个情报界的教育训练资源，使来自不同机构的情报人员聚集在一起，学习相关知识，锻炼合作技能。2007 年 12 月 6 日，国家情报常务副主任唐纳德·科尔（Donald Kerr）表示，国家情报大学已经正式组建，并开始向所有情报机构的工作人员提供联合情报教育训练，以使他们能够理解合作与一体化才是情报工作需要坚持的根本原则。国家情报大学已形成运行完善的管理体系，能够将情报界所有的教育训练资源汇编成一个完整的目录，进而为制定整个情报界的教育训练计划提供基本参照。④ 2008 年，国家情报大学的情报教育训练计划顺利通过了“美国中部各州高等教育委员会”（Middle States Commission on Higher Education）的评估与审查，其情报教育训练资

---

① Office of the Director of National Intelligence, DNI Emphasizes Need for Work Force Diversity, November 9, 2007, http: //www. dni. gov/press_releases/20071109_release. pdf.

② Patricia Taylor, Strengthening Diversity to Gain a Global Competitive Advantage: IC EEO and Diversity Update, December 11, 2008, pp. 22 -25, http: //www. summit. diversitybestpractices. com/presentations/2008/Pat_Taylor_Summit_11122008. pdf.

③ Office of the Director of National Intelligence, 500 Day Plan Follow - Up Report, January 16, 2009, p. 7, http: //www. fas. org/irp/dni/500 - day - follow - pt1. pdf.

④ Donald Kerr, "500 Day Plan Hearing before the Intelligence Community Management Subcommittee of the House Permanent Select Committee on Intelligence," December 6, 2007, p. 7, http: //www. dni. gov/files/documents/Newsroom/Testimonies/20071206_testimony. pdf.

质和学术地位得到进一步巩固。此外，国家情报主任还颁布第103号情报界指令《情报界训练项目》，① 确保情报界能够有效运用联邦政府、各部门以及情报界内部的各种训练项目，提高情报人员的能力。

第五，规范不同情报岗位的能力要求。2008年9月1日，国家情报主任办公室发布第610号情报界指令《情报界人才队伍能力目录》。该指令从政策层面为情报人力资源管理工作提供具体指导，并首次将情报人员的总体能力分为“核心能力”与“技术能力”，然后又将“技术能力”细分为“职业技巧”和“解决问题所需的专门技术”。在对情报人员总体能力要求做出规定的基础上，第610号情报界指令还将情报人员类型分成联邦政府职员级别15级及15级以下的“非管理层情报人员”②、联邦政府职员级别15级及15级以下的“管理层情报人员”③、“高级情报官员”④ 三类，并对这三类人员的能力要求做出不同规定。

---

① Office of the Director of National Intelligence, Intelligence Community Directive Number 103: Intelligence Enterprise Exercise Program, July 14, 2008, http://www.dni.gov/electronic_reading_room/ICD 103.pdf.

② 对“非管理层情报人员”的能力要求（共32项）：互动与协作、搭建职业/技术网络、施加影响/进行磋商、人际关系技巧、信息共享、决断思维、创造性思维、不受传统约束、具有事业远见、具有背景意识、综合能力、自我管理与互动能力、勇气与忠诚、献身使命、创新、正直/诚实、有弹性、尊重差异、事业责任心、适应性、不断学习的能力、主动性、理解政策与指令、资源管理、严格、专业技术、职业技巧、解决问题所需的专门技术、沟通能力、多媒体应用、口头交流、书面交流。

③ 对“管理层情报人员”的能力要求（共26项）：互动与协作、搭建管理网络、调和合作网络、决断思维、决断能力、有弹性、解决问题能力、领导整合能力、有个性、冲突管理、培养他人、实现战略目标、调和多样性、培育价值观、事业责任心、驾驭组织、目标定位、管理熟练程度、财务管理、人力资源管理、组建团队、技术可信度、技术管理、沟通能力、进行有影响的交流、信息传递。

④ 对“高级情报官员”的能力要求（共20项）：合作与整合、搭建战略网络、领导一体化、业界聚集、业界敏锐性、外部意识、系统思维、以价值观为中心的领导能力、确保多样性、推广价值观、运用领导能力、引领变化、引领所属人员、树立目标、管理技巧、事业敏锐性、战略思维、掌握专业知识、本专业敏锐性、团结业界。

表2-5 情报人员总体能力①

核心能力		所有情报人员应具备的通用能力，无论其机构或部门在何处，无论其任务种类、职业群体、工作种类是什么
技术能力	职业技巧	特定任务种类中一种或多种职业所需的能力（如搜集与行动）
	解决问题所需的专门技术	特定任务种类中一种或多种职业所需的能力，但取决于特定专业或任务。这些能力包括广博的知识领域，涉及情报主题和目标国家知识、相关资格和情报来源的学科知识（如地理空间情报、人力情报、信号情报）

（二）促进信息共享

《“9·11”委员会报告》指出，情报机构在共享信息之前，总要验证对方是否“需要知道”（need to know），这种做法源于冷战时期的思维定势，即“不慎泄密造成的风险，远远超过信息共享带来的好处”，这已经跟不上时代的要求。② 前国防部长拉姆斯菲尔德也曾批评“需要知道”的原则把许多真正需要接触情报的人员排除在外。③ 麦康奈尔担任国家情报主任后，提出要将“需要知道”的原则转变为“有责任提供”（responsibility to provide）的新思维，使情报搜集人员把自己当作情报服务者和提供者，而不是数据拥有者。④ 为此，在麦康奈尔任期内，国家情报主任办公室主要推出了以下改革举措：

① Office of the Director of National Intelligence, Intelligence Community Directive Number 610: Competency Directories for the Intelligence Community Workforce, September 1, 2008. www. fas. org/irp/dni/icd/icd-610. pdf.

② National Commission on Terrorist Attacks upon the United States, *The 9/11 Commission Report: Final Report of the National Commission on Terrorist Attacks upon the United States.* Washington, D. C.: Government Printing Office, 2004, p. 417, http://www. 9-11commission. gov/report/911Report. pdf.

③ Donald H. Rumsfeld, Secretary Rumsfeld on Stovepipes Leaks, "Overclassification. U. S. DOD's Office of the Assistant Secretary of Defense (Public Affairs)," August 26, 2004, http://www. fas. org/sgp/news/2004/08/dod082604. html.

④ Office of the Director of National Intelligence, 500 Day Plan: Integration and Collaboration, October 10, 2007, p. 6, http://www. dni. gov/500-day-plan. pdf.

第一，建立统一的信息共享政策和管理体系。首先，国家情报主任办公室出台《情报界信息共享战略》,① 这既是对《国家情报战略》相关目标的补充与完善，也是对总统颁布的《国家信息共享战略》报告②的响应，为情报界推进信息共享设定了更加详细的目标和路线图。其次，国家情报主任颁布第501号情报界指令《在情报界内发现、分发或获取信息》,③ 取代之前颁布的第2007－500－3号情报政策备忘录《情报信息共享》,④ 搭建情报界信息共享的政策框架，设立了发现、获取或分发情报信息的政策。再次，针对过去由多个联邦机构分别生产的威胁评估报告存在内容不一致的情况，国家情报主任颁布第2007－500－1号情报政策备忘录《未评估的国内威胁报告》,⑤ 统一威胁报告的制作标准，使其能够最广泛地分发到各级政府部门和机构。

第二，增强发现和获取信息的能力。国家情报主任办公室前首席信息官戴尔·麦耶罗斯（Dale Meyerrose）认为，信息共享有两个关键的要素：一是“发现”，找到所需信息的位置，或是拥有这些信息的个体；二是“获取”，发现信息之后，进一步建立联系，取得认

① Office of the Director of National Intelligence, United States Intelligence Community Information Sharing Strategy, February 22, 2008, http://www.dni.gov/reports/IC_Information_Sharing_Strategy.pdf.

② The White House, National Strategy for Information Sharing: Successes and Challenges in Improving Terrorism－Related Information Sharing, October 2007, http://ftp.fas.org/sgp/library/infoshare.pdf.

③ Office of the Director of National Intelligence, Intelligence Community Directive Number 501: Discovery and Dissemination or Retrieval of Information within the Intelligence Community, January 21, 2009, http://www.dni.gov/electronic_reading_room/ICD_501.pdf.

④ Office of the Director of National Intelligence, Intelligence Community Policy Memorandums Number 2007－500－3: Intelligence Information Sharing, December 22, 2007, http://www.fas.org/irp/dni/icpm/2007－500－3.pdf.

⑤ Office of the Director of National Intelligence, Intelligence Community Policy Memorandums Number 2007－500－1: Unevaluated Domestic Threat Tearline Reports, November 19, 2007, http://www.fas.org/irp/dni/icpm/2007－500－1.pdf.

可，并得到这些信息。[①] 为了增强这两项能力，国家情报主任办公室启动“延伸与元数据合作”（reach and metadata collaboration）项目，[②] 出台第2007－500－3号情报界标准《信息资源元数据》等政策，规范情报界对元数据技术的应用标准，加强情报界的信息检索和获取能力。[③] 此外，国家情报主任办公室还大力发展“持久身份”（persistent identity）和“基于属性”（attribute－based）的信息搜索和获取技术。[④]

第三，构建通用、可靠、安全的信息环境。国家情报主任办公室主要开展了以下工作：一是颁布第503号情报界指令《情报界信息技术系统安全风险管理、认证和认可》，[⑤] 为情报界的信息系统制定统一的认证和认可标准，促进各情报机构信息系统之间的联通，以及整个情报界信息系统的整合。二是制定七份相关的“情报界标准”，五份用于在情报界内建立统一的电子邮件系统，两份与域名服务器标准和网络路由相关。[⑥] 三是草拟“情报界人员可识别信息身份管理”政策备忘录，为情报人员制定统一的身份标识特征，方便进行身份管理。四是增强“情报百科”、“情报视频”（Intelligence video）、“情报链接”（Intelligence links）等信息平台和工具的能力，加

---

① Dale Meyerrose, “General Meyerrose Addresses the AFCEA Washington Chapter,” February 24, 2006, http://www.dni.gov/speeches/20060224_speech.htm.

② “元数据”是指描述数据的数据，它不包括相关资料的具体内容，不会暴露敏感的信息，但却可以通过对情报信息的特征进行标记，为进一步地查找提供索引。

③ Office of the Director of National Intelligence, Intelligence Community Standard Number 2007－500－3: Intelligence Community Standard for Information Resource Metadata, December 11, 2007, http://www.dni.gov/ICIS/dsca/irm/ICS2007－500－3ResourceMetadata.pdf.

④ “持久身份”和“基于属性”的信息技术是建设“有责任提供”的情报界信息环境的两个基本概念。这两项技术将情报信息和情报人员的相关属性特征加以统一标记，便于用户查找相关的信息或人员，并在其安全级别内获取相应的信息或与相关人员建立联系。

⑤ Office of the Director of National Intelligence, Intelligence Community Directive Number 503: Intelligence Community Information Technology Systems Security: Risk Management, Certification and Accreditation, September 15, 2008, http://www.dni.gov/electronic_reading_room/ICD_503.pdf.

⑥ Office of the Director of National Intelligence, 500 Day Plan Follow－Up Report, January 16, 2009, p.9, http://www.fas.org/irp/dni/500－day－follow－pt1.pdf.

速构建一体化的信息环境。五是与国防部签订合作备忘录，建立“联合许可采购战略”，在购置信息产品时进行合作，从而逐步融合两个部门的信息网络系统。[①] 此外，由于统一的保密标准和政策是情报界进行合作与信息共享的关键要素，[②] 国家情报主任办公室还草拟了《情报界保密指导》，使各单位在加密和解密的操作标准上趋于一致，从而促进信息共享。

第四，加强各单位之间的合作与交流。国家情报主任尝试采用各种方法，在情报界内建立鼓励合作的机制。例如，国家情报主任颁布了第2007－200－2号情报界政策备忘录《为“有责任提供”的情报界准备情报》，[③] 鼓励各情报机构设定“有责任提供”的操作标准，将“有责任提供”的具体表现作为评价员工业绩的标准之一，使“有责任提供”的工作理念深入人心，促进知识和经验的共享。此外，国家情报主任办公室组建了“情报技术交流小组”（Intelligence Technology Exchange Group），在技术研发方面加强情报界各机构之间的交流与合作，同时还开发了相关训练课程，重在加强机构之间的合作能力。[④]

（三）促进情报搜集和情报分析转型

为了使情报用户能够获得最及时、准确和相关的情报，美国情报界需要在“以任务为中心”的工作模式下，通过加快整合与协作，提高专业技能，来促进情报搜集和情报分析转型。

---

① Office of the Director of National Intelligence, “ODNI and DoD CIO's Embrace Information Sharing Between Interagency Computer Networks,” May 13, 2008, http://www.dni.gov/press_releases/20080513_release.pdf.

② Office of the Director of National Intelligence, Intelligence Classification Guidance Findings and Recommendation Report, January 2008, p. iv, http://fas.org/sgp/othergov/intel/class.pdf.

③ Office of the Director of National Intelligence, Intelligence Community Policy Memorandums Number 2007－500－2: Preparing Intelligence to Meet the Intelligence Community's “Responsibility to Provide”, December 11, 2007, http://www.fas.org/irp/dni/icpm/2007－200－2.pdf.

④ Office of the Director of National Intelligence, 500 Day Plan Follow－Up Report, January 16, 2009, p. 9, http://www.fas.org/irp/dni/500－day－follow－pt1.pdf.

第一，建立“以任务为中心”的工作模式。国家情报主任努力打破“烟囱”壁垒，并以任务为导向，将各门类的情报资源整合起来，从而提高情报界的活力与弹性。例如，国家情报主任办公室加速建设“一体化搜集和分析需求系统”（Integrated Collection and Analysis Requirements System，ICARS），① 为情报搜集和分析工作提供统一的需求管理，整合相互重叠的需求，识别遗漏的问题，从而有效地利用有限的情报资源，并促进情报搜集和情报分析之间的合作。国家情报主任办公室还颁布了第204号情报界指令《国家情报优先框架的角色和责任》，② 修订了优先情报任务的设定程序，加强与高层用户的对话，使情报界的优先任务与高层用户的优先需求保持一致，同时尽量减少“国家情报优先框架”（National Intelligence Priorities Framework，NIPF）中优先任务的数量，避免因优先任务过多而导致情报资源的分配过于分散。

第二，促进情报搜集转型。为了改进人力情报工作，国家情报主任颁布第304号情报界指令《人力情报》，③ 阐明了人力情报工作的任务、角色和责任，规范了人力情报工作的技能、训练和汇报制度，使用户能够更好地掌握人力情报来源的可信度。国家情报主任办公室还成立了“国家情报协调中心”（National Intelligence Coordination Center，NIC-C），对情报界的搜集资产和搜集活动进行协调、管理与整合，使情报界在搜集方面更灵敏、更高效。④ 此外，国家情

① Office of the Director of National Intelligence, Analytic Transformation: Unleashing the Potential of a Community of Analysts, September 1, 2008, p. 10, http://www.dni.gov/content/AT _ Digital 2020080923.pdf.

② Office of the Director of National Intelligence, Intelligence Community Directive Number 204: Roles and Responsibilities for the National Intelligence Priorities Framework, September 13, 2007, http://www.dni.gov/electronic_reading_room/ICD 204 NIPF.pdf.

③ Office of the Director of National Intelligence, Intelligence Community Directive Number 304: Human Intelligence, September 22, 2008, http://www.dni.gov/electronic_reading_room/ICD 304.pdf.

④ Donald Kerr, 500 Day Plan Hearing. U.S. House Permanent Select Committee on Intelligence, December 6, 2007, p. 11, http://www.odni.gov/testimonies/20071206_testimony.pdf.

报主任办公室大力开发“搜集空间”（C – Space）项目，[①] 该项目以SharePoint网络服务为平台，通报和共享搜集活动的相关信息。[②]

第三，促进情报分析转型。2007年6月21日，国家情报主任发布第203号情报界指令《分析标准》(*Analytic Standards*)，其为整个情报界设定了统一的分析标准：一是“客观”(objectivity)，即要求情报分析人员与情报管理者应尽量以中立的视角认识问题，摆脱情感因素影响，并注明分析判断会随事态发展而做出相应调整。二是“不受政治影响”(independent of political considerations)，即分析人员与情报管理者应当尽量摆脱政策、政治观点或情报用户的影响，只提供根据信息得出的评估或结论。三是“及时”(timeliness)，即分析人员应当尽量及时地向情报用户呈送情报，为情报用户留出反应的时间，同时分析部门也有责任了解情报用户的日程安排与情报需求。四是“考虑全部现有情报来源”(based on all available sources of intelligence)，即分析人员应在掌握（所在分析部门拥有的）所有资料的基础上进行分析，如果存在重要的“情况缺口”，分析部门应当与情报搜集部门联系并采取适当措施。五是“展现良好的分析技艺标准”(exhibits proper standards of analytic tradecraft)，即分析人员与分析部门应当使情报分析的实施规范化。[③] 2007年10月17日，国家情报主任发布第206号情报界指令《分发的分析产品的资料来源要求》(*Sourcing Requirements for Disseminated Analytic Products*)[④]，要求分发的情报分析产品必须对分析判断所依据的重要材料提供资料来

---

① “搜集空间”是一种通信入口，作为情报界战略搜集态势感知的中枢，并且向“分析空间”提供接口。

② Joe Boutte, National Intelligence Coordination Center: Innovation for Integrated Performance. Northrop Grumman Information Systems, 2009, p. 8, http://1105govinfoevents.com/events/2009/sds09/joebouttepresentation.pdf.

③ Office of the Director of National Intelligence, Intelligence Community Directive Number 203: Analytic Standard, June 21, 2007, http://www.dni.gov/electronic_reading_room/ICD 203.pdf.

④ Office of the Director of National Intelligence, Intelligence Community Directive Number 206: Sourcing Requirements for Disseminated Analytic Products, October 17, 2007, http://www.dni.gov/electronic_reading_room/ICD_206.pdf.

源，增加情报分析的可靠性和透明度，使情报用户更好地了解分析产品所依据的信息的数量和质量。该指令还详细规定了不同来源信息在标注其来源时的具体格式和包含要素，并要求情报界各层级负责人切实履行职责，确保指令的贯彻落实。2008 年 9 月 1 日，国家情报主任办公室发布名为《分析转型：释放分析界的潜能》(*Analytic Transformation*: *Unleashing the Potential of a Community of Analysts*)① 的战略文件，倡导大力开发"国家情报库"(Library of National Intelligence, LNI)、② "分析空间"(analytic space, a - space)、③ "催化剂"(catalyst)④ 等项目，打破情报机构的界限，使情报界的分析人员可以基于网络进行广泛合作，并且充分开发和利用现有情报信息。此外，

---

① Office of the Director of National Intelligence, Analytic Transformation: Unleashing the Potential of a Community of Analysts, September 1, 2008, p. 7, http://www.dni.gov/content/AT _ Digital 2020080923. pdf.

② 该数据库存储有情报界内不同情报机构发布的所有情报产品，而且每份情报产品的摘要信息都被提取出来，编成了一个可供检索的卡片目录。虽然数据库存储的情报产品密级不同，有秘密级的，也有绝密级的，但是它会尽量将摘要信息的密级降到最低。这也就是说，即使是一个拥有有限涉密权限的普通情报人员也可以看到几乎整个目录的内容，知道目前情报界已经生产了哪些情报。而如若需要获得情报产品全文，情报人员只需参照安全指南和各自的访问权限提出申请。2007 年 11 月 19 日，"国家情报库"正式向情报界推出。截至 2008 年 9 月，16 家情报机构中的 7 家已经定期向国家情报库提交情报产品，已有大约 75 万份情报产品提交入库，而且每周都会有约 2 万份新增情报产品入库。而到 2012 年 1 月，国家情报图书馆存储的情报产品已超过 170 万份。参见：U. S. Joint Chiefs of Staff, *Joint Publication* 2 - 01: *Joint and National Intelligence Support to Military Operations*, Washington, D. C.: Government Printing Office, January 5, 2012, pp. III - 60.

③ "分析空间"由国防情报局具体负责建设，能够使进入空间的所有情报分析人员访问情报界内几乎所有数据库，其中既包括情报界的公共数据库（例如"国家情报库"），也包括不同情报机构自己的内部数据库。该空间将允许对数据进行单人或者协作分析，其重点是为用户要求寻求答案和拓展与指定主题相关的集体知识。"分析空间"被配置在"联合全球情报通信系统"（Joint Worldwide Intelligence Communications System, JWICS）内一个特殊的区域，有权处理"人力情报控制系统"（Human Intelligence Control System）和"伽玛信息处理系统"（Gamma Information Handling, HCS/G）内的信息。

④ 催化剂项目旨在让分析人员能够从大量的情报信息中有所发现而不必受累于信息过载。它使用元数据把来自不同情报来源的信息关联起来，但同时不直接把原始情报融合在一起，因为原始数据可能太大或者太敏感不能直接合并和共享。催化剂项目处理经过标注的实体，例如人名和地名这样的在情报洪流中可以识别的条目，然后把这些元数据提供给负责在情报界共享的元数据池中把相关条目关联起来的计算程序算法。

由于麦康奈尔将保持情报界的技术优势作为其任期的重点之一，国家情报主任办公室还制订了加强“科技情报”（science & technology intelligence）分析的计划，通过全源分析，识别新出现的或具有颠覆性的技术。

（四）建立精良的采购系统并保持技术优势

由于技术革新和扩散的速度不断加快，美国情报界认为其对手的技术水平正在迅速提高，为了维持自身技术优势，必须对情报界现有的采购系统做出调整，缩短研制时间，生产更加可靠的系统。

第一，优化情报界的技术革新和采购系统。首先，为了突出技术革新的重要性，同时为了修改目前的采购流程，国家情报主任办公室进行了改组，将负责采购和科技事务的部门集中起来，设立“负责采购事务的国家情报副主任”（Deputy Director of National Intelligence for Acquisition），[①] 后又更名为“负责未来能力的国家情报副主任”（Deputy Director of National Intelligence for Future Capacities），统一领导情报界的科技革新和采办事务。[②] 其次，设立“负责架构设计与一体化的国家情报助理副主任”（Associate Deputy Director of National Intelligence for Architecture Engineering and Integration），在情报界的项目与预算框架内优化投资决策。最后，国家情报主任颁布第801.1号情报界政策指导《采购》[③] 与第801.2号情报界政策指导《签约与采办政策》[④]，以此补充2006年8月颁布的第801号情报界指令《采购》，对采购系统进行规范，内容涉及采购的流程、计划以

---

① Office of the Director of National Intelligence, Director McConnell Announced Organizational Changes at the ODNI, March 23, 2007, http://www.dni.gov/press_releases/20070323_release.pdf.

② Office of the Director of National Intelligence, An Overview of the U. S. Intelligence Community for the 111th Congress, January 16, 2009, p. 2, http://www.dni.gov/overview.pdf.

③ Office of the Director National Intelligence, Intelligence Community Policy Guidance Number 801.1: Acquisition, July 12, 2007, http://www.dni.gov/electronic_reading_room/ICPG 801.1.pdf.

④ Office of the Director National Intelligence, Intelligence Community Policy Guidance Number 801.2: Contracting and Procurement Policy, September 20, 2008, http://www.dni.gov/electronic_reading_room/ICPG 801 2 Contracting and Procurement Policy.pdf.

及审查评估等方面。

第二，发展尖端、协同的研究能力。国家情报主任办公室制定执行计划，大力推进“情报高级研究计划局”的发展，并成立“灵巧搜集”（smart collection）、“深入分析”（incisive analysis）和“安全行动”（safe & secure operations）三个办公室，[①] 在以上三类领域中寻找值得投资的“高风险、高回报”项目，以及单个机构无力承担的尖端科技研究项目。为了提高采购人员的技术水平，国家情报主任办公室制定了一个五年《采购人员计划》，提出了员工应具备的能力，以及招募、训练、保留和激励员工的计划。此外，麦康奈尔还与国防部长盖茨签署协议，在重大采购项目、采购政策与监督等方面进行合作。[②]

（五）实现运作管理现代化

为了增强国家情报主任的管理能力，国家情报主任办公室决定向商业机构和其他政府部门学习先进的管理方法，使美国情报界更加灵活、协调和高效。

第一，优化人事管理制度。国家情报主任办公室在情报界以及国家层面上推动安全审查制度的改革，辅助总统出台第 13467 号总统行政命令《员工接触涉密国家安全信息审核流程改革》，[③] 并颁布

---

① Intelligence Advanced Research Projects Activity, “Organizations,” http://www.iarpa.gov/organization.html.

② Office of the Director of National Intelligence, Memorandum of Agreement between the Director of National Intelligence and the Secretary of Defense: Management of Acquisition Programs Executed at the Department of Defense Intelligence Community Elements, March 2008, http://www.fas.org/irp/dni/moa.pdf.

③ The White House, Executive Order 13467: Reforming Processes Related to Suitability for Government Employment, Fitness for Contractor Employees, and Eligibility for Access to Classified National Security Information, June 30, 2008, http://www.fas.org/irp/offdocs/eo/eo-13467.htm.

一系列情报界指令和政策指导，[①] 建立新的政策框架，优化安全审查流程，特别是缩短新人加入情报界所需要的审核时间，至2008年12月，已将90%的安全审查行动的平均时间缩短了69%。[②]

第二，优化预算管理制度。国家情报主任颁布了第106号情报界指令《情报界战略管理》，[③] 建立了“情报界战略业界管理系统”（IC Strategic Enterprise Management System，IC－SEM），将战略、计划、预算和产出能力几个环节纳入一个一体化的预算制定流程之中，使资源的投放与优先任务需求一致，并加强预算执行过程中的监督和审查，同时根据业绩结果调整投资，释放资源给优先等级更高和效益更好的项目。

（六）阐明并落实国家情报主任的职权

国家情报主任的实际权力主要来自以下三方面：一是法令本身赋予的权力；二是国家情报主任维护和落实其权力的决心；三是总统和国会对国家情报主任的支持。[④] 虽然《情报改革与防止恐怖主义

---

① 包括 Intelligence Community Directive Number 704：Personnel Security Standards and Procedures Governing Eligibility for Access to Sensitive Compartmented Information and other Controlled Access Program Information；Intelligence Community Policy Guidance 704.1：Personnel Security Investigative Standards and Procedures Governing Eligibility for Access to Sensitive Compartmented Information and other Controlled Access Program Information；Intelligence Community Policy Guidance 704.2：Personnel Security Adjudicative Guidelines for Determining Eligibility for Access to Sensitive Compartmented Information and other Controlled Access Program Information；Intelligence Community Policy Guidance 704.3：Denial or Revocation of Access to Sensitive Compartmented Information，other Controlled Access Program Information，and Appeals Processes；Intelligence Community Policy Guidance 704.4：Reciprocity of Personnel Security Clearance and Access Determinations；Intelligence Community Policy Guidance 704.5：Intelligence Community Personnel Security Database Scattered Castles.

② Office of Management and Budget，Security and Suitability Process Reform，December 17，2008，p.1，http：//www.whitehouse.gov/omb/assets/omb/reports/joint_security_dec2008.pdf.

③ Office of the Director of National Intelligence，Intelligence Community Directive Number 106：Intelligence Community Strategic Enterprise Management，November 20，2008，http：//www.dni.gov/electronic_reading_room/ICD 106 IC SEM（updated）.pdf.

④ Richard A. Best Jr. and Alfred Cumming，*Director of National Intelligence Statutory Authorities：Status and Proposals*，Washington，D.C.：Congressional Research Service，January 15，2009，p.i，http：//assets.opencrs.com/rpts/RL34231_20090115.pdf.

法》规定了国家情报主任的职权，但是遗留的政策却阻碍了国家情报主任作用的发挥。因此，麦康奈尔在其任期内，为巩固和拓展国家情报主任的权力采取了积极的行动，将法律的要求细化到各项政策指令之中，阐明情报界各成员的任务和职责，同时积极争取总统和国会的支持。

第一，国家情报主任辅助总统修订第 12333 号总统行政命令，推动第 13470 号总统行政命令[①]的出台。第 12333 号总统行政命令是美国情报界运作的基石。其规定了情报界成员的相互关系，对日常情报活动有着重要影响。[②] 但是该指令已经过时，没有及时反映国家情报主任设立之后情报界组织结构上的变化。对其进行修正，可以进一步将《情报改革与防止恐怖主义法》中情报改革的相关内容加以机制化，为美国情报活动设立新的政策框架。修订后的总统行政命令详细阐述了国家情报主任和情报界主要情报机构的职责和权力，以政策的形式保证法律赋予国家情报主任的职权得到落实。

第二，国家情报主任与负责情报事务的国防部副部长展开密切合作，修改国防部下属的情报界成员（主要包括国防情报局、国家安全局、国家地理空间情报局）的规章制度，按照法律的要求阐明这些机构与国家情报主任的职权关系，为下一阶段的情报一体化工作打下基础。

第三，国家情报主任办公室设立了“执行委员会”（Executive Committee，EXCOM），由国家情报主任和各主要情报机构的代表组成。该委员会定期举行会晤，就一些重要而急迫的事项征求情报界各主要成员的意见，辅助国家情报主任迅速解决一些关键性问题。[③]

---

① The White House, Executive Order 13470: Further Amendments to Executive Order 12333: United States Intelligence Activities, July 30, 2008, http://www.fas.org/irp/offdocs/eo/eo-13470.htm.

② The White House, Background Briefing by Senior Administration Officials on the Revision of Executive Order 12333, July 31, 2008, http://georgewbush-whitehouse.archives.gov/news/releases/2008/07/20080731-8.html.

③ Donald Kerr, 500 Day Plan Hearing. U.S. House Permanent Select Committee on Intelligence, December 6, 2007, pp. 16-17, http://www.odni.gov/testimonies/20071206_testimony.pdf.

此外，为强化国家情报主任在整个情报界的领导地位，国家情报主任一方面颁布了第101号情报界指令《情报界政策系统》，[①] 修订情报界的政策系统，使其更加细致和透明，另一方面举办了第二届年度情报界法律会议，出版《情报界法律参考》，[②] 将重要的情报法律集结出版，便于相关人员参考使用。

第三节　国家情报战略的主要特点

虽然在小布什政府时期，美国情报界有史以来第一次公布了《国家情报战略》，设定了国家情报工作的优先任务等级，并引导情报界进行内部改革（转型），但是该战略仍然存在着一些问题，总体而言呈现出以下几个方面的特点：

一、业务工作与能力建设分工不明

情报机构并没有专门负责改革或转型的独立机构，每个情报机构都肩负着完成日常业务工作（任务目标）和推进情报改革或转型（能力目标）的双重任务。正如内格罗蓬特所言："从国家情报主任办公室成立的第一天开始，日常业务工作和情报改革工作就同时进行。二者相互影响，相互促进。情报界既要推进改革，又要支援反恐战争。"[③]

这种双重的目标设定，在情报界目前体制结构之下，容易导致分工不明的问题。对比美国军事转型，美国国防部专门为此成立了

---

① Office of the Director of National intelligence, Intelligence Community Directive Number 101: Intelligence Community Policy System, January 16, 2009, http://www.dni.gov/electronic_reading_room/ICD 101 IC Policy System.pdf.

② Office of the Director of National Intelligence, Intelligence Community Legal Reference Book, Fall 2007, http://www.dni.gov/reports/IC_Legal_Reference_Book.pdf.

③ John D. Negroponte, Intelligence Reform: Making It Happen, April 20, 2006, http://www.dni.gov/speeches/20060420_speech.pdf.

部队转型办公室，负责监督和评估国防部转型战略的实施情况，向国防部长提供咨询，管理各军种执行转型路线图计划的进程。而且国防部长、参联会、各军种和作战司令部对于推进军事转型都有明确的任务区分。而国家情报主任办公室和其他情报机构则没有相应的机制。各情报机构在完成日常工作的同时，还要设计和推进内部改革（转型）。这导致许多机构无法兼顾日常业务和能力建设，常常“将未来抵押出去，以换取当前任务的顺利完成”。[①] 即牺牲能力建设，将大部分精力和资源用于应对繁重的日常任务。有学者就提出，如果国家情报主任办公室的参谋人员进行分工，一部分负责情报能力建设的协调，另一部分负责业务工作的协调，那么情况就会好很多。[②]

二、“促进民主”的任务目标惹争议

将支援“促进民主”的行动作为美国情报界的战略目标，并将其纳入公开发布的战略报告，这种做法被部分美国人认为会对美国的情报和外交工作产生负面影响：第一，让人联想到冷战末期，在东欧国家的政局变换中美国情报机构发挥的作用，让其他国家产生疑虑和畏惧，担心美国会加大隐蔽行动的力度；第二，这种做法等于公开了美国情报机构支持某些政府的反对派，使这些政府更加警觉，可能导致外国的民主运动和美国的对外情报活动更加难以开展。[③] 虽然在发布《国家情报战略》的时候，有高级情报官员表示，提出“促进民主”的任务目标，并不意味着美国情报机构要展开相

---

① David Aaron (ed.), *Three Years After: Next Steps in the War on Terror*, Santa Monica, CA: RAND Corporation, 2005, p. 27, http://www.rand.org/pubs/conf_proceedings/2005/RAND_CF212.pdf.

② Richard A. Posner, *Countering Terrorism: Blurred Focus Halting Steps*, New York: Rowman & Littlefield Publishers, August 2007, p. 62.

③ John B. Roberts II, "When Transparency Backfires: Negroponte Releases Intelligence Strategy," *Washington Times*, November 16, 2005, http://www.spinwatch.org.uk/-news-by-category-main-menu-9/157-us-politics/2184-when-transparency-backfires? format=pdf.

关的隐蔽行动，而是要求情报机构更加注重搜集、分析与“软权力”相关的情报。[①] 但是，这并没有消除随之而来的负面影响。例如，在《国家情报战略》报告发布两周后，美国在巴林（Bahrain）召开多国外长论坛（包括22个阿拉伯国家的外长），讨论“促进民主”的问题，但受《国家情报战略》报告的影响，以埃及为首的一些国家担心美国情报机构会扶助本国的反对党派并推动政权更迭，拒绝与美国合作，导致会议无果而终。

三、对反情报工作的重视和指导不足

“9·11”事件之后，美国为了加强反情报工作而采取了一系列措施，不断提高其地位，并加强协调指导。例如，在2002年颁布了《反情报增强法》，[②] 设立了“国家反情报总监”（National Counterintelligence Executive），旨在协调和加强情报界的反情报工作。《情报改革与防止恐怖主义法》修订了“国家情报”的概念，使反情报成为国家情报的重要来源之一。此外，经小布什总统批准，国家反情报总监于2005年3月出台了美国历史上第一份《国家反情报战略》，将反情报作为维护国家安全的“一个关键的战略工具”，[③] 对其加以统一指导。

虽然如此，反情报工作却没有得到2005年《国家情报战略》的足够重视。该战略毫无新意地指出反情报是美国情报界的五大任务

---

① Walter Pincus, “Negroponte Unveils Intelligence Strategy: Director Highlights Fostering Growth of Foreign Democracies as a Top U. S. Goal,” *The Washington Post*, October 27, 2005, p. A09, http://www.washingtonpost.com/wp-dyn/content/article/2005/10/26/AR2005102601934.html.

② Counterintelligence Enhancement Act of 2002: Title IX of the Intelligence Authorization Act for Fiscal Year 2003. In Office of General Counsel, Intelligence Community Legal Reference Book, Washington, D. C.: Office of the Director of National Intelligence, Fall 2007, http://www.dni.gov/reports/IC_Legal_Reference_Book.pdf.

③ Office of the National Counterintelligence Executive, The National Counterintelligence Strategy of the United States, March 2005, p. 3, http://www.ncix.gov/publications/policy/FinalCIStrategyforWebMarch21.pdf.

之一[①]（反情报一直是情报界的传统任务），没有将其作为一项优先的任务加以强调，仅将其作为第七项能力目标的一部分，提出反情报工作要更加积极与联合，[②] 除此之外再无其他指导。对反情报工作缺乏重视和指导无疑是该版战略的一大缺失。

四、对支援军事行动不够重视

1991 年的海湾战争“首次为国家情报系统打上了战术性色彩”。[③] 战争刚结束，美国白宫、国会和国防部就下定决心，要让作战部队更好地获得国家情报系统的支援。1995 年 3 月 2 日，克林顿总统专门发布了第 35 号总统决策指令，明确区分情报界的优先任务等级：第一项优先任务是为美军的军事行动提供情报支援；第二项优先任务是提供关于敌对国家的政治、经济和军事情报，以协助美国预先制止冲突和危机的爆发；第三项优先任务是防止跨国威胁对美国公民造成伤害，这些威胁包括毒品走私、恐怖分子、有组织犯罪和大规模杀伤性武器。1995 年 5 月 5 日，美军还发布了首份联合情报条令——编号为 JP2 - 0 的《情报支援作战联合条令》（*Joint Doctrine for Intelligence Support to Operations*），该条令明确规定了不同情报机构应如何联合支援作战行动，并自此之后成为美军联合作战情报支援的纲领性文件。自此以后，“支援军事行动”（support to military operations）就成了美国情报界的主要任务之一。[④] 但是，

① Office of the Director of National Intelligence, The National Intelligence Strategy of the United States of America: Transformation through Integration and Innovation, October 2005, p. 3, http://www.dni.gov/publications/NISOctober2005.pdf.

② Office of the Director of National Intelligence, The National Intelligence Strategy of the United States of America: Transformation through Integration and Innovation, October 2005, p. 16, http://www.dni.gov/publications/NISOctober2005.pdf.

③ Gregory F. Treverton, *Reshaping National Intelligence for an Age of Information*, Cambridge: Cambridge University Press, 2001, p. 67.

④ Michael Warner & J. Kenneth McDonald, *US Intelligence Community Reform Studies since* 1947, Washington, D. C.: Central Intelligence Agency Center for the Study of Intelligence, 2005, p. 33.

2005 年《国家情报战略》报告却忽视了这一点，没有将支援作战列为国家情报的主要目标，仅在第三项任务目标的实施方案中提及“支援军事行动”,[①] 之后再无相关论述。这无疑是该战略的另一缺失。

---

① Office of the Director of National Intelligence, The National Intelligence Strategy of the United States of America: Transformation through Integration and Innovation, October 2005, p. 8, http://www.dni.gov/publications/NISOctober2005.pdf.

第三章　奥巴马政府的国家情报战略

奥巴马政府上台以来，以“重振美国的领导地位”① 为目标，对小布什政府时期的国家安全战略进行调整，逐渐形成了新的战略重点，而这些新的战略重点，又为国家情报工作设定了新方向。前期，奥巴马政府并没有将国家情报能力建设作为其关注重点，在这方面也没有提出更多新思想，更多的是按照小布什政府时期外部改革的既定要求，继承前期的成果，通过定期出台《国家情报战略》推进情报界内部改革（转型）。2009 年 9 月 15 日，国家情报主任丹尼斯·布莱尔（Dennis Blair）对外发布了第二版《国家情报战略》，作为其后四年美国国家情报工作的纲领性文件。报告首先提出了美国情报界应具备的三大特征：一体化、敏捷性以及展现美国价值观。② 在此之后，报告为美国情报界设定了四项总体目标：第一，优化国家安全政策；第二，支援维护国家安全的行动；第三，均衡地发展情报界的能力；第四，使情报界成为一体化的团队。③ 在总体目标之下，又细分了六个任务目标（支援前两项总体目标）和七个能力目标（支援后两项总体目标），并指出了完成各项目标的实施方案。这些内容与小布什政府的国家情报战略既有区别也有联系。

2010 年 5 月 27 日，奥巴马总统发布其上任来的首份《国家安全

---

① Barack Obama, “Renewing American Leadership,” *Foreign Affairs*, July/August 2007, https://www.foreignaffairs.com/articles/62636/barack-obama/renewing-american-leadership.

② 其中最后一点被提到高位，与奥巴马政府重塑美国形象的政策密切相关。

③ Office of the Director of National Intelligence, The National Intelligence Strategy of the United States of America, August 2009, p. 5, http://www.dni.gov/reports/2009_NIS.pdf.

战略》。该战略明确指出："我们的国家安全和繁荣取决于情报搜集与分析的质量、及时评估与共享情报的能力，以及打击各类情报威胁的能力。支援行政决策的战略情报工作如此，保障国土安全，各州、地方及部落政府，军队及关键国家任务的情报工作亦是如此。我们正致力于更好地整合情报界，同时加强情报界各机构的能力。我们正在加强与外国情报机构的伙伴关系，并维持与亲密盟友之间的紧密联系。我们将继续在情报界工作人员方面加大投资建设力度。"① 为响应《国家安全战略》对情报工作提出的要求，2014 年 9 月 18 日，国家情报主任詹姆斯·克拉珀（James Clapper）对外发布了第三版《国家情报战略》，并强调指出：2009 年版战略发布后的五年时间里，我们在国家情报一体化改革方面取得了巨大成就，这里面既有引人瞩目的行动成果，也有情报界在各领域的显著进步。我们必须作为一个一体化的情报界继续发展，继续提高技术与专业能力，继续在任务管理和业界管理方面取得进步。为深入推进国家情报改革，该战略对上版战略做出较大调整，推出七个任务目标（区分为基础性和专题性任务目标）和六个能力目标。此外，为进一步规范国家情报战略的制定与实施机制，《2015 财年情报授权法》规定，自 2017 年起，国家情报主任需每四年制定一份《国家情报战略》。

第一节 国家情报战略设定的战略目标与实施方案

一、任务目标与实施方案

（一）2009 年版《国家情报战略》的任务目标与实施方案

在任务目标的设计上，2009 年版《国家情报战略》根据奥巴马

① The White House, National Security Strategy, May 2010, pp. 15 - 16, https://obamawhitehouse.archives.gov/sites/default/files/rss_viewer/national_security_strategy.pdf.

政府的各类政策进行了相应调整，重新设定了任务优先等级：第一，舍弃了2005年版战略的某些目标（任务目标3——“促进民主”与任务目标4——“渗透困难目标”），取而代之的是反情报和维护网络安全；第二，根据奥巴马政府的反恐新方针，[①]强调集中力量打击以“基地”组织为首的暴力极端主义；第三，强调国家情报要对一线的军事、外交、执法等行动提供支援。同时，2009年版《国家情报战略》还对保留的目标进行了微调，并优化了这些目标的落实措施。

表3－1　2009年与2005年《国家情报战略》在任务目标上的异同

2009年《国家情报战略》的任务目标与实施方案		与2005年版战略的异同
任务目标	实施方案	
1. 打击暴力极端主义	1.1 提供预警：提供及时的、可行动的恐怖袭击预警 1.2 瓦解计划：参与和支持针对恐怖组织的瓦解行动，切断恐怖主义和犯罪活动之间的联系 1.3 防止大规模杀伤性武器恐怖袭击：支持美国正在进行的防止恐怖分子获得或使用大规模杀伤性武器的行动 1.4 打击激进主义：确定恐怖分子的激进化行动，为打击暴力极端主义提供机会	对四年前任务目标1的修正。首先，将打击目标集中于“基地”组织为代表的暴力极端主义；其次，实施方案上有了若干变化
2. 打击大规模杀伤性武器扩散	2.1 劝阻：寻找美国及其盟国可利用的机会和手段，使相关方丧失对大规模杀伤性武器的兴趣 2.2 防止：协助美国政府，防止与大规模杀伤性武器有关的原料、技术、资金以及专门技术的流通，加大对决策者防止大规模杀伤性武器扩散行动的支持	与四年前的任务目标2相同，反制大规模杀伤性武器扩散仍是国家情报的优先任务之一。区别是达成目标的实施方案有所变化

① 奥巴马政府的新方针认为，“恐怖主义”只是以“基地”组织为首的暴力极端组织为打击美国而采取的一种手段，如果美国将注意力完全集中于“打击恐怖主义”，则会只见树木不见森林，忽略了问题的本质。同时，“全球反恐战争”等政策泛化了打击对象，导致美国与伊斯兰世界日益对立，这反而是“基地”组织乐于见到的结果。因此，有必要对小布什政府的反恐方针进行重大调整。

续表

2009 年《国家情报战略》的任务目标与实施方案		与 2005 年版战略的异同
任务目标	实施方案	
	2.3 击退：寻找美国及其盟国可利用的机会和手段，终止或击退大规模杀伤性武器或值得严重关注的相关能力 2.4 威慑：提高掌握敌对分子使用大规模杀伤性武器计划、意图以及原则的情报能力，提高拒止敌方影响的能力 2.5 后果管理：支持对敌方大规模杀伤性武器能力的特征描述以及反大规模杀伤性武器使用的对策制定，提高情报能力，支持对针对美国及其盟国或友国的大规模杀伤性武器进行及时归因，从而为美国政府减少或管理大规模杀伤性武器后果的行动提供助力	更加注重积极的反扩散行动
3. 提供战略情报与预警	3.1 拓宽专门知识：提供更为宽广、更为深入、更为优质的情报分析，尤其在经济、能源和自然资源以及非军事技术等方面 3.2 加深理解：更加深刻地理解战区范围内的文化、政治、宗教、经济、民族及种族因素 3.3 扩大对外联系：开展战略对外联系工作，同情报界以外的关键知识和专业技术中心建立联系 3.4 加强合作：发展和使用新技术和情报能力，以加强合作，营造覆盖全情报界的开展合理战略分析的文化 3.5 提高语言技能：提高掌握外语人员的数量和熟练度	对四年前任务目标 5 的另一种表述，更注重拓宽情报界关注的范围、寻求外界的帮助以及加强合作
4. 整合反情报工作	4.1 探查内部人员威胁：探查利用其访问授权损害美国利益的内部人员 4.2 渗透外国机构：渗透敌对的外国情报机构，确定其意图、能力及行动 4.3 整合反情报工作和网络：在网络领域采取反情报手段以保护重要基础设施 4.4 确保供应链安全：保护国家安全界的供应链不受外国情报部门的侵害	全新的任务目标。将反情报视作最优先的任务之一，反映了 2005 年以来情报界对反情报工作认识的变化

续表

2009 年《国家情报战略》的任务目标与实施方案		与 2005 年版战略的异同
任务目标	实施方案	
5. 加强网络安全	5.1 利用伙伴关系：整合全情报界以及盟国情报机构、工业界和学术界的网络专业技术 5.2 保护美国基础设施：针对网络安全威胁，查找我们在情报搜集能力和情报分析知识库方面存在的缺陷，对其轻重缓急排定优先处理顺序，并一一弥补相关缺陷 5.3 打击针对非传统目标的网络威胁：将更多的资源集中到识别和消除针对非传统情报用户的网络威胁上来 5.4 管理网络任务：加强整个情报界的任务管理流程，具体是指实现协同规划与执行以及为网络行动提供可升级的基础能力的流程	全新的任务目标。根据奥巴马政府的网络安全政策，确定了情报界的任务
6. 支持当前行动	6.1 监视时敏性目标：针对时敏性目标进行多学科、高保真的情报搜集和分析工作 6.2 前沿部署情报搜集和分析力量：将情报界分析人员部署在作战环境中，作为整体业界方案的重要部分 6.3 共享信息：增强同外国政府、联邦民事部门以及各州、地方、部落和私营部门合作伙伴之间共享情报的能力	弥补了四年前对作战情报支援指导的不足。与支援政策相对应，指出了国家情报必须支援一线的各种行动

（二）2014 年版《国家情报战略》的任务目标与实施方案

在任务目标的设计上，2014 年版《国家情报战略》根据奥巴马政府的各类政策进行了较大幅度的调整，数量上有所增加，类别上也有较大调整。

第一，任务目标分成了两大类——基础性任务目标和专题性任务目标。基础性任务目标是情报界无论面对何种威胁或专题都必须完成的基础性情报任务：一是战略情报，即帮助情报用户理解持续存在的国家安全事务并丰富该理解；二是预测性情报，即侦测、识别问题苗头和异常现象并提供预警；三是当前行动，即支援正在进行的活动和敏感情报行动。专题性任务目标是情报界必须完成的专题任务：一是网络情报，即提供关于网络威胁的情报；二是反恐，即了解并应对从事恐怖主义及相关活动的组织或个人；三是反扩散，即打击大规模杀伤性武器的威胁与扩散；四是反情报，即挫败外国情报实体的行动。

第二，新增一个任务目标——预测性情报①。2014 年版战略将 2009 年版战略的第三个任务目标“提供战略情报与预警”中的“预警”职能纳入到新增的“预测性情报”之中。该战略强调预测性情报要能够应对战略环境在复杂度、规模和速度方面的变化，并通过加大定量分析方法的使用力度，加强传统的定性分析方法，尤其是那些鼓励新视角、挑战传统假设的方法，提供有见地的可行动情报。此外，随着情报需求的不断变化，预测性情报对于实现情报界资源的有效分配至关重要。

第三，网络情报②取代反恐成为首要专题性任务目标。2010 年的美国《国家安全战略》③ 就将网络威胁④视为美国面临的最为严峻的国家安全威胁之一。2013 年，国家情报主任在《情报界全球威胁评估》中进一步认定其所面临的头号安全威胁正是“网

---

① 预测性情报是指聚焦各种趋势、事件、态势变化所进行的情报搜集与分析的产品，目的在于识别和描述可能影响美国国家利益的潜在或紧迫的异常现象、重大事件、重要机会或威胁。参见：Office of the Director of National Intelligence, The National Intelligence Strategy of the United States of America, September 2014, http://www. dni. gov/files/documents/2014_NIS_Publication. pdf.

② 网络情报是指针对外国行为体的网络计划、意图、能力、研发、战术、活动和征候而开展的全源情报信息搜集、加工、分析和分发活动；他们对国家安全、信息系统、基础设施和数据的影响或潜在影响；以及网络特征描述，即与外国信息系统的组成、结构、使用和弱点等相关的见解。参见：Office of the Director of National Intelligence, The National Intelligence Strategy of the United States of America, September 2014, http://www. dni. gov/files/documents/2014_NIS_Publication. pdf.

③ The White House, National Security Strategy, May 2010, https://obamawhitehouse. archives. gov/sites/default/files/rss_viewer/national_security_strategy. pdf.

④ 网络威胁是指在没有合法权限的情况下针对数据、应用程序或联邦系统的完整性、机密性、安全性或可用性所进行的访问、操纵或造成的损害、泄露诸如此类的任何行为。网络威胁主要体现为非法窃听与访问、恶意软件、垃圾邮件等一系列形式，其具有零散性、信号模糊性、时效性与变化快等特性。参见：Department of Homeland Security, Privacy Impact Assessment for the Initiative Three Exercise 3, March 18, 2010, https://www. dhs. gov/xlibrary/assets/privacy/privacy_pia_nppd_initiative3exercise. pdf

络威胁”。[①] 受此影响，情报界开始强调网络情报对于应对网络威胁的重要性，并要求重点发展包括网络攻击归因能力在内的各类网络能力，重点识别相关趋势并提供背景知识，以加深情报用户对网络威胁、弱点和影响的理解。

表3-2 2014年与2009年《国家情报战略》在任务目标上的异同

2014年《国家情报战略》的任务目标与实施方案			与2009年版战略的异同
任务目标		实施方案	
基础性任务目标	1. 战略情报	1.1 加深对战略环境的理解，以帮助情报用户实现国家安全目标以及特定的任务目标和专题目标 1.2 了解并评估外国能力、活动和意图，使情报界用户对此有更深入的了解并能准确地把握 1.3 提供深入的、基于背景的客观分析和专业知识，以支援美国国家安全政策和战略	删除了“预警”任务，不再特意强调了解作战地区的相关情况，拓展了研究视野，强调要关注整个战略环境，以及外国的能力、活动和意图等情况
	2. 预测性情报	2.1 打造动态水平扫描及发现能力，以评估能够影响美国国家安全变化的及新兴的态势与事务 2.2 加深对基本态势、重要议题和发展趋势的理解，以探测细微变化、评估其可能的发展轨迹并预测其对美国国家安全的影响，进而创造机会以发出警告或预警 2.3 发展一体化能力，在情报界内部发出警告并为情报用户提供及时相关的预警	新增加的任务目标，吸纳了此前任务目标3中的“预警”任务，强调情报界应提高其预见、预报和预警能力，提醒分析部门关注潜在事宜、为国家安全用户提供早期预警，确保他们拥有最佳行动机会
	3. 当前行动	3.1 提供及时、灵活的可行动情报支援，以获得并保持行动决策优势 3.2 与各种合作伙伴融合协作，最大限度地发挥情报能力效率，并扩大其运用范围，以支持各种行动 3.3 开展敏感情报行动，以支持开展有效的国家安全活动	更加强调情报支援的“可行动性”，即情报要能够直接付诸实践，保障各类行动的开展。更加强调情报与行动的一体化

① 2013年情报界认定的前四大威胁分别是：1. 网络威胁；2. 恐怖主义与跨国有组织犯罪；3. 大规模杀伤性武器的扩散；4. 反情报。参见：James R. Clapper, Statement for the Record Worldwide Threat Assessment of the US Intelligence Community, March 12, 2013, http://www.fas.org/irp/congress/2013_hr/031213clapper-del.pdf, 2014-04-25.

续表

<table>
<tr><th colspan="3">2014年《国家情报战略》的任务目标与实施方案</th><th rowspan="2">与2009年版
战略的异同</th></tr>
<tr><th colspan="2">任务目标</th><th>实施方案</th></tr>
<tr><td rowspan="3">专题性任务目标</td><td>4. 网络情报</td><td>4.1 增强我们对主要外国网络威胁行为体的防范意识并加深理解——包括他们的意图、能力和行动——以满足数量日渐增长、复杂性不断提升的网络相关需求
4.2 扩大可行动网络情报的定制生产与分发，以支持重要信息网络和关键基础设施的保护工作
4.3 拓展我们支援网络效果行动的能力，以保卫国家和保障美国的国家利益</td><td>首次提出“网络情报”的概念。网络情报取代反恐成为首要专题性任务，不再单纯强调加强网络安全，更加强调积极主动地了解和应对网络威胁</td></tr>
<tr><td>5. 反恐</td><td>5.1 进行创新性分析，以支持国家打击那些威胁美国及其利益的恐怖主义行为体
5.2 提供有见地的分析，以遏制暴力极端主义意识形态的扩张
5.3 预见新的、正在形成的恐怖活动威胁并寻找反制机会
5.4 打造应对国内外恐怖活动的恢复力和适应力</td><td>不再将反恐列为首要任务，分析方法方面更加强调创新，分析内容方面更加关注暴力极端主义的意识形态</td></tr>
<tr><td>6. 反扩散</td><td>6.1 发展情报能力，提供信息支持美国各种相关政策和努力，包括劝阻或防止有关国家获取大规模杀伤性武器相关技术、材料或相关专业技能，或恢复其先前计划
6.2 加深对既有的国家大规模杀伤性武器计划的了解，以支持美国相关反扩散决策、政策和行动，使有关行为体中止、取消或不敢使用大规模杀伤性武器
6.3 支援跨机构行动，以保证全球大规模杀伤性武器库的安全，警告并阻止向恐怖分子、极端主义分子或其他非国家行为体转让大规模杀伤性武器相关材料、技术和专业技能
6.4 提高美国预测和管理危机、支援政府采取一体化行动的能力，以减轻大规模杀伤性武器的使用或失去国家控制所带来的恶劣影响</td><td>更加强调大规模杀伤性武器背后的国家所扮演的角色，更加强调执行反扩散任务时需要政府各部门通力协作，且把“恐怖分子与大规模杀伤性武器相结合”这一威胁由此前的“反恐任务”调整为“反扩散任务”</td></tr>
</table>

续表

2014 年《国家情报战略》的任务目标与实施方案			与 2009 年版战略的异同
任务目标		实施方案	
专题性任务目标	7. 反情报	7. 1 理解、预测外国情报实体日益增强的能力并加以渗透 7. 2 发展并运用相关能力以侦测、威慑、降低内部人员威胁 7. 3 阻止针对美国关键技术、数据和信息的盗窃和利用行为 7. 4 挫败并/或减缓对手利用美国供应链和采购薄弱环节的企图	更加强调对外国情报实体能力的理解和预测，首次明确指出要防范对手针对关键技术、数据和信息的盗窃和利用行为

二、能力目标与实施方案

（一）2009 年版《国家情报战略》的能力目标与实施方案

在情报界能力建设方面，奥巴马总统提出了他的看法：“目前，我们的情报工作还是大量依赖于‘9·11’之前的机构和操作规范。我们需要重新审视情报改革，要超越组织层面的改动。为了应对具备强大适应能力的敌人，我们需要有效搜集和共享信息的技术和操作规范。我们必须增加人力情报的投资，派遣更多训练有素、掌握当地文化和语言知识的行动人员和外交官。而且我们应该将竞争性分析的操作机制化，改进情报分析方法。”① 从中可以看出：首先，美国决定要“超越组织层面的改动”，不再对国家情报系统的结构进行重大调整，而将注意力集中于加强信息共享和提升各项情报活动的能力。其次，在提高能力的具体指导上，奥巴马并没有提出新思想。这意味着在小布什政府时期，外部改革提出的情报能力建设方针相对而言是比较成熟的，奥巴马政府不必做出太大改动。

① Barack Obama, “Renewing American Leadership,” *Foreign Affairs*, July/August 2007.

表3-3　2009年与2005年《国家情报战略》在能力目标上的异同

2009年《国家情报战略》的能力目标与实施方案		与2005年版战略的异同
能力目标	实施方案	
1. 加强情报界任务管理	1.1 创造整体合力：在统一指挥下，协同工作，调用一体化的、分工明确的多元情报队伍，从而确保情报界充分发挥全部能力来应对挑战。情报界任务管理有助于制定统一的战略，以确定完成任务所需的行动、资源以及政策。情报界各机构是合作伙伴关系，为了圆满完成任务，它们分享情报、能力以及资源 1.2 确保责任落实：指定某个人、团队、中心或执行部门，代表国家情报主任，为情报界管理国家级任务 1.3 量身定制情报支援：允许任务管理部门采用多种形式。没有任何一种方案能够适合所有的情况，所以我们需要采取灵活方法，提供量身定制的情报支援。有些形式的任务管理需要建立一个类似于国家反恐中心、拥有大量工作人员的大型中心；而另外一些只需类似于战略封锁小组的非正式、较小编制的小组 1.4 培养灵活性：在所有任务中灌输任务管理法，鼓励各级主动满足任务需求。我们的体制必须使情报界能应对具有最高国家重要性的复杂挑战，包括突发事件和需要整个情报界下大力气解决的事件。各类任务中心必须迅速识别和满足情报需求，同各种政策及行动组织保持联系，并且提供及时、相关的情报支援 1.5 加深联系：要加强与情报用户之间的互动，不管他们是决策者还是外派行动人员。各类任务中心必须与情报用户保持直接联系，同时向情报界各机构或国家情报主任通报最新进展和需求 1.6 倡导任务管理：为应对复杂挑战我们必须建立任务团队，这就需要在职责、任务分配，分析产品生产以及情报共享政策等方面进行大幅改革。情报界必须协同工作，鼓励各级领导采取任务管理法，确保任务团队能够得到所需的制度保障和必要资源，并且不断地审视建立团队或中心所产生的影响以及所取得的成效	对四年前能力目标1、2、3的深化与综合。优化了情报流程的各个环节，将情报界的整合深化到工作流程之中，超越了机构层面的整合

续表

2009年《国家情报战略》的能力目标与实施方案		与2005年版战略的异同
能力目标	实施方案	
2. 加强伙伴关系	2.1 建立相互了解：使合作伙伴更加深入地了解情报界及其能力，也使情报界了解合作伙伴所带来的好处 2.2 拓展伙伴关系：同各种伙伴建立新的合作关系，并在合作伙伴之间建立联系，促进合作与情报分享 2.3 建立新的伙伴关系：同新的伙伴，尤其是情报界传统上与其并无联系的伙伴，建立互信，并对情报需求、情报能力及任务达成共识	对四年前能力目标6的拓展。合作对象不仅限于"国外情报关系"，还将国外、国内、公共和私人实体都囊括其中
3. 精简业务流程	3.1 推动业务工作现代化：使用创新方法，集思广益，并采用能向情报界高级领导层通报关键资源和问题现状的公认最佳实践，以此来实现业务工作和流程的转型 3.2 采用各类标准和流程：制定和运用业界业务标准和流程，实现行动和服务的现代化，并根据已经确立的绩效目标对其加以改善 3.3 建设一个共享的业务/任务环境：建设一个共享环境，改进业务工作和服务能力，提高任务执行能力，简化情报界领导层获取业务信息的流程，优化纳税人资金的使用 3.4 整合安全措施：确保安全措施得到简化，并将其整合进变革后的业务流程中，以保护国家情报、情报来源和手段 3.5 展现健全的财务管理：遵循相应的法律和美国政府管理与预算办公室的指导方针，实现财务管理透明、责任落实明确、财务状况可审计 3.6 促进强有力的咨询和监督：在工作流程、业务操作及服务方面，有效咨询监察长、法律顾问及各情报机构中负责保护隐私和公民自由的官员的意见，并接受其监督	将四年前分散在多项能力目标之中的资源管理的内容整合起来，形成对情报界资源运作管理的统一指导，减少系统与设施的冗余与浪费、优化安全认证程序与财政管理

续表

2009年《国家情报战略》的能力目标与实施方案		与2005年版战略的异同
能力目标	实施方案	
4. 改进信息融合和共享	4.1 确保环境安全：建设通用、有效、可靠、安全的基础设施，保证无论情报界各机构或他们的情报用户地处何方，均可提供情报，并以此为基础，建设世界一流的、覆盖整个情报界的可靠的信息环境 4.2 确保解决方案合理化：迅速采纳简单、合理、有效、跨领域的（装备和非装备）解决方案，必要时停用和淘汰老旧系统 4.3 实现信息流动：在恰当的密级范围内及时传递定制信息的同时，整合信息发现和访问工作，确保获得授权的情报界工作人员能够安全地发现和访问信息 4.4 改进信息聚合及分析工作：随着数据与信息数量和种类的急剧增加，情报界必须弥补其“获取资料”和“分析理解资料”这两种能力之间的差距 4.5 提高网络安全意识：在整个情报业界（包括情报界合作伙伴和情报用户）中，提高人员的网络安全意识，加强网络安全培训	对四年前能力目标5的拓展。采用“信息融合”一词，标志着情报界正在摆脱陈旧的思维。由于加强信息共享的技术同时也可以防止网络威胁，所以信息共享与网络安全有着明显的联系①
5. 加强科技/研发	5.1 转化新技术：适时推动科技解决方案向业务用户转化，并在主系统采购中更多运用科技解决方案 5.2 拓展伙伴关系：同学术界、工业界、美国及伙伴国政府、任务客户以及非政府性质的技术卓越和创新中心建立联系 5.3 关注最新趋势：评估全球技术趋势，发掘现有和可能的科技突破及新兴技术，并将其整合到情报界能力当中	对四年前能力目标8的拓展。更加注重技术向实际应用转化，以及与外界进行合作

① The Markle Foundation Task Force on National Security in the Information Age, “Nation at Risk: Policy Makers Need Better Information to Protect the Country,” March 2009, p. 6, http: //www. markle. org/downloadable_assets/20090304_mtf_report. pdf.

续表

2009年《国家情报战略》的能力目标与实施方案		与2005年版战略的异同
能力目标	实施方案	
6. 建设人才队伍	6.1 打造一支多样化的、均衡的员工队伍：雇用、培养并保留一支在各方面——文化、种族、血统、民族、性别、语言及经历——体现出多样化的员工队伍，并使其均衡分布在军事、非军事部门以及承包商中 6.2 加强专业培养：培养、奖励并保留专业技术知识和专业领导能力，包括科技领域的专业技术知识和专业领导能力 6.3 培养相关专门技术：以国家安全和情报优先事项为标准依据，教育和培训员工 6.4 鼓励优良的业界风气：鼓励员工积极主动、勇于创新、协同工作、足智多谋和充满活力 6.5 部署一体化的、灵活机动的工作团队：整合和部署跨功能领域、跨机构的员工团队，以达成任务目标 6.6 营造领导人奋勇争先的文化：在各级组织营造并保持负责人事、专业、技术及管理的领导人奋勇争先的文化	对四年前能力目标4的拓展。更加注重多样化建设、培养目标意识以及组建一体化的任务小组
7. 改进采购工作	7.1 培养合格的采购专业人才：为情报界规划和实施重要采购计划提供专门知识。情报界的采购队伍必须经验丰富，并在国家情报主任办公室的支持下，到上一级单位接受过情报采购最佳实践的教育与培训 7.2 采用高效的采购流程：在执行情报采购的过程中，运用系统工程、合同订立、技术成熟、成本估算及财务管理等方面的最佳实践。情报界各机构必须严格记录和执行这些流程。国家情报主任办公室应确保最佳实践在整个情报界得到运用 7.3 与其他补充性流程保持一致：将重要采购计划的设计、规划以及执行同情报界和国防部的其他流程保持同步。“需求”流程必须清楚地界定情报用户的预期；“成本估算”流程必须同年度预算的制定保持一致；而“人力资源”流程则必须为成功完成任务提供所需人员 7.4 将决策权下放：赋予采购主管和计划主管管理各类项目的权力，并要求他们对结果负责。为了简化决策流程，国家情报主任将在最大程度上下放重要的法定决策权，但前提条件是相关情报界机构一向表现优异，工作透明度高，并向监管机构毫无保留地提供信息	采购是使技术向实际应用转化的关键。情报界的采购流程比较混乱，造成了大量重复浪费，延缓了技术向实际应用转化的过程，所以有必要特别加以强调

跟随奥巴马总统上台的第三任国家情报主任丹尼斯·布莱尔（Dennis Blair）也基本上沿袭了前任约翰·麦康奈尔的工作思路，沿着之前启动的计划继续推进情报界的内部改革（转型），并没有太大的改变。正如他自己所说："迈克（麦康奈尔）的思想与我们同在。"[①] 因此，情报界能力建设的六大重点并没有发生太大的变化，只是在每一点上都有了更加成熟的认识和更加完善的落实措施。

（二）2014年版《国家情报战略》的能力目标与实施方案

与2009年版战略相比，2014年版《国家情报战略》在能力目标的设定上出现了诸多变化。

第一，首次提出"任务管理一体化"的概念，即优化情报界情报搜集、情报分析和反情报能力与活动，实现统一行动和统一效果。其中，情报搜集活动应响应情报分析需求，同时也指引情报分析需求；情报分析活动应做出情报判断、找出情报缺口并为指导搜集人员提供基石；反情报活动是对情报搜集和分析活动的补充，应能找出情报来源、方法和活动中的薄弱环节。在统一管理、联合程序、更高能力的支持下，情报分析、情报搜集和反情报专业人员将相互协作来界定问题和解决问题。

第二，全面丰富2009年版战略的第三个能力目标"精简业务流程"的内涵，将其名称调整为"业界管理一体化"，并在能力目标排序上提升到第二位。"业界管理一体化"旨在制定、执行并管理面向整个情报界的方法，加强情报界核心能力的整合和互操作性。具体而言，情报界将在持续性、安全、采购、财务、设施及后勤等诸方面寻求提高效率的方法。整个情报界范围的绩效评估和基于数据的审查——与战略和预算相一致——将提高绩效，加强监督，强化

---

① Dennis C. Blair, "Intelligence Advanced Research Projects Activity (IARPA) Building Dedication Ceremony," Office of the Director of National Intelligence, April 27, 2009, p. 1, http://www.dni.gov/speeches/20090427_speech.pdf.

依法办事并形成客观的审计意见，从而改善结果并降低成本。情报界还将加强信息安全，与合作伙伴及时共享情报，并教育情报用户正确使用和处理保密信息。

第三，强调要在全面推动信息共享工作的同时全力保障安全防护工作，确保信息共享的绝对安全。2010 年的“维基解密事件”以及2013 年的“斯诺登事件”充分暴露了情报界在推进信息共享工作过程中出现的安全防护漏洞，尤其是情报工作人员的“内部威胁”（insider threat）尤为突出。为了重点加强协调并改进信息的发现、访问、检索、保存和安全防护机制，情报界全力打造一个共同的信息技术平台——“情报界信息技术业界”（Intelligence Community Information Technology Enterprise）。其将以部门为中心的信息技术转化为整个业界通用的平台，通过这个平台可以在整个情报界范围内简单、安全地共享技术、信息和能力。

表 3－4　2014 年与 2009 年《国家情报战略》在能力目标上的异同

2014 年《国家情报战略》的能力目标与实施方案		与 2009 年版战略的异同
能力目标	实施方案	
1. 任务管理一体化	1.1 合理利用整个情报界各门类专业知识和各种能力，共同界定并预测情报问题，制定行动方案，理解方案执行过程中要进行的权衡 1.2 加强并整合管理机构，以优化资源、管控风险 1.3 推动情报界联合开展计划制定、目标选择、任务分配和成效评估等业务流程，以协调情报活动、持续提高情报能力 1.4 推动投资决策一体化，提供多情报门类的整合能力，为成功完成任务提供最佳方案	首次提出“任务管理一体化”的概念，强调要确定情报工作的战略重点，协调可能出现的各类冲突，进而实现情报搜集、情报分析、反情报的协调统一

续表

2014 年《国家情报战略》的能力目标与实施方案		与 2009 年版战略的异同
能力目标	实施方案	
2. 业界管理一体化	2.1 推进人员安全基础设施建设，通过开展持续评估和推广情报界普遍认可的做法和标准，打造整个情报界通行的方法 2.2 在整个情报界推行相关采购战略和程序，提高通用产品和服务采购的成本效益和效率 2.3 采纳政府和工业部门的最佳实践经验，执行情报界的业界财务标准、流程、工具和服务 2.4 在整个情报界范围内推动基于战略的绩效与评估手段的不断成熟，以支持主动的、平衡的科学决策 2.5 合理使用情报界现有与未来设施以及物理基础设施，以支持联合使用功能并提高能源效率 2.6 采取能保证情报行动持续性的风险管控方法，确保在任何条件下都能够不间断地提供国家情报 2.7 继续采取措施，保持合理的透明度，保护隐私和公民自由，加强监督和依法办事	首次提出“业界管理一体化”的概念，取代此前排名第二的能力目标“加强伙伴关系”，合并此前排名第七的能力目标“改进采购工作”。更加强调安全保密和风险管控工作，更加强调保持透明度和接受外部监督
3. 信息共享与安全保障	3.1 将情报界当前及未来的信息技术需求整合进高效的信息技术基础设施，以加强情报界的融合、信息共享与安全保障 3.2 使情报界工作人员能够基于任务需求发现和访问信息，及时交付定制化的可行动信息 3.3 适时整合整个业界范围内的信息，以增强信息发现能力、提高关联能力、应用高级分析方法，同时保护隐私和公民自由 3.4 推行政策驱动的互操作方法和基于属性的访问，在此基础上强化并统一新的和现有情报信息系统的安全及数据保护标准，以构建安全可靠、覆盖整个情报界的信息环境 3.5 打造尊重隐私及公民自由，体现、支持和推进负责任的信息共享的文化	首次将信息共享与安全保障工作放在同等重要的地位，重点强调要建设覆盖整个情报界的信息环境，即情报界信息技术业界，进而在整个情报界范围内简单、安全地共享技术、信息和能力

续表

2014年《国家情报战略》的能力目标与实施方案		与2009年版战略的异同
能力目标	实施方案	
4. 创新	4.1 开展和利用基础研究，并在最敏感的应用科学与社会科学、技术和数学等领域继续从事核心独立研究，以取得突破性成果 4.2 将创造性理念和有潜力的创新付诸实践，以改进情报界的各类业务和流程 4.3 加强并激发员工队伍的创新天赋，使他们勇于承担风险、提高情报技艺、大胆应用新技术与新流程	明确指出创新在科技研发工作中的核心地位，更加强调开展基础研究，不再强调与外界的合作，而是注重激发员工的创新天赋
5. 人才队伍	5.1 打造一支多元、包容、具备当前及未来所需技能和能力的人才队伍 5.2 在管理者和雇员共同努力的基础上，提供持续不断的学习和发展项目，以提高人才队伍的能力、适用性和灵活性 5.3 培育创新、灵活的文化，倡导能够适应环境变化的理念交流和资源共享，在整个情报界推广最佳实践 5.4 建设没有歧视、没有骚扰、不必担心报复的工作场所，所有人都享有尊严、受到尊重，拥有平等机会来发挥他们的全部潜力	更加强调情报界员工个人的能力素质，确保其有能力应对当前和未来挑战。着重强调每个人都应享受平等就业机会和正常工作待遇
6. 合作伙伴	6.1 加强情报界与所有合作伙伴之间以及合作伙伴彼此之间的责任分担，吸纳他们的真知灼见，以推动情报工作 6.2 制定适用整个情报界的建立伙伴关系的方法，以推动协调、全面的对外交往 6.3 深化合作以增进我们对合作伙伴的了解，有效地为决策提供依据、支援行动的开展	该目标排名从此前的第二位调整到最后一位。更加强调合作伙伴之间应明确各自扮演的角色、承担的责任和享有的权力

第二节　国家情报战略的具体落实

一、丹尼斯·布莱尔任期内的改革

2009 年 1 月 28 日，丹尼斯·布莱尔（Dennis C. Blair）正式就职，成为第三任国家情报主任。9 月 15 日，布莱尔公布了第二版《国家情报战略》。该战略将“一体化”列为情报界应该具备的三大特征之首，[①] 并将“加强信息融合与共享”列为情报能力建设的目标之一，也就是说为了实现情报一体化的目标，情报界需要继续推动信息共享领域的建设。然而，在布莱尔仅一年零四个月的任期内，[②] 以信息共享为引领的情报改革并非一帆风顺，接下来发生的事情引发了人们对情报改革效果的质疑。

2009 年 12 月 25 日，一名 23 岁的尼日利亚青年阿卜杜拉·穆塔拉布（Abdulmutallab）携带非金属制[③]的爆炸装置，成功登上载有近 300 人的美国西北航空公司的 253 号班机，并在飞机准备在美国车城底特律降落时试图引爆。如果不是起爆器发生故障，也许此举将引发另一起“9·11”事件。然而，与“9·11”事件不同的是，美国情报界事前已掌握了大量信息，本应能够提前发现和阻止此次袭击。2010 年 1 月 6 日，美国总统奥巴马在白宫发表讲话，他对情报界的此次情报失误进行了严厉批评。他认为，情报界此前虽然掌握了所有必要的信息，但是情报（分析）部门并没有“将情况联系起来”。所以，这次事件不是情报搜集的失误，而是情报整合与情报理解方

① 2009 年版《国家情报战略》开篇即提出情报界应具备三大特征：整合统一、灵活机动、展现美国价值观。

② 2009 年 1 月 28 日至 2010 年 5 月 28 日。

③ 含有长效硝酸甘油。

面的严重失误。[①] 2010 年 1 月 8 日，国家情报主任丹尼斯·布莱尔任命前中央情报局副局长约翰·迈克劳克林为内部调查组组长，调查情报界在此次炸机未遂案中可能存在的失误。

2010 年 1 月 20 日，参议院国土安全与政府事务委员会专门就此事举办了一场听证会，主题为“情报改革：圣诞日袭击事件的教训与启示”。委员会听取了时任国家情报主任丹尼斯·布莱尔与国家反恐中心主任迈克尔·莱特（Michael Leiter）的专题汇报。在汇报中，他们先是强调了情报界在总统的指示下完成的工作：第一，重申和阐明情报界内所有情报分析部门的职能与作用，使他们能够以同步、协作的方式分析一切与反恐相关的全源情报信息。第二，加速信息技术的研发，包括知识发现、数据库整合、跨数据库查询，以及反恐情报相关信息的比对分析。第三，进一步严格情报分析标准，并逐步对其进行细化与提升，特别是在提早发现和预防恐怖袭击企图方面。第四，保证战略预警情报分析重点任务能够获得足够多的各类资源。随后，他们也明确指出了情报界在此次事件中出现的一些重大失误：

第一，事发之前，情报界掌握的情报已经显示，“阿拉伯半岛基地组织”（Al – Qa’ida in Arabian Peninsula，AQAP）企图于 12 月 25 日前对美国发动袭击，但是情报界并未针对该组织投入更多情报力量，也未对恐怖分子监视名单的标准做出调整。同时，情报分析人员与情报分析部门当时大多将关注重点放在也门地区（针对美国利益）的恐怖威胁上，他们没有充分理解情报片段中信息的真正含义（这些信息实际上都指向阿卜杜拉·穆塔拉布），因此并未将阿卜杜拉·穆塔拉布列入恐怖分子监视名单。

第二，国家反恐中心虽然早先曾发布了关于“阿拉伯半岛基地

---

① Jake Tapper and Sunlen Miller，“Obama：Intelligence Community Failed to ‘Connect the Dots’ in a ‘PotentiallyDisastrous Way’，” January 6，2010，http：//blogs. abcnews. com/politicalpunch/2010/01/obama – intelligence – community – failed – to – connect – the – dots – in – a – potentially – disastrous – way，html.

组织”的威胁警报，其中包括2009年秋国家反恐中心主任迈克尔·莱特向参议院国土安全与政府事务委员会提交的报告，但是情报界并未将这些情况有效地联系起来。特别值得注意的是，由于“阿拉伯半岛基地组织”成员曾在2008年袭击美国驻也门首都萨那的大使馆，所以情报界在事发前调高了该组织在也门地区针对美国和西方国家利益的威胁级别。情报界虽然同时也考虑到“阿拉伯半岛基地组织”于2009年秋对美国本土实施袭击的可能性，但最后仍将主要分析力量投向该组织在也门地区的恐怖活动。

第三，情报界虽然曾多次就（阿卜杜拉·穆塔拉布所使用的）爆炸物类型以及爆炸物可能躲避安全检查的方式发出警告，但阿卜杜拉·穆塔拉布依然顺利地通过了机场的金属探测装置，并将缝入衣物内的爆炸物带上了飞机。

第四，美国情报界虽然成功地掌握了能够挫败此次袭击计划的所有线索，例如从阿卜杜拉·穆塔拉布的父亲处得知了（当时的）嫌犯在与某宗教极端分子接触后前往也门，并从其他渠道获悉了此次袭击计划的片段信息，甚至了解到嫌犯是尼日利亚籍。但是，由于情报信息缺乏连贯性，情报分析人员未能及时发现这一情况。

第五，情报界虽然在事发前已经将阿卜杜拉·穆塔拉布列入“恐怖分子身份数据库”，并对该信息进行了有效共享，但是这些信息并不符合新的恐怖分子筛查政策标准（2008年试启用，2009年2月正式生效），因此情报人员没有将阿卜杜拉·穆塔拉布列入重点监视和禁飞名单。①

在听证会上，国家情报主任丹尼斯·布莱尔进一步指出：事后看，假如美国情报界将所有掌握的可用信息、不完整信息以及其他类型的数据，都有效地关联起来，那么阿卜杜拉·穆塔拉布的名字毫无疑问会出现在“恐怖分子筛查数据库”中，而国防部与国土安

---

① Senate Homeland Security and Governmental Affairs Committee, “Intelligence Reform: The Lessons and Implications of the Christmas Day Attack,” January 20, 2010, http://www.fas.org/irp/congress/2010_hr/012010blair.pdf.

全部也会得到这一信息；尽管人们无法就此认定阿卜杜拉·穆塔拉布最终一定会被列入重点监视或禁飞名单，因为这还有赖于情报分析人员的分析判断能力，但几乎可以肯定，美国情报界在事前挫败此次袭击的可能性是相当高的。

听证会结束后，参议院情报特别委员会又组织了对此事件的调查，并在调查报告中指出了导致事件发生的 14 项失误，其中有 12 项与情报失误相关。[①] 尽管这次“圣诞日”恐怖袭击事件并未对美国的国土安全造成实际影响，但也不可避免地引发了各界对情报改革的担忧。参议员萨克斯比·钱布利斯（Saxby Chambliss）就指出，“尽管国家情报主任认为此次事件是情报整合与情报理解的失误，但是事件所暴露出的问题，在‘9·11’事件的相关调查报告中也同样存在”。[②] 甚至有学者断言，美国的“情报改革是一次失败”。[③] 国家情报副主任助理帕特里克·尼尔瑞（Patrick Neary）也于 2010 年 3 月在中央情报局主办的《情报研究》杂志上发表文章，公开指责情报界的表现，并认为情报界“基本上仍未改革”。[④] 不久之后，5 月 1 日纽约时报广场未遂爆炸案[⑤]接踵而至。一系列事件导致社会各界深度质疑国家情报主任推动的情报改革的实际效果。2010 年 5 月 28 日，丹尼斯·布莱尔无奈辞去了国家情报主任的职务。由于在职仅一年零四个月，布莱尔任内推进的大项情报改革工作较少，且着实乏善可陈。

---

① Senate Select Committee on Intelligence, “Attempted Terrorist Attack on Northwest Airlines Flight 253,” May 24, 2010, http://www.fas.org/irp/congress/2010_rpt/ssci_ufa.pdf.

② Senate Select Committee on Intelligence, “Attempted Terrorist Attack on Northwest Airlines Flight 253,” May 24, 2010, p. 10, http://www.fas.org/irp/congress/2010_rpt/ssci_ufa.pdf.

③ Ivan Eland, Intelligence Reform Is a Failure, May 26, 2010, http://www.independent.org/newsroom/article.asp?id=2798.

④ Patrick C. Neary, “The Post-9/11 Intelligence Community: Intelligence Reform, 2001-2009: Requiescat in Pace?” *Studies in Intelligence*, Vol. 54, No. 1, March 2010, pp. 1-16.

⑤ 纽约时报广场（Times Square）未遂爆炸案发生于 2010 年 5 月 1 日，当日美国警方在纽约时报广场的一辆车中发现爆炸物，虽然爆炸未遂，但美方经调查声明此事与巴基斯坦塔利班有关，证明美国的反恐情报工作仍存在诸多漏洞。

二、詹姆斯·克拉珀任期内的改革

2010年8月5日，詹姆斯·克拉珀（James R. Clapper）接替丹尼斯·布莱尔成为第四任国家情报主任。其在任近7年，是到目前为止任期最长的国家情报主任。在其任期内,[①] 国家情报主任办公室致力于依据《国家情报战略》的指导，全面落实各类任务目标和能力目标，以推动整个情报界的一体化建设与改革。

（一）持续推进情报界的一体化管理

第一，增设“国家情报主管”（National Intelligence Manager），用以取代此前设置的“任务主管”及“国家情报官”。该职位拥有更为广泛的管理权限，能够统一管理特定地区或功能领域的全部情报搜集、分析、预算、资源、人事、训练等工作。[②] 国家情报主管主要依靠三名助手（国家情报官、国家情报搜集官、国家反情报官）协调其管辖范围内情报的搜集、分析、反情报等工作。其中，国家情报官负责情报界在特定领域的情报分析与生产工作，国家情报搜集官（National Intelligence Collection Officer）负责制定情报界在特定领域的情报搜集计划和管理情报搜集工作，国家反情报官（National Counter－intelligence Officer）负责制定情报界在特定领域的反情报计划和管理反情报工作。[③] 2010年11月2日，克拉珀在国家地理空间研讨会上表示，“国家情报主管”的数量不固定，大概是15—20个，未来还会随着形势与任务的变化而增减。[④] 截至2010年末，克拉珀

---

① 2010年8月5日至2017年3月16日。

② Christopher A. Kojm, “Change and Continuity: The National Intelligence Council, 2009－2014,” *Studies in Intelligence*, Vol. 59, No. 2, 2015, p. 2.

③ “Prehearing Questions for Stephanie O'Sullivan upon Her Nomination to be Principal Deputy Director of National Intelligence,” February 3, 2011, p. 12, http://www.fas.org/irp/congress/2011_hr/020311osullivan－pre.pdf.

④ “Remarks and Q & A by Director of National Intelligence Mr. James Clapper on 2010 Geospatial Intelligence Symposium,” November 2, 2010, p. 3, http://www.dni.gov/files/documents/Newsroom/Speeches%20and%20Interviews/Clapper_GEOINT_2010.pdf.

共任命了13个国家情报主管，其中9个负责不同的地区事务，4个负责不同的主题功能领域。[①] 到了2014年，国家情报主管的数量已经增加到16个，其中8个负责不同的地区事务，8个负责不同的主题功能领域。

第二，增设“负责情报一体化事务的国家情报副主任”（Deputy Director of National Intelligence for Intelligence Integration），用以合并此前负责情报搜集、情报分析事务的两个国家情报副主任的职位。该职位排名仅次于国家情报主任和国家情报常务副主任，[②] 主要任务是通过管理和协调所有国家情报主管，推动情报搜集和分析工作的一体化。2010年9月，前国防情报局副局长罗伯特·卡迪洛（Robert Cardillo）被任命为首任负责情报一体化事务的国家情报副主任。[③] 2014年8月，卡迪洛的助理迈克尔·邓普西（Michael Dempsey）被任命为第二任负责情报一体化事务的国家情报副主任。负责情报一体化事务的国家情报副主任办公室下辖四个机构：一是“国家情报管理委员会”（National Intelligence Management Council），该委员会是国家情报主管的参谋机构，负责相关协调性和行政性管理事务；二是“国家情报委员会”（National Intelligence Council），该委员会负责生产专业性的中长期战略情报评估产品，是情报界与决策界之

---

① 9个负责不同地区事务的国家情报主管的主管领域包括非洲、东亚、欧亚大陆、欧洲、近东、南亚/阿富汗—巴基斯坦、西半球、伊朗、朝鲜；4个负责不同主题功能领域的国家情报主管的主管领域包括反恐、反扩散、网络、威胁融资。参见马克·洛文塔尔：《情报：从秘密到政策》，杜效坤译，金城出版社，2015年版，第182页。

② 2013年9月20日，奥巴马总统发布了一份名为《国家情报主任办公室内情报官员代行国家情报主任职务》（Designation of Officers of the Office of the Director of National Intelligence to Act as Director of National Intelligence）的总统备忘录，明确在国家情报主任和国家情报常务副主任死亡、辞职、或无法履行国家情报主任义务时，代理国家情报主任职务的人选的排名依次为：负责情报一体化事务的国家情报副主任、国家反恐中心主任、国家反情报总监、情报界总监察长。参见：The White House, Designation of Officers of the Office of the Director of National Intelligence to Act as Director of National Intelligence, September 20, 2013, http://www.fas.org/irp/news/2013/09/dni-success.pdf.

③ Pam Benson, “Director of National Intelligence Names Deputy to Boost Collaboration,” August 20, 2010.

间沟通的重要渠道和推动情报合作的重要力量；三是“总统每日简报工作组”（President’s Daily Brief Staff），该工作组负责管理情报界每天提供给总统以及内阁成员的情报简报；四是“任务一体化处”（Mission Integration Division），该处负责协调整个情报界的搜集、分析和其他能力，以辅助国家情报主管弥补已经发现的情报工作漏洞，评估情报界在完成既定任务方面的进展。[①]

（二）全力应对新兴安全威胁

2010年后，面对外国情报实体日益活跃的情报活动、内部人员频繁出现的泄密问题以及网络领域的各类安全威胁，国家情报主任陆续增设了两个国家情报中心，以整合整个情报界的相关力量全力应对上述威胁。[②]

第一，成立国家反情报与安全中心（National Counterintelligence and Security Center）。为进一步整合情报界的反情报工作与安全防护工作，2014年12月1日，国家情报主任宣布成立一个新的国家情报中心——“国家反情报与安全中心”。在该中心的组建仪式上，国家情报主任指出，在保护情报信息本身及其来源、获取手段等方面，反情报工作和安全防护工作拥有共同的目标和职责，它们是彼此依赖和相互支援的。国家反情报与安全中心的成立，有助于使情报界的反情报与安全防护工作形成一个密切协作的整体，以应对日益严峻的经济间谍、网络窃密、内部人员泄密等安全威胁。[③] 随后，国家反情报总监威廉·埃文尼纳（William Evanina）被任命为首任国家

① Office of the Director of National Intelligence, “Intelligence Integration: Who We Are,” https://www.dni.gov/index.php/about/organization/intelligence-integration-who-we-are.

② 2004年《情报改革与防止恐怖主义法》规定，国家情报主任可以根据外部安全威胁的变化灵活设立各类国家情报中心，以统筹协调整个情报界的力量，共同应对最为紧迫的国家安全威胁。

③ Office of the Director of National Intelligence, “DNI Clapper Establishes the National Counterintelligence and Security Center,” December 1, 2014, http://www.dni.gov/index.php/newsroom/press-releases/198-press-releases-2014/1142-dni-clapper-establishes-the-national-counterintelligence-and-security-center.

反情报与安全中心主任，负责领导和管理整个情报界的反情报与安全工作。2017 年，《2017 财年情报授权法》正式将原“国家反情报总监办公室”更名为“国家反情报与安全中心”，“国家反情报总监”更名为“国家反情报与安全中心主任”。①

国家反情报与安全中心的主要任务包括：一是生产《国家威胁识别与优先任务评估》（*National Threat Identification and Prioritization Assessment*）及其他分析评估类反情报产品；二是制定《国家反情报战略》；三是为反情报搜集、调查与行动排定优先处理顺序；四是编制反情报工作预算，并依据战略目标评估相关预算；五是深入分析间谍活动造成的损害；六是制定相关标准和政策，以规范反情报工作的意识培养、对外交流、业务培训。②

《2018—2022 年国家反情报与安全中心战略规划》指出，国家反情报与安全中心将重点推动和实现以下五个方面的战略目标：一是加深对外国及其他威胁与事件的了解程度，提升应对此类威胁的能力；二是保护美国关键基础设施、技术、设备、秘密网络、敏感信息和人员的安全；三是建立伙伴关系，以推动我们完成反情报与安全任务，最优化配置整个反情报与安全业界的相关能力；四是推动利益攸关方与我们共同参与、共同管理与共同倡导，以强化反情报与安全工作的有效性；五是确立组织机构层面的优越性，以完成反情报与安全任务。③

第二，成立网络威胁情报整合中心（Cyber Threat Intelligence In-

① National Counterintelligence and Security Center, National Counterintelligence and Security Center Strategic Plan 2018 - 2022. Washington, D. C.: Office of the Director of National Intelligence, 2017, p. 28, https: //www. dni. gov/files/NCSC/documents/Regulations/2018 - 2022 - NCSC - Strategic - Plan. pdf.

② About the National Counterintelligence and Security Center, https: //www. ncsc. gov/about/index. html.

③ National Counterintelligence and Security Center, National Counterintelligence and Security Center Strategic Plan 2018 - 2022. Washington, D. C.: Office of the Director of National Intelligence, 2017, p. 19, https: //www. dni. gov/files/NCSC/documents/Regulations/2018 - 2022 - NCSC - Strategic - Plan. pdf.

tegration Center，CTIIC）。2015 年 2 月 25 日，奥巴马总统发布了一份总统备忘录，敦促国家情报主任组建一个新的国家情报中心——“网络威胁情报整合中心”，以应对日益严峻的网络安全威胁。该备忘录规定：在具体组建该中心的过程中，各行政部门应适当地提供人员、资源上的帮助和支援；备忘录发出后的 90 天内，国家情报主任应咨询国务卿、国防部长、司法部长、国土安全部长、中央情报局局长、联邦调查局局长、国家安全局局长的意见，并向管理与预算办公室主任、负责国土安全和反恐事务的总统助理提交一份关于网络威胁情报整合中心组建现状的报告。① 此外，白宫特别指出，该中心不会取代现有政府部门或各类网络中心的相关职权或重复它们的工作，而是为这些机构提供必要的情报支援。例如，该中心将支援国家网络安全与通信整合中心开展的网络防御和网络事件反应行动，支援国家网络调查联合特遣部队协调、整合、共享与国内网络威胁调查相关的信息的活动，支援网络司令部在网络空间应对网络攻击的行动。②

2015 年 12 月，国会正式批准了对网络威胁情报整合中心的拨款授权和资金支持。2016 年 1 月 7 日，国家情报主任詹姆斯·克拉珀正式任命联邦调查局资深情报分析专家汤亚·乌格利兹（Tonya Ugoretz）为该中心主任，国家安全局负责网络事务的助理副局长（Associate Deputy Director for Cyber）莫里斯·布兰德（Maurice Bland）为副主任，中央情报局高级情报分析专家托马斯·多纳休（Thomas Donahue）为研究项目主任。此后，网络威胁情报整合中心正式编入了国家情报主任办公室的组织序列，成为继国家反恐中心、国家反扩散中心、国家反情报与安全中心之后的第四个直属国家情

① White House, “Presidential Memorandum: Establishment of the Cyber Threat Intelligence Integration Center,” February 25, 2015, https: //www. whitehouse. gov/the – press – office/2015/02/25/presidential – memorandum – establishment – cyber – threat – intelligence – integrat.

② White House, “FACT SHEET: Cyber Threat Intelligence Integration Center,” February 25, 2015, https: //www. whitehouse. gov/the – press – office/2015/02/25/fact – sheet – cyber – threat – intelligence – integration – center.

报主任的国家情报中心。

网络威胁情报整合中心肩负着三项重要职责：

一是建立态势感知。该中心在威胁评估报告中加入背景信息和相关评论，以帮助情报用户理解其潜在的重要性。该中心需要与相关机构开展合作，合作对象包括其他网络中心、主要情报分析生产者（包括非网络领域专家）。这种合作有助于对威胁活动进行深层次的分析，分析结果会提供给非网络研究专家，他们在开展区域分析时需要此类情报。该中心致力于使整个情报界集中关注重要情报报告，提供从整个情报界的视角进行观察与评估的新型报告，生成更具洞察力的全幅图像，为开展趋势分析提供基础和依据。

二是整合情报分析工作。该中心与网络及非网络领域专家共同合作，倡导整合整个情报界的分析力量，将对手的威胁活动、意图、动机放到地缘政治背景中来评估。2016 年，美国总统发布第 41 号总统政策指令，规定当发生重大网络事件时，该中心就是整个联邦政府层面网络情报支援工作的领导者，代表整个情报界整合关于威胁事件和发展趋势的分析工作，建立全面的态势感知，发现知识漏洞，为跨部门工作提供支援，为决策者提供多种可供选择的行动方案，以降低或削减对手的威胁能力。

三是识别发展机遇。在应对网络威胁时，该中心为“整体政府”（whole – of – government）行动方案的拟定提供支援和帮助，确保决策者能够了解所有可资利用的国家力量，以及所有可供选择的行动方案。该中心致力于开展机会分析，制定网络空间行动评价指标，并寻求各种方法以支援重大决策，建立可重复使用的、针对未知威胁对象的工作框架，以在决策流程的初期阶段平衡风险、收益和成本。[①]

与上述职责相对应，该中心下辖三个业务工作处：

一是“现实情报处”（Current Intelligence Section）。该处主要负

① Cyber Threat Intelligence Integration Center, “How We Work,” https://www.dni.gov/index.php/ctiic – how – we – work.

责搜集、识别外国网络威胁情报，与其他建立伙伴关系的网络中心共同合作，在一个大的威胁背景之下，建立关于网络威胁的态势感知，并与相关机构共享此类情报。

二是“情报分析整合处”（Analysis Integration Section）。该处主要负责与情报界其他相关机构交流和共享网络威胁情报，在沟通过程中，不仅要了解网络威胁活动的技术细节，还要从地区情报分析人员、熟悉地缘政治的情报分析管理人员那里了解关于威胁行为体的背景知识，并在此基础上整合情报界所有情报机构生产的关于外国网络对手、威胁和事件的全源情报分析产品。

三是“威胁机会识别处”（Threat Opportunity Section）。该处主要负责向决策者提供多种应对网络威胁的“可供执行的决策”（executire decisions），即帮助白宫和国防部的决策者了解应对网络威胁的多种力量手段、多项行动方案，并解释此类跨部门行动可能带来的影响。[①]

网络威胁情报整合中心的工作人员比较少，只有50人，其中25人是该中心的正式雇员，其余25人是情报界各机构派遣到该中心工作的特派人员。[②] 按照其所设定的建设与发展规划，该中心在2016财年结束前即已具备全面运行能力。

值得注意的是，网络威胁情报整合中心不负责网络情报搜集、网络事件的应对和调查工作，只负责集中分析和处理相关政府部门搜集到的网络情报信息。该中心的主要任务包括：一是针对外国网络威胁或影响美国国家利益的网络事件提供一体化的全源情报分析；

---

① Office of the Director of National Intelligence, “Cyber Threat Intelligence Integration Center: What We Do,” https://www.dni.gov/index.php/about/organization/ctiic - what - we - do; Jason Miller, “Cyber Threat Center Growing in Its Integration Role as It Enters Year 2,” October 20, 2016, https://federalnewsradio.com/ask - the - cio/2016/10/cyber - threat - center - growing - integration - role - enters - year - 2/.

② Richard Bejtlich, “What Are the Prospects for the Cyber Threat Intelligence Integration Center?” February 19, 2015, http://www.brookings.edu/blogs/techtank/posts/2015/02/19 - cyber - security - center - bejlich.

二是为国家网络安全与通信整合中心、国家网络调查联合特遣部队、网络司令部以及其他相关政府部门提供完成各自任务所需要的情报支援；三是审查情报共享能力（包括系统、计划、政策、标准）的发展与落实，以在与外国网络威胁或影响美国国家利益的网络事件相关的情报工作方面，强化国家网络安全与通信整合中心、国家网络调查联合特遣部队、网络司令部以及其他相关政府部门之间的共享态势感知能力；四是将通过情报渠道得到的恶意网络活动的指标信息及相关威胁报告的密级降到最低，以使政府及私营部门能够按照第 13636 号行政命令“提升关键基础设施的网络安全水平”（2013 年 2 月 12 日发布）第 4 节中的规定得到此类信息；五是为便于使用外交、经济、军事、情报、国土安全与执法等领域的全部国家力量，来应对危害美国国家利益的外国网络威胁，推动和支持跨部门协调计划的制定和落实。[①]

（三）同步推进信息共享与安全保障

2010 年“维基解密事件”[②] 发生后，有相当一部分人认为各情报机构不应再继续共享情报搜集和分析产品，国务院甚至一度删除了其在“秘密互联网协议路由器网络上”共享的情报资料。[③] 然而，决策层与情报界很快就在这个问题上达成一致。[④] 2011 年 10 月 7 日，

---

① Office of the Director of National Intelligence, “Cyber Threat Intelligence Integration Center: Who We Are,” https: //www. dni. gov/index. php/about/organization/ctiic – who – we – are.

② 2010 年下半年，阿桑奇所创立的维基解密网站三次大规模公开美国的军事外交秘密（7 月 25 日公布 9 万多份阿富汗战争文件，10 月 23 日公布 40 万多份伊拉克战争文件，及 11 月 28 日公布 25 万多份外交密电）。12 月 5 日，维基解密还公布了一份被美国形容为“对美国国家安全至关重要的全球核心安全设施”清单。随后的调查显示，向维基解密泄露秘密的人是 23 岁的美国陆军情报分析员布拉德利 · 曼宁（Bradley Manning），而他所窃取的秘密文件几乎全部来自美国大力建设的信息共享网络——“秘密互联网协议路由器网络”（SIPRNet）。

③ 马克 · 洛文塔尔：《情报：从秘密到政策》，杜效坤译，金城出版社，2015 年版，第 448 页。

④ 2011 年 3 月 10 日，参议院国土安全与政府事务委员会就维基解密事件举办了一场听证会，主题为“维基解密时代的信息共享：在安全与协作中寻求平衡”，与会人员一致认为美国应继续加强信息共享工作，绝不可因噎废食。

奥巴马总统发布第13587号总统行政命令，决定进行结构性的改革以改进秘密信息的共享与防护工作。[①] 情报界信息共享执行官科林·斯通（Corin Stone）也明确指出："我们现在不应该在信息共享与防护两者之间寻求所谓的'平衡'，因为这个词本身就暗含着一种零和关系，即我们加强信息共享的举措会削弱我们在信息防护上的努力。我们认为，必须同等地加强信息共享和防护更能准确地描述两者之间的关系，换句话就是，当我们加强信息共享时，我们必须相应地加强信息防护。"[②] 此后，国家情报主任开始重新确定情报信息共享的战略目标，大力保障情报共享工作的安全可靠。

2011年3月11日，国家情报主任詹姆斯·克拉珀专门发布了第502号情报界指令《情报界信息环境的一体化防护》，要求各情报机构在开展信息共享工作的过程中要全面加强安全保密。[③] 8月1日，克拉珀又发布了《美国情报界信息共享战略意图2011—2015》。该战略强调指出："有效的信息共享能够确保更好的情报搜集、分析及对用户的支援，只有情报界理解其有责任共享信息以及通过危机管理的方式保护信息，情报一体化的目标才能实现。"[④] 因此，该战略为未来4年情报界的信息共享工作提出了新的要求，并明确了五个

---

① 依据该命令，国家安全委员会与总统管理和预算办公室联合组建了"高级信息共享与防护指导委员会"（Senior Information Sharing and Safeguarding Steering Committee），国家情报主任办公室和司法部联合组建了"内部威胁特别工作组"（Insider Threat Task Force），国防部和国家安全局联合组建了"保护计算机网络秘密信息执行官"（Executive Agent for Safeguarding Classified Information on Computer Networks），信息共享环境项目主管在其办公室内组建了"秘密信息共享与防护办公室"（Classified Information Sharing and Safeguarding Office）。

② Intelligence Community Information Sharing Executive Corin R. Stone, "Testified before the Senate Committee on Homeland Security and Governmental Affairs for the hearing, Information Sharing in the Era of Wikileaks: Balancing Security and Collaboration on March 10th, 2011," http://www.dni.gov/files/documents/Newsroom/Testimonies/20110310_testimony_stone.pdf.

③ 实际上早在2007年3月14日，国家情报主任麦康奈尔就曾发布名为"未经授权泄露机密信息的安全政策指令"的第701号《情报界指令》。

④ Office of the Director of National Intelligence, *United States Intelligence Community Strategic Intent for Information Sharing* 2011–2015, Washington, D.C.: Government Printing Office, August 1, 2011, p. 1.

方面的建设目标：

第一，优化情报界内部以及同伙伴和用户之间的信息和情报共享，以获取决策优势。具体是指同情报界伙伴和用户（包括联邦、军队、州、地方、部族、私营业及外国伙伴和用户）进行接触，了解他们对情报界的信息和情报共有和特有的需求；在符合政策、尊重公民自由和隐私权以及遵从情报界优先次序的前提下，满足这些需求；获取相关信息，利用伙伴和用户提供的能够提升任务效率的共享机会和能力。第二，最大限度地发挥和整合情报界发现、访问、保留、存储、共享和利用信息的能力。具体是指通过提高发现、访问和协作能力，推动情报一体化；落实高效的数据架构，使该架构减少冗余，允许授权人员访问，并符合记录管理与保留指导规范。第三，最大限度地发挥和整合情报界的能力，确保信息安全。具体是指实现可通用身份管理、用户授权与访问、审计和监控，以确保信息安全，改善监管，使情报界免遭外部和内部威胁；为现有和新的信息系统设计防护能力。第四，评估、调配和加强管理框架，在保护公民自由和个人隐私的同时，优化负责的信息共享。具体是指制定信息获取、访问、使用、共享、保留和防护的新政策、标准和程序，并统一协调已有的政策、标准和程序；加强依照政策、标准和程序办事；根据需要，建议司法当局做出必要修改，以达成信息共享目标；调配资源，为国家情报主任的信息共享倡议提供支持。第五，营造一种负责的信息共享文化。具体是指将情报界绩效管理措施、奖励、激励、表彰和训练同体现、支持和促进负责的信息共享的原则、价值观和结果的行动挂钩。

此外，国家情报主任还从人员与规范领域推进信息共享与安全防护工作的落实。首先，2012 年 4 月 4 日，克拉珀重新修订了第 651 号情报界指令《情报界文职人员的绩效管理系统需求》（*Performance Management System Requirements for the Intelligence Community Civilian Workforce*）和第 656 号情报界指令《情报界高级文职官员的绩效管理系统需求》（*Performance Management System Requirements for the Intelligence Community Senior Civilian Officers*)，两份指令均将“信息共享与安全防护”纳入到情报界文职人员和高级文职官员的绩效管理需求之中，作为衡量情报人员工作业绩的一项重要指标。其次，为了具体规范情报搜集和分析产品共享工作的安全防护标准，国家情报主任先后修订了两部700系列的情报界指令。2012年6月7日，国家情报主任发布第700号情报界指令《国家情报的保护》(*Protection of National Intelligence*)，取代2007年9月21日发布的老版指令，旨在通过协调一致的反情报与安全活动保护国家情报及情报来源、方法、活动，防止国家情报遭到破坏、未经授权的泄露以及错误地使用。2013年6月21日，国家情报主任发布第710号情报界指令《设定密级工作的管理与控制标记系统》(*Classification Management and Control Markings System*)，取代2009年9月11日发布的老版指令，旨在为情报界所有情报产品的密级设定以及分发范围标记提供统一标准。

(四) 统一建设情报界信息技术体系

2010年以来，情报界的整体预算金额持续下降。面对资金短缺的严峻形势，国家情报主任决定改变情报界各机构在信息技术研发与应用方面重复建设、资源浪费的局面，并先后发布了多份指导整个情报界信息技术建设的战略文件。在相关战略的指导下，国家情报主任努力将不同情报机构分散的、互不兼容的信息技术应用整合到一个统一的信息技术基础架构中，以实现技术层面的标准统一和全面通联。

2011年10月，情报界首席信息官专门发布《情报界信息技术业界战略2012—2017》(*Intelligence Community Information Technology Enterprise Strategy 2012 - 2017*)，决定建立一个“单一的、基于标准的、可互操作的、安全的、顽存的、包含所有安全域的、可完成任务目标并可充分提高整个业界效率和防护能力的信息技术业界架构”，以把不同情报机构相对独立的信息系统及情报共享网络串连起来，使各情报机构在同一个技术平台上高效运作。[①] 2012 年 10 月 9 日，在参加年度"地理空间情报论坛"（GEOINT Symposium）时，国家情报主任詹姆斯·克拉珀对外宣布，情报界将大力推进情报界信息技术业界的建设力度，将不同情报机构的计算与分析能力以及云数据库整合到一个单一的云计算网络之中，以让所有参与网络建设的机构及拥有相应访问权限的情报人员能够轻松地在整个情报界范围内调用其所需要的情报信息。[②] 2013 年 8 月 16 日，情报界信息技术业界首次具备了基础性运行能力。[③] 2014 年，情报界首席信息官发布《情报界信息技术业界战略 2016—2020》（*Intelligence Community Information Technology Enterprise Strategy 2016 - 2020*）。该战略充分肯定了情报界信息技术业界的前期建设成果，并根据 2014 年《国家情报战略》调整了情报界信息技术业界的未来发展目标。[④]

情报界信息技术业界主要包含四个组成部分：

一是"情报界桌面"（IC Desktop）。情报界桌面由国家地理空间情报局和国防情报局联合研发，是一种标准化的桌面软件，其中包含有统一的电子邮件系统、即时通信工具和音视频合作软件。统一的情报界桌面意味着不同部门的情报工作人员将拥有相同的应用软件工具，能够更加方便地进行视频聊天或发送电子邮件，甚至是在情报界目录中找到你想找的人。2013 年，标准化的情报界桌面通

---

① Office of the Intelligence Community Chief Information Officer, *Intelligence Community Information Technology Enterprise Strategy* 2012 - 2017, Washington, D. C.: Government Printing Office, 2011, p. 5, http://www.dni.gov/files/documents/IC_ITE_Strategy.pdf.

② Jared Serbu, "Intelligence Community Cloud Coming Online in Early 2013," October 10, 2012, http://www.federalnewsradio.com/502/3072249/Intelligence - community - cloud - coming - online - in - early - 2013.

③ Kristin Quinn, "IC ITE Moves Forward: First Round of Deployments for Common Intelligence Community," October 9, 2013, http://trajectorymagazine.com/got - geoint/item/1570 - ic - ite - moves - forward.html#sthash.vlNRjZgi.dpuf.

④ Office of the Intelligence Community Chief Information Officer, *Intelligence Community Information Technology Enterprise Strategy* 2016 - 2020, Washington, D. C: Government Printing Office, 2014, p. 1, https://www.dni.gov/files/documents/CIO/IC%20ITE%20Strategy%202016 - 2020.pdf.

过了国防情报局和国家地理空间情报局第一阶段的内部测试，并进入第二阶段，即开始向整个情报界推广应用。[①] 截至 2015 年 12 月，情报界桌面已拥有 56000 名用户，而且这一数字还在持续增加。[②]

二是“情报界云”（IC Cloud）。情报界云由中央情报局和国家安全局联合研发，旨在为整个情报界设计出一个安全的云计算基础网络架构。中央情报局和国家安全局分别从两个技术层面去建设云计算网络：国家安全局着眼于为情报界提供“工作平台服务”（Platform－As－A－Service），其中包括建设云存储数据库、网络服务器等，该局正在为整个情报界建设一个名为“公开栈”（OpenStack）的安全云计算系统；而中央情报局则已向多家云计算服务提供商招标，中标的亚马逊公司将为其提供“软件应用服务”（Software－As－A－Service），其中包括管理程序、电子邮件、协作型虚拟电脑桌面等，这些软件将能够使情报分析人员便携和快速地访问计算资源和处理大量数据。[③] 在初步运行阶段，情报界云不仅向新的情报界桌面用户提供服务，还向其他使用老系统的用户提供服务，即任何情报机构的工作人员只要能够登录机密级和秘密且受控信息的网络就可能享受情报界云提供的服务。

三是“情报界应用程序市场”（IC Application Mall）。情报界应用程序市场主要由国家安全局负责研发，旨在为情报界提供统一的应用程序软件，以促进信息共享与合作。其包括两个组成部分：（1）“主环境”（Hosting Environment），即允许各情报机构上传和下载应用程序的基础环境；（2）“研发环境”（Development Envi-

---

① Jason Miller, “Intel Community Offers First Glimpse of Future IT Tools,” Network, September 10, 2013, http://www.federalnewsradio.com/411/3447343/Intel－Community－offers－first－glimpse－of－future－IT－tools－network－.

② Kristin Quinn, “A Global Intelligence Enterprise: The Intelligence and Defense Communities Overhaul IT to Embrace Data Sharing, the Cloud, and Enterprise Business Processes,” *Trajectory*, Issue 1, 2016, p. 16.

③ Rutrell Yasin, “CIA, NSA See Benefits in Double－Barreled Approach to The Cloud,” June 25, 2013, http://gcn.com/articles/2013/06/25/cia－nsa－double－barreled－approach－cloud.aspx.

ronment），即情报界的软件研发人员交流软件研发代码的技术开发环境。2013 年，第一版情报界应用程序市场正式上线，并向所有情报机构提供应用软件服务。2015 年 6 月，国家安全局推出了升级版的情报界应用程序市场。截至当年 12 月，该应用程序市场大约向情报界提供了 235 个通用应用程序，每个月“主环境”中的活跃用户有 3165 人，“研发环境”的注册用户已达 6500 人。[①] 若该应用程序市场最终在整个情报界范围内应用，情报人员在任何一家情报机构的任何一台电脑终端上都将能下载和使用同样的应用程序，这会为情报人员的跨部门合作提供极大便利。

四是“情报界网络需求与工程服务”（IC Network Requirement and Engineering Service）。情报界网络需求与工程服务主要由国家侦察办公室负责领导研发工作，旨在更好地连接本地和更广区域的信息网络，提升这些网络的工作效率。国家侦察办公室的主要工作是统一情报界信息技术业界与国防部的“联合信息环境”（Joint Information Environment）的相关标准，以确保两者能够实现技术上的兼容，更好地共享情报信息。[②]

总之，整合各情报机构的信息技术基础架构被国家情报主任视为是推动情报技术一体化的重要手段，同时也有助于帮助情报界解决两大难题：一是有助于减少各机构在信息共享领域的重复建设，节省情报经费。情报界首席信息官阿尔·塔拉斯克（Al Tarasiuk）曾明确指出，到 2018 财年时，正在建立的这种标准化的信息网络系

① Kristin Quinn, “A Global Intelligence Enterprise: The Intelligence and Defense Communities Overhaul IT to Embrace Data Sharing, the Cloud, and Enterprise Business Processes,” *Trajectory*, Issue 1, 2016, p. 18.

② “Federal News Radio Custom Media, DoD, Intelligence Community Finding Common Enterprise IT Ground,” May 14, 2014, http://federalnewsradio.com/defense/2014/05/dod-intelligence-community-finding-common-enterprise-it-ground/

统将会为整个情报界节省25%的信息技术经费。[①] 二是有助于统一安全防护标准，有效识别和发现信息共享漏洞。情报界信息技术业界的建设口号是“标记数据、标记个人”（tag the data，tag the people），即未来情报界所有的数据和用户都将在统一的情报云中拥有唯一的标识，用户对数据的任何操作都会要求相应的访问权限，并产生相应的记录。一旦出现违规操作，系统会自动发出警告，以在最大程度上保护情报数据的安全。[②] 按照国家情报主任的计划，到2018年，情报界信息技术业界应完成主体建设任务并全面投入运行，届时绝大多数情报机构都将能够方便地使用情报界信息技术业界提供的情报界桌面和情报界云等信息技术应用。[③]

（五）统一规划情报界的信息技术研发应用

2004年《情报改革与防止恐怖主义法》通过后，国家情报主任就依法设立了一个“科技主管”（Director of Science and Technology）的职位。法律规定，该主管是国家情报主任在科技领域的主要代表，同时也是“国家情报科技委员会”（National Intelligence Science and Technology Committee）[④] 的主席，负责协助国家情报主任制定情报科技领域的长期战略。2010年以来，在情报界科技预算资金持续下降的情况下，国家情报主任办公室的科技主管开始全面评估各情报机构的科技需求，并区分各类需求的优先等级，努力协调各情报机构在科技领域的资金投入，以使整个情报界的科技研发工作形成整体

---

① Chandler Harris，“Intelligence Community Cloud Opens Access to Data Across Intel Community,” October 17，2013，http：//news. clearancejobs. com/2013/10/17/intelligence – community – cloud – opens – access – data – across – intel – community/

② Adam Mazmanian，“Could ICITE Have Stopped Snowden?” September 12，2013，http：//fcw. com/blogs/fcw – insider/2013/09/clapper – snowden – ic – ite. aspx

③ Kristin Quinn，“IC ITE Moves Forward,” *Trajectory*，Issue 4，2013，p. 6.

④ 国家情报科技委员会负责协调各情报机构的科技研发工作，委员会主席是国家情报主任办公室的科技主管，成员是各情报机构的科技顾问。参见：Public Law No. 108 – 458：Intelligence Reform and Terrorism Prevention Act of 2004，December 17，2004，Sec. 103E. Director of Science and Technology，http：//www. intelligence. senate. gov/laws/pl108 – 458. pdf.

合力，在节约经费开支的基础上保持情报界的科技优势。

1. 统一汇总和评估情报界的科技需求

首先，汇总整个情报界的科技需求。国家情报主任办公室科技主管的参谋人员主要通过三类渠道获得情报界的科技需求：一是国防部各联合作战司令部列出的“一体化优先任务清单”（Integrated Priority List），此类清单主要列出了特别需要跨越军种和职能界限来解决的各类问题；二是国家16个情报主管发布的《统一情报战略》，此类战略全面评估了情报界在不同地区和功能领域的情报搜集与分析工作，并规定了未来发展目标；三是负责信号情报、人力情报、地理空间情报、测量与特征情报、公开来源情报工作的5个“功能主管”（Functional Manager）① 对各自负责的功能领域的发展规划。随后，国家情报科技委员会对这些战略规划中的科技需求进行审查与讨论，筛选出最终的科技需求名单。

其次，对汇总后的科技需求进行分类。经过全面的对比分析和审查，国家情报主任办公室科技主管最终将整个情报界的主要科技需求分为四类：第一类是情报分析工具的需求。情报界需要研发能够融合、处理和分发情报搜集和分析数据流的技术工具，例如，研发一种情报分析工具，以在社交媒体和网络通信数据流中识别、捕获、整合和分发特定内容。第二类是单个功能主管的需求。情报界需要针对信号情报、人力情报、地理空间情报、测量与特征情报、公开来源情报等不同功能领域研发不同的技术工具，例如，研发一种能够快速而准确地识别、分类和统计相关功能领域装备数据的工具。第三类是多个功能主管的共同需求。情报界需要针对不同功能

---

① 功能主管负责管理整个情报界在特定功能领域的活动，是国家情报主任在管理和评估特定功能领域工作方面的主要顾问。至2009年，国家情报主任共任命了5个功能主管：信号情报功能主管（国家安全局局长兼任），人力情报功能主管（中央情报局局长兼任），地理空间情报功能主管（国家地理空间情报局局长兼任），测量与特征情报功能主管（国防情报局局长兼任），公开来源情报功能主管（中央情报局局长兼任）。参见：Office of the Director of National Intelligence, Intelligence Community Directive Number 113: Functional Managers, May 19, 2009, http: //www. fas. org/irp/dni/icd/icd – 113. pdf.

领域的共同需求研发技术工具，例如，研发一种3D或4D可视化技术，以近实时地整合和呈现多个情报门类、多个传感器、多种形态的数据。第四类是新兴科技的需求。情报界无法单独解决、必须需与外界伙伴合作研发技术工具，例如研发非传统性的技术手段，以评估地下核试验活动的进展。①

最后，细化不同类别的具体需求。全面分析四类科技需求之后，国家情报主任办公室科技主管具体得出了八种子需求：一是访问困难目标，即确保情报界能够访问具有挑战性的、时间敏感性的困难目标；二是加强网络安全，即使情报界能够理解、发现、反击对手的网络威胁，以保护美国信息基础设施的安全；三是加强基础认知，即深化情报界在某些基础科学问题上十分有限的认知，其中包括深入了解即将开展的情报搜集或处理的物理学流程；四是发现与分类，即解决将搜集到的数据转化为情报信息的问题；五是保障网络空间行动，即在计算机网络领域实现更多的可能性；六是扩展行动能力，即扩展或加强现有的技术能力；七是融合、处理与分发信息，即提高情报界搜集日益增加的零散信息的能力，帮助情报分析人员理解搜集到的信息，使其能够访问整个情报界的信息资源，以及确保情报产品和服务能够在整个情报界内得到适当的分发；八是保护情报搜集能力，即防止情报搜集工作遭到对手反制，以及避免情报搜集能力过时和退化。

2. 根据需求拟定情报界的科技投资计划

首先，了解情报界的外部合作伙伴在上述科技研发领域的进展，以及这些合作伙伴是否能够提供解决问题的有效方案。在摸清科技需求的基础上，国家情报主任办公室科技主管向外部合作伙伴（其他政府部门、工业界、学术界等）发出信息申请，申请中详细列出汇总后的科技需求，并请求合作伙伴就以下三方面的情况做出说明：

---

① Office of the Director of National Intelligence, *FY2015 – 2019 IC S&T Investment Landscape: Ensuring Future Capabilities Align to Mission Needs*, Washington, D. C.: Government Printing Office, February 2014, p. 6.

一是描述自己已经掌握的能够解决上述需求的技术和计划；二是描述自己已经掌握的有助于完成情报界科技研发任务的技术和计划，但此类技术和计划无法解决上述需求；三是评价情报界科技需求本身及其形成过程，给出反馈意见。接收到外部合作伙伴的反馈信息后，国家情报主任办公室科技主管能够全面地掌握情报界内外的科技研发能力。①

其次，评估情报界科技投资现状，拟定调整方案，确定重点科技攻坚领域。基于对情报界科技研发需求及实际能力的评估结论，国家情报主任办公室科技主管会对各情报机构当前的科技投资方案进行一次全面的评估，以发现哪些科技需求并未得到应有重视，哪些领域存在重复建设等情况，并针对性地拟定科技投资调整方案，供国家情报科技委员会审查。此外，由于部分新兴科技的需求无法在情报界内部得到解决，国家情报主任办公室科技主管会重点审查此类需求，明确未来需要情报界及外部合作伙伴重点攻坚的领域。例如，2015 年 5 月，国家情报主任发布的《2016—2020 财年情报界科技战略计划：管控风险以确保情报优势》（*FY2016 - 2020 Intelligence Community Science and Technology Strategic Plan: Managing Risk to Ensure Intelligence Advantage*）就明确指出，情报界未来要联合外部合作伙伴重点解决六类“新兴科技的需求”：一是揭示对手活动的新型传感器技术；二是更好地处理与管理分散数据的技术；三是自动绘制计算机中软件和固件的组织结构图，进而发现其中的弱点和恶意功能的技术；四是融合多个数据集，进而得出最佳情报分析结果的技术；五是快速恢复的太空技术能力；六是预见、识别、描绘全球大规模杀伤性武器扩散活动的技术。②

---

① Office of the Director of National Intelligence, *Industry Snapshot: Summary of Partner Responses to the FY2015 - 2019 IC S&T Investment Landscape*, Washington, D. C.: Government Printing Office, March 2015, p. 5.

② Office of the Director of National Intelligence, *FY2016 - 2020 Intelligence Community Science and Technology Strategic Plan: Managing Risk to Ensure Intelligence Advantage*, Washington, D. C.: Government Printing Office, May 2015, p. 15.

事实上，自2016财年起，国家情报主任办公室科技主管已经开始努力将各情报机构的科技投资计划纳入一个综合性、一体化的情报界科技投资计划之中，以确保科技投资准确对接科技需求，进而确保美国在情报科技领域牢牢占据优势地位。①

（六）加强情报人才队伍建设

1. 推动情报人才的联合培养

“9·11”事件后，初期建立的国家情报大学只是一个虚拟的情报教育训练网络，没有实体化的校园和配套基础设施，在实际运行过程中暴露出许多问题。为使国家情报大学能够更好地为情报界提供情报教育训练服务，国家情报主任詹姆斯·克拉珀决定推动国家情报大学的实体化。他认为，国家情报大学应建立在一个情报教学科研历史悠久且实力强劲、拥有情报学术学位授权资质的情报学院的基础之上，而国防情报局下辖的“国防情报学院”符合这些条件。因此，2010年12月16日，克拉珀向时任国防部长罗伯特·盖茨发出一份备忘录，强调情报教育训练乃是推动情报工作发展的“力量倍增器”（force multiplier），因而建议在“国防情报学院”的基础上组建新的“国家情报大学”，以便为整个情报界的发展提供强大动力支持。② 经过双方的沟通与协调，盖茨最终同意克拉珀的改革建议。2011年2月9日，负责情报事务的国防部副部长发布国防部第3305.01号指令，“国防情报学院”正式更名为“国家情报大学”。③ 2011年8月，国家情报主任在一次公开集会上正式对外公布了国家情报大学的更名情况，以及职责使命的拓展。2012年，美国教育部与国会授予国家情报大学“科技情报学硕士学位”授予权。同年10

① Office of the Director of National Intelligence, *FY2016 – 2020 Intelligence Community Science and Technology Strategic Plan: Managing Risk to Ensure Intelligence Advantage*, Washington, D. C.: Government Printing Office, May 2015, p. 19.

② Max Cacas, “Writing a New Spy School Syllabus: The National Intelligence University Prepares for Its Fifth Decade with a Shift in Focus and a Change in Venue,” *Signal*, Vol. 67, No. 2, October 2012, p. 56.

③ Department of Defense, DoD Instruction Number 3305. 01: National Intelligence University, December 22, 2006, Incorporating Change 1, February 9, 2011, http: //fas. org/irp/doddir/dod/i3305_01. pdf.

月，国家情报大学凭借其在情报界的重要学术研究地位，成功入选C4ISR杂志评出的当年军事领域的25项重大突破。[①] 目前，实体化后的“国家情报大学”是全美高等院校当中唯一一所能够在“绝密及敏感信息”（top secret/sensitive compartmentalized information）领域开展教学与科研的情报类院校，也已成为整个情报界的教育培训中心和学术研究中心。

国家情报大学的学员来自一线情报单位，他们可以通过所属单位向国家情报大学提交全日制学习申请，也可自己直接向国家情报大学提交在职学习申请（周末、夜间学习等）。此外，国家情报大学的绝大多数教员也来自一线情报单位，一些情报单位的主官还被聘为长期任职的客座教授。国家情报大学拥有“战略情报学硕士学位”（Master of Science of Strategic Intelligence，MSSI）[②]、“科技情报学硕士学位”（Master of Science and Technology Intelligence，MSTI）[③]、“情报学学士学位”（Bachelor of Science in Intelligence，BSI）[④] 以及特定领域的“情报研究资格证书”（Certificate of Intelligence Studies，CIS）的授予权，不同情报机构的学员可以根据需要参加相应学位或资格证书的课程学习。国家情报大学的主校区位于马里兰州的贝塞斯达市（Bethesda，MD）国防情报局的“国防情报分析中心”（Defense Intelligence Analysis Center），内设战略情报学院（College of Strategic Intelligence）、科技情报学校（School of Science and Technology Intelligence）、战略情报研究中心（Center for Strategic Intelligence Research）、国际交流中心（Center for International Engagement）、约翰·休斯图书馆（John T. Hughes Library）等机构。此外，国家情报大学还设有一个“国家情报出版社”（National Intelligence Press）和

① “NIU Named one of 2012's Biggest Breakthroughs by C4ISR Journal,” http://www.ni-u.edu/news/C4ISR_Journal.html.

② 1980年10月，国会授予国防情报学校“战略情报学硕士学位”授予权。

③ 2012年，教育部与国会授予国家情报大学“科技情报学硕士学位”授予权。

④ 1997年，国会授予联合军事情报学院“情报学学士学位”授予权。

四个“学术中心”(Academic Center),即国家安全局学术中心①、国家地理空间情报局学术中心②、联邦调查局学术中心③、南部学术中心④,并在欧洲设有欧洲学术中心⑤。

2. 规划情报人才的重点建设任务

为落实《国家情报战略》在人才队伍建设方面提出的能力目标,2014 年 3 月 5 日,国家情报主任办公室发布了《2020 年美国情报界人力资本构想》(*The U. S. Intelligence Community's Human Capital Vision 2020*)。该构想指出,为了建设一支专注于成功完成任务的、更具灵活性、多样性、包容性和专业化的人才队伍,情报界将集中关注以下三个重点领域:

第一,塑造一支卓有成效的员工队伍。情报界将通过共享信息并提出新的和/或修订旧的政策、流程和技术来塑造一支卓有成效的员工队伍,以更好地吸引、保留和奖励工作人员。情报界将实施更有效的劳动力分析,以确定在未来十年内整个情报界所需的关键能力。在资源有限的环境中,情报界的每个成员都必须最大限度地利用各种机会,做出有意义的贡献。此外,情报界的领导者将持续倡导公平性和包容性,并确保员工的多样性能够与情报界的全部任务相匹配。情报界将继续识别、认可和保留那些在执行关键任务时一直表现出色的人。

第二,推动持续学习。情报界将维持一种推动持续学习的文化,

---

① 1991 年设立,位于马里兰州的米德堡(Fort Meade)、佐治亚州的戈登堡(Fort Gordon)。

② 2004 年设立,位于密苏里州的圣路易斯市(St. Louis, MO)、俄亥俄州的代顿市(Dayton, OH)。

③ 2014 年设立,位于弗吉尼亚州的匡蒂科市(Quantico, VA),即联邦调查局学院所在地。

④ 2012 年设立,位于佛罗里达州坦帕市(Tampa, FL)的麦克迪尔空军基地(MacDill Air Force Base),同时也是美国中央司令部“地区联合情报训练与教学设施”(Regional Joint Intelligence Training and Education Facility, RJITEF)。此外,其在北卡罗来纳州的布拉格堡(Fort Bragg, NC)、佛罗里达州的迈阿密市(Miami, FL)设有学术点。

⑤ 位于英国的莫尔斯沃斯市(Molesworth),同时在德国的拉姆施泰因空军基地(Ramstein Air Force Base)、斯图加特市(Stuttgart)设有学术点。参见:National Intelligence University Locations, 2018, http://ni-u.edu/wp/about-niu/locations/。

同时提供各类手段，使情报界各机构之间能够共享关键知识。情报界已经抛弃了单向阶梯式的职业发展方案，并用多样化的职业发展方案取代，以提供更有活力和多样化的职业发展路径和机会。这种职业发展方案提供了多种职业走向和发展机会，进而使员工能够发展新能力，领导者能够培育新能力。未来，情报界中各类角色的性质将发生变化，情报界所有的员工在职业生涯期间也可能需要经历几次调整。额外提供情报界内部岗位的轮换机会，以及额外提供不属于情报界的政府机构内部岗位的轮换机会，将最大程度催生新思想和文化涵养。这种范围扩大的轮换任职的方法、实践和形成的能力，必将激发更多的创新。情报界决定开展持续学习，这就要求员工和领导共同做出承诺，设想未来的发展方向，并确定适合用哪些资源来保障持续学习工作的推进。

第三，嵌入灵活性、创新性和包容性。通过改变人力资本管理方式，情报界的反应速度愈发灵敏。情报界正在推倒情报工作中各自为政的“烟囱”，转而采用一种旨在推进信息共享和合作的组织结构，以提升情报工作的灵活性、创新性和包容性。经过改进的组织结构能够推动合作，从而提高灵活性。相关流程、技术和工具也将在提高灵活性方面发挥关键作用。情报界各机构将需要提高灵活性和创新性，以更加有效且高效地完成任务。创新是必不可少的，它涵盖了新观点的出现和落实。情报界将采取实际行动，更加认可那些愿意承担合理风险和行为出格之人。实现多样性和包容性不仅是优先处理事项，而且是情报界需要完成的关键任务。多样性和包容性能够为工作场所带来创新和创造力，能够与团体思维做斗争，并体现了情报界尊重所有人的承诺。所有情报界员工的知识、观点、想法和经验对于情报界成功完成全球任务至关重要。①

① Office of the Director of National Intelligence, The U. S. Intelligence Community's Human Capital Vision 2020, March 5, 2014, https://www.dni.gov/files/documents/CHCO/US_IC_Human_Capital_Vision_2020_Strategy%202020_5_March_2014_U.pdf.

（七）加速推进情报业务外包

情报界将部分非涉密技术业务外包给商业公司的行为并非近些年才出现。早在2000年时，当时的“国家图像与测绘局独立调查委员会”就建议，“应就该局使用商业公司提供的图像情报产品的问题进行一次政策审查，并制定出一份战略”。① 其后，美国总统专门发布了一份指令，用以指导情报机构使用商业卫星提供的遥感成像产品。2003年，国家地理空间情报局（前身为国家图像与测绘局）就向多家商业公司招标下一代“数字地球”（分辨率需达到0.5米）项目，招标金额为5亿美元。② 此后，情报界愈发依赖情报外包工作。2007年，在科罗拉多州召开的一次情报承包商大会上，一名来自国家情报主任办公室、负责政府采购的高级官员透露，情报界用于支付承包商所提供的货品和服务的经费已占情报总预算的70%，情报界对“情报外包”服务已经到了“不购买就不能进行间谍活动”的地步了。③

进入2013年后，随着情报预算的持续下跌，情报界对商业公司的依赖程度进一步加深。2013年5月底，负责采购与技术事务的国家情报副主任道恩·梅利克斯（Dawn Meyerriecks）就曾带领部分高级情报官员专程前往“硅谷”与一些商业公司恰谈技术研发方面的合作事宜。在接受采访时，她表示，“情报界愈发依赖商业公司，而这种趋势将会持续下去。我认为我们的工作会更加商业化，或许我有点偏激了，但是对于这种情况我很高兴。我希望我们能够在这方面尽快动起来。正如公司老板们经常说的，绝对不能白白浪费一个

---

① Report of the Independent Commission on the National Imagery and Mapping Agency, The Information Edge: Imagery Intelligence and Geospatial Information in an Evolving National Security Environment, December 2000, http://www.fas.org/irp/agency/nima/commission/article02.htm, 2014-04-25.

② Glenn James Voelz, *Managing the Private Spies: The Use of Commercial Augmentation for Intelligence Operations*, Washington, D.C.: Joint Military Intelligence College, 2006, p. 38.

③ Simon Chesterman, “We Can't Spy…If We Can't Buy!: The Privatization of Intelligence and the Limits of Outsourcing Inherently Governmental Functions,” *European Journal of International Law*, Vol. 19, No. 5, 2008, p. 1056.

好的危机（Don't let a good crisis go to waste）”。[①] 对于梅利克斯而言，“一个好的危机”就是经费越来越少的问题，而要想化解危机，就要利用危机，因此为了“不能白白浪费”经费紧张的危机，她选择借助商业公司的力量，以更好地推进情报技术的研发和情报工作效率的提升。梅利克斯指出，国家情报主任办公室主要资助商业公司研发两类技术：一是情报界必须引领发展或施加影响的技术；二是情报界需要加以改造才可使用的技术或可以直接采用的技术。第一类技术包括语言翻译技术、数据数理技术、视频动画图像技术、大数据、网络与高性能计算技术等；第二类技术包括云计算技术、成像技术、认知系统技术、知识管理技术等。[②] 由此可见，情报界一方面希望按照自己的需要指导商业公司研发新技术，另一方面也愿意直接采用商业公司研发成功的一些成熟技术。而其目的都是为了在保持自身技术优势的同时，借助商业力量，降低研发成本，节省技术投资。

此外，追逐利益的商业公司也开始更为积极地主动寻求与情报界乃至整个国家安全部门的合作。多数商业公司为了获得情报界的定单，纷纷向国会情报委员会的相关议员捐款，以获得这些议员的支持。据媒体披露，军火巨头洛克希德·马丁公司对国会两院情报委员会提供的捐款最多，2013 年共提供了 79.891 万美元的捐款。而一些关键议员获得的个人捐款的数额也相当可观，众议院常设情报特别委员会中最资深的议员达奇·鲁珀斯伯格（Dutch Ruppersberger）就在 2013 年接收了多家商业公司提供的 36.36 万美元捐款，其

---

① Zachary Fryer－Biggs，“US Intel Community Turning to Commercial Companies for R&D，” June 3，2013，http：//www.defensenews.com/article/20130603/DEFREG02/306030022/US－Intel－Community－Turning－Commercial－Companies－R－D，2014－04－25.

② Robert K. Ackerman，“Intelligence Taps Industry for Essential Technologies，” May 22，2013，http：//www.afcea.org/content/？q＝node/11103，2014－04－25.

中单是诺斯罗普·格鲁曼公司就向其个人捐出了12.435万美元。[①]一边是情报界急需通过业务外包的方式节省经费，一边是商业公司积极寻求情报承包项目，双方一拍即合。据《华盛顿邮报》的统计，2013年美国的国土安全、反恐及情报部门共与美国境内的1931家商业公司开展业务上的合作。斯诺登所在的博兹·艾伦（Booz Allen）公司就是一家为政府部门提供相关服务的承包商。据《纽约时报》报道，该公司在2012年营利58.6亿美元，其中来自情报界的项目营利就高达13亿美元。[②]

第三节　国家情报战略的主要特点

一、坚持重塑情报界的良好形象

2009年《国家情报战略》提出了美国情报界应该具备三大特征，其中之一便是“展现美国价值观：遵守法律，保护隐私和公民自由，尊重人权，以能够得到美国人民信任的方式展开工作”[③]。虽然2005年《国家情报战略》也提出了类似要求，但是小布什政府对情报的使用和开展的情报活动引起了很大争议。例如，操纵和滥用

① Alexander Cohen, “R. Jeffrey Smith, Intelligence Contractors Donate Millions to Intelligence Watchdogs in Congress: Those on Capitol Hill Who Approve and Oversee Military Intelligence Spending Benefit from A Stream of Industry Campaign Funding,” December 20, 2013, http://www.publicintegrity.org/2013/12/09/13959/intelligence-contractors-donate-millions-intelligence-watchdogs-congress, 2014-04-25.

② Spencer Ackerman, “Snowden Leak Shines Light on US Intelligence Agencies' Use of Contractors: Whistleblower's Work for Booz Allen and others Shows Perils of Private-Sector Boom in Sensitive Areas of Government,” June 10, 2013, http://www.guardian.co.uk/world/2013/jun/10/edward-snowden-booz-allen-hamilton-contractors, 2014-04-25.

③ Office of the Director of National Intelligence, The National Intelligence Strategy of the United States of America, August 2009, p. 2, http://www.dni.gov/reports/2009_NIS.pdf.

情报,[①] 在美国境内进行监听行动,[②] 在境外建立关押恐怖嫌疑人的监狱并使用酷刑逼供等等，这些活动与美国所宣传的“自由”“民主”“尊重人权”等理念背道而驰，严重损害了美国的形象，也降低了美国民众对情报界的信任。因此，奥巴马政府上台之后，美国情报界将“展现美国价值观”的要求提上高位：一是表明情报界的行动将符合美国所宣扬的价值观念，从而促进美国“软实力”的发挥；二是强调情报界的行动将遵守美国的法律，不会侵犯美国公民的个人权利，争取获得民众的支持；三是表现出一种积极的姿态，向外界表明情报界将会主动加强内部监督，从而避免国会以展开调查的方式介入情报界的活动，争夺对情报事务的控制权。

然而，美国情报机构的实际做法显然与《国家情报战略》的上述要求背道而驰。2013 年 6 月，美国国家安全局技术承包商雇员、前中央情报局工作人员爱德华·斯诺登（Edward Snowden）向英国《卫报》和美国《华盛顿邮报》披露了多份美国情报界的秘密文件，其中曝光了美国国家安全局如何搜集每个美国公民的手机通话记录。虽然美国政府很谨慎地反复强调，搜集的这些数据“只是元数据”。言下之意是说，国家安全局没有搜集美国公民通话过程中的谈话内容，只记录了通话双方的电话号码、日期、时间以及通话时长。[③] 但是这种解释并没有起到安抚民众情绪的效果，因为搜集这些元数据意味着人们处于监控之下。实际上，相对于监听通信内容而言，监控元数据更容易获得情报。正如斯诺登所言：“通过元数据的帮助，

---

① U. S. House of Representatives, “Reining in the Imperial Presidency: Lessons and Recommendations Relating to the Presidency of George W. Bush,” January 13, 2009, p. 253, http://www.house.gov/delahunt/imperialpresidency.pdf.

② 即由小布什总统授权，主要由国家安全局实施的“总统监视计划”（President's Surveillance Program）。关于该计划的诸多活动是否违法，美国国内存在很大的争议。参见：Offices of Inspectors General of the Department of Defense, Department of Justice, Central Intelligence Agency, National Security Agency, Office of the Director of National Intelligence, Unclassified Report on the President's Surveillance Program, July 10, 2009, http://www.fas.org/irp/eprint/psp.pdf.

③ 布鲁斯·施奈尔：《数据与监控：信息安全的隐形之战》，李先奇、黎秋玲译，金城出版社，2017 年版，第 25 页。

监视者能得知你昨晚入睡与今早起床的时间、每天逛了哪些地方、在哪儿待了多久，以及你接触过的对象有谁，谁又与你联系过。……我们的法律通常落后科技至少一个时代，但如今对于通信内容的保障却高于元数据，这真是极大的讽刺。事实上，情报单位对取得元数据有着更高的兴趣，因为这些活动记录能让他们见树又见林，一方面赋予他们分析大量数据的能力，得以拼凑出事物全貌，另一方面又给予他们窥探个人私生活的机会，得以推断这些人的行为模式。简言之，监视者透过元数据能得知你所有的一切，除了你的大脑在想什么。”①

总之，“斯诺登事件”不但引发了美国民众对情报界的信任危机，更在全球范围内引发了人们对通信监控问题的关注与争讨。2013 年，奥巴马总统成立关于监控和国家情报的审查委员会，该委员会提出了 46 项针对国家安全局的政策建设。② 此后，国际人权团体组成的联盟也在全球范围内开展咨询工作，以便制定一个判断监视法律和操作是否尊重人权的标准体系。2014 年 5 月，来自全球 500 个组织、专家和官员共同签署了《必要和适度：通信监控要尊重人权的国际原则》（*Necessary and Proportionate*：*International Principles on the Application of Human Rights to Communications Surveillance*），其中列举了 13 条基本原则。③

为改变情报界在美国民众心中的不良印象，国家情报主任首次在 2014 年《国家情报战略》中明确提出，所有情报工作人员均应严格遵守《情报界职业道德准则》：第一，使命。我们为美国人民服务，我们明白自己的使命需要我们为国家安全做出无私奉献。第二，

① 爱德华·斯诺登：《永久记录》，萧美惠，郑胜得译，民主与建设出版社，2019 年版，第 160 – 161 页。

② 布鲁斯·施奈尔：《数据与监控：信息安全的隐形之战》，李先奇、黎秋玲译，金城出版社，2017 年版，第 250 页。

③ “必要和平衡”的 13 条原则：1. 合法性；2. 有合理的目的；3. 必要性；4. 充分性；5. 平衡性；6. 胜任的司法机构；7. 正当法律程序；8. 知会用户；9. 透明性；10. 公众监督；11. 通信和系统的完整性；12. 保证国际合作；13. 严防非法侵入和获得有效补救的权利。

真理。我们寻求真理，向权力说真话，客观地搜集、分析并提供情报。第三，守法。我们拥护并捍卫美国宪法，遵守美国法律，确保在执行任务时尊重隐私、公民自由和人权。第四，正直。正直是我们的行为标准，我们时刻牢记，无论是我们的公开还是非公开行为，都应反映情报界总体上的正面形象。第五，服务。我们是值得公众信任、负责任的公仆。我们审慎使用情报权力与资源，努力保护情报来源与方法，通过恰当渠道报告不当行为，对自己负责，对监管机构负责，最终对美国人民负责。第六，卓越。我们将不断改进工作表现与业务技能，负责任地共享信息，与同事互相协作，灵活创新以应对新兴挑战。第七，多元。我们以我们国家的多元化为自豪，致力于提升我们队伍的多样化与包容性，鼓励思维的多元化。①

二、任务目标反映决策重点关切

奥巴马政府对小布什政府时期的诸多政策进行了调整，国家情报战略必然也要紧跟决策者关注点的变化，调整国家情报工作的优先任务。

第一，上任伊始，随着奥巴马政府采取更加明确、综合的反恐方针，② 国家情报工作有了更清晰的目标，并且要向多种行动提供支援。奥巴马政府上台后，舍弃了“全球反恐战争”“打击伊斯兰‘圣战’组织”等不恰当的提法，将目标集中到盘踞在阿富汗和巴基斯坦地区的“基地”组织及其相关的暴力极端组织之上。与此同时，美国还决定采取更加综合的应对措施，对相关国家在经济、社会建设等方面进行扶持，消除极端势力出现的根源。在此方针的指

---

① Office of the Director of National Intelligence, The National Intelligence Strategy of the United States of America, September 2014, p. 3, http://www.dni.gov/files/documents/2014_NIS_Publication.pdf.

② John O. Brennan, “A New Approach to Safeguarding Americans,” August 6, 2009, http://www.whitehouse.gov/the_press_office/Remarks-by-John-Brennan-at-the-Center-for-Strategic-and-International-Studies.

引下，奥巴马政府从伊拉克收缩力量，[①] 并加大了对阿富汗和巴基斯坦地区的力量投入，除决定向阿富汗增兵 17000 人以外，还大力加强对两国的民事援助，试图融合军事、外交、经济和社会等因素，采取综合全面的应对措施，力图消除极端主义产生的根源。[②] 在这种情况下，美国国家情报工作也必须做出相应的调整。因此，2009 年《国家情报战略》将目标锁定在“暴力极端主义”之上（任务目标 1)，集中力量打击盘踞在阿富汗的“基地”组织，“向驻阿部队提供更多的情报、监视和侦察资源。”[③] 另外，由于奥巴马政府决定采取综合的应对方针，在决定对某一地区采取行动并部署力量进入那些地区时，既有军事单位进驻，也有诸多非军事单位参加行动——如重建小组、外交小组等。[④] 所以，除了支援军事行动，国家情报工作也必须对这些多样的行动提供各种情报支援（任务目标 6)。然而，由于历时多年的全球反恐战争极大地消耗了美国的资源和精力，奥巴马政府随后又开始调整国家安全战略，提出美国正在面临多样化的全球威胁与挑战，需要尽快结束战争，推动经济全面复苏，复兴美国全球领导力。受此影响，2014 年《国家情报战略》大幅调整了任务目标。首先，该战略强调情报界要完成三项基础性任务目标（战略情报、预测性情报、当前行动），以监控战略全局、预测未来

---

① 奥巴马政府计划在 2011 年底之前撤出全部驻伊美军，将维护伊拉克安全的责任交给伊拉克政府。参见：Barack Obama, “Responsibly Ending the War in Iraq,” February 27, 2009, http: //www. whitehouse. gov/the_press_office/Remarks – of – President – Barack – Obama – Responsibly – Ending – the – War – in – Iraq.

② The White House, “What's New in the Strategy for Afghanistan and Pakistan,” March 27, 2009, http: //www. whitehouse. gov/the_press_office/Whats – New – in – the – Strategy – for – Afghanistan – and – Pakistan.

③ John O. Brennan, “A New Approach to Safeguarding Americans,” August 6, 2009, http: //www. whitehouse. gov/the_press_office/Remarks – by – John – Brennan – at – the – Center – for – Strategic – and – International – Studies.

④ Office of the Director of National Intelligence, Media Conference Call with the Director of National Intelligence Mr. Dennis C. Blair: 2009 National Intelligence Strategy, September 15, 2009, p. 3, http: //www. dni. gov/interviews/20090915_interview. pdf.

走向、保障当前任务。其次，该战略强调，在完成专题性任务目标时，反恐任务已排到了第二位，不再是情报界的首要任务。

第二，提高反情报的地位，加强对反情报工作的指导。由于2005年《国家情报战略》没有充分重视反情报问题，在战略报告发布之后，国家反情报总监通过多种方式，呼吁提高反情报工作的地位。如米歇尔·范·克里夫曾出版研究报告《反情报与国家战略》，并在《情报研究》杂志上发表名为《战略反情报》的论文。前国家反情报总监乔尔·布伦纳（Joel F. Brenner）也向国家安全委员会建议，将反情报提升为优先级别最高的国家情报任务之一。[①] 另外，国家反情报总监办公室还在2007年和2008年发布了两版《国家反情报战略》，并邀请国家情报主任麦康奈尔为两份战略作序，以提高情报界领导对反情报工作的重视，进而加强对情报界反情报工作的指导。这些努力使美国高层充分认识到反情报工作的重要性，并最终在2009年《国家情报战略》中首次将"整合反情报工作"作为最优先的任务之一（任务目标4）。此后，为与2009年《国家情报战略》提出的任务目标和能力目标相一致并为其提供支持，国家反情报总监办公室又发布了2009年版《国家反情报战略》。该战略尤其关注《国家情报战略》中强调的四个反情报重点领域：一是探查内部人员威胁；二是渗透外国机构；三是整合反情报工作和网络；四是保证供应链安全。连续三年发布《国家反情报战略》，这在美国情报界的发展历史上尚属首次，也进一步凸显了决策层对反情报工作的重视。受此影响，2014年《国家情报战略》继续坚持认为，美国面临严峻的反情报形势，传统和非传统对手的情报活动持续对美国的安全与繁荣构成巨大挑战。外国情报实体不断瞄准美国政府、私营部门和学术界，企图获取国家安全信息和经济、外交、军事或技术优势。因此，情报部门应识别可能被对手利用的新兴技术，避免其危及美国的秘密信息与资产、发展并采取强大的破坏战略。此外，

① Joel F. Brenner, "Strategic Counterintelligence," March 29, 2007, p. 11, http://www.dni.gov/speeches/20070329_speech.pdf.

该战略还特别强调，反情报活动必须融入情报流程的各个环节之中。

第三，加强网络安全工作。奥巴马总统曾表示，“来自网络空间的威胁已经成为美国面临的最严重的经济和军事威胁之一”。[①] 为了对抗这种新兴威胁，保护美国的信息基础设施，奥巴马政府将维护网络安全视为国家政策的重点之一，采取了一系列行动。例如，开展美国网络安全政策审查，全面检查美国目前应对网络安全问题的政策和组织体系；[②] 设立“网络安全协调官”（Cybersecurity Coordinator），为美国政府制定统一的网络安全政策，并协调相关机构的行动；[③] 美国国防部也决定在战略司令部之下，建立网络司令部，[④] 统管与军事相关的网络行动，并向非军事单位和国际伙伴提供支援。[⑤] 在这种情况下，2009 年《国家情报战略》首次将维护网络安全视作优先任务，明确了自身在网络安全问题上的角色和任务，并设定了具体的工作目标（任务目标 5）。此后，奥巴马政府首次在 2010 年《国家安全战略》中强调网络空间的安全问题，其明确指出：“网络空间安全威胁是当前美国国家安全、公共安全和经济领域中所面临的最为严重的挑战之一。”因此，该战略明确将“确保网络空间安全”作为一项重要的国家安全战略目标。受此影响，2014 年《国家

---

① The White House, “Remarks by the President on Securing Our Nation’s Cyber Infrastructure,” May 29, 2009, http://www.whitehouse.gov/the_press_office/Remarks－by－the－President－on－Securing－Our－Nations－Cyber－Infrastructure.

② The White House, “Cyberspace Policy Review: Assuring a Trusted and Resilient Information and Communication Infrastructure,” May 29, 2009, http://www.whitehouse.gov/assets/documents/Cyberspace_Policy_Review_final.pdf.

③ The White House, “Remarks by the President on Securing Our Nation’s Cyber Infrastructure,” May 29, 2009, http://www.whitehouse.gov/the_press_office/Remarks－by－the－President－on－Securing－Our－Nations－Cyber－Infrastructure.

④ 网络司令部的司令由国家安全局局长兼任，办公地点就在美国国家安全局的总部——马里兰州米德堡。网络司令部在 2009 年 10 月已经具备初始运作能力，在 2010 年 10 月前能够全面运作。

⑤ Department of Defense, “Establishment of a Subordinate Unified U.S. Cyber Command Under U.S. Strategic Command for Military Cyberspace Operations,” June 23, 2009, http://docs.govinfosecurity.com/files/external/OSD－05914－09.pdf.

情报战略》首次提出“网络情报”的概念,[①] 并将其作为四大专题性任务目标之首。该战略强调指出，为了达成国家目标，情报用户越来越依赖情报界为其提供关于当前和潜在网络威胁和意图的及时的可行动情报和更加深入的见解。情报界还提供保护美国政府网络、其他关键通信网络和国家基础设施所需的专门技能。为了更有效地开展工作，情报界应发展其网络能力（包括网络攻击归因能力），重点识别相关趋势并提供背景知识，以加深情报用户对网络威胁、弱点和影响的理解。

三、能力目标旨在补足短板弱项

首先，“以机构为中心”（agency centric）的情报工作模式被实践证明是落后与低效的，奥巴马任期内发布的两版《国家情报战略》均强调情报界要采用“以任务为中心”（mission centric）的工作模式，进而实现任务管理一体化。长期以来，情报界各机构都是以本机构为中心分头开展工作，很少以共同任务为牵引联合开展情报工作。这种工作体制上的弊端直接导致“9·11”事件前各情报机构如同盲人摸象，没有一家情报机构能够获知整体威胁全貌。因此，在推进情报界内部改革（转型）方面，第二任国家情报主任麦康奈尔提出了长远的计划——《构想 2015》，前瞻性地描绘了情报界成功转型之后的理想状态，以此牵引正在进行的情报界能力建设。该构想指出，要通过一体化的任务管理、高适应性的情报搜集、广泛合作的情报分析以及发展与外界的伙伴关系，促使情报界从“以机构为中心”的工作模式转向“以任务为中心”的工作模式，以便根据

① 网络情报是指：针对外国行为体的网络计划、意图、能力、研发、战术、活动和征候而开展的全源情报信息搜集、加工、分析和分发活动；他们对国家安全、信息系统、基础设施和数据的影响或潜在影响，以及网络特征描述，即与外国信息系统的组成、结构、使用和弱点等相关的见解。

任务的需要，整合整个情报界的力量。[①] 这是对《情报改革与防止恐怖主义法》以及《WMD 委员会报告》相关要求的进一步深化，[②] 明确了要将任务管理作为情报界工作的常态，而不仅仅将其作为应急措施。在此思想的指引下，2009 年《国家情报战略》在能力建设上提出了“加强情报界任务管理”的目标，指出要针对优先任务，成立相应的管理队伍，允许信息和人员在内部自由流动，融合多个情报门类，使分散在各机构的搜集和分析资源可以摆脱组织边界的限制，迅速聚集到优先任务上来，从而在情报流程的各个环节之中，对情报界各机构进行横向融合，充分利用各机构的优势，使情报界作为一个整体展开工作。2014 年《国家情报战略》进一步丰富了“加强情报界任务管理”的内涵，将其提升为推进“任务管理一体化”，即确定情报活动的战略重点，对情报活动进行协调，实现情报搜集、情报分析、反情报这三个相互关联门类的协调统一。

其次，长期以来情报界在业界管理方面比较混乱，两版《国家情报战略》均提出要改变这种情况，只是侧重点各不相同。在约翰·麦康奈尔担任国家情报主任期间，“改进采购工作”是情报界的工作重点。因为，采购是使新技术从实验阶段转化到应用阶段的关键环节。麦康奈尔上任后不久，就指出情报界的采购系统存在严重问题，“例如部署一套卫星系统，在欧洲大约需要五年时间和不到十亿美元的经费，而在美国则要超过十年，花费数十亿美元”。[③] 采购系统反应迟钝，延缓了对新技术的利用。另外，由于采购系统的混乱，各机构引进的系统和设施无法通用，浪费了大量情报资源。为此，麦康奈尔在任期内采取了一系列行动，旨在提高采购工作的效

---

① Office of the Director of National Intelligence, Vision 2015: A Globally Networked and Integrated Intelligence Enterprise, July 2008, pp. 10 – 14, http: //www. dni. gov/publications/vision_2015. pdf.

② 《情报改革与防止恐怖主义法》的第二分编要求设立国家反恐中心、国家反扩散中心以及其他国家情报中心，就是要加强任务管理的初步体现；《WMD 委员会报告》在第六章也提出要使情报界“围绕任务组织起来”，设立任务主管，也要求加强任务管理。

③ Mike McConnell, "Overhauling Intelligence," *Foreign Affairs*, Vol. 86, No. 1, July /August 2007, pp. 57 – 58.

益和速度，而2009年《国家情报战略》也吸收了他的这一思想，将采购作为一个战略重点，单独加以强调。在詹姆斯·克拉珀担任国家情报主任时期，推进“业界管理一体化”是情报界的工作重点。克拉珀特别强调，采购工作只是情报界诸多业务工作中的一项，要对情报界的各类业务实践都从战略层面开展协调，以提高资源管理水平、优化业务程序相关决策。具体而言，情报界要在持续性、安全、采购、财务、设施及后勤等诸方面寻求实现高效的方法。因此，2014年《国家情报战略》提出，应制定、执行并管理面向整个情报界的方法，强化情报界核心能力的整合，提高核心能力的通用性。

再次，信息共享不足是“9·11”后情报界暴露出的重大问题，两版《国家情报战略》均强调信息共享对于情报能力生成的重要性，并要求情报界持续推进这项工作，只是两版战略的侧重点有所不同。2009年《国家情报战略》发布之际，情报界的信息共享工作开展得如火如荼。在2008年《情报界信息共享战略》以及2009年发布的第501号情报界指令《情报界内信息的发现、分发或检索》的指导下，情报界的信息共享工作，尤其是情报共享数据库的建设取得了长足进展。因此，2009年《国家情报战略》提出要用信息技术助力信息共享，即从根本上改进信息技术的应用——包括信息管理、信息融合、共享经验、系统和体系结构（既包括情报界内部的共享，也包括与更广泛的情报用户和合作伙伴的共享）——在抵御危害风险的同时，履行提供信息和情报的职责。然而，2010年的“维基解密事件”① 给情报界势头正盛的信息共享工作泼了盆冷水，也充分暴露出了信息共享过程中存在的重大安全漏洞。因此，2011年3月11日，国家情报主任詹姆斯·克拉珀专门发布了第502号情报界指令

① 2010年下半年，阿桑奇所创立的维基解密网站三次大规模公开美国的军事外交秘密（7月25日公布9万多份阿富汗战争文件，10月23日公布40万多份伊拉克战争文件，及11月28日公布25万多份外交密电）。12月5日，维基解密还公布了一份被美国形容为“对美国国家安全至关重要的全球核心安全设施”清单。随后的调查显示，向维基解密泄露秘密的人是23岁的美国陆军情报分析员布拉德利·曼宁（Bradley Manning），而他所窃取的秘密文件几乎全部来自美国大力建设的信息共享网络——“秘密互联网协议路由器网络”（SIPRNet）。

《情报界信息环境的一体化防护》，要求各情报机构在开展信息共享工作的过程中要全面加强安全保密。同年8月1日，克拉珀又发布了《情报界信息共享战略意图2011—2015》，强调要推动安全负责的信息共享。在此背景下，2014年《国家情报战略》首次将信息共享与安全保障放在同等重要的地位。该战略指出，情报界已经认识到其提供情报的职责和不断增长的情报共享需求，也将加强防护手段以保护信息安全、建立合作伙伴间的信任。为提高信息共享与安全保障能力，情报界需要提高其人才队伍素质，改进相关程序和技术。此外，情报界还应继续查找并填补信息共享漏洞，协调行动以减少情报界信息技术业界中的重复建设，以期更高效地取得更好效果。

四、强调增加情报工作透明度

2013年8月29日，《华盛顿邮报》公布了从爱德华·斯诺登那里获得的国家情报主任向国会提交的2013财年“国家情报计划”预算申请文件，其中包括2013财年美国“国家情报计划”的申请拨款金额（526亿美元）以及各情报机构从中获得的预算分配比例。虽然2011年以来国家情报主任每年都会依法[①]公布“国家情报计划”的预算申请金额，但是其并未透露钱款的使用方式，也未说明情报预算的支出效果是否达到了总统和国会所设定的目标。因此，媒体普遍将斯诺登披露的情报预算称为“黑色预算”（Black Budget）。[②]《华盛顿邮报》的文章描述称，黑色预算绘制出“一幅关于官僚系

---

① 《2010财年情报授权法》第364条款明文规定：“总统在向国会申报政府年度总预算时，应向公众发布该财政年度‘国家情报计划’的申报预算金额。”参见：Public Law 111－259：Intelligence Authorization Act for Fiscal Year 2010，October 7，2010. SEC. 364. National Intelligence Program Budget，http：//www. intelligence. senate. gov/pdfs111th/111259. pdf.

② Barton Gellman and Greg Miller，“U. S. Spy Network's Successes，Failures and Objectives Detailed in ‘Black Budget’ Summary，” August 29，2013，http：//www. washingtonpost. com/world/national－security/black－budget－summary－details－us－spy－networks－successes－failures－and－objectives/2013/08/29/7e57bb78－10ab－11e3－8cdd－bcdc09410972_story. html.

统和行动项目的地图，此前这从未受到过公众的监督”。文章还指出，许多活动和项目的预算如果被拿到明面上由公众和国会进行辩论，则有可能不会被批准。[①] 在致《华盛顿邮报》的公开信中，国家情报主任詹姆斯·克拉珀对黑色预算的大幅增加作出解释：“我们不足国内生产总值1%的预算之所以被保密，是因为这些预算有助于外国情报机构窥探我国的优先考虑、能力、资源和手段，保密使我们得以获取信息、对抗威胁。”[②] 然而，公众对于这种官方解释并不买账，仍然对于情报界资源投入与产出不透明的问题表示极度忧虑。

鉴于此，2014 年 6 月，国家情报主任詹姆斯·克拉珀首次发布了情报界《透明度年度统计报告》（*Annual Statistical Transparency Report*），[③] 详细公开了情报界在使用重要国家安全权力时涉及到的一些信息。9 月，克拉珀又在新发布的 2014 年《国家情报战略》中首次提出并强调了情报工作的“透明度”问题。他表示：“我们肩负重任。高级政策制定者依靠我们实现明智的国家安全决策，美国人民指望我们在增加透明度、尊重隐私权和公民自由的同时，保护我们的国家免受攻击。”在“机构管理一体化”这一能力目标中，2014 年《国家情报战略》要求情报界“继续采取措施，保持合理的透明度、保护隐私和公民自由、加强监督、加强依法办事”。

此外，为帮助情报界公开信息，进而增强公众对情报活动的理解，2015 年 2 月 3 日，国家情报主任专门发布了《情报界情报透明度原则》（*Principles of Intelligence Transparency for the Intelligence Community*）[④]：第一，情报界应保持合理的透明度，以使公众能够更好

① 戴维·弗罗斯特：《美国政府保密史：制度的诞生与进化》，雷建锋译，金城出版社，2019 年版，第 146 页。

② 戴维·弗罗斯特：《美国政府保密史：制度的诞生与进化》，雷建锋译，金城出版社，2019 年版，第 147 页。

③ 报告全称是《关于国家安全权力使用的透明度统计报告》（*Statistical Transparency Report Regarding the Use of National Security Authorities*）。

④ Office of the Director of National Intelligence, Principles of Intelligence Transparency for the Intelligence Community, February 3, 2015, http: //fas. org/irp/eprint/ic – trans. pdf.

地理解下述内容：情报界的任务以及为完成任务而做的工作（包括情报界的体系结构和工作效率）；情报界开展情报活动应遵守的法律、指令、法规及政策；确保情报活动依法开展的控制与监督框架。第二，情报界应通过法定渠道积极主动且清晰明确地面向公众公开信息，包括采用积极的方法。旨在：及时保持透明度，回应公众关切问题；确保公开的信息足够清晰明确且包含来龙去脉，以使公众能够轻易理解；确保公众能够通过多种通信方式获取情报界公开的信息，例如公众应能够通过新技术手段获取此类信息；与利益相关方保持沟通，以更好地解释情报界公开的信息以及从多个角度来理解；在适当情况下解释为何不能公开披露相关信息。第三，情报界应保护信息，以避免未经授权披露信息而导致情报来源、获取手段及相关活动的暴露，确保情报界的职业情报人员能够持续、勤奋地履行各自职责。旨在：只加密特定信息，这类信息具备下述特征，即一旦未经授权而对外泄漏，就可能会造成可识别或可描述的国家安全危害；绝不通过加密信息的方式来掩盖违法行为、工作效率低下行为、或行政管理上错误行为、或防止出现尴尬局面；使用部分标记或其他类似手段，将加密信息和非加密信息区分开来；在决定加密信息时，应在最大程度的可行范围内考虑公众关切，同时根据需要持续保护信息，以维持情报工作的有效性，保护那些为情报界工作的或与情报界合作的个人的人身安全，或在其他方面保护国家安全。第四，在遵守相关法律、总统行政命令及指令的情况下，调整情报界的角色、资源、流程及政策，以确保上述原则的强力落实。

第四章　特朗普政府的国家情报战略

2017年12月18日，特朗普政府公布了其任期内首份《国家安全战略》，提出了支撑国家安全的四大支柱[①]，并强调情报工作要为第三大支柱（即以实力求和平）提供强力保障。该战略指出："在这个信息主导的时代，情报界必须一方面持续开展战略情报工作，以预见地缘战略形势的变化，另一方面持续生产短期情报，以使美国能够应对对手的各类行动和挑衅。为胜过竞争对手，美国需要推进军事力量现代化，在此过程中需要情报支援。我们需要开展情报工作，以了解和预测外国的各类学说及领导人意图，防止遭受战术和战役突袭，并确保美国的各类能力在施展前免受破坏。此外，几乎所有现代武器系统都依赖于科技情报提供的数据。"[②] 鉴于情报工作如此重要，该战略指出美国需要重点开展三个方面的工作：一是更好地了解对手，即要了解美国竞争对手的经济政策重点，发现和

---

① 第一个支柱为保卫美国人民、国土及生活方式。具体分为四个方面内容：一是确保美国边境和领土的安全；二是追溯威胁来源；三是确保美国在网络时代的安全；四是提升美国的战略弹性。第二个支柱是促进美国繁荣。具体分为五个方面内容：一是复兴美国国内经济；二是推动自由、公平和互惠的经济关系；三是在研究、科技、发明和创新上保持领导地位；四是促进和保护国家安全创新基地；五是维持能源优势。第三个支柱为以实力求和平。具体分为三个方面内容：一是复兴美国竞争优势；二是复兴美国能力（主要强调军事、国防工业基础、核力量、太空、网络空间，以及情报六大领域）；三是外交与治国（包括具有竞争力的外交，经济外交手段，以及信息治国方略三大领域）。第四个支柱为提升美国影响力。具体分为三个方面内容：一是鼓励富有志向的伙伴；二是在多边平台上取得更好结果；三是维护美国价值观。

② The White House, National Security Strategy of the United States of America, December 18, 2017, p. 32, https://www.whitehouse.gov/wp-content/uploads/2017/12/NSS-Final-12-18-2017-0905.pdf.

打击其经济间谍活动；二是充分利用所有现有信息，即要利用所有公开来源信息，防止国家和非国家行为体攻击美国公民、开展进攻性情报活动和破坏美国民主制度；三是开展信息融合与分析，即整合源自外交、信息、军事及经济领域的各类分析成果，以在地缘政治舞台上拥有更强的竞争力。

为落实《国家安全战略》对情报工作提出的新要求，并给情报界各机构的未来发展指明方向，2018 年 7 月 9 日，国家情报主任发布《情报界 2025 构想与基础优先处理事项》（*IC2025 Vision and Foundational Priorities*）①。这份战略文件明确指出，为支持总统发布的《国家安全战略》，情报界将共同追求以下六个基本优先处理事项：第一，运用机器增强情报能力；② 第二，正直、值得信赖、灵活的情报人才队伍；③ 第三，综合性网络态势；④ 第四，现代化的数据管理和基础架构；第五，私营部门的合作伙伴关系；第六，灵活的采购工作。⑤ 2019 年 1 月 22 日，国家情报主任丹尼尔·科茨（Daniel Coats）发布了第四版《国家情报战略》，旨在为美国情报界各机构未来四年的情报工作提供业务指导。该战略确定了情报机构的愿景、任务和指导原则，描述了外部战略环境，设定了七个任务目标和七个能力目标，并详细罗列了具体实施方案。该战略首次加入了 2015 年提出的“情报界情报透明度原则”，并回顾了情报界在推进情报一体化工作、人才队伍建设、合作伙伴关系、透明度和技术创新等五个方面取得的成就，展望了未来在战略、机构、财政、技术等四个领域面临的风险和挑战。

---

① IC2025 Vision and Foundational Priorities, July 9, 2018, https://fas.org/irp/news/2018/07/dni-ic2025.html.

② 情报界正在建立一个“运用机器增强情报中心”，与国防部建立的“联合人工智能中心”类似，致力于掌握最新科技。

③ 要想使用机器的力量生产更多数据，就需要更多的相关技术人才。

④ 制定一份综合网络战略，解决网络攻击及网络安全态势的问题。

⑤ 部分源自安全审查改革，此类改革是情报界面临的威胁之一。

第一节 国家情报战略设定的战略目标与实施方案

一、任务目标与实施方案

与2014年版战略相比，2019年版《国家情报战略》在任务目标的设置上并无太大变化，任务目标的数量和排序没有变化，只是进一步丰富了相关任务目标的概念内涵与实施方案。

第一，将2014年版战略中的第三个任务目标“当前行动”改为“当前行动情报”。2019年版战略明确指出，当前行动情报是情报界各机构开展的搜集、分析和计划支持等活动，旨在保障成功规划的和正在开展的行动。当前行动情报不仅在冲突或危机时期为军事、外交、国土安全、政策领域的情报用户提供时间敏感性情报支援，也为塑造未来行动和达成预期行动成效提供机会。因此，情报界将为其工作排定优先处理顺序，并降低风险，在不被允许的地区开展情报行动，提供从后方获取情报的强大能力以平衡前沿存在，提升行动上的灵活性以更好地推动情报与行动的全面融合。

第二，将2014年版战略中的第四个任务目标“网络情报”改为“网络威胁情报”。2019年版战略明确界定了“网络威胁情报”的概念——搜集、处理、分析与分发多源情报信息的活动，其关注外国实体的网络计划、意图、能力、研发、战术、目标、活动和指标，以及对美国国家安全利益的现实或潜在影响。网络威胁情报还包括有关网络威胁行为体的信息系统、基础设施和数据的信息，以及网络特征，或关于外国网络计划信息系统的组成部分、体系结构、实践应用和安全漏洞的深入分析。情报界必须持续增强自身情报能力，以应对这些不断变化的网络威胁，作为综合网络应对工作的一部分，为国家的战略和战术级应急反应指明方向。

第三，将2014年版战略中的第七个任务目标“反情报”改为“反情报和安全”。2019年版战略明确界定了反情报和安全工作的两大对象：一是外国情报实体，即任何已知或可疑的外国或非国家组织或个人，其开展情报活动以获取与美国相关的信息，阻止或损害美国的情报搜集活动，影响美国政策或破坏美国的相关系统和计划。该术语包括外国情报与安全机构，以及国际恐怖分子。二是内部威胁，即内部人员——任何有权访问美国政府资源的人，此类政府资源包括人员、设施、信息、设备、网络或系统——利用他/她的授权访问权限有意或无意地损害美国国家安全。这种损害美国利益的威胁包括间谍活动、恐怖主义、未经授权披露国家安全信息，或部门资源或能力的丧失或退化。为了减轻这些威胁，情报界必须推出创新性的反情报和安全解决方案，进一步将反情报和安全门类纳入到情报界的业务实践中，并同步、协调和整合各类反情报和安全机构的工作。

表4－1　2019年与2014年《国家情报战略》在任务目标上的异同

2019年《国家情报战略》的任务目标与实施方案			与2014年版战略的异同
任务目标		实施方案	
基础性任务目标	1. 战略情报	1.1 发展和保持获取与评估数据的能力，以深入了解全球政治、外交、军事、经济、安全和信息环境 1.2 发展和保持特定的专业技能，深入理解对美国具有长期战略重要性的问题，评估与这些问题相关的发展趋势和动态，以发现可能影响美国国家安全利益的变化，并识别战略风险和机遇 1.3 提供有关战略环境的深入评估、背景分析和专业知识，包括关键国家和非国家行为体的能力、活动和意图，为美国国家安全政策和战略的制定提供信息保障	更加强调打造战略情报的基础能力，即数据获取与评估能力。将非国家行为体纳入战略环境的评估范畴

续表

2019年《国家情报战略》的任务目标与实施方案			与2014年版战略的异同
任务目标		实施方案	
基础性任务目标	2. 预测性情报	2.1 研发定量分析方法和数据分析技术，以提高情报界识别、分析和预测多领域中变化的客观条件和新兴发展趋势的能力 2.2 在整个情报界范围内，增进对预测性情报的范围、定义、技能和方法的共同理解，以提高情报人员的业务熟练程度 2.3 发现和消除在文化、技术、人力资本和其他方面存在的障碍，将预测性情报纳入到情报界的日常分析工作中 2.4 生产和提供情报信息和产品，突出显示新兴发展趋势，不断变化的客观条件，以及在情报用户较少关注的领域中出现的机遇或威胁，以最大限度地提高决策优势 2.5 建设一体化的能力，以在情报界内发出预警，并向情报用户提供及时、相关的警报和机遇	重点强调定量分析方法和数据分析技术的研发与应用。明确要求将预测性情报纳入到情报界的日常分析工作中，并提高情报人员对预测性情报的理解
	3. 当前行动情报	3.1 为已规划的和正在开展的行动及时提供情报支援 3.2 建设和维护一个覆盖整个情报界的强大情报体系，提供可直接支援行动的、及时、灵敏的情报支援，以实现和确保行动决策优势 3.3 扩大和加强与国内及全球伙伴的合作，最大限度地提高情报能力的有效性和覆盖范围，以支援各类行动 3.4 开展具有敏感性的情报行动，为确保国家安全行动的有效性提供支援	任务名称由此前的“当前行动”改为“当前行动情报”。强调当前行动情报不仅要支援当前行动，还要为塑造未来行动和达成预期行动成效提供机会
专题性任务目标	4. 网络威胁情报	4.1 提高我们对对手开展的网络活动的警觉和认识——包括其领导计划、意图、能力和活动——为决策提供信息并支援行动 4.2 扩大定制化的情报生产，恰当分发可直接支援行动的网络威胁情报，以为防护重要信息网络和关键基础设施提供情报支援 4.3 增强我们的情报能力，使外交、信息、军事、经济、金融、情报和执法部门的计划和行动能够阻吓和打击恶意网络行为体及其活动	任务名称由此前的“网络情报”改为“网络威胁情报”，并重新定义了概念。明确界定了网络威胁情报工作的参与部门

续表

2019年《国家情报战略》的任务目标与实施方案			与2014年版战略的异同
任务目标		实施方案	
专题性任务目标	5. 反恐	5.1 搜集和分析情报，以破坏恐怖袭击活动和袭击计划，以及与恐怖主义相关的活动 5.2 识别并警告新出现的和不断变化的威胁、发展趋势，以及暴力极端主义意识形态，以创造应对威胁的机会 5.3 拓宽和深化关于全球恐怖主义态势的战略知识，为情报用户提供背景信息	着重强调反恐情报工作要提供关于全球恐怖主义态势的战略知识
	6. 反扩散	6.1 加强美国政府在下述方面做出的努力：在全球范围内确保大规模杀伤性武器库的安全，破坏对手的相关计划，以及阻止大规模杀伤性武器、相关技术、材料或专业知识的转让 6.2 增强美国预测和管理大规模杀伤性武器危机的能力，此类危机包括可能出现的泄露、丢失、盗窃，或使用与大规模杀伤性武器有关的材料或武器 6.3 建设、维护和增强情报能力，以增进对外国的大规模杀伤性武器计划、相关技术、材料或专业知识的了解，从而有效地支援跨机构反扩散战略计划和行动	重点强调参与主体的复杂性，扩散机制的多样性给情报工作提出的挑战。要求情报界落实“整体政府”计划，支持反扩散的政策目标
	7. 反情报和安全	7.1 推动情报界活动的一体化，以预测和增进情报界对不断变化的外国情报实体威胁和安全漏洞的理解 7.2 建设和应用新型能力，以发现、阻止和破坏外国情报实体开展的活动和内部威胁 7.3 推进反情报和安全工作，以保护情报界的人员、技术、信息、基础设施和其他相关设施免受外国情报实体和内部威胁的影响 7.4 在主要合作伙伴和利益相关方之间，加强关于外国情报实体威胁和安全漏洞的信息交流，以协调一致地推出减轻威胁的方法	任务名称由此前的“反情报”改为“反情报和安全”，首次界定了“内部威胁”的概念，并着重强调要同步、协调和整合各类反情报和安全机构的工作

二、能力目标与实施方案

与2014年版战略相比，2019年版《国家情报战略》在能力目标的设置上增加了一个新任务，调整了部分目标的排名次序，并进一步调整和丰富了相关能力目标的概念内涵与实施方案。

第一，更加重视人才队伍建设。2019年版战略将“人才队伍”的目标排名从此前的第五位提升到第三位，并特别强调情报界工作人员（包括所有文职、军人和承包商）必须遵守《情报界职业道德准则》，还要掌握完成任务所需的至关重要的技能，例如批判性思维、外语、科学、技术、工程学和数学等。此外，该战略要求领导和整合情报界人才队伍的责任需要落实到整个情报行业，不仅限于情报界内部的人力资本建设、提供平等就业机会、维持多样性和包容性等计划。而且，中层管理人员和领导者的能力素质建设也十分重要，要加大投资力度以确保这些人得到适当的培训、保障并接受监督。

第二，更加重视激发创新力。2019年版战略特别重视创新能力的培育，相比上版战略做出了更加具体的规定。该战略明确指出，创新对于确保情报界能够提供决策者和作战人员所需的战略和战术决策优势至关重要。为了持续迎接未来挑战，情报界必须积极开发和快速吸纳突破性的以及持续涌现的新技术、新创意和新观念，进而提升创新水平。情报界还必须推动非传统性思维和实验，以提供新的、更好的方法来完成情报界使命，特别是那些强调速度性、简易性和高效性且不牺牲质量、不影响结果的方法。一旦人工智能、自动化和增强技术得以运用，这些方法应能够提升情报洞察力、知识和运行速度。为实现这一目标，情报界领导者必须准备大胆接受计算得出的各类风险，以获得高价值的成果，并接受这样一个事实，即成功之前可能会遭遇初期失败。

第三，更加注重先进数据处理技术的应用。2019年版战略明确指出，任务的成功依赖正确的人在正确的时间获得正确的信息，为决策提供信息保障。为此，情报界将采用最先进的方法来恰当地访问信息，且不用管信息位于何处。为提高信息的质量和可用性，应更好地将信息组织成适当的数据格式，并用元数据加以标记，这将有助于推动传统情报流程转化为以信息为中心的情报流程。一体化的情报界信息环境将使情报界能够抵御外部和内部威胁，维护公众信任，保护个人隐私和公民自由，并履行其情报使命。为此，情报界必须继续采用现代数据管理实践经验，应用安全、现代化的系统和标准，使情报界的数据实现可发现、可访问、可使用。

第四，增加一个新的能力目标——“隐私、公民自由和透明度”。2019 年版战略首次在能力目标中提出，情报界应保护隐私和公民自由，并保持合理的透明度，以加强监督和提升公众信任，并全文收录了“情报界情报透明度原则”。该战略认为，情报界必须接受美国人民的监督，其执行国家安全任务的方式要有助于维护美国的国家价值观。在情报工作中保护隐私和公民自由的核心原则，以及保持情报工作合理透明度的核心原则，无论是针对情报界内部的，还是面向公众的，都必须纳入到情报界的各类计划和活动之中。为获得并保持公众对情报界的信任，这样做是必要的，也将直接影响情报界的权威、能力和资源。任务的成功取决于情报界对这些核心原则的承诺。①

① 为赢得公众对情报工作的信任，自 2014 年以来，国家情报主任办公室每年都会发布一份情报界《透明度年度统计报告》（Annual Statistical Transparency Report）。2020 年 4 月 30 日，国家情报主任办公室发布了第 7 份情报界《透明度年度统计报告》。参见：Office of the Director of National Intelligence, Statistical Transparency Report Regarding the Use of National Security Authorities: Calendar Year 2019, Office of Civil Liberties, Privacy, and Transparency, April 30, 2020, https://www.dni.gov/files/CLPT/documents/2020_ASTR_for_CY2019_FINAL.pdf.

表4－2　2019年与2014年《国家情报战略》在能力目标上的异同

2019年《国家情报战略》的能力目标与实施方案		与2014年版战略的异同
能力目标	实施方案	
1. 任务管理一体化	1.1 提供统一领导和情报界层面的管理，以推动相互合作，简化业务流程，有效管理资源，进而实现情报界的任务目标 1.2 开展一体化的情报计划、分析、搜集、生产和分发，以同步推进各类情报活动 1.3 利用情报界的各类能力和多学科专业知识，在预测可能出现的情报问题、落实解决方案、推动创新方面开展合作 1.4 加强和整合情报界的管理机构，以提高透明度，为各类资源排定优先顺序并优化利用，妥善处理各类需要权衡的问题和管控风险 1.5 推动投资决策一体化，提供多种情报门类的、一体化的情报能力，以确保成功完成情报任务	此前只是强调要实现搜集、分析、反情报工作的协调统一，现在强调要开展一体化的情报计划、分析、搜集、生产和分发，以同步推进各类情报活动；更加强调情报界管理工作要保持必要的透明度
2. 业务管理一体化	2.1 采用一种动态研究方法，研究如何开展持续性评估、形成通用安全实践及标准，以强化情报界基础设施的安全 2.2 在整个情报界的采购领域，寻求采用共同遵循的战略指导和最佳实践，以提高情报界产品和服务采购的成本效益、效率和灵活性 2.3 落实情报界范围内的财务标准、流程、工具和服务，以实现资金利用的高效性、合规性和安全性 2.4 在整个情报界的范围内，加强基于战略的绩效评估，利用政府和行业最佳实践，为情报界的业务决策提供信息保障，并指导资源的有效利用 2.5 探索创新性方法，推进情报界的设施、后勤、环境和能源计划，以使其具备"联合使用"的功能；提高效率、可持续性和可支持性；实现对于总体资产的有效管理 2.6 通过整个情报界的持续努力，形成在所有条件下的强大适应力，以管控情报能力方面存在的风险	更加强调情报界产品和服务采购上的灵活性。更加重视情报界资金利用的高效性、合规性和安全性。明确指出了情报界需具备"联合使用"功能的四大领域（设施、后勤、环境和能源），并更加强调其功能上的可持续性和可支持性

续表

2019年《国家情报战略》的能力目标与实施方案		与2014年版战略的异同
能力目标	实施方案	
3. 人才队伍	3.1 创建一个包容性的环境，使各级管理人员和员工能够承担各自职责，共同创建一个多元性的组织 3.2 采取必要措施，积极主动地防止出现受到歧视、遭到骚扰和担心报复的现象，使情报人员能够在工作中发挥自身最大潜力 3.3 塑造一支多元性的人才队伍，他们要有能力满足持续存在的和新兴的情报需求 3.4 投资支持中层管理人员和领导者，确保他们得到适当的培训、保障并接受监督 3.5 在人力资本建设、维持多元性和包容性、提供平等就业机会等计划中，寻求通用业务功能和实践，以确保情报界在人力资源领域做出明智的投资和决策	排名从此前的第五位上升到第三位。提出了一个重点关注管理层能力素质提升的新的实施方案，即决定投资支持中层管理人员和领导者，确保他们得到适当的培训、保障并接受监督
4. 创新	4.1 开展、利用、保护突破性研究，并应用其研究成果，以使情报界具备灵敏的、革命性的情报能力 4.2 在整个情报行业内营造一种创新氛围，这种氛围能够使情报界快速、动态地适应新挑战和新机遇 4.3 探索技术和其他资源的新型应用方式，以推进情报技艺并实现情报任务优势 4.4 不断开发和应用最先进的情报任务和业务流程，以改进情报能力和服务	更加重视开展突破性研究，以获得革命性的情报能力。更加注重创新氛围的营造，以及最先进的情报任务和业务流程的研发与应用
5. 信息共享与安全保障	5.1 识别、验证、确定优先等级和解决情报界信息环境的功能和政策要求问题，以增强情报一体化，并使整个情报界能够安全、有效和高效地运转 5.2 提高情报界信息系统风险评估的速度、可移植性和可信度，以增强利益相关方对情报界信息环境的信心，并加快向情报用户提供完成任务所需能力 5.3 强化基础性情报界信息技术能力和基础设施，以提高情报任务完成效率并减少重复建设 5.4 根据法律和政策规定，创新工作方法并加以落实，以管理、共享和保护情报信息 5.5 采用具备现代数据提取、关联和富集功能的先进情报分析技术，以最大限度地提高情报界数据的价值	关于情报界信息环境的建设要求更加细化，重点强调要提高情报界信息系统风险评估的速度、可移植性和可信度。更加强调利用先进情报分析技术来提高情报界数据的价值

续表

2019年《国家情报战略》的能力目标与实施方案		与2014年版战略的异同
能力目标	实施方案	
6. 合作伙伴	6.1 加深合作伙伴之间的相互理解和合作，有效地为决策提供信息依据并支援行动的开展 6.2 根据相关适用法律，加强现有合作伙伴关系，发展新型合作伙伴关系，以拓宽信息获取渠道，满足情报任务需求 6.3 从战略层面推动合作伙伴参与的情报合作制度化，以促进相互合作和理解	在加强与拓展合作伙伴时，更加强调依法行事。更加强调推动情报合作的制度化建设
7. 隐私、公民自由和透明度	7.1 将保护隐私和公民自由的要求纳入到情报界的政策和各类计划之中，以确保情报任务能够体现美国的国家价值观 7.2 积极主动地与监督机构及合作伙伴建立密切联系，以增进公众对情报界的理解和信任 7.3 在情报界内部保持和提升合理的透明度，在公开信息的同时，避免出现危及国家安全的情况	首次加入的全新目标，强调要依据“情报界情报透明度原则”开展各类工作，接受民众监督

第二节　国家情报战略的具体落实

一、丹尼尔·科茨任期内的改革

国家情报主任丹尼尔·科茨于2017年3月16日上任，这位崛起于里根时代的共和党资深人士虽然足够“鹰派”，但在诸多立场上代表着与特朗普完全不同的“建制派”。而在国家情报主任的职位上，科茨又充分代表了美国“深层国家”[①]对所谓“国家安全”的理解，这其中也包括了对特朗普政府的天然抵触。因此，在特朗普政府面对的几个重大对外政策关切上，科茨似乎总在唱反调。在伊核问题上，科茨面对国会听证时曾在认定伊朗是所谓“威胁”的同时，强调伊朗执行了伊核协议。这一言论彻底让特朗普气炸，声称要“情报界回炉再造”。而在朝鲜半岛事务上，科茨总是给白宫泼冷水，多次表达说不认为朝鲜会做出任何实质性让步。更为严重的是，科茨持有顽固的对俄强硬态度，甚至在所谓“通俄门”调查中拒绝“无条件地”捍卫总统，这简直让特朗普无法忍受。[②]因此，2019年7月28日，美国总统特朗普通过社交媒体对外宣布科茨将于当年8月15日正式离任，并同步公布了一位鲜为人知的继任者——得克萨斯州国会众议员、共和党人约翰·拉特克利夫（John Ratcliffe）。虽然丹尼尔·科茨在国家情报主任任上时间不长，只有两年半，但其在任期内一方面依据2014年《国家情报战略》持续推进情报改革，另一方面着手制定与落实特朗普政府的首份《国家情报战略》，尤其是在情报信息技术应用领域取得了较为突出的改革成就。

（一）打造“以数据为中心”的情报界信息环境

国家情报主任丹尼尔·科茨认为，经过多年的持续努力，情报界已经建成较为完整的信息技术基础架构，接下来要做的就是更好地处理数据、使用数据和保护数据，尤其是要坚持“数据就是情报

① “深层国家”这一概念源于土耳其，被认为是该国政治体制内一个具有很大影响力的秘密网络，由军队、情报界等国家安全机构和依附于他们的文官构成。它自称信奉凯末尔主义和坚决捍卫国家利益，力图消除对土耳其世俗民族国家的任何威胁。“深层国家”被视为土耳其的“国中之国”，曾反复地使用暴力来干预土耳其民主政治进程。美国的“深层国家”大致等同于它的“国家安全权势集团”（National Security Establishment）。迈克·洛夫格伦（Mike Lofgren）是美国“深层国家”的最早研究者之一，他将其界定为国家安全和法律执行机构的混合体。加州大学教授彼得·斯科特（Peter Scott）认为它既包括国家安全机构，也包括相关的外围权势集团。参见付随鑫：《美国的“深层国家”及其与特朗普的矛盾》，《当代世界》，2017年第5期，第30页。

② 刁大明：《美国国家情报总监将离任，唯特朗普“忠”粉能留下?》，《新京报》2019年7月30日。https：//hexun. com/news/2019－07－30/198022897. html.

界资产”的原则，推动数据的跨部门流动，进而建设一个“以数据为中心”的情报界信息环境①。因此，他指示情报界“首席数据官”（Chief Data Officer）斯蒂芬·普罗瑟（Stephen Prosser）和“信息共享与保护执行官”（Information Sharing and Safeguarding Executive）詹姆斯·史密斯（James Smith）联合拟定和发布了《情报界信息环境数据战略 2017—2021》（*Intelligence Community Information Environment Data Strategy 2017 - 2021*）。该战略旨在构建一个“以数据为中心”的情报界，确保在正确的时间以正确的形式将正确的数据传递给正确的人。为实现上述目标，情报界各机构需要重点推进以下四个方面的工作：

第一，在多结构情报界信息环境中，开发战略数据框架并使之制度化。从历史上看，情报界各机构会将数据彼此隔离开来，并针对不同机构的特定任务需求来管理数据，旨在保护其所掌握的数据。解除对数据的限制，可以使任务应用程序和通用情报界服务能够利用多个数据库和分析环境来独立地发现、访问、关联和使用数据。消除不必要的共享障碍，将使情报界获取、搜集或生产的数据充分发挥自身潜力。随着应用于情报问题的数据的数量、种类和速度不断增加，情报界可借此大好时机来扩大可发现数据的范围和规模，推动更大程度的信息共享，从而获得有深刻见解的情报。情报界与包括情报搜集人员、分析人员、数据科学家和信息技术专业人员在内的利益相关方开展合作，将有助于理解其所面临的挑战。此类合作还可推动情报界开发相关流程、标准和技术，以整合各种数据来源，满足其独特的处理、保护和情报监督需求。具体而言，情报界要重点推进以下七个方面的工作：一是建立通用的参考数据架构；二是创建一个通用的数据管理词典；三是制定本体论战略；四是采用并强化通用标准，以确保数据可以被发现、访问和使用；五是使情报界各类政策和实践与情报界信息环境数据战略保持一致；六是

① “情报界信息环境”是指个人、组织和信息技术能力，它们能够搜集、处理或共享“敏感隔离信息”或者由情报界管理的任何密级的信息。

根据相关权限和政策，制定数据管理规则，并确保它们是机器可执行的规则；七是通过采用多边协议代替双边共享安排，确保实现情报界的法定共享目标。

第二，确保数据在所有结构中都能得到适当的保护、共享和处理。所有已获得访问权限且有合适“需要知道”理由的情报界工作人员都应能够获取数据，并能够评估这些信息是否与各自分配的任务有关。与此同时，必须保护数据及其来源和获取手段，并尊重美国民众的公民自由和隐私。根据相关情况，情报界将努力识别和削减在技术、操作和政策层面阻碍数据访问的障碍，以服务那些保障和执行情报界任务的人员。情报界将在持续关注信息共享和保护的同时，强化针对个人和非个人实体的跨域发现和基于属性的访问控制，并制定相关政策和推动实践落实。要为国家安全提供有效的情报支援，就需要一个适应力强的、记录翔实的和可扩展的基础，该基础包含最好的共享实践、通用标准和创新技术。具体而言，情报界要重点推进以下四个方面的工作：一是建立并指导跨多个安全结构的安全数据访问；二是提倡通用访问控制和审核框架；三是推动通用属性架构的应用和一体化；四是支持开发和应用情报界数据风险缓解方法。

第三，创建并资助可扩展的共享数据服务，以满足情报界对多样性、速度、数量和真实性的需求。无论数据在什么地方，都要确保在需要时能够访问，而数据服务对于确保顺利访问相关数据至关重要。必须推动数据服务发展成熟，以提供诸如采集、调节、编目和索引之类的服务，并最大程度地共享和恰当地使用这些功能。情报界将提供一组可互操作的端到端数据服务，以最大程度地提高数据使用者的效率和效用。情报界各机构应更多地依靠数据服务开展工作，以落实所有有关信息访问、使用、分发或保留的法律和政策要求。具体而言，情报界要重点推进以下四个方面的工作：一是推动落实共享数据服务，确保其得到有效管理；二是推广支持跨域解决方案的数据服务；三是确保情报界的数据得到分类编目；四是推动共享，重新使用经过验证的算法、分析技术和相关技艺。

第四，打造一种支持、鼓励和奖励以数据为中心行为的文化，从而有效地在共享和保护之间寻找平衡。情报界必须发展一种文化，该文化服务于情报界的最大利益，并最大程度地共享信息，同时采取适当的保护和保障措施。坚持“数据就是情报界资产”的原则，就必须克服阻碍数据共享的文化和结构性障碍。将数据管理作为整个数据生命周期内需要承担的共同责任，并用连续稳定的数据管理来减少数据访问面临的障碍。在以数据为中心的环境中，培训情报界员工，以满足这些任务需求。通过与工业、学术界和政府之间建立战略合作伙伴关系，加快开发创新性方法和技术，这将推动实验和创新。① 具体而言，情报界要重点推进以下五个方面的工作：一是关于任务成功的话题，要始终以数据为中心；二是建立一个通用操作模型，以激励和奖励共享活动以及应用相关规则来发现、访问和使用数据的活动；三是创建与数据相关的角色和职责，以为完整的数据生命周期提供保障；四是塑造与数据相关的教育、意识、培训和发展；五是利用政府、工业部门、学术界和国际合作伙伴的专业知识。

（二）利用人工智能等先进技术增强情报能力

情报界的业务工作，无论是在原材料还是产品方面，都是从数据中获取情报。情报界的工作是分析、关联、加入背景、推断含义，并最终基于所有可用数据做出分析和行动判断。然而，无论是搜集而来的数据，还是公开可获得的信息数据，都呈现出指数级增长态势，并在很久以前就超出了情报界的能力范围，即便倾尽全力也无法全面理解这些数据，或寻找关联度最大的数据以做出分析判断。例如，到 2021 年，预计全球网络流量产生的数据将达到年均 3. 3ZB

---

① Office of the Director of National Intelligence, Intelligence Community Information Environment Data Strategy 2017 - 2021, 2017, https://www.dni.gov/files/documents/CIO/Data - Strategy_2017 - 2021_Final.pdf.

(2016年为1.2ZB)，全球人均将拥有3.5台联网设备。[1] 国家地理空间情报局局长也曾公开预估，按照当前日益加快的情报搜集速度，到2037年，该局将需要超过800万个图像分析人员来处理所有图像数据。[2] 为弥补上述能力差距，情报界各机构选择了利用人工智能等先进技术，以帮助情报人员提高工作效率。然而，各情报机构的技术研发与应用工作是独立推进的，在整个情报界层面缺乏统一规划，更未形成整体合力。

为落实2017年《国家安全战略》关于人工智能等新兴技术研发与应用的要求，以及整合各情报机构分散推进的技术研发与应用工作，2019年1月16日，国家情报主任办公室正式发布《运用机器增强情报倡议》(*The AIM Initiative: A Strategy for Augmenting Intelligence Using Machines*)。该文件认为，运用机器增强情报的AAA技术，即"人工智能技术"(Artificial Intelligence)、"流程自动化技术"(Process Automation)、"情报界人力增强技术"(IC Officer Augmentation)，是关键性变革要素，其对成功与高效地完成未来任务至关重要。情报界需要重点开发和快速采用AAA技术，以获得和保持情报界的战略竞争信息优势。[3]

首先，推进AAA技术的研发与应用需要坚持以下十项基本原则：

第一，机会很大，威胁是真实的，方法必须大胆。要认识到任何战略优势都是变化和脆弱的，情报界必须重新考察或放弃为先前

---

① "The Zettabyte Era: Trends and Analysis," June 2017. Cisco Report, https://www.cisco.com/c/en/solutions/collateral/service-provider/visual-networking-index-vni/vni-hyperconnectivity-wp.html.

② "Remarks from Director Robert Cardillo at 31st Annual Small Sats Conference," Utah, August 7, 2017, http://www.nga.mil/MediaRoom/speechesremarks/Pages/Small-Satellites/Small-Satellites---Big-Data.aspx.

③ Office of the Director of National Intelligence, The AIM Initiative: A Strategy for Augmenting Intelligence Using Machines, January 16, 2019, https://www.dni.gov/files/ODNI/documents/AIM-Strategy.pdf.

时代设计的工作流程和机制，开展规范化的工程和行动实践，并绝对专注于在竞争激烈的全球对抗环境中占据优势地位。

第二，机器学习模型是情报界的资产。情报界信息技术业界将“数据是情报界资产”作为建设原则，基于该原则，可认为机器学习模型也是情报界资产（而非情报机构或其他特定情报资产）。因此，情报界需要建设训练和验证数据集：大多数机器学习方法都需要大型、高质量、标注过的数据集。这些数据集是重要的情报界资产，必须在最大允许范围内与情报界合作伙伴共享。情报界要能够采集情报专家隐性知识的规则集、算法和专家知识库，将其作为情报界资产，且必须在所有恰当且相关的任务区域共享。情报界必须认识到改进特定情报工作的需求，并据此采取行动，因为这些需求将在短期内成为转型能力的主要推动力。在改进特定情报技术时，情报界应从整体层面考虑对相互关联的跨情报数据集的需求。即使无法共享实际的训练数据，共享从这些训练数据集中获取的模型，以及从中获得的经验教训，也可以提升这些数据资产的价值。

第三，人工智能可以成为强大的工具，但我们必须认识到以下挑战。一是机器学习分类器的工作成效取决于训练数据的质量。例如，使用从地面获取的图像来训练的图像分类器可能无法对从天空获取的图像进行分类；二是即使是最先进的人工智能模型也容易受到对手的攻击；三是人工智能和机器学习模型会受“概念迁移”的约束，即在现实世界中，数据经常集中涌现，并以不易察觉的方式随时间的推进而演变。因此，这些模型必须不断适应数据环境的变化，以确保不错过提高准确性的机会；四是情报界应该密切关注人工智能的最新发展趋势，更应聚焦于我们如何更好地使用这些技术。因此，当媒体炒作消退时，情报界必须准备好执行长期而艰巨的任务，利用这些技术创造持久的行动价值；五是许多机器学习模型的标准输出结果并不包括对其决策过程的描述，因此，不注意的用户可能会对其结果产生误解。

第四，在建设人工智能系统的同时，还应开发人工智能安全模型和对抗性人工智能系统。愚弄人工智能算法的技术水平远低于开发它们的技术水平。因此，智能系统必须考虑故障模式。例如，图像分类器可能会因输入数据中的很小变化而出错，从而增加了人类频繁参与人工智能活动的必要性。情报界必须了解并预测外国实体如何使用人工智能，并开发否认和破坏这些活动的技术和策略。情报界必须开发情报系统，以向用户和监督者证明相关决策和响应背后的基本原理。部分情报系统需要做出关于分类、分发或事关生死的决策，此类决策和响应除应保持透明度外，还必须能够提供某种程度的正确性证明。最新的计算机视觉技术已经可以生成伪造（更改或捏造）的图像和音频记录，此类记录真假难辨。情报界需要开发应对这种伪造技术的方法。

第五，人工智能无法替代发展坚实的数字基础。它需要以下基础：情报界必须继续投资并改善情报界信息技术业界的基础架构，并为共享最新硬件和/或其他高性能计算系统制定战略规划。情报界必须加速推进数据的广泛共享。尊重“需要知道”的共享要求和情报行动的敏感性，但不可将其作为借口来不必要地限制数据共享。情报界必须制定一项持续投资计划，以针对最重要的情报优先事项创建高质量培训资源。

第六，尽管存在投资缺口，但情报界仍有机会。美国政府在人工智能领域的投入无法与私营部门相比，而情报界的投资也仅仅是国防部投资的一小部分。情报界不仅必须利用国防部和私营部门在人工智能领域的投资，而且还必须准备投资那些攸关情报界特殊利益的领域。情报界应该在至关重要的情报界任务领域进行投资，这些领域通常是私营部门不愿投资的领域，例如“低样本学习”（low - shot learning）和对抗性人工智能/人工智能安全性技术。

第七，共同服务是优先事项，但是仍然需要专业化。情报界必须为计算机视觉、人类语言技术、身份智能、流程建模、分析发现、自动化计划和其他领域的通用功能创建通用服务，同时在适当情况下鼓励采用针对特定任务的专业化解决方案。

第八，必须在人才队伍领域进行投资。情报界必须培养一支掌握先进技术且具有团队意识的人才队伍。情报界必须在战略层面开展人力资源规划和人力资源分析，以解决 AAA 技术领域的人才需求和技能差距；投资用于培训和改造在职员工的计划，使其掌握必要技能，以在人工智能增强环境中工作；重新修订招聘、薪酬和人才保留策略，以吸引具备高技术能力的人才；与工业部门一起制定并不断扩展包括岗位实习和外部见习在内的伙伴关系计划，以使政府内外有更多人掌握相关技能且通过安全审查；更多地从战略层面落实情报界联合任职计划，以无缝衔接的方式在整个情报界共享专业技能；了解并最大限度地增加人力资本机构、政策和计划，以壮大掌握 AAA 技术的人才队伍。

第九，合作伙伴的参与至关重要。成功的人工智能战略需要整个美国政府与私营部门、教育机构、联邦政府资助的研发中心、国家实验室和国际合作伙伴（特别是“五眼联盟”合作伙伴）开展合作。

第十，持续跟踪了解外国威胁是一项需要优先处理的情报工作事项。情报界必须重视科技情报与情报行动的一体化，聚焦人工智能领域，以保持战略优势，有效应对外国威胁并制定适当的情报政策。

其次，情报界将重点开展以下四个方面的工作：

第一，立即着手和正在进行的工作——数字化基础、数据以及科技情报。人工智能活动不能替代持久、安全、标准化和可测量的情报界数字化基础设施和数据生态系统。情报界将开展如下工作：使数据可用于各种分析平台和模型；建立并维护包含所有情报门类的相关训练数据；调整政策和策略，以利用更多自动化方法来收集和审查训练数据；寻找经得起未来考验的数据；为数据标注和衡量指标设立标准，以供评估所用；拓展计算资源，以确保当前硬件足以供情报界人工智能专业人员使用；改善人工智能的基础性科技情报工作，包括人工智能的对抗性使用；研究共同学习和维护人工智能安全的模型，尤其要关注相关漏洞和标准。

第二，短期工作——采用商业性和开源性的 AAA 技术解决方案。情报界必须充分利用私营部门投入大量资金所取得的研究成果，即迅速采用商业性和开源性的 AAA 技术。这将通过以下方式完成：一是在情报界各机构中积极寻求能够立即付诸实践的技术。二是建立一个情报界运用机器增强情报中心。为了促进创新和快速实施转型方案，情报界将建立一个运用机器增强情报中心，其中配备来自整个情报界的人工智能和机器学习人才，并有工业部门专家提供支持。三是与主要合作伙伴开展合作，以发现机遇。加强与情报高级研究计划局、国防部高级研究计划局、In－Q－Tel 公司、国家实验室、实验性国防创新部门和工业部门的合作。倡导以最少的重复劳动来缩小差距，这将促使适当的 AAA 技术能力快速应用于实践。

第三，中期工作——投资存在漏洞的领域（人工智能的安全性和多模式人工智能）。要创建并保持战略优势，情报界必须发展特定能力，以利用所有情报门类和开源领域可用数据，研发能够处理和关联多元信息的人工智能解决方案。为此，情报界必须继续落实相关政策，打破传统情报门类之间的界限。

第四，长期工作——投资聚焦感知领域的基础研究。为完成一项内容单一、范围狭窄的任务，仅将多种模式的信息融合在一起是不够的。需要构建多种共享模型，以为人与机器团队之间的相互信任奠定基础。该层面的理解需要在以下几个方面开展基础研究：知识表达；目标和意图；从不完整的、多模式数据中提取信息；话语生产。

（三）在情报界全面推广云计算服务

2012 年，情报界提出在情报工作中应用云服务的大胆倡议，用以推动不同情报机构之间的信息共享，以及使分析工具能够使用整个情报界搜集到的信息。此后，国家情报主任指定中央情报局和国家安全局为情报界云服务提供者，其中中央情报局管理“商业云服务”（Commercial Cloud Services，C2S），而国家安全局管理“情报界政府云”（IC－GovCloud）。最初，中央情报局的“商业云服务”和国家安全局的“情报界政府云”都提供了类似的服务模型，但是随后又根据情报界各机构的需求及其各自的风险考虑，采用了不同的方法。这两个云平台的同步运行能够确保情报界始终跟得上最新的云技术发展，也为情报界正在推进的信息技术现代化工作奠定了重要基础。为满足情报界对多样化云计算功能不断增长的需求，进而帮助情报界始终保持灵活性和自适应能力，2019 年 6 月 26 日，国家情报主任办公室发布《情报界推进云计算的战略计划》（*Strategic Plan to Advance Cloud Computing in the Intelligence Community*）。[①] 该战略认为，情报界需要一个集成的、可互操作的云生态系统，该系统通过可靠、可生存、动态和创新的信息技术服务来确保成功完成任务，并且可以随时随地在任何情况下安全地访问各类功能和数据。情报界的云功能将支持各种用户，包括连接断开操作或边缘操作。这些功能将提供诸如人工智能、机器学习和高性能计算等创新性现代技术，以满足当前和未来的需求。为打造情报界的云生态系统，该战略明确指出，情报界必须实现以下 7 个相互关联的目标和 38 项倡议。

第一，云到达——从核心到边缘。情报界要在多个结构领域开发和实施一系列适应力强的、覆盖全球的云功能，以在整个情报界内确保核心和边缘用户都能够完成关键情报任务。为实现该目标，该战略提出如下倡议：一是完善数据政策和管理实践，以为边缘用户提供安全、多样的位置服务选择，包括商业公司提供的相关服务；二是根据需要评估和修改后勤和采购流程，以向边缘位置提供行动安全保障机制；三是定义和设计在边缘运行所需的信息技术功能；四是为所有结构上各类服务的交付能力和可用性排定优先顺序，以快速交付最需要的服务；五是定期搜集和报告针对特定云服务的各

① Office of the Director of National Intelligence, Strategic Plan to Advance Cloud Computing in the Intelligence Community, June 26, 2019, https://www.dni.gov/files/documents/CIO/Cloud_Computing_Strategy.pdf.

类需求（例如，美国大陆和美国大陆以外的可用/不可用设施），此类云服务需确保能够随时随地安全访问各类功能和数据，以满足当前和未来需求；六是搜集各类运行性能指标，以确定情报界云环境的运行性能问题，并设计改进方案；七是创建可快速部署的云服务，以更好地响应全球范围内的国家安全事件。

第二，云应用——创新与敏捷。情报界要采用最佳实践经验和模块化设计方案，以减少入门障碍并加速开展协作，进而确保用户能够灵活地在云生态系统中快速利用商业创新成果。为实现该目标，该战略提出如下倡议：一是重组业务流程，以推动信息技术管理工作的简化和自动化，并启用各类新功能；二是与工业部门、学术界和其他领域的相关实体联合推动协作创新，并利用各类云功能来解决情报界面临的问题；三是开发安全的、无成本/低成本的培训、指南、认证模板、工具和测试环境，使用户可以通过自我开展实验来学习各类云功能；四是推出各类建议和奖励计划，以激励创新性的解决方案。

第三，云功能——互操作和无缝衔接。情报界要在云生态系统中应用具有兼容性的体系结构、标准和通用框架，以实现系统功能的无缝衔接，确保能力生成和任务成功，以及提升与技术平台无关的互操作性。为实现该目标，该战略提出如下倡议：一是识别整个云生态系统的各类服务、政策、标准和应用程序编程接口，以在各类系统、机构、部门和盟友之间实现无缝操作；二是与技术领域的中小型企业、国防部、工业部门、学术界和供应商合作，并在人力资源层面出台激励措施，以建立、实施和改进具备互操作能力的体系结构、标准和框架；三是建立一体化的测试规范和流程，以评估情报界正在研发的各类功能的互操作性；四是弃用封闭式系统，并将数据/功能迁移到兼容平台上，以提升互操作性；五是搜获并发布行之有效的设计模式，以降低交付服务的成本并提高交付速度。

第四，云操作——安全可靠。情报界要发现通用（可继承的）的安全控制方案，推动其实现自动化，进而付诸实施，以迅速重新采用最佳解决方案，加速生成执行任务所需的可用功能，并在整个情报界范围内形成共识。为实现该目标，该战略提出如下倡议：一是完善网络安全指南和流程，在情报界评估和授权工作中，鼓励使用好的安全防护经验，并推动实现自动化，以提升工作效率；二是提升对安全和风险管理的关注度，协调未来的工作计划，并共享信息安全知识和最佳实践，以促进整个情报界的信任和透明度；三是在开发环境中应用软件安全保证机制，在测试环境中开展安全合规性测试时采用联合渗透测试，以在软件开发交付的早期阶段减少威胁和风险；四是减少应用仅体现特定机构独特性的安全举措，共享“证据机构”（Bodies of Evidence）提供的重要信息，着重使用工具和推进自动化来克服各类障碍，以增强情报界各机构的应用程序及代码的可移植性，进而推进评估和授权工作；五是在各机构参与的计算环境和情报界云环境中，维护单独的安全堆栈，以防止将单个机构面临的风险引入到共同共享的云中。

第五，云功能——便携、移动、多结构。情报界要制定通用的技术标准，确保无论身处何地，抑或服务或技术平台如何，都能使用数据，从而在多个结构内部以及相互之间实现工作负载的可移植性，并在正确的时间以正确的形式向正确的人提供正确的数据。为实现该目标，该战略提出如下倡议：一是完善情报界指南和相关流程，以推出一种安全的方法来跨域和跨结构移动数据和代码，进而确保数据和代码的可移植性；二是采取通用的数据安全保护和数据隐私保护举措，以允许授权用户快速访问数据，同时防止未经授权的数据泄露；三是根据通用标准，在各类环境中利用云功能推动数据生命运转周期的自动化并加以强化，以使获得授权的人和机器都能够及时使用相关数据；四是确保数据处理、分析功能与数据库的相关功能保持一致，以随时随地访问可用数据。

第六，云采购——快速灵活。情报界要简化情报界采购流程，开发采购机制，实施基于消耗的资助和采购模型，以跟上快速变化的技术，利用云的灵活性，并紧随任务进程提供新功能。为实现该目标，该战略提出如下倡议：一是确定可以共享/合并以提高成本效率的通用服务；二是在采购云计算服务方面，要发布或修订针对特定拨款类型（例如，运行与维护，研发、测试与评估）的使用指南，该指南要提供特定信息，以最大程度地减少指南规定的支出限制、可用期限、狭隘概念的影响，进而增强情报界范围内的操作灵活性和一致性；三是制定新的或改进原有的政策、流程和实践，以快速获取云功能并提供云服务（例如，情报界范围内的服务目录）；四是建立各类政策和流程，以针对特定功能频繁地对云服务提供商的成本进行价格合理性检查；五是培训云服务的采购人员和使用人员，以了解各类定价模型；六是利用情报界采购政策委员会发布许可证和合同指南，以提高情报界云在情报界范围内的一致性；七是让云服务提供商在可能的情况下承担运行与维护成本，并意识到这些支出可以通过服务定价以简化预算来弥补。

第七，云文化——变化和必要。情报界要在培训、发展机遇和营销策略领域投资，并向这些领域注入必要的知识和寻求达成共识，以面向云技术推动文化转变。为实现该目标，该战略提出如下倡议：一是制定一份营销计划，以教育云服务使用人员并提供与云相关的信息；二是制定定制化的云服务应用方案，为完成任务提供各种云开发和迁移的选项；三是提供云培训/材料，以教导技术和非技术人员如何构建云实例并通过自助服务部署基本功能；四是与高层领导的支持者一起落实各类指令，并激励有影响力的开发人员在情报界内推动自上而下和自下而上的文化变革；五是例行搜集和分发那些利用云服务完成任务的成功案例，并汲取教训，以在云环境中建立完成任务的自信，以及强化合作伙伴和用户的信心；六是促进文化变革，重点关注基于市场的云解决方案，尽量减少使用定制化的解决方案，以加快技术应用速度并缩短开发时间。

二、未来的改革走向

2019 年 8 月 15 日，美国国家情报主任丹尼尔·科茨正式离任，

8 月 16 日起由国家反恐中心主任约瑟夫·马奎尔（Joseph Maguire）作为“代理国家情报主任”暂时接替科茨的管理职务。特朗普总统提名的下一任国家情报主任候选人是国会众议院共和党议员约翰·拉特克利夫，然而其情报工作资历太浅，当即招致民主党和一些情报界高层人士以及部分主流媒体的质疑。提名五天后，特朗普即宣布放弃提名，称拉特克利夫正遭到媒体的不公正对待，而且拉特克利夫自己也决定留在国会，以避免在未来几个月经受“诽谤和中伤”。2020 年 2 月 19 日，特朗普在社交媒体上宣布，美国驻德国大使理查德·格雷内尔（Richard Grenell）将接替约瑟夫·马奎尔，成为新任代理国家情报主任。2 月 20 日，格雷内尔正式接任代理国家情报主任。2 月 28 日，特朗普通过社交媒体宣布，再次提名拉特克利夫出任国家情报主任。特朗普的再度提名遭到国会民主党人的强烈反对，国会参议院少数党领袖查克·舒默（Chuck Schumer）和众议院议长南希·佩洛西（Nancy Pelosi）28 日分别发表声明，指责拉特克利夫党派色彩浓厚，呼吁任命没有党派色彩的情报机构领导人。尽管备受指责，拉特克利夫最终仍于 5 月 26 日正式就任国家情报主任。由此可见，特朗普总统让自己的亲信担任国家情报主任进而对情报界施加必要影响的尝试并不顺利。

实际上，自上任以来，特朗普总统就与情报界龃龉不断。早在竞选期间，特朗普就曾指责情报机构在伊拉克战争期间制造了萨达姆拥有大规模杀伤性武器的假情报。上任后，特朗普又否认中央情报局和联邦调查局关于俄罗斯干预美国大选的结论。在媒体引用匿名消息指出国家安全顾问弗林曾误导副总统彭斯后，特朗普愤怒地指责情报部门和官僚机构非法泄漏绝密信息。[①] 此外，美国情报界也对特朗普感到不安，经常与他对着干。2019 年 9 月 25 日，国家情报主任办公室就将一封检举信递交国会，该检举信涉及美国总统唐纳德·特朗普与乌克兰总统弗拉基米尔·泽连斯基（Volodymyr Zelen-

① 付随鑫：《美国的“深层国家”及其与特朗普的矛盾》，《当代世界》，2017 年第 5 期，第 32 页。

sky）于2019年夏天一次通话内容，特朗普被指在通话中施压泽连斯基调查其政治对手约瑟夫·拜登（Joseph Biden）。美国情报界总监察长迈克尔·阿特金森（Michael Atkinson）认定投诉内容真实可信，且需予以“紧急关切”（urgent concern）。12月18日晚，国会众议院投票通过了针对特朗普总统的两项弹劾条款。① 此外，2020年年初，新型冠状病毒（COVID－19）在美国造成上百万人感染，为推卸抗疫不力的责任，② 特朗普在毫无证据的情况下坚持对外宣称，新型冠状病毒与中国武汉的实验室有关。然而，2020年4月30日，国家情报主任办公室公开发表声明：“情报界同意科学界的广泛共识，新型冠状病毒并非人造，也未经过基因改造。”③ 部分情报官员也认为，卫星等其他工具并未发现武汉病毒研究所或武汉市疾病预防控制中心附近曾有异常活动，也就是说没有清理、封锁、官方调查或清除行动。还有接受媒体采访的两名美国情报官员公开表示，美国政府坚持不懈地将责任归咎于中国政府的一个实验室，这让他们联想起了小布什政府曾要求拿出伊拉克拥有大规模杀伤性武器的情报。④

综上所述，由于国家情报主任的职位长期空缺，再加上总统与

① 2020年4月3日，特朗普致函国会，表示其决定罢免情报机构总监察长迈克尔·阿特金森，免职决定从4月3日起30天内生效。《美国情报机构总监察长被特朗普解雇，曾提交举报信引发弹劾案》，2020年4月4日。https：//news. china. com/international/1000/20200404/38027048. html.

② 美国媒体报道，白宫国家安全委员会曾制定谈话要点，唆使美国官员将疫情责任推到中国身上；美国共和党竞选部门专门撰写长达57页的“谎话红皮书”，手把手教该党竞选人就疫情问题抹黑中国。美国芝加哥大学国际法教授汤姆·金斯伯格一语道破玄机：针对中国的诉讼是为了“掩盖美国政府自身的错误”，是为美国共和党在2020年11月面临的大选提供政治支持。参见《追责索赔闹剧是文明之耻（钟声）——造谣中伤“中国抗疫”有悖国际正义（三）》，《人民日报》2020年5月3日第3版。

③ Office of the Director of National Intelligence，Intelligence Community Statement on Origins of COVID－19，April 30，2020，https：//www. dni. gov/index. php/newsroom/press－releases/item/2112－intelligence－community－statement－on－origins－of－covid－19.

④ 《美情报机构驳斥“病毒泄漏说”，美媒：政府故技重施》，2020年5月2日。http：//www. cankaoxiaoxi. com/world/20200502/2409228. shtml.

情报界之间的关系持续紧张，美国今后的国家情报工作势必呈现出更多的不确定性。然而，随着2019年《国家情报战略》及相关配套战略的不断落实，美国国家情报工作的未来发展趋势仍然是有迹可循的，情报界可能将从以下几个方面做出调整与改革。

（一）推进情报界信息技术业界建设再上新台阶

2012年，国家情报主任及其他情报界领导一致同意，改变情报界以单个机构为中心的信息技术运行模式，开始构建一个通用的业界架构——情报界信息技术业界。2012—2013年被视为是情报界信息技术业界的第一个发展阶段，目前已经进入到第二个发展阶段（second epoch）。2018年8月14日，情报界首席信息官约翰·舍曼（John Sherman）在内布拉斯加州奥马哈市举行的“国防部情报信息系统”（Department of Defense Intelligence Information Systems，DoDIS）会议上发表讲话时指出，进入第二个发展阶段的情报界信息技术业界要重点推进以下六个方面的工作：

一是确保新研发的工具、应用程序和系统满足情报用户需求，并使情报人员能够更加有效地开展情报工作。二是重新调整情报界的“桌面环境”（Desktop Environment，DTE）。最初推出的“桌面环境”是为了统一各情报机构的电脑桌面功能，但是目前情报界发现其最大的缺陷在于无法满足不同情报机构的个性化需求，毕竟不同情报机构的信息系统基础架构不同，安全防护需求不同，情报任务需求也不同。为解决这些问题，情报界应建立一个统一的“协作参考体系”（Collaboration Reference Architecture，CRA），为诸如聊天和电子邮件之类的网络协作应用提供统一的设计标准。只要符合此类标准，各情报机构都可根据自身实际需求设计相关网络协作应用。三是重点关注秘密情报工作领域。在情报界信息技术业界的第一个发展阶段，几乎所有的技术应用都是为了满足绝密级的情报工作需求。但是，许多情报合作伙伴（例如军队、国土安全部和执法部门）的日常业务工作主要集中在秘密情报领域。因此，为扩大情报界信息技术业界的服务范围，更加全面地保障情报工作，应在秘密情报工作领域加大建设力度。四是增强网络安全，必须在情报界优先处理工作中将网络安全工作摆在最前沿和中心位置。除确保信息系统和网络的物理安全外，还需在整个情报界范围内共享威胁信息，以确保每个人都能实现对网络威胁的同步感知。五是加强与盟友、合作伙伴的合作。情报界领导者将继续寻求新能力，以加强对外合作。六是应与国防部和国防情报业界建立更紧密的合作关系。①

2019 年 4 月，情报界首席信息官约翰·舍曼再次表示，情报界信息技术业界未来将重点发展五个方面的能力：一是灵活性和适应性。情报界迁移到云端的改革举措已经取得重大成效，这在几年前是难以想象的事情。未来情报界将进一步推进数据提取、关联和富集能力的现代化，并发展新的情报能力，例如量子计算和高性能分析能力。二是安全性和恢复力。情报界首席信息官与各情报机构的首席信息安全官开展密切合作，共同启动了一项网络安全实施计划，其中包括：深入理解各自的信息网络；纠正效率低下的问题；利用人工智能和机器学习等技术，以全面掌控整个情报界的运行状态；获悉针对情报界信息系统的恶意破坏活动后，将此类信息通报给位于弗吉尼亚州雷斯顿市的“情报界安全协调中心”（IC Security Coordination Center），以共享整个情报界的运行状态。三是互操作性。为改进原有“桌面环境”，情报界首席信息官组建了一个附属于办公室的新机构。该机构主要负责设立一个统一的信息系统设计参考架构，用以提高各情报机构信息系统之间的互操作性，确保所有情报人员均可跨越部门限制访问其所需要的情报信息。四是可用性和可访问性。要确保情报界研发与部署的各项信息系统简单易用且访问便捷，尤其是要能够有效服务一线工作人员。随着各类先进机器被用于增强情报能力，提升情报服务的可用性和可访问性将变得前所未有的重要。五是可负担性。通过建设情报界信息技术业界，情报界已经

---

① Mark Pomerleau, “A New Generation of Intelligence Collaborative Tools is Coming,” August 14, 2018, https://www.c4isrnet.com/show-reporter/dodiis/2018/08/14/the-second-generation-ic-ite-is-here/.

节省了大量资金。但是，总有新方法可以更经济地实现目标和应用新技术。将情报界的数据迁移到云端就是一项重大创举，标志着情报界的工作模式正在由以资金投入为导向转变为以运行成效为导向，这是情报界信息技术业界在第一个发展阶段取得的最大成就之一，并且未来还应继续坚持下去。[①] 可以预见，未来在情报界首席信息官的直接领导下，情报界将持续推进情报界信息技术业界的各类建设，以打造一个基于强大信息技术的完全实现一体化的情报界。

（二）推动人工智能等技术在情报工作中的广泛应用

人工智能，尤其是其子学科“机器学习”（Machine Learning，ML)，在自治系统、计算机视觉、自然语言处理和游戏玩法方面已取得了显著进步。这些人工智能系统可以执行的任务远远超出了人们近年来取得的研究成果（例如自治系统），在某些情况下甚至还超出了人类可以完成的任务（例如国际象棋和围棋）。鉴于这些最新进展，美国情报界正在仔细考察和使用各类方法，以使那些概念明确的运行流程完全实现自动化，并利用具备分析或计划功能的技术来增强人的专业技能。

据美国国家情报常务副主任的首席技术顾问苏勒雷斯（Soulеles）披露，美国各情报机构已经在其情报工作中全面推广和应用人工智能技术。在中央情报局开源情报中心，人工智能技术正在扮演原本属于人类读者和翻译者的角色：梳理来自世界各地的新闻报道，以实时监控全球动态、地缘政治发展和潜在的危机事件。在国家地理空间情报局，人工智能技术还帮助在全球范围内向航行船只发出警报，例如可能出现的海盗威胁，或可能需要改变原定航线的导航信息。该局利用自然语言处理技术和其他人工智能技术来处理那些随着时间的推进而不断涌现的零散事件信息，这样不但可以增加情

① Kristin Quinn，“IC ITE's ‘Second Epoch’：IC CIO John Sherman on the Next Generation of the Intelligence Community Information Technology Enterprise,” April 1，2019，https：//trajectorymagazine. com/ic－ites－second－epoch/.

报分析数据库的信息量，还有助于更好地提高情报分析报告的准确性和完整性。在国家安全局，人工智能技术已被用于更好地分析其所搜集的大量信号情报数据的特定模式，发现网络流量的异常变化或其他网络攻击行动相关数据的异常情况。该局局长保罗·中曾根（Paul Nakasone）上将表示，他希望人工智能技术能够帮助国家安全局发现相关系统存在的漏洞，以更好地获得对外情报。苏勒雷斯指出，希望人工智能技术能够在即时机器翻译和语音识别功能上取得更大的进步，以进一步减轻情报分析人员的工作负担，使其能够更好地借助多个数据来源搜寻信息，并最终生产出更加准确、全面的情报产品。①

在整个国家层面，美国在大力倡导人工智能技术的创新与应用。2019 年 2 月 11 日，特朗普总统签署第 13859 号行政令《保持美国在人工智能领域的领导地位》（*Maintaining American Leadership in Artificial Intelligence*），首次提出国家层面的人工智能助推计划。② 6 月 21 日，白宫科技政策办公室人工智能特别委员会发布了《2019 年国家人工智能研发战略计划》（*The National Artificial Intelligence Research and Development Strategic Plan：2019 Update*），首次更新了 2016 年奥巴马政府的首版报告，旨在指导国家人工智能研发与投资，为改善和利用人工智能系统提供具体的战略框架。③ 2020 年 2 月 26 日，白宫科技政策办公室发布《美国人工智能倡议：首份年度报告》（*American Artificial Intelligence Initiative：Year One Annual Report*），重申

① Patrick Tucker，"Spies like AI：The Future of Artificial Intelligence for the US Intelligence Community，" January 27，2020，https：//www. defenseone. com/technology/2020/01/spies - ai - future - artificial - intelligence - us - intelligence - community/162673/？ oref = d - river.

② Executive Order 13859：Maintaining American Leadership in Artificial Intelligence，February 11，2019，https：//www. govinfo. gov/content/pkg/FR - 2019 - 02 - 14/pdf/2019 - 02544. pdf.

③ Select Committee on Artificial Intelligence of the National Science & Technology Council，The National Artificial Intelligence Research and Development Strategic Plan：2019 Update，June 2019，https：//www. whitehouse. gov/wp - content/uploads/2019/06/National - AI - Research - and - Development - Strategic - Plan - 2019 - Update - June - 2019. pdf.

美国必须在人工智能领域取得技术突破，以促进科技发现、保持经济竞争力、维护国家安全。可以预见，美国情报界将在上述国家战略的总体规划下进一步落实《运用机器增强情报倡议》，加强与工业部门、研究机构和学术专家之间的合作，采纳最好的商业人工智能实践经验，并将它们与情报界掌握的独特算法和数据结合起来，以增强情报分析人员的推理能力，最终获得情报优势。

（三）更加重视反情报和安全工作

2016 年 9 月 15 日，美国众议院常设情报特别委员会发布针对斯诺登泄密事件的调查报告。报告认为，斯诺登通过访问国家安全局的内部网络非法获取了 150 万份秘密文件，对美国国家安全造成极为严重的损害。① 此后，美国愈发重视情报工作的安全保密，严加防范内部人员可能出现的泄密问题。在情报界看来，外国情报实体所构成的反情报挑战日益严峻，内部人员构成的安全挑战同样不可忽视，两者都需要引起情报界各机构的高度重视。在此背景下，2019 年《国家情报战略》首次将“反情报和安全”作为专题性任务目标，并特别强调指出，美国面临着越来越复杂、多样的反情报和安全挑战。快速的技术进步使得众多外国情报实体掌握日益复杂的能力，并积极地将目标锁定在美国政府、私营部门合作伙伴和学术界身上。外国情报实体非常积极主动，它们采用创新性方法——包括使用网络工具、利用心怀恶意的美国内部工作人员、开展间谍活动、充分利用美国的供应链——来获取自身利益及对美优势。这些活动加剧了传统的外国情报实体威胁，使美国的关键基础设施面临风险，侵蚀了美国的竞争优势，削弱了美国的全球影响力。因此，美国需要进一步强化整个情报界的反情报和安全工作。

首先，国防情报业界在反情报与安全领域推出了众多改革举措。

---

① House Pemanent Select Committee on Intelligence, Review of the Unauthorized Disclosures of Former National Security Agency Contractor Edward Snowden, September 15, 2016, https：//fas. org/irp/congress/2016_rpt/hpsci - snowden. pdf.

2019年10月1日，国防部在国防安全服务局的基础上组建了"国防反情报与安全局"，以更好地保护关键技术，加强有关涉密信息的反情报能力。该局承担联邦政府背景调查任务，并继续履行国防安全服务局原先承担的人员安全和工业安全职能。其下设的反情报中心负责识别获准接触政府涉密信息的私营公司及其技术、项目面临的威胁，并向利益相关者阐明威胁；关键技术保护中心负责检查和监控针对涉密信息、受控非密信息和关键数据的访问请求，以为国防部开发关键技术；人员审查中心负责对接触联盟项目的文职和军职人员、联邦雇员、政府承包商等进行背景调查；安全训练、教育与认证中心负责对国家资产的守护者进行教育、训练与认证。[①] 2019年12月20日，特朗普总统签署《2020财年国防授权法》，正式将"负责情报事务的国防部副部长"（Under Secretary of Defense for Intelligence）更名为"负责情报与安全事务的国防部副部长"（Under Secretary of Defense for Intelligence and Security）。[②] 这是自2003年国防部设立该职位后的首次更名，体现了国防部对情报工作看法的重大转变，即认为情报与安全工作如同一个硬币的两面，两者需兼顾。此后，整个国防情报业界势必会在负责情报与安全事务的国防部副部长的领导下进一步推进情报与安全工作的调整与改革。

其次，2020年2月10日，美国国家反情报和安全中心发布《2020—2022年美国国家反情报战略》（*National Counterintelligence Strategy of the United States of America 2020 - 2022*）[③]。该战略认为，美国面临的外国情报威胁形势日益严峻，并呈现出三个发展趋势：一是针对美国的行为体数量正在增加；二是威胁行为体掌握了一套愈发先进的情报能力，正在针对美国以新方式使用这些能力；三是

① 《为强化采办供应链安全，美国防部设立国防反情报与安全局》，2019年12月18日。http://www.sohu.com/a/361145763_635792.

② "Defense Primer: Under Secretary of Defense for Intelligence and Security," January 29, 2020, https://crsreports.congress.gov/product/pdf/IF/IF10523.

③ 2019年8月，该战略获得国家反情报和安全中心主任的批准，并提交总统签署；2019年12月25日，该战略获得总统批准；2020年1月7日，总统正式签署该战略。

威胁行为体正在使用这些能力攻击更大范围的目标和漏洞。因此，美国需要重点开展五个方面的工作：一是保护国家关键基础设施，即保护国家在民事、商业、国防领域开展任务所依托的政府基础设施的安全性和连续性，以防外国情报实体寻求利用或破坏国家的关键功能；二是减少美国关键供应链面临的威胁，以防止外国企图损害美国政府、国防工业基地和私营部门购买和使用的产品和服务的完整性、可信赖性和真实性；三是打击对美国经济的剥削行为，以保护美国在世界市场上的竞争优势和技术领先地位，并确保美国的经济繁荣和安全；四是捍卫美国民主免受外国影响，以保护美国的民主体制和程序，维护美国的开放文化；五是打击外国情报网络行动和技术行动，以维护美国在全球范围内的利益。可以预见，未来美国情报界将在该战略的指导下进一步加强反情报和安全能力，确保美国免受外国情报实体威胁。

第三节　国家情报战略的主要特点

一、提出影响国家情报工作的新因素

2019 年《国家情报战略》在分析战略环境时提出了一些影响国家情报工作的新因素，其中包括外层空间、网络空间、技术进步等。

首先，该战略强调指出，“外层空间不再仅仅是美国的专属领域，空间民主化对美国和情报界构成了重大挑战。美国的对手正在增加他们在这个领域的存在，计划在某些领域达到或超过美国实力。例如，俄罗斯和中国将继续寻求全方位的反卫星武器，作为削弱美国军事效力和整体安全的手段。外层空间的商业化进程正在持续加快，其所提供的能力曾经仅限全球大国才能拥有，而如今任何有能力购买的人都可获得”。基于美国在外层空间面临诸多重大威胁的判断，2019 年 12 月 20 日，特朗普总统签署《2020 财年国防授权法》，首次以法律形式组建太空军，使其成为陆军、海军、空军、海军陆

战队和海岸警卫队以外的第六军种。

其次，该战略强调指出，网络威胁已经在挑战公众对美国的全球性机构、治理能力和各类规范的信心，同时在美国国内和全球范围内造成了大量的经济损失。随着美国对手网络能力的增长，它们将对美国的安全构成越来越大的威胁，包括关键基础设施、公共健康和安全、经济繁荣和稳定。实际上，自 2013 年至 2019 年，国家情报主任每年发布的《美国情报界全球威胁评估》（*Worldwide Threat Assessment of the U. S. Intelligence Community*）都把“网络威胁”视为头号全球威胁，而在此之前头号威胁始终是“恐怖主义威胁”。2015 年成立的“网络威胁情报整合中心”也正在扮演网络情报工作领域的国家情报中心的角色，并持续推动情报界各机构共享网络威胁情报，共同应对网络安全威胁。

再次，该战略强调指出，人工智能、自动化和高性能计算等新兴技术正在推进计算能力的进步，并带来了可观的经济收益，但这些进步也为美国的对手提供了新的和改进的军事和情报能力。通信技术的进步和其他技术的民主化也催生了一种创建和共享大量且呈指数级增长的信息的能力，与以往相比，其信息传输距离更远、处理速度更快。这些丰富的数据为情报界提供了重要机会，包括提供新的情报搜集渠道和为提出更具洞察力的见解奠定基础，但它也挑战了情报界快速搜集、处理、评估和分析庞大数据以为情报用户提供相关有用见解的能力。据该战略披露，情报界已在机器学习领域推出新的自动化情报工作方法，用于分析社交媒体、新闻、经济数据、网络搜索问题以及数以千计的其他数据流，进而预测对象国政治领域的不稳定性。

二、强调情报工作应重点关注传统的国家威胁

2017 年美国《国家安全战略》强调指出，美国应重点关注大国之间的战略竞争。2019 年《国家情报战略》也提出了类似的看法，即认为当前美国面临的首要威胁是传统对手构成的地缘政治威胁。

该战略指出，传统对手将继续尝试获取和施加影响力，利用不断变化的国际环境——包括持续削弱的二战后国际秩序和西方民主价值观的支配地位，西方日益增长的孤立主义倾向，以及全球经济的动荡。这些对手在传统的、非传统的、混合的和不对称的军事、经济和政治领域中对美国构成了挑战。

首先，该战略特别强调俄罗斯、中国、伊朗等国家对美国构成的威胁。其认为，俄罗斯可能会持续增加其影响力和权威，并可能在多个领域与美国设定的目标和优先事项产生冲突。中国的军事现代化以及在太平洋地区及其他地区继续追求经济和地域优势的努力仍然令人担忧，尽管有机会与中国就共同关心的问题开展合作，例如朝鲜的“侵略行为”及其对核技术和弹道导弹技术的持续追求。伊朗虽于2015年宣布致力于发展和平的核计划，但其追求更先进的导弹和军事能力，以及持续支持恐怖组织、武装分子和其他美国对手，这些都将继续威胁美国利益。

其次，该战略在提到外层空间、网络空间威胁，以及人工智能、自动化和高性能计算等新兴技术领域威胁时，还特别强调了俄罗斯、中国及其他美国对手“所构成的威胁”。例如，在外层空间威胁方面，该战略认为俄罗斯和中国将继续寻求全方位的反卫星武器，作为削弱美国军事效力和整体安全的手段。在网络空间威胁方面，国家情报主任丹尼尔·科茨在后续发布的《美国情报界全球威胁评估》中明确指出，“中国、俄罗斯、伊朗、朝鲜等对手及战略竞争者将持续使用各种网络能力（包括网络间谍、攻击、影响），以在政治、经济、军事领域寻求对美国及其盟友与合作伙伴的优势”。[①] 在人工智能等新兴技术领域威胁方面，国家情报主任更是认为，美国的对手，尤其是俄罗斯和中国，已经认识到人工智能技术在军事和情报转型方面的潜力，并正在积极投资以获得优势。因此，美国需要加速推动新兴技术在情报工作中的创新性研究与应用。

---

① Daniel R. Coats, Worldwide Threat Assessment of The US Intelligence Community, January 29, 2019, https: //fas. org/irp/congress/2019_hr/threat - 012919. pdf.

三、坚持持续推进情报工作的一体化建设

2009年美国《国家情报战略》首次提出，“一体化”应是情报界必须具备的首要特征。[①] 2010年，国家情报主任将“一体化”确定为国家情报工作的指导方针。2011年，国家情报主任特别强调，击毙本·拉登行动是国家情报一体化工作取得阶段性成功的典范。[②] 2013年，据斯诺登披露，美国国家情报计划资助的首要任务就是“一体化”。[③] 2014年版《国家情报战略》将“一体化”作为提供国家安全决策优势的最佳途径。[④] 2015年，国家情报主任将过去的十年概括为“情报一体化的十年”。2018年3月，国家情报主任宣布重组其办公室，首要目标就是进一步优化和完善整个情报界的情报一体化工作。[⑤] 2019年《国家情报战略》继续强调，美国面临着国内和全球环境的重大变化，情报界必须准备迎接21世纪的挑战，并认识到新出现的威胁和机遇。要驾驭当今动荡复杂的战略环境，情

---

① Office of the Director of National Intelligence, The National Intelligence Strategy of the United States of America, August 2009, p. 2, http://www.dni.gov/reports/2009_NIS.pdf.

② Office of the Director of National Intelligence, Statement from Director of National Intelligence James R. Clapper on the Death of Osama Bin Laden, May 2, 2011, http://www.dni.gov/press_releases/20110502_release_clapper.pdf.

③ 2013年8月30日，美国国家安全局技术承包商雇员、前中央情报局工作人员爱德华·斯诺登（Edward Snowden）向《华盛顿邮报》透露了国家情报主任向国会提交的2013财年“国家情报计划”预算申请书的部分电子文件。该文件显示，2013财年美国“国家情报计划”重点支持四大任务：第一，集中关注一体化（Focusing on Integration）；第二，推动信息共享（Promoting Information Sharing）；第三，密切联系伙伴（Engaging Partners）；第四，适当调配资源（Aligning Resources）。参见：Office of the Director of National Intelligence, FY 2013 Congressional Budget Justification Volume I National Intelligence Program Summary, February 2012, pp. 3 - 4, http://s3.documentcloud.org/documents/781537/cbjb-fy13-v1-extract.pdf.

④ Office of the Director of National Intelligence, The National Intelligence Strategy of the United States of America, September 2014, p. 17, http://www.dni.gov/files/documents/2014_NIS_Publication.pdf.

⑤ Michael E. DeVine, *The Director of National Intelligence* (*DNI*), Washington, D. C.: Congressional Research Service, May 1, 2018, p. 1, https://fas.org/sgp/crs/intel/IF10470.pdf.

报界必须采用不同的工作方式。这就意味着情报界必须推进情报活动的一体化和充分协调，以在执行任务过程中取得最佳效果和价值。这实际是在强调，在国家情报工作的具体推进过程中，整个情报界应持续推动一体化建设与改革。

首先，该战略明确提出，应在情报界实现任务管理一体化，即针对情报界完成任务目标所需的各类能力、活动、资源，排定优先次序、协调问题、做出调整、化解冲突，以形成整体合力，并在落实情报界任务目标的过程中达到最佳效果。情报界的领导者要在各类需要优先处理的任务领域中开展整合、合作、交流反馈信息，以满足情报用户需求。情报界必须在形成整体合力和保持个体专业能力之间寻求平衡，利用彼此优势来实现任务目标。总之，实现任务管理一体化可促进互相协作、提高工作效率并最大限度地减少冗余，从而使情报界能够有效地使用可用资源。

其次，该战略明确提出，应在情报界实现业务管理一体化，即为整个情报界提供和优化各类业务功能和实践，以确保成功完成情报任务。情报界管理机构内部要能够遵循共同标准、共享服务和总结最佳实践经验，以提高情报工作的效率、效能与合规性，成功地管控和降低风险，并通过数据驱动的业务审查和绩效评估来改进业务流程。情报界将推广和持续发现最佳业务实践和功能，以优化情报问题解决方案并加强协作，从而在整个情报界中营造一种持续学习、创新与合作的文化氛围。情报界还必须制定一套灵活的、风险得到严格管控的采购流程，按照情报任务推进进程，适时提供创新性的情报能力、数据和专业知识。

四、努力打造一体化的情报界信息环境

2019 年《国家情报战略》提出，成功完成情报任务需要依赖正确的人在正确的时间获得正确的信息，以为决策提供信息保障。为实现这一目标，情报界需要通过技术创新来改进情报工作，尤其是大力建设一体化的情报界信息环境，使情报界的数据实现可发现、

可访问、可使用，推动传统情报流程转化为以信息为中心的情报流程。为提高信息的质量和可用性，情报界应更好地将信息组织成适当的数据格式，并用元数据加以标记。一体化的情报界信息环境将使情报界能够抵御外部和内部威胁，维护公众信任，保护个人隐私和公民自由，并履行其情报使命。

该战略认为，一体化的情报界信息环境包括相关个人、组织和信息技术功能，它们能够搜集、处理或共享敏感隔离信息，或情报界管理的无论是何密级的信息。情报界需要做好如下工作：一是识别、验证、确定优先等级和解决情报界信息环境的功能和政策要求问题，以增强情报一体化，并使整个情报界能够安全、有效和高效地运转；二是提高情报界信息系统风险评估的速度、可移植性和可信度，以增强利益相关方对情报界信息环境的信心，并加快向情报用户提供完成任务所需的能力；三是强化基础性情报界信息技术能力和基础设施，以提高情报任务完成效率并减少重复建设；四是根据法律和政策规定，创新工作方法并加以落实，以管理、共享和保护情报信息；五是采用具备现代数据提取、关联和富集功能的先进情报分析技术，以最大限度地提高情报界数据的价值。

在落实上述要求的过程中，情报界认为数据是整个情报界的资产，而非单个情报机构的私有财产，坚持“以数据为中心”打造情报界信息环境。情报界大力倡导各情报机构在一体化的情报界信息环境中主动提供各自掌握的数据，采用更规范的方法来确保数据可共享、可发现、可访问、可检索和受保护。实际上，情报界自2012年着力建设的情报界信息技术业界正是打造一体化的情报界信息环境的重要抓手。2019年6月，情报界首席信息官在《情报界推进云计算的战略计划》中明确指出，情报界信息技术业界是情报界在信息技术领域的重点工作任务，其未来应具备以下四个基本特征：第一，强调网络安全是情报界的优先处理事项。采用更全面、更主动的方法来降低情报界信息技术面临的安全风险。领导信息技术转型工作和情报界信息环境的安全防护工作，以提高任务成功率。第二，开发“参考架构”框架，以为通用服务提供参考标准，规范对象包括台式机（协作参考架构可规范通用电子邮件和聊天等功能）、数据参考架构和安全性（身份、凭证和访问管理参考架构）等。情报界各机构可以通过这种方式推出满足其独特任务需求的解决方案，前提是它们符合适当的参考架构。进入第二个发展阶段的主要推动力是在适用的情况下坚持使用单一来源的解决方案，但允许采用多样化联合推进的方法来确保满足各类任务需求，同时最大程度地提高互操作性。第三，完善绝密结构上的各类云服务，并构建多个数据库结构。情报界在美国国防部、执法部门和外国政府内的合作伙伴在很大程度上依赖秘密数据库结构。为了最大程度地提高协作效率和任务完成效率，情报界决定根据实际情况将各类功能和信息转移到秘密和公开的数据库结构中。第四，继续扩大和改善情报界与国防部和国防情报业界的伙伴关系，并加强与盟友之间的协作和伙伴关系。[①]

① Office of the Director of National Intelligence, Strategic Plan to Advance Cloud Computing in the Intelligence Community, June 26, 2019, https://www.dni.gov/files/documents/CIO/Cloud_Computing_Strategy.pdf.

第五章　美国国家情报战略的实施机制及未来走向

第一节　国家情报战略的实施机制

自从2005年《国家情报战略》报告出台以后，情报界的各主要机构纷纷表示要遵循《国家情报战略》的总体指导，在本机构所辖范围内开展工作。例如，中央情报局在《2007—2011年战略意图》报告中指出："本报告的内容与国家情报战略完全一致。"① 联邦调查局的"国家安全处"（National Security Branch）也将《国家情报战略》作为其制定工作计划的标准。② 国防部在其《国防情报战略》报告中也明确指出，国防部必须完成国家情报工作所分配的任务，国防情报活动必须支持《国家情报战略》。③ 此外，各情报机构的首脑都签署了一份《个人业绩协议》（*Personal Performance Agreement*），同意国家情报主任以他们完成战略目标的实际行动评估他们的工作业绩。④ 虽然《国家情报战略》得到了情报界各机构的支持，但要将《国家情报战略》的目标落到实处，还需要一套规范的机制。由

---

① Central Intelligence Agency, Strategic Intent 2007 - 2011: One Agency, One Community, April 9, 2007, http://www.cia.gov/about-cia/strategic_intent.pdf.

② National Security Branch of the Federal Bureau of Investigation, What has the NSB Accomplished Since It Was Established? June 17, 2009, http://www.fbi.gov/hq/nsb/nsb_faq.htm.

③ Office of the Under Secretary of Defense for Intelligence, Defense Intelligence Strategy, March 31, 2008, pp. 7 - 8, http://www.au.af.mil/au/awc/awcgate/dod/def_intell_strat_080501.pdf.

④ Office of the Director of National Intelligence, The 2006 Annual Report of the United States Intelligence Community, February 2007, p. 9, http://www.dni.gov/electronic_reading_room/2006AnnualReporttoCongress.pdf.

于国家情报主任必须按照“集中监督、分散执行”的原则对情报界进行管理，不能直接干涉各机构的“日常工作”（day to day operations），[①] 国家情报主任只有将《国家情报战略》转变成相关领域的“战略执行计划”（Strategic Implementation Plan）和“政策”（Policy），再通过制定和执行预算的方式，确保战略、计划和政策得到落实。[②]

一、将战略转化为战略执行计划和政策

在实际运行过程中，国家情报主任办公室负责制定与《国家情报战略》相关的执行计划和政策。历任国家情报主任在制定、推进和落实《国家情报战略》的过程中都会形成自己的改革思路，进而引发国家情报主任办公室内部管理职位的调整，并进一步影响到后续推出的战略执行计划系统和政策系统。

2005 年 4 月 22 日正式开始运行时，国家情报主任办公室主要包括：[③] 国家情报主任、一名“国家情报常务副主任”（Principal Deputy Director of National Intelligence）、四名“国家情报副主任”（Deputy Director of National Intelligence）、[④] 三名“国家情报助理主任”

---

① Office of the Director of National Intelligence, Report on the Progress of the Director of National Intelligence in Implementing the "Intelligence Reform and Terrorism Prevention Act of 2004", May 2006, p. 1, http: //www. dni. gov/reports/CDA_14 – 25 – 2004_report. pdf.

② Office of the Director of National Intelligence, The 2006 Annual Report of the United States Intelligence Community, February 2007, p. 8, http: //www. dni. gov/electronic_reading_room/2006AnnualReporttoCongress. pdf.

③ Office of the Director of National Intelligence, Intelligence Community Directive Number 1: Policy Directive for Intelligence Community Leadership, May 1, 2006, pp. 12 – 17, http: //www. dni. gov/electronic_reading_room/2006 – 05 – 01 20ICD – 20PolicyDirectiveforIntelligenceCommunityLeadership. pdf.

④ 分别是“负责管理事务的国家情报副主任”（Deputy Director of National Intelligence for Management, DDNI/M）、“负责搜集事务的国家情报副主任”（Deputy Director of National Intelligence for Collection, DDNI/C）、“负责分析事务的国家情报副主任”（Deputy Director of National Intelligence for Analysis, DDNI/A）和“负责用户反馈事务的国家情报副主任”（Deputy Director of National Intelligence for Customer Outcomes, DDNI/CO）。

(Assistant Director of National Intelligence)、[①] “国家情报委员会”(National Intelligence Council)、“国家反情报总监及其办公室”(National Counterintelligence Executive and Office of the National Counterintelligence Executive)、两个国家情报中心、[②] “任务主管”(Mission Managers)等等。此后，为更好地推进《国家情报战略》的落实，该办公室内部的相关管理职位进行了多次调整。

2010年8月20日，第四任国家情报主任克拉珀就宣布撤销负责搜集和分析的两个副主任，设立负责情报一体化事务的国家情报副主任，从而将搜集和分析任务交由一人统管。调整后，办公室只留下一个负责情报一体化事务的副主任，其余事务由主任助理直接管理。因此，办公室增设了负责公共事务、伙伴参与、采购、技术与设备、政策和战略、系统和资源分析等事务的主任助理。

2017年，第五任国家情报主任科茨上任后，又恢复了4个副主任的组织架构，设立了由副主任负责的业界能力处、任务融合处、国家安全伙伴处和战略与参与处4个处，充分体现了办公室根据《国家情报战略》建设核心能力的思路。根据该思路，国家情报主任助理按照各自职能被纳入相应各处。其中，业界能力处包含负责采购、技术与设备事务的主任助理、首席财务官、首席人力资本官、首席信息官、负责系统和资源分析事务的主任助理；任务融合处包括负责外国伙伴关系事务的主任助理以及负责任务优先事项、分析和搜集事务的主任助理；国家安全伙伴处包括负责国内联合事务的主任助理；战略与参与处包括首席信息官、首席数据官、负责政策和战略事务的主任助理、负责立法事务的主任助理、负责战略沟通事务的主任助理、负责转型和创新的主任助理。

---

① 分别是“负责科学与技术事务的国家情报助理主任”(Assistant Director of National Intelligence for Science and Technology, ADNI/S&T)、“国家情报助理主任兼参谋长”(Assistant Director of National Intelligence and Chief of Staff, ADNI/COS)、“国家情报助理主任兼首席信息官”(Assistant Director of National Intelligence and Chief Information Officer, ADNI/CIO)。

② “国家反恐中心”(National Counterterrorism Center)和“国家反扩散中心”(National Counterproliferation Center)。

（一）战略执行计划系统

针对《国家情报战略》的每一项目标，国家情报主任办公室都要制定相应的战略执行计划，提出达成战略目标的具体措施。这些国家级别的执行计划，遵照《国家情报战略》的总体要求，在相关领域内对《国家情报战略》进行细化和补充，统一指导整个情报界的工作，将各情报机构分散的活动整合起来，朝着总体战略目标迈进。以2005年《国家情报战略》为例，[①] 每个战略目标都有具体的负责单位或个人。

以上各单位或个人制定的战略执行计划，大部分都是保密的。虽然如此，部分单位或个人还是公开发布了一些报告，按照《国家情报战略》的总要求，就其职责范围内的事务，对情报界提出更加详细的指导。例如，人力资本官[②]制定的《情报界人力资本五年战略规划》[③]《2020年美国情报界人力资本构想》[④]，国家反情报总监发布的《国家反情报战略》，首席信息官发布的《情报界信息共享战略》[⑤]《情报界信息共享战略意图2011—2015》[⑥]《情报界信息技术

① 2005年的《国家情报战略》报告明确指出了国家情报主任办公室内负责监督落实各项战略目标的单位，但是2009年之后的公开报告却没有此部分内容，很可能是出于保密的原因将此部分从公开报告中删去。

② "首席人力资本官"（Chief Human Capital Officer）隶属于负责管理事务的国家情报副主任。

③ Office of the Director of National Intelligence, The U. S. Intelligence Community's Five Year Strategic Human Capital Plan, June 22, 2006, http: //www. dni. gov/publications/DNIHumanCapitalStrategicPlan18October2006. pdf.

④ Office of the Director of National Intelligence, The U. S. Intelligence Community's Human Capital Vision 2020, March 5, 2014, https: //www. dni. gov/files/documents/CHCO/US_IC_Human_Capital_Vision_2020_Strategy%202020_5_March_2014_U. pdf.

⑤ Office of the Director of National Intelligence, *United States Intelligence Community Information Sharing Strategy*, Washington, D. C. : Government Printing Office, February 22, 2008, http: //www. dni. gov/reports/IC_Information_Sharing_Strategy. pdf.

⑥ Office of the Director of National Intelligence, *United States Intelligence Community Strategic Intent for Information Sharing* 2011 – 2015, Washington, D. C. : Government Printing Office, August 1, 2011, http: //www. dni. gov/files/documents/Newsroom/Reports% 20and% 20Pubs/11152526_strategic_intent_info_sharing. pdf.

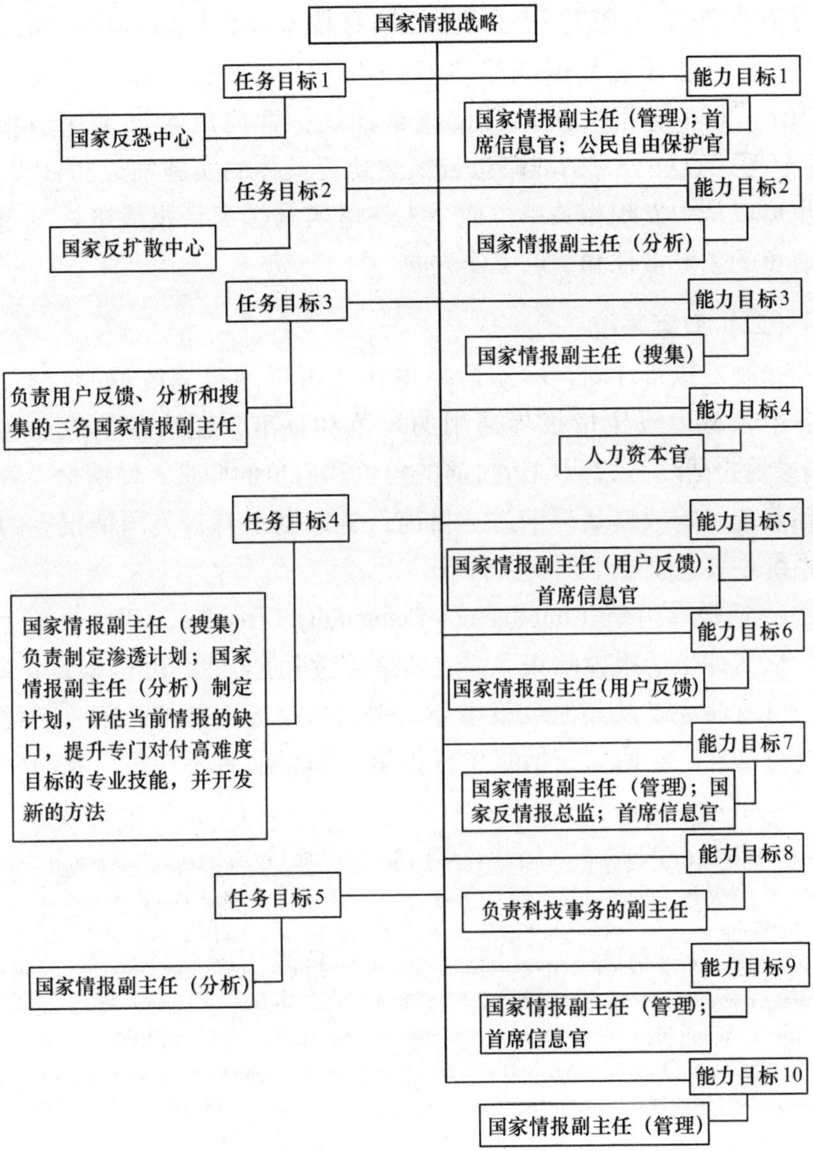

图5－1　战略执行计划系统①

① Office of the Director of National Intelligence, The National Intelligence Strategy of the United States of America: Transformation through Integration and Innovation, October 2005, http: //www. dni. gov/publications/NISOctober2005. pdf.

业界战略2012—2017》[1]《情报界信息技术业界战略2016—2020》[2]《情报界信息环境数据战略2017—2021》[3]，以及科技主管发布的《2016—2020财年情报界科技战略计划：管控风险以确保情报优势》[4]等。这些公开的战略报告虽然缺乏具体的实施细节和日程表，但也可以从中发现相关单位或个人在落实《国家情报战略》的过程中肩负的主要责任和重点工作方向。

（二）政策系统

除制定执行计划，国家情报主任还可以通过修改或制定政策，在各个领域内设定情报界通用的规范和标准，厘清各单位在实施《国家情报战略》过程中所扮演的角色和肩负的职责，使情报界各机构朝着统一的战略目标前进。目前，从级别上看，美国情报界的政策系统主要包括以下六类文件。[5]

1. 情报界指令（Intelligence Community Directive，ICD）

该文件是情报界政策系统中最高级别的文件，可以根据法律、总统行政命令以及其他政策指令，制定情报界内部的政策，对情报界进行指导。它由国家情报主任签署，如果前者不在位，则由常务

---

① Office of the Intelligence Community Chief Information Officer, *Intelligence Community Information Technology Enterprise Strategy* 2012 – 2017, Washington, D. C. : Government Printing Office, 2011, http: //www. dni. gov/files/documents/IC_ITE_Strategy. pdf.

② Office of the Intelligence Community Chief Information Officer, *Intelligence Community Information Technology Enterprise Strategy* 2016 – 2020, Washington, D. C: Government Printing Office, 2014, https: //www. dni. gov/files/documents/CIO/IC%20ITE%20Strategy%202016 – 2020. pdf.

③ Office of the Director of National Intelligence, *Intelligence Community Information Environment Data Strategy* 2017 – 2021, 2017, https: //www. dni. gov/files/documents/CIO/Data – Strategy_2017 – 2021_Final. pdf.

④ Office of the Director of National Intelligence, *FY2016 – 2020 Intelligence Community Science and Technology Strategic Plan*: *Managing Risk to Ensure Intelligence Advantage*, Washington, D. C. : Government Printing Office, May 2015, https: //www. dni. gov/files/documents/atf/In – STeP – StrategicPlan. pdf.

⑤ Intelligence Community Directive Number 1: Policy Directive for Intelligence Community Leadership, May 1, 2006; Intelligence Community Directives Number 101: Intelligence Community Policy System, January 16, 2009, http: //www. dni. gov/electronic_reading_room/ICD 101 IC Policy System. pdf.

副主任代为签署。

2. 情报界政策指导（Intelligence Community Policy Guidance, ICPG）

它是特定情报界指令的补充性文件，意在为其附属的情报界指令提供详细的政策落实指导。相关情报官员和负责管理事务的国家情报副主任均可签署情报界政策指导。[①]

3. 情报界政策备忘录（Intelligence Community Policy Memorandum, ICPM）

它是国家情报主任在正式发布情报界指令前对情报界提供的临时政策指导，有时也用来发布对紧急事项的政策指导，也可反映一项新的政策或对现存政策的修订。而且每份备忘录都包括这样一句话："本政策的相关内容将会被并入一份情报界指令。"一般来讲，国家情报主任在发布一份情报界指令之前都会先发布一份情报界政策备忘录，而等正式的情报界指令出台后，此前的情报界政策备忘录随即作废。无论是情报界指令，还是情报界政策备忘录，均需国家情报主任签署生效，如国家情报主任不在位，可由国家情报常务副主任签署。2009 年 1 月 16 日新的情报界政策系统建立之后，[②] 已经停止颁发该文件。已经颁发的，如国家情报主任没有宣布废止，则继续生效。

4. 情报界标准（Intelligence Community Standard, ICS）

此类标准依据相关情报界指令和情报界政策指导制定，并与其保持一致，旨在为情报或与情报相关的产品、流程或活动提供操作程序、规则、条件、指南、特征或特别说明，以有效执行和统一落实相关法律、行政命令和情报界政策。此类标准一般由国家情报主任指定的官员负责制定和发布，例如，情报界首席信息官负责制定

① 国家情报主任办公室调整之后由"负责政策、计划和需求的国家情报副主任"（Deputy Director of National Intelligence for Policy, Plans & Requirement, DDNI/PPR）负责。

② 2009 年 1 月 16 日，国家情报主任办公室出台了第 101 号情报界指令"情报界政策系统"，对情报界的政策系统进行了补充和修订。

和发布与信息技术、数据标准、信息安全与管理工作相关的情报界标准，情报界首席人力资本官负责制定和发布与人力资本和情报界工作人员相关的情报界标准，情报界首席财务官负责制定和发布与国家情报计划中的财务与资源管理相关的情报界标准，国家反情报总监负责制定和发布与反情报工作相关的情报界标准。

5. 国家情报主任行政函（Director of National Intelligence Executive Correspondence）

此类行政函集中关注国家情报主任认定的可能影响到整个情报界的问题，主要用于传达国家情报主任的战略政策意图或初步拟定的方案，也可用于满足突发或十分迫切的政策需求，后续可能会促使国家情报主任制定相关情报界指令和情报界政策指导。行政函一般由国家情报主任签署，当国家情报主任不在位时，也可由国家情报常务副主任签署。

6. 功能主管（Functional Manager）或其他官员颁发的指导文件

国家情报主任指派的功能主管或其他情报官员，可以建立和制定更具体的执行标准或程序。

表 5－1　情报界政策系统的代号、主题及负责人①

代号	主题	负责人
100	业界管理	负责管理事务的国家情报副主任
200	情报分析	负责分析事务的国家情报副主任
300	情报搜集	负责搜集事务的国家情报副主任
400	用户反馈	负责用户反馈事务的国家情报副主任
500	信息管理	国家情报副主任兼首席信息官
600	人力资源	国家情报副主任助理兼首席人力资本官、负责教育与训练事务的国家情报副主任助理兼国家情报大学校长

① Office of the Director of National Intelligence, Intelligence Community Policy Memorandum 2006－100－1: The Intelligence Community Policy Process, April 25, 2006, http://www.fas.org/irp/dni/icpm/2006－100－1.pdf.

续表

代号	主题	负责人
700	安全与反情报	国家反情报总监兼负责安全事务的国家情报副主任助理
800	科学与技术	负责科技事务的国家情报副主任
900	任务管理	视具体情况而定

从内容上看，以上六个级别的政策指导文件又围绕着国家情报主任的主要职责，被分为九个系列，[①] 同一系列的文件都按照序列号顺序排列。由于新的国家情报政策管理系统建立的时间不长，国家情报主任还必须下大力气巩固和完善这套管理制度。

二、制定和执行情报预算以实施实际控制

2005年以来，美国情报预算由两部分组成——“国家情报计划”（National Intelligence Program）和“军事情报计划”（Military Intelligence Program），[②] 目前两者分别由国家情报主任、负责情报与安

① 对情报界政策系统进行整体设计的第2005－1号情报界指令文件例外，这份文件不属于任何系列。

② 1995年以来，美国的情报预算主要由以下三个部分组成：一是“国家对外情报计划”（National Foreign Intelligence Program），旨在满足“国家级”而非“部门级”或“机构级”情报需求而开展的对外情报及反情报活动，均可获得该计划提供的资金支持。该计划由中央情报主任及国防部等其他行政部门共同拟定，对国防部及非国防部机构均可提供资金支持。二是“联合军事情报计划”（Joint Military Intelligence Program），旨在满足“国防部级”而非单一“军种级”的情报需求而开展的情报活动，均可获得该计划提供的资金支持。该计划由国防部副部长拟定，只对国防部机构提供资金支持。三是“战术情报及相关活动”（Tactical Intelligence and Related Activities），旨在满足“军种级”的战术军事情报需求而开展的情报活动，均可获得该计划提供的资金支持。该计划是战术军事情报计划及战斗支援单位的开支，由各军种及特种作战司令部在其年度预算中拟定后提交国防部办公室，只对国防部机构提供资金支持。《2004年情报改革与防止恐怖主义法》将“国家对外情报计划”更名为“国家情报计划”（National Intelligence Program）。2005年9月1日，代理国防部副部长（Acting Deputy Secretary of Defense）签署了一份名为“建立军事情报计划”（Establishment of the Military Intelligence Program）的备忘录，正式将“联合军事情报计划”和“战术情报及相关活动”合并为“军事情报计划”（Military Intelligence Program）。自此，美国的情报预算从之前的三个组成部分转变为两个部分组成——“国家情报计划”和“军事情报计划”。

全事务的国防部副部长负责拟定，只是在拟定任何一项情报计划时，双方都必须互相咨询意见，进行必要的协调和沟通。

在“国家情报计划”内，有多项资助不同情报工作的计划，每一项具体计划都有一个负责人，即“计划主管”（Program Manager）。“计划主管”的主要职责是根据国家情报主任发布的相关指令和政策，管理整个情报界的特定国家情报资源（包括人员和资金）。“计划主管”所管理的资金可能涉及多个部门情报机构，其需要从整体上进行最优化的设计和管理。第 104 号情报界指令《国家情报计划预算的制定、说明、执行和绩效评估》具体规定了“计划主管”的相关职责。①

在“军事情报计划”内，有多项资助不同情报工作的计划，每一项具体计划都有一个负责人，即“组成主管”（Component Manager）。“组成主管”的主要职责是根据负责情报与安全事务的国防部副部长发布的相关指令和政策，管理整个情报界与战术、军种活动相关的军事情报资源。第 5205.12 号国防部指令《军事情报计划》具体规定了“组成主管”的相关职责。②

表 5－2 美国情报预算分类表③

类别	名称	负责人
国家情报计划	中央情报局计划（Central Intelligence Agency Program）	中央情报局副局长
	中央情报局退休及伤残系统（CIA Retirement and Disability System）	中央情报局副局长

① Intelligence Community Directive 104: National Intelligence Program Budget Formulation, Execution, and Performance Evaluation, April 30, 2013, http://www.dni.gov/files/documents/ICD/ICD%20104.pdf.

② Department of Defense Directive 5205.12: Military Intelligence Program, November 14, 2008, Incorporating Change 1, Effective May 10, 2018, https://fas.org/irp/doddir/dod/d5205_12.pdf.

③ Michael E. DeVine, *Intelligence Community Spending: Trends and Issues*, Washington, D.C.: Congressional Research Service, June 18, 2018, pp.15 – 17, https://fas.org/sgp/crs/intel/R44381.pdf.

续表

类别	名称	负责人
国家情报计划	情报界管理账户（Intelligence Community Management Account）	国家情报主任办公室
	能源部情报计划（Department of Energy NIP）	能源部情报与反情报办公室主任
	国土安全部情报计划（Department of Homeland Security NIP）	负责情报与分析事务的国土安全部副部长 负责情报与犯罪调查事务的海岸警卫队副司令
	司法部情报计划（Department of Justice NIP）	联邦调查局国家安全处处长 毒品管制局国家安全情报办公室主任
	国务院情报计划（Department of State NIP）	负责情报与研究事务的助理国务卿
	财政部情报计划（Department of Treasury NIP）	主管情报与分析办公室的助理财政部长
	综合密码计划（Consolidated Cryptographic Program）	国家安全局局长
	总体国防情报计划（General Defense Intelligence Program）	国防情报局局长
	国家地理空间情报计划（National Geospatial - Intelligence Program）	国家地理空间情报局局长
	国家侦察计划（National Reconnaissance Program）	国家侦察办公室主任
	特种侦察计划（Specialized Reconnaissance Program）	保密
军事情报计划	空军情报计划（Air Force MIP）	负责情报、监视与侦察事务的空军副参谋长
	陆军情报计划（Army MIP）	负责情报事务的陆军副参谋长
	海军情报计划（Navy MIP）	负责信息优势事务的海军作战部副部长
	海军陆战队情报计划（Marine Corps MIP）	海军陆战队情报处处长
	国防情报局情报计划（Defense Intelligence Agency MIP）	国防情报局局长

续表

类别	名称	负责人
军事情报计划	国家地理空间情报局情报计划（National Geospatial – Intelligence Agency MIP）	国家地理空间情报局局长
	国家侦察办公室情报计划（National Reconnaissance Office MIP）	国家侦察办公室主任
	国家安全局情报计划（National Security Agency MIP）	国家安全局局长
	国防部长办公室情报计划（Office of the Secretary of Defense MIP）	负责情报与安全事务的国防部副部长
	特种作战司令部情报计划（Special Operations Command MIP）	特种作战司令部情报部部长

表 5 – 3　美国情报预算金额表（单位：亿美元）①

财政年度	国家情报计划		军事情报计划		合计
	申报预算	拨付预算	申报预算	拨付预算	
2020	628	627	230	231	858
2019	599	602	212	215	817
2018	577	594	207	221	815
2017	549	546	185	184	730
2016	539	530	179	177	707
2015	504	503	166	165	668
2014	522	505	146	174	679
2013	526	490	192	186	676

① 2010 年 10 月 7 日，正式生效实施的《2010 财年情报授权法》第 364 条款规定："总统在向国会申报政府年度总预算时，应向公众发布该财政年度'国家情报计划'的申报预算金额。"根据法律规定，2011 年 2 月，美国首次公开发布国家情报计划的"申报预算"金额；2012 年 2 月，美国首次公开发布军事情报计划的"申报预算"金额。至此，公众能够通过公开渠道了解美国情报预算的两类金额：一是"申报预算"金额，即每个财政年度开始之前，政府向国会提交的预算申请草案拟定的预算金额；二是"拨付预算"金额，即每个财政年度结束后统计得出的，国会实际拨付给情报界的预算金额。两类情报预算金额并不完全一致，稍有差别。参见："U. S. Intelligence Community Budget," https://www.dni.gov/index.php/what – we – do/ic – budget.

续表

财政年度	国家情报计划		军事情报计划		合计
	申报预算	拨付预算	申报预算	拨付预算	
2012	550	539	未公布	215	754
2011	未公布	546	未公布	240	786
2010	未公布	531	未公布	270	801
2009	未公布	498	未公布	264	762
2008	未公布	475	未公布	229	704
2007	未公布	435	未公布	200	635
2006	未公布	409	未公布	未公布	未公布

《国家情报战略》是制定“国家情报计划”的基本依据。① 国家情报主任办公室为此修订了“国家情报计划”的预算流程，将预算与各情报机构的业绩挂钩。而衡量业绩的标准，就是《国家情报战略》的各项战略目标。通过新的预算流程，可以确保战略、计划和政策得到执行。国家情报主任办公室将《国家情报战略》转化为战略执行计划和政策之后，还要在此基础上继续制定指导整个情报界的“年度业绩计划”，各单位再据此分别制定本单位的年度业绩计划，并向国家情报主任提交预算需求。负责管理事务的国家情报副主任每季度会对计划的执行情况进行审查，确保其进程符合《国家情报战略》设定的目标。此外，每个财年，国家情报主任都要提交一份业绩审查报告，评估整个情报界和各情报机构的表现。由此形成了一个战略、计划、预算、执行和审查循环。通过政策、计划和预算机制，国家情报主任在法定权限下开始塑造情报界的组织和活动，使之符合各项战略目标的要求。

① Office of the Director of National Intelligence, Intelligence Community Directive 104: Budgeting for Intelligence Programs, May 17, 2006, p. 2, http://www.dni.gov/electronic_reading_room/ICD104.pdf.

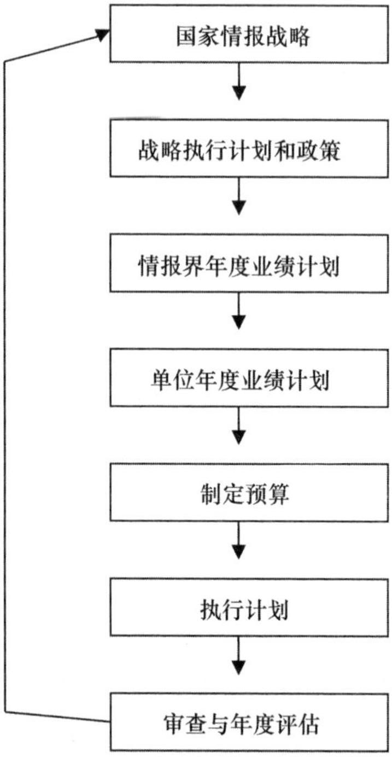

图5-2　战略、计划、预算、执行和审查循环①

值得注意的是，历版《国家情报战略》在最后一部分都会特别强调两个方面的内容：一是各情报机构要通报本机构情报预算资金的分配情况。各情报机构的领导要负责监督各自机构的情报预算，投资打造各类情报能力，并在情报界预算执行过程中，负责执行“国家情报计划”和“军事情报计划”内的相关预算开支。每年各情报机构领导都要向国家情报主任提交一份战略计划简报，并向国会报告各自负责计划的实施情况。二是各情报机构要围绕《国家情报战略》开展成效评估。为落实《国家情报战略》规定的任务目标和能力目标而开展的各类活动、倡议和行动，都需要对其工作成效

① Office of the Director of National Intelligence, Intelligence Community Directive 104: Budgeting for Intelligence Programs, May 17, 2006, http://www.dni.gov/electronic_reading_room/ICD104.pdf.

进行持续评估。情报界各机构要记录其所开展的各类活动、倡议和行动的具体影响，这种影响在多大程度上有助于实现更广泛的《国家情报战略》目标，以及阻碍其推进《国家情报战略》目标的任何影响因素。

第二节　国家情报战略的未来走向

一、加强以任务为中心的战略管理，提高情报工作效能

2008 年 7 月，美国国家情报主任办公室发布了《构想 2015：成为一个全球网络化、一体化的情报业界》。这份战略文件提出，到 2015 年美国情报界应实现情报工作模式转型，即“必须超越目前以机构为基础的线性工作模式（下达任务、搜集、处理、利用、分发），形成一种主要以任务为基础的工作模式，这种不固定的模式可同步开展情报搜集，实时协作开展情报分析，拓宽我们的合作伙伴战略”。[①] 这种新的情报工作模式需要坚持 4 项重要工作原则：一体化任务管理、适应式搜集、协作式分析、战略合作伙伴。其中，一体化任务管理是核心，是搜集、分析与对外合作的基础。按照这份战略文件的设想，一体化任务管理将通过减少垂直层级和明确任务下达权限，提高搜集和分析的速度；通过不同思想火花的相互碰撞增强创新能力；通过利用适当的专门知识确保情报的完整性；通过加强协作减少重复。自 2005 年《国家情报战略》出台后，这是情报界首次在未来构想中强调，要破除不同情报机构、情报门类、情报功能之间的界限，实现一体化任务管理。

随后，“一体化任务管理”的构想进入了 2009 年《国家情报战略》。该版战略明确提出，情报界的首要能力目标是“加强情报界任

① Office of the Director of National Intelligence, Vision 2015: A Globally Networked and Integrated Intelligence Enterprise, July 2008, p. 11, http://www.dni.gov/publications/vision_2015.pdf.

务管理”，即采用任务管理法作为理想的管理机制，以确保在处理优先事务时，组织和提供情报支援。按照该版战略的要求，任务管理领导层要加大情报分析和搜集的整合力度，这样可以找出情报漏洞，制定和实施综合解决方案，并为情报分析人员、决策者及行动人员提供更多的真知灼见。而在开展任务管理时，情报界需要坚持以下基本原则：一是创造整体合力。在统一指挥下，协同工作，调用一体化的、分工明确的多元情报队伍，从而确保情报界充分发挥全部能力来应对挑战。二是确保责任落实。指定某个人、团队、中心或执行部门，代表国家情报主任，为情报界管理国家级任务。三是量身定制情报支援。允许任务管理部门采取灵活方法，提供量身定制的情报支援。四是培养灵活性。各类任务中心必须迅速识别和满足情报需求，同各种政策及行动组织保持联系，并且提供及时、相关的情报支援。五是加深联系。各类任务中心必须与情报用户保持直接联系，同时向情报界各机构或国家情报主任通报最新进展和需求。六是倡导任务管理。情报界必须协同工作，鼓励各级领导采取任务管理法，确保任务团队能够得到所需的制度保障和必要资源，并且不断地审视建立团队或中心所产生的影响以及所取得的成效。①

2014 年版《国家情报战略》延续了 2009 年版战略对首要能力目标的要求，并首次明确提出了“任务管理一体化”的概念。与 2009 年版战略不同的是，2014 年版战略不但要求情报搜集与分析工作要实现一体化，反情报工作也要共同实现一体化。所谓的“任务管理一体化”是指情报界要确定情报活动的战略重点、对情报活动进行协调、消除可能存在的冲突，从而实现情报搜集、情报分析、反情报这三个相互关联的情报门类的协调统一。其中，情报搜集活动应响应情报分析需求，同时也指引情报分析需求；情报分析活动应作出情报判断、找出情报缺口并为指导搜集人员提供基本依据；反情报活动是对情报搜集和分析活动的补充，应能找出情报来源、

① Office of the Director of National Intelligence, The National Intelligence Strategy of the United States of America, August 2009, pp. 11 – 12, http://www.dni.gov/reports/2009_NIS.pdf.

方法和活动中的薄弱环节。①

2019 年版《国家情报战略》继续将“任务管理一体化”作为首要能力目标，并充分肯定了此前情报界在任务管理方面取得的成绩，即以任务为中心的各类情报中心已被证明能够跨越机构界限恰当地共享知识、信息和能力，情报工作变得更加灵活、反应迅速和适应力强。与 2014 年版战略不同的是，2019 年版战略强调指出，单是推动情报搜集、分析与反情报工作的一体化还不够，还要开展一体化的情报计划、分析、搜集、生产和分发，以同步推进各类情报活动。因此，2019 年版战略提出的“任务管理一体化”有着更丰富的内涵，即要针对情报界完成任务目标所需的各类能力、活动、资源，排定优先次序、协调问题、作出调整、化解冲突，以形成整体合力，并在落实情报界任务目标的过程中达到最佳效果。②

综上所述，2008 年以来，美国历版《国家情报战略》均认为，情报界要完成决策者交付的任务，首先要具备以任务为中心的战略管理能力，统筹协调完成任务所需的各类能力、活动、资源。可以预见，未来的美国《国家情报战略》势必将继续推动任务管理一体化，并将其作为首要能力目标来重点建设。在具体推进过程中，美国可能会汲取战略管理的一般经验，进一步细化这一能力目标，控制实施过程，加强监督管理。一是持续修订战略。按照《2015 财年情报授权法》的规定，美国需每四年修订一次《国家情报战略》。未来的战略将更加清晰地指出以任务为中心的战略管理要求，并使情报界的所有成员都能全面了解相关优先事项，以将各机构的情报活动集中到最需优先处理的事项上来。二是全面实施战略。国家情报主任办公室将会把以任务为中心的战略管理要求细化为更加具体

---

① Office of the Director of National Intelligence, The National Intelligence Strategy of the United States of America, September 2014, p. 12, http://www.dni.gov/files/documents/2014_NIS_Publication.pdf.

② Office of the Director of National Intelligence, The National Intelligence Strategy of the United States of America, January 2019, p. 18, https://www.dni.gov/files/ODNI/documents/National_Intelligence_Strategy_2019.pdf.

的执行计划，情报界各机构再据此制定相应的机构计划，设定具体的年度目标等等。此外，国家情报主任办公室将进一步监督情报界各机构的执行情况，通过资源控制和业务指导等方式，使其与总体目标保持一致，确保各项目标得到落实。三是开展战略评估。国家情报主任办公室将根据情报界各机构的实际工作业绩评估战略目标的完成进度，并根据内外环境的变化、各种未曾料到的问题，适时调整战略目标，使国家情报工作始终与国家安全优先事项保持一致。

二、加强情报人才队伍建设，建设一体化的情报团队

冷战结束后，美国情报界在情报人才建设领域曾一度陷入十分窘迫的处境：情报人才短缺，尤其是拥有长期情报工作经验的情报人员极度匮乏。之所以会出现这种情况，是因为美国在冷战结束后开始大幅裁减情报人员。早在1992年，国会就决定情报界应在1997财年到来前削减17.5%的情报人员。[①] 受此影响，直到“9·11”之前，情报界都在以每年3%的比例裁员，新招募的情报人员是少之又少，从而导致不同资历情报人员比例严重失衡。[②]

2005年《国家情报战略》出台后，情报界开始重视自身的人才队伍建设，并全面评估情报界工作人员的构成和人才短缺情况，以为后续的情报改革提供基本参照。从整体上看，美国情报界的工作人员可分为四类：文职情报人员、军职情报人员、情报承包商、后备情报力量。据统计，2007财年期间，这四类情报人员占全部情报人员的比例分别为：文职情报人员约占27%、军职情报人员约占

---

① Commission on the Roles and Capabilities of the United States Intelligence Community, *Preparing for the 21st Century: An Appraisal of U. S. Intelligence*, Washington, D. C.: Government Printing Office, 1996, p. 95.

② National Commission on Terrorist Attacks upon the United States, *The 9/11 Commission Report: Final Report of the National Commission on Terrorist Attacks upon the United States*, Washington, D. C.: Government Printing Office, 2004, p. 90, http://www.9-11commission.gov/report/911Report.pdf.

54%、情报承包商约占18%、后备情报力量约占1%。[①] 其中，文职情报人员和军职情报人员是情报界的正式员工和主力，约占81%；情报承包商和后备情报力量是情报界的非正式员工和补充性情报力量，约占19%。

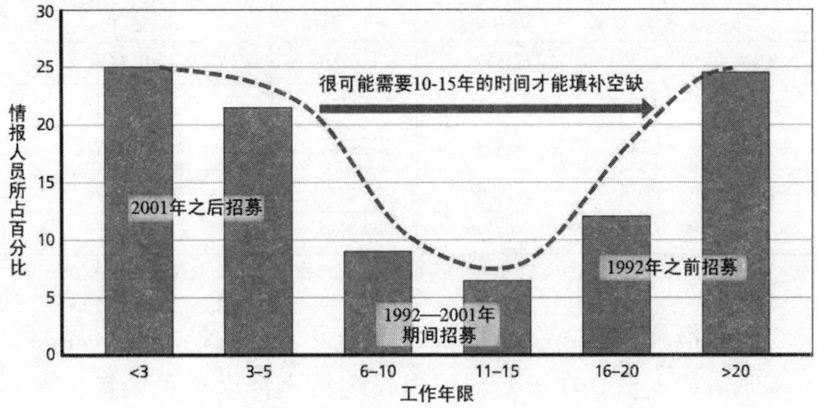

图5－3　不同资历情报人员比例失衡示意图（2007年）[②]

2007年，经过系统分析，国家情报主任办公室的首席人力资本官发现，情报界在人才建设领域存在两个比较突出的问题：

一是情报界的正式员工十分短缺。文职情报人员的数量不足以满足“9·11”后的情报工作需求，因为他们在冷战结束后曾是重点裁减对象。据阿斯平－布朗委员会的统计，1990—1996年期间，国家安全局、中央情报局、国防情报局共裁减了12%的文职情报人员。[③] 而军职情报人员的数量也在“9·11”后有所减少，尤其是从

---

① RAND National Defense Research Institute, *Workforce Planning in the Intelligence Community: A Retrospective*, Santa Monica: RAND Corporation, 2013, pp. 51－52.

② RAND National Defense Research Institute, *Workforce Planning in the Intelligence Community: A Retrospective*, Santa Monica: RAND Corporation, 2013, p. 4.

③ Commission on the Roles and Capabilities of the United States Intelligence Community, *Preparing for the 21st Century: An Appraisal of U. S. Intelligence*, Washington, D. C.: Government Printing Office, 1996, p. 96.

2007 财年开始，大量军事人员被安排到了阿富汗和伊拉克战争的作战岗位，军职情报人员数量的下降也比较明显。

表 5-4 美军情报人员数量统计表（2005—2007 财年）①

军种	情报人员数量			变化比例
	2005 财年	2006 财年	2007 财年	
陆军	24406	25333	26736	9.55%
海军	13834	11667	10426	-24.63%
空军	23838	24558	23844	0.03%
海军陆战队	3106	3179	3514	13.14%
合计	65184	64737	64520	-1.02%

二是情报承包商正在与情报界争夺人才。无论是情报界的文职还是军职情报人员，在被裁减或退役之后大都会被私人情报承包商高薪聘请，而这些情报承包商反过来又会以令人咋舌的高价把这些情报界的前员工“出租”给情报界工作。② 这就造成了情报预算的严重浪费。据国家情报主任办公室的统计，2006 财年期间情报界 70% 的预算都被用于支付情报承包商提供的情报服务。③

有鉴于此，2009 年以后的三版《国家情报战略》都非常重视情报人才队伍建设。情报人才队伍建设在《国家情报战略》能力目标中的排名持续上升：2009 年版战略中排名第六，2014 年版战略中排名第五，2019 年版战略中排名第三。总之，美国情报界认为，人是一切情报工作的核心，是一切情报技术手段赖以运转的基础。因此，未来美国《国家情报战略》仍会将情报人才队伍建设作为重点工作，

① RAND National Defense Research Institute, *Workforce Planning in the Intelligence Community: A Retrospective*, Santa Monica: RAND Corporation, 2013, p. 57.

② Office of the Director of National Intelligence, *The US Intelligence Community's Five Year Strategic Human Capital Plan*, Washington, D. C.: Government Printing Office, June 22, 2006, p. 6.

③ DNI Senior Procurement Executive, Terri Everett, “Procuring the Future: 21st Century IC Acquisition,” 2007, p. 10, http://www.fas.org/irp/dni/everett.ppt.

势必将重点为下述工作提供战略指导。

一是持续推动轮岗任职。美国情报界始终认为，推动从中下层情报人员做起，建立轮岗任职的制度，鼓励情报人员走出本机构，熟悉其他机构的工作和人员，其优点是明显的。首先，通过到其他情报机构工作，情报人员能够熟悉不同类型的情报工作，了解各部门的长处与短处，进而使自身的知识技能更全面。其次，情报人员通过在不同情报机构轮岗任职，有助于建立互相信任的合作网络，形成鼓励合作的行业文化，从而突破机构的界限，使整个情报界融为一体，提高国家情报工作效能。因此，未来情报界内部的轮岗任职工作会在《国家情报战略》的指导下进一步扩大影响范围。

二是重点强化联合教育训练。首先，美国情报界将进一步统筹管理情报教学资源。情报工作需要多元、复合的人才，而情报人才培养工作涉及诸多学科，大部分院校都难以独立承担。因此，美国情报界有可能借助多个院校的学科优势，通过统一的情报教育系统整合相关情报教育资源。需要注意的是，这种整合并非实体上的融为一体，而是建立一套中央管理的制度，利用各院校的优势，针对学员不同阶段学习的需要，安排学员在不同的情报院校进行学习。其次，美国情报界将充分利用民间资源，建设“军民一体”的情报培训体系。情报工作对从业人员的综合素质要求高，许多课程可以利用地方的优势教育资源，因此情报界可能会将内部情报教育资源集中到民间院校无法替代的方向上来。

三是继续借助外界专家的力量。正如约瑟夫·奈[①]所述：“关于诸多问题的国家预测报告受惠于外来分析家的真知灼见。……在预测中，公开文献勾勒出学术界的观点范畴，决策者可借此对情报界的立场予以校准。在某些情势下，外面的专家甚至更能回答关键的

① 约瑟夫·奈不仅是著名学者，还曾担任美国国家情报委员会主席，利用其学术功底为美国情报界工作。

预测性问题，并提供类似的预测。”[1] 实际上，情报界之外的一些学者有着深厚的学术研究功底，对公开资料非常熟悉，如果与之开展有效合作，情报机构制作的分析产品必然有很高的含金量。因此，在《国家情报战略》的指导下，美国情报界未来将更加重视与外界专家学者开展合作，特别在加强情报分析工作方面。

三、加强新兴技术的应用，构建基于云服务的情报能力

“9·11”事件以来，信息革命席卷全球，深刻地改变了人们的生产和生活方式。在情报领域，美国情报界也开始大力引进新兴信息技术，学习商业机构的成功做法，推行适应信息时代的情报工作方式，使情报能力取得重大跃升。2004 年，美国高级情报官员德博拉·巴杰甚至曾以“情报革命”（Revolution in Intelligence Affairs）[2] 来代指情报工作发生的变化。此后，美国情报界开始加速推进新兴信息技术的广泛应用，在推动情报分析转型和打造情报界信息技术业界等方面取得了诸多成绩。

2007 年，约翰·麦康奈尔担任国家情报主任之后，情报界主要致力于推动网络信息技术在情报分析工作中的应用，旨在打破不同情报机构之间的界限，使情报界的分析人员可以基于网络开展广泛合作。“梅特卡夫定律”（Metcalfe's Law）表明，一个通信网络的节点越多，此网络的价值就越大。国家情报主任麦康奈尔深谙此理，

---

① 约瑟夫·奈：《硬权力与软权力》，门洪华译，北京大学出版社，2005 年版，第 10 页。

② 德博拉·巴杰于 2004 年 6 月完成了名为“面向情报革命”的研究报告，提出了“情报革命”的概念，作者后来担任了“负责战略、规划和政策的国家情报助理副主任”（Assistant Deputy Director of National Intelligence for Strategy，Plans，and Policy）。参见：Deborah G. Barger，*Toward a Revolution in Intelligence Affairs*，Santa Monica，CA：RAND Corporation，2005.

他是职业情报专家,[①] 曾担任国家安全局局长达四年之久（1992—1996 年），同时也非常熟悉各类信息技术。在他的领导下，情报界打造了多个网络化情报分析协作平台。

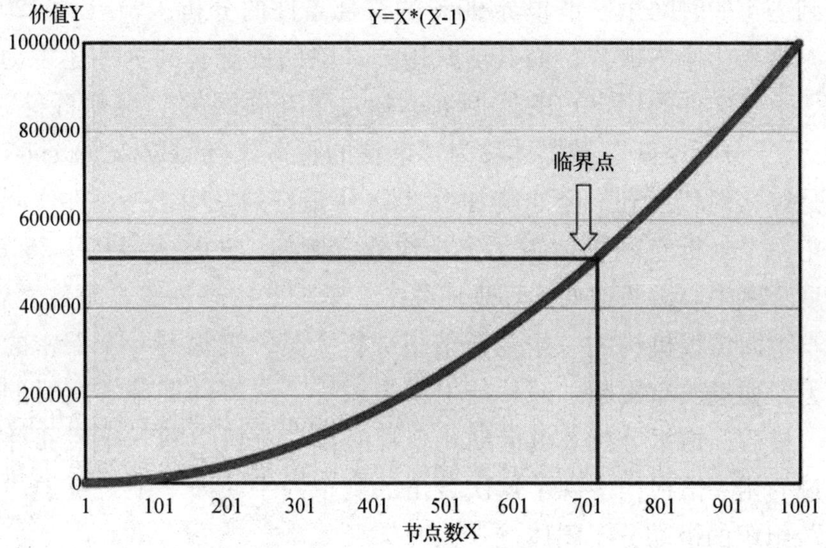

图 5－4　梅特卡夫定律②

例如，2008 年初，麦康奈尔决定联合国防情报局为情报界所有分析人员建立一个专属的情报信息共享与协作网络空间——“分析空间”。“分析空间”不仅能够帮助情报分析人员更快、更方便、更高效地找到其所需要的文本、图形、图像、视频等信息，而且还为

① 所谓“职业情报专家”，是指从情报界基层干起，职业生涯的大部分时间都在从事情报工作的专家。约翰·麦康奈尔与此前的三任中央情报主任（理查德·赫尔姆斯、威廉·科尔比、罗伯特·盖茨）一样，都是从基层情报工作岗位一路走到情报界领导岗位的。麦康奈尔于 1967 年加入美国海军，1996 年以中将军衔退役，在 29 年的军旅生涯中作为情报官员工作了 26 年，先后担任海军情报官、参谋长联席会议情报部长以及国家安全局局长，具有丰富的情报工作经验，对美国情报界的运作非常熟悉。

② D. Calvin Andrus, “The Wiki and the Blog: Toward a Complex Adaptive Intelligence Community,” *Studies in Intelligence*, Vol. 49, No. 3, September 2005, p. 68.

情报分析人员提供了一个交流看法的空间，每个进入空间的人都能够将自己在工作中的重大发现与他人分享，并与同样感兴趣的任何人讨论，依靠集体智慧来解决问题。[①] 2008 年 9 月 22 日，“分析空间”正式上线，并迅速得到了推广应用。在“分析空间”投入使用不到一年的时间里，情报界 90% 的符合条件的分析人员（约 12000 人）注册了个人账户，而其活跃用户（除阅读现有网页外还主动编辑、上传文件的用户）的比例远远超过了互联网的“维基百科”。[②] 因此，“分析空间”被媒体称为“间谍的脸书”（facebook for spies），更是被《时代周刊》杂志赞誉为 2008 年最好的发明之一。在实际应用中，“分析空间”取得了突出成效。例如，2008 年 11 月 26 日，印度金融中心孟买遭遇连环恐怖袭击。紧随此次恐怖袭击事件之后，来自不同情报机构的一组专题情报分析人员，聚集到一个保密的网站上，通过发布视频、照片与卫星图像等，对事件展开了实时的讨论。最后，情报分析人员借助几个月前在“分析空间”上发布并讨论过的相关情报，发现了这次袭击的真正凶手，即一个隶属于“基地”组织的极端分子团体。[③]

2010 年，詹姆斯·克拉珀担任国家情报主任之后，面对日益严峻的预算削减压力，[④] 情报界进一步决定，不但情报分析工作要实现网络化，不同情报机构相对独立的信息系统及情报网络也要实现互

---

① Office of the Director of National Intelligence, Analytic Transformation: Unleashing the Potential of a Community of Analysts, September 1, 2008, p. 8, http: //www. dni. gov/content/AT _ Digital 2020080923. pdf.

② Thomas Fingar, "Analysis in the U. S. Intelligence Community: Missions, Masters, and Methods," In Baruch Fischhoff and Cherie Chauvin (ed.), *Intelligence Analysis: Behavioral and Social Scientific Foundations*, Washington, D. C.: The National Academies Press, 2011, p. 17.

③ Office of the Director of National Intelligence, ODNI Fact Sheet, January 2010, p. 3, http: //www. dni. gov/press_releases/2010_Fact_Sheet. pdf.

④ 自从 2011 年起，受美国政府整体财政预算连年削减的影响，情报预算也呈连年下跌之势。2010 财年，美国情报预算达到历史新高（801 亿美元），此后情报预算持续下跌。与上一财年的情报预算相比，2011 财年（786 亿美元）下跌了 15 亿美元，2012 财年（754 亿美元）下跌了 32 亿美元，2013 财年（676 亿美元）则下跌了 78 亿美元。

联互通，要确保各情报机构能够在同一个技术平台上工作。[①] 2011年，国家情报主任办公室首次发布了《情报界信息技术业界战略2012—2017》，提出要改变传统的以机构为单位的信息技术模式，构建一个新的通用架构，即情报界单一的战略性信息技术平台。情报界将采用云计算技术、广泛分布的虚拟技术等，逐步建成现代化的、以数据为中心的情报界信息技术业界。2012 年 10 月 9 日，在参加年度“地理空间情报论坛”（GEOINT Symposium）时，克拉珀向外界宣布，情报界将加大“情报界信息技术业界”的建设力度，将不同情报机构的计算与分析能力以及云数据库整合到一个单一的云计算网络之中，以让所有参与网络建设的机构及拥有相应访问权限的情报人员能够轻松地在整个情报界范围内调用其所需要的情报信息。克拉珀的计划是，一方面让中央情报局与国家安全局联合进行技术研发，以为整个情报界设计出一个“安全的云计算基础网络架构”（Secure Cloud Computing Architecture）；另一方面让国防情报局与国家地理空间情报局联合研发一个应用于整个情报界的“情报界桌面”（IC Desktop）。[②] 此后，情报界持续加强对情报界信息技术业界建设的指导力度，先后发布了《情报界信息技术业界战略 2016—2020》《情报界信息环境数据战略 2017—2021》《情报界信息环境网络安全实施计划》[③] 等专题性战略文件。

到目前为止，美国情报界信息技术业界建设已经进入到第二个发展阶段。2018 年 11 月，情报界各机构的副职领导及首席信息官举

---

① Jason Miller, “IT Sharing at the Center of the Intel Community’s Second Transformation,” October 11, 2012, http://www.federalnewsradio.com/502/3071930/IT - sharing - at - the - center - of - the - Intel - communitys - second - transformation, 2014 - 04 - 25.

② Jared Serbu, “Intelligence Community Cloud Coming Online in Early 2013,” October 10, 2012, http://www.federalnewsradio.com/502/3072249/Intelligence - community - cloud - coming - onlinc - in - early - 2013, 2014 - 04 - 25.

③ Office of the Director of National Intelligence, Improving Cybersecurity for the Intelligence Community Information Environment Implementation Plan, August 2019, https://www.dni.gov/files/documents/CIO/Improving_Cybersecurity - IC_IE_ImpPlan - August_2019_reduced_web.pdf.

行了一次专题会议，讨论情报界信息技术业界在第二个发展阶段的战略重点。会议明确提出，应重点满足情报界对多样化云计算功能不断增长的需求，进而帮助情报界始终保持灵活性和自适应能力。因此，2019 年 6 月 26 日，国家情报主任办公室发布了《情报界推进云计算的战略计划》。这份战略文件概述了情报界初步建成的云服务架构，即国家情报主任指定的两家情报机构（中央情报局和国家安全局）正在为整个情报界提供云服务。

首先，中央情报局提供的“商业云服务”（Commercial Cloud Services，C2S）于 2014 年 7 月首次作为情报界云环境提供服务，该环境在绝密结构领域提供云功能。此后，情报界一直在努力开发各种方法来保护这些环境中的最敏感数据。随着“商业云服务”的成熟，情报界于 2017 年开始在秘密和公开结构领域提供“商业云服务”的各类实例服务。“商业云服务”始终展现出与时俱进的能力，同时能够领先于政府的使用需求。中央情报局计划把自己的“商业云服务”升级为“商业云业界”（Commercial Cloud Enterprise，C2E），也就是要把应用范围扩展到所有安全层级，而非以前的秘密级，进而确保可在全世界范围内通过卫星或网络处理数据。2019 年 3 月，中央情报局针对“商业云业界”召开了一次工业部门参与的会议，计划于 2021 年 7 月签订第一份合同。[①]

其次，国家安全局提供的“情报界政府云”（IC - GovCloud）是政府设计并构建的用于处理大量数据的云，它构成了情报界的大数据分析环境。“情报界政府云”改变了情报界的能力，使其能够紧随任务推进进程快速分析大量数据，并以急需模式提供服务，它是情报界最强大的数据分析和高性能分析平台之一。2018 年 6 月，国家

① Nathan Strout, “Why the Intel Community Is Counting on More Cloud Success,” August 22, 2019, https://www.c4isrnet.com/intel-geoint/2019/08/22/why-the-intel-community-is-counting-on-more-cloud-success/.

安全局已经将其大部分数据都转移到了“情报界政府云”。①

然而，上述两类情报界云服务尚不足以满足情报工作需求。美国情报界始终认为，其技术研发与应用的速度还赶不上威胁的变化发展速度。毕竟美国面临诸多威胁，例如外国、非国家行为体以及国内相关威胁，它们在陆地、空中、海洋、太空和网络空间构成了严峻挑战。这意味着情报界需要在技术、数据和网络安全领域持续开展创新和投资，以超越对手、维护国家安全。因此，情报界必须持续推进转型，保护自身信息环境，寻求更好、更现代的信息技术能力。可以预见，在推进情报界信息技术业界的建设过程中，美国情报界将重点建设基于云服务的情报能力。按照《情报界推进云计算的战略计划》的设想，未来情报界将在云计算领域着力开展下述工作：一是将云功能推送到任务负责人和首席信息官需要的地方；二是建设整个云生态系统的互操作能力，以访问数据和云功能；三是使用多家云供应商及美国政府提供的性能最佳的云功能，以驱动创新和促进竞争；四是提供跨多种结构的云服务，确保在任何地方都可访问数据；五是智能化实施安全决策和程序，以提高运行速度和灵活性；六是在整个情报界内广泛共享有关云计算技术的信息；七是启动搜集情报界云需求的工作流程，根据这些云需求指导与云服务相关的采购，在可能影响整个情报界的采购决策上，协调情报界各机构的相关工作；八是构建与云计算相关的文化和知识，利用云计算在任务领域形成持续性改变。②

---

① Frank Konkel, “The National Security Agency Is all - in on Cloud,” June 21, 2018, https://www.nextgov.com/emerging-tech/2018/06/nsa-systematically-moving-all-its-data-cloud/149179/.

② Office of the Director of National Intelligence, Strategic Plan to Advance Cloud Computing in the Intelligence Community, June 26, 2019, p. 3, https://www.dni.gov/files/documents/CIO/Cloud_Computing_Strategy.pdf.

结　　语

2005 年第一份公开的《国家情报战略》报告出台后，美国情报界在国家情报主任的领导下，沿着既定的战略目标采取了诸多行动。这些行动最终达到了什么效果，有什么突出的成绩，遇到的主要挑战是什么？这些都是特别值得关注的问题。在美国国内，关于“9·11”后国家情报工作的基本成效，主要存在三种不同看法：

第一，积极，认为国家情报工作有了巨大改进。持这种观点的主要是官方人士。他们常常通过演讲、听证会作证等方式，对国家情报工作的进展加大宣传，极力展现情报界的工作成果，以期得到外界的肯定。2009 年 9 月 15 日，国家情报主任丹尼斯·布莱尔在一次公开演讲中表示：“现在的情报工作比以前有效得多，如果‘9·11’之前的情报界有现在的能力，我们就能阻止惨剧的发生。”①

第二，悲观，认为国家情报工作没有明显的改进。这类观点主要来自情报界外对情报改革的批评。如前中央情报局官员，现任波士顿大学教授亚瑟·哈内克（Author S. Hulnick）认为：“《情报改革与防止恐怖主义法》就像扔进情报界的一颗炸弹，但同朝鲜的第一次核试爆一样，那是一颗哑弹。”② “官方认为《100 天计划》和

---

① Dennis C. Blair, “Remarks and Q&A by the Director of National Intelligence,” Office of the Director of National Intelligence, September 15, 2009, p. 14, http://www.dni.gov/speeches/20090915_speech.pdf.

② Hulnick, Arthur, “Intelligence Reform 2008: Where Do We Go from Here?” Paper Presented at the Annual Meeting of the ISA’s 49th Annual Convention, Bridging Multiple Divides, Hilton San Francisco, San Francisco, CA, USA, Mar 26, 2008, p. 3, http://www.allacademic.com/meta/p252529_index.html.

《500天计划》非常成功，但是据系统内部的人说，在实际操作层面上，基本没什么改变。”① 前中央情报局主管行动的代理副主任杰克·戴维恩（Jack Devine）也认为，情报改革的前景并不乐观，国家情报主任办公室成了多余的官僚机构，“而情报界的领导问题却变得更加混乱”。② 2006年，情报改革研究专家艾米·萨格特更是认为，“‘9·11’事件已经过去了五年，我们最严重的情报缺陷却依然存在。”③“‘9·11’以来，美国情报机构制造的新闻头条远比做出的改进要多。”④

第三，谨慎，认为受情报工作本质的局限，任何改进都是微小而缓慢的。如理查德·贝茨所述，情报工作必须满足许多相互冲突的要求，如集中和分散、保密和共享、准确和即时、客观和相关等等，满足了其中一方就可能损害另一方。关键是在各种相互冲突的选项中进行“折中”选择，在各对矛盾中维持精妙的平衡。⑤ 因此，不可能存在尽善尽美的改革方案，任何改革都是局部而渐进的。⑥ 约翰·班泽默也提出类似的看法，认为“改革就是在各种极端的选项中维持平衡”。⑦ 由于情报工作内在矛盾的存在，改革者可能永远都

---

① Hulnick, Arthur, “Intelligence Reform 2008: Where Do We Go from Here?” Paper Presented at the Annual Meeting of the ISA’s 49th Annual Convention, Bridging Multiple Divides, Hilton San Francisco, San Francisco, CA, USA, Mar 26, 2008, p.9, http://www.allacademic.com/meta/p252529_index.html.

② Jack Devine, “An Intelligence Reform Reality Check,” *The Washington Post*, February 18, 2008, http://www.washingtonpost.com/wp-dyn/content/article/2008/02/17/AR2008021701733.html.

③ Amy Zegart, “American Intelligence: Still Stupid,” *Los Angeles Times*, September 17, 2006, http://faculty.spa.ucla.edu/zegart/pdf/LAtimes.pdf.

④ Amy B. Zegart, *Spying Blind: The CIA, the FBI, and the Origins of 9/11*, Princeton and Oxford: Princeton University Press, 2007, p. 195.

⑤ Richard Betts, *Enemies of Intelligence: Knowledge & Power in American National Security*, New York: Columbia University Press, 2007, pp. 13-14.

⑥ Richard Betts, *Enemies of Intelligence: Knowledge & Power in American National Security*, New York: Columbia University Press, 2007, pp. 157-158.

⑦ John D. Bansemer, *Intelligence Reform: A Question of Balance*, Maxwell Air Force Base, Alabama: Air University Press, 2006, p. vii.

不能将其提议完全落实，只能在各对矛盾之间达成平衡与妥协。同时，各对矛盾又是动态和不稳定的，平衡必须根据时势的发展而不断调整。总之，情报改革没有一劳永逸的方案，成功依靠的是动态、灵活地调整平衡的能力。① 此外，国家情报主任办公室总监察长通过采访、问卷等方式进行了调查，在2008年初得出情报界整合与合作程度的量化结果，指出由于国家情报主任办公室是相对年轻的机构，在其领导下的情报界内部改革（转型）处在较为初级的阶段，情报界的整合与合作仍不成熟，要完全达到理想中的目标还需要很长一段时间。②

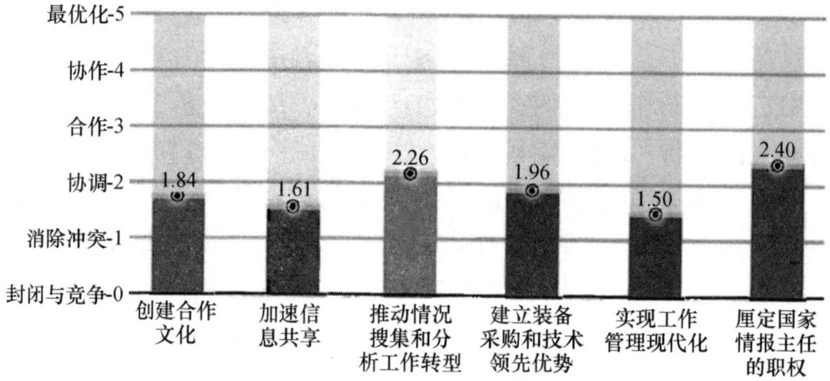

图6-1　情报界整合与合作诊断表③

以上各种观点，由于提出者的身份（如前中央情报局官员常常批判国家情报主任办公室及其开展的改革行动）、视角不同而差异巨大。相较而言，第三类观点的分析最为客观，结论比较可信。总的

① John D. Bansemer, *Intelligence Reform: A Question of Balance*, Maxwell Air Force Base, Alabama: Air University Press, 2006, p. ix.

② Office of the Director of National Intelligence, 500 Day Plan Follow - Up Report, January 16, 2009, p. 16, http: //www. fas. org/irp/dni/500 - day - follow - pt1. pdf.

③ Office of the Director of National Intelligence, 500 Day Plan Follow - Up Report, January 16, 2009, p. 16, http: //www. fas. org/irp/dni/500 - day - follow - pt1. pdf.

来说，身处美国情报界之外，研究美国情报工作的进展，具有相当的难度。2007 年，美国学者理查德 · 波斯纳[1]就曾提出，美国情报界之外的人基于公开资料研究美国情报现实问题存在诸多困难：一是难以采用精确的定量分析方法，因为客观的衡量标准基本上不存在；二是难以对情报工作的最终效果做出论断，如“我们比五年前更安全了、渗透了更多的恐怖组织、分析的精确度提高了”等等，因为这些问题太复杂，涉及了太多内部情况，即便内部人员也很难准确得出结论，更何况外人。所以，最好采取定性评估的方法，重点探讨内部建设取得的进展，而不是最终达成的效果，这是一种更合理地寻找答案的方法。[2] 因此，探析美国情报界在落实国家情报战略的过程中所取得的标志性成果、面临的主要挑战，以及国家情报战略所带来的情报理论创新，有助于为我们评估美国国家情报战略的实施工作提供一种相对客观的观察视角。

一、落实国家情报战略所取得的标志性成果

就能力建设而言，国家情报战略公布以来，美国情报界开展的工作可以归结为一点：推动情报一体化。在实际作为上，美国情报界确实有诸多突破，最具代表性的改革成果主要体现在以下三个方面：

第一，通过加强情报人员之间的协作，促进情报界一体化建设。这方面最显著的成果当属“情报界文职人员联合任职计划”。该计划

---

① 美国著名法学家，曾深入研究美国现实情报问题，出版的代表性情报专著包括：Richard A. Posner, *Countering Terrorism: Blurred Focus Halting Steps*, New York: Rowman & Littlefield Publishers, August 2007; Richard A. Posner, *Uncertain Shield: The U. S. Intelligence System in the Throes of Reform*, Lanham, Maryland: Rowman & Littlefield Publishers, 2006; Richard A. Posner, *Remaking Domestic Intelligence*, California: Stanford University Press, 2005; Richard A. Posner, *Preventing Surprise Attacks: Intelligence Reform in the Wake of* 9/11, Lanham, Maryland: Rowman & Littlefield Publishers, 2005.

② Richard A. Posner, *Countering Terrorism: Blurred Focus Halting Steps*, New York: Rowman & Littlefield Publishers, August 2007, p. 28.

在美国国内受到广泛认可，获得了 2008 年度的“美国政府创新奖”。① 情报界 16 家情报机构全部加入了该计划，自 2006 年启动至 2009 年 6 月，已有超过 5000 人完成了该计划的规定任务。② 由于具备联合任职的经历成为晋升高级职务的必备条件之一，情报界内部人员主动参与跨机构交流任职，这有利于情报人员了解其他情报机构的运作方式，熟悉其他情报机构的同行，并建立相互信赖的关系。正如国家情报主任麦康奈尔所言：“我们的目的，就是通过融合来自不同机构的人员，迫使他们进行协作。”③ 通过频繁地跨部门流动，情报工作人员能够更全面地了解情报界的运作方式，同时也能够建立相互协作以及共享信息的人事关系网络，这对促进情报界的一体化建设大有帮助。除此之外，国家情报大学所开展的情报人才的联合培养也起到了类似的作用。

第二，通过加强情报任务和资源管理，促进情报界的一体化建设。在情报任务管理方面，国家情报主任办公室除大力加强国家反恐中心等国家情报中心的建设外，还通过设立任务主管、计划主管、国家情报主管等方式，推倒部门情报工作的“烟囱”，在最需优先处理的国家情报问题上，整合各情报机构的搜集和分析工作，从而提高了在热点问题上支援战略决策的能力。在情报资源管理方面，国家情报主任通过颁布第 104 号、106 号情报界指令设立了“情报界战略管理”的预算系统，建立了长期规划、中短期计划、制定预算和绩效评估的一套严格的工作程序，把预算管理全过程分为若干阶

---

① 由哈佛大学肯尼迪学院在 1980 年设立的奖项，每年对政府部门中有利于提高工作质量的创新项目进行表彰，在美国有着较大的影响。联合任职项目从上千个项目中脱颖而出，足以说明其受到充分的认可。参见：Office of the Director of National Intelligence，“Intelligence Community Civilian Joint Duty Program Honored as Innovations in American Government Award Winner，” September 10，2008，http：//www. dni. gov/press_releases/20080910_release. pdf.

② Office of the Director of Intelligence，“Intelligence Community Joint Duty Program Highlighted in Nationwide Public Television Series，” June 30，2009，http：//www. dni. gov/press_releases/20090630_release. pdf.

③ Visionaries，Inc.，IC Joint Intelligence Program：Learning to Change，June 30，2009，http：//www. dni. gov/video.

段，明确各阶段的工作要求，使管理更加精细，减少了预算决策的随意性，并且使资源的投放与国家情报战略规定的优先目标一致。该系统类似于国防部预算管理的“规划、计划、预算与执行”（Plan－Program－Budget－Execution，PPBE）系统，对优化情报界的资源利用产生了良好的效果。许多情报机构已经开始模仿国家情报主任办公室的资源管理模式，修改本机构内部的资源管理方法。[①]

第三，开发基于网络的通用情报工作平台和工具，促进情报界的一体化建设。信息技术的不断发展为情报界的一体化建设提供了技术基础，美国情报界近年来采用了大量成熟的信息技术，在情报界内搭建通用的信息平台，并开发配套的工具，试图构建基于网络空间的一体化情报界。中央情报局前副局长威廉·斯蒂德曼（William O. Studeman）曾指出将互联网技术运用到情报工作中，“是一项非常杰出且极富远见的战略”。[②] 而情报专家马克·洛温塔尔（Mark M. Lowenthal）[③] 也认为：“如果‘分析空间’和‘情报百科’使分析人员和管理人员掌握了情报界各单位的最新进展，那将极大地促进情报工作。”[④] 迄今为止，“情报百科”“情报视频”“情报链接”“分析空间”“情报界信息技术业界”“情报界政府云”等工具和平台，已经成为美国情报界新的“能力增长点”。如同互联网以及网络工具使人与人之间的物理距离不再成为交流的障碍，情报界大力发展的一体化网络空间也将极大地促进信息共享，彻底改变情报工作

① Director of National Intelligence, The 2006 Annual Report of the United States Intelligence Community, February 2007, p. 20, http://www.dni.gov/electronic_reading_room/2006AnnualReporttoCongress.pdf.

② A. Denis Clift, “From Semaphore to Predator: Intelligence in the Internet Era,” *Studies in Intelligence*, Vol. 47, No. 3, September 2003, https://www.cia.gov/library/center-for-the-study-of-intelligence/csi-publications/csi-studies/studies/vol47no3/article06.html.

③ 马克·洛温塔尔曾在国务院情报与研究署、中央情报局等机构任职，其专著《情报：从秘密到政策》（Intelligence: From Secrets to Policy）已经被美国多所学院用作情报学专业教材。

④ Scott Shane, “Logged in and Sharing Gossip, er, Intelligence,” *The New York Times*, September 2, 2007, http://www.nytimes.com/2007/09/02/weekinreview/02shane.html?_r=1.

的传统模式。①

由此可见，在国家情报战略的实施过程中，美国情报界在多个方面的确有了很大的突破，有些创新实践还可能引领整个情报界未来的发展方向。

二、落实国家情报战略面临的主要挑战

国家情报战略在实施过程中遇到的最大挑战，就是手段不足的问题。为了落实国家情报战略，国家情报主任必须利用手中的职权，使情报界各单位的行动与国家情报战略目标保持一致。但是，国家情报主任的权力受到诸多限制，这就导致其落实战略的手段非常有限，在开展具体工作的时候也难免遭到掣肘。

在情报界采购事务方面，虽然法律规定国家情报主任在“国家情报计划”的重大采购事项上有决定权，但当这些采购事项由国防部出资时，国家情报主任就必须与国防部长进行协商，共同做出决定。② 因此，尽管国家情报主任计划使国防情报机构的采购系统与文职机构的采购系统保持协调、同步推进，③ 但是在这方面没有明确的法律保障，如果国防部长不愿意合作，就会遇到很大的阻力。

在情报界人事安排方面，国家情报主任丹尼斯·布莱尔曾于2009年5月19日宣布国家情报主任办公室将利用其权力，指派美国

---

① 关于信息技术带来的变革，可参考以下文献：D. Calvin Andrus，“Dancing with the Red Queen：Linear Intelligence in an Exponential World”；Matthew S. Burton，“Connecting the Virtual Dots：How the Web Can Relieve Our Information Glut and Get Us Talking to Each Other”；D Calvin Andrus，“The Wiki and the Blog：Toward a Complex Adaptive Intelligence Community”；A. Denis Clift，“From Semaphore to Predator：Intelligence in the Internet Era”.

② 即“国家情报计划”之内的“重大系统”（major system）的采购事宜。所谓“重大系统”指的是研制或采购费用超过5亿美元的项目。这些项目如果是国防部管辖范围之外的“国家情报计划”，国家情报主任就有单独裁决权；如果是国防部管辖范围内的“国家情报计划”，国家情报主任就必须与国防部长共同决定。参见：Office of the Director of National Intelligence，Intelligence Community Legal Reference Book，Fall 2007，p. 25，p. 70，http：//www. dni. gov/reports/IC_Legal_Reference_Book. pdf.

③ 参见2009年版《国家情报战略》的能力目标7。

在各个国家的最高级别的情报负责人。但是中央情报局为了维护传统地盘，却做出相反的表态，宣布海外情报负责人的决定权仍归中央情报局。为了解决这一权责上的争端，副总统乔·拜登（Joe Biden）和国家安全事务助理詹姆斯·琼斯（James L. Jones）都介入了此事的调停。[①] 按照拜登的说法，最终取得了“双方都满意”的结果。[②] 但是，这件事实际上是以偏向中央情报局的方式告终，即驻外情报机构负责人仍然由中央情报局官员担任，而在开展秘密行动的问题上，中央情报局需要与国家情报主任办公室共同协商。总之，在实施国家情报战略的过程中，类似的官僚斗争将严重阻碍战略的落实，造成资源和精力的严重内耗。

在情报界安全审查制度改革方面，由于此事涉及了更大范围的人事管理制度，国家情报主任不能完全掌控，需要与“人事管理办公室”（Personnel Management Office）[③] 进行合作。

除此之外，2019 年《国家情报战略》也指出了情报界未来面临的四个方面的风险：

第一，战略风险。它是指特定的影响因素，其能够影响情报界为国家安全决策提供充足情报保障的能力。此类影响因素包括可能恶化的情报工作环境、国家安全威胁的数量和复杂性，以及资源短缺等，这些都可能会对情报界全面监控局势的能力，以及针对所有发展动态向决策者发出警报的能力提出挑战。情报界需要采用新方法来更好地识别和通报各类存在风险的领域，同时保持一种兼具预见性和灵活性的姿态来应对新出现的威胁。

第二，机构风险。它是指特定的影响因素，其能够影响情报界有效执行任务和业务管理实践的能力。例如，未来可能还会出现未

---

① Mark Mazzetti, “Turf Battles on Intelligence Pose Test for Spy Chiefs,” *The New York Times*, June 8, 2009, http://www.nytimes.com/2009/06/09/us/politics/09intel.html?_r=1&scp=1&sq=Turf%20Battlcs%20on%20Intelligence%20Pose%20Test%20for%20Spy%20Chiefs&st=cse.

② Joe Biden, “This Week” Transcript: Exclusive: Vice President Joe Biden. *ABC News*, July 5, 2009, http://www.abcnews.go.com/ThisWeek/Politics/Story?id=8002421&page=4.

③ 美国政府中的独立机构，负责管理联邦政府的文职人员。

经授权而披露信息的情况。这是一种已知的风险，一旦出现此类情况，可能会对情报搜集、与国内外合作伙伴的关系以及公众的信任产生负面影响。更好地开展管理、审计工作和落实各类安全程序是必要的，其能够降低风险并将影响降至最低。情报界必须吸引和保留合适的、可信赖的、敏捷的情报人才队伍，这些人应拥有批判性分析、科学、技术、工程、数学、网络和外语技能，以应对当前和未来任务挑战。这就需要持续推进情报人员的招聘和雇用工作，以获取更加多元化的情报人才，这些人的素质标准要比其他外部评价标准更具可比性，例如联邦劳动力、私营部门劳动力和美国人口的相关标准。

第三，计划（财政）风险。它是指计划外的或不可预见的因素影响了情报预算资金的有效使用，进而导致情报界出现丧失各类能力和资源的情况。随着联邦预算资金的不确定性持续存在，情报界制定审慎的、快速响应的资源规划的能力也将受到诸多限制。结果可能是预算被过度开支，或在解决情报问题方面缺乏经济有效的解决方案。情报界需要研发能够有效调动资源的新方法，以减轻计划（财政）风险，避免重要计划、能力和资源投资的损失。

第四，技术风险。它是指影响情报界的科学和创新方法、实践、工具和技能的因素。一些影响因素是已知的，而其他影响因素可能是无法预知的。由于技术和行业标准的快速变化而无法跟进最新进展，可能会影响情报界的竞争优势。缓解此类风险可能需要完善数据战略、软件和改善基础设施，以保持最先进的情报能力。

三、国家情报战略的理论创新

国家情报战略虽然是美国情报界现实工作的指导纲领，但同时也陈述了美国官方对情报领域一些基本问题的看法，尽管没有涵盖美国情报基础理论的各主要方面，但也反映了新形势下美国官方对一些基础理论命题的新看法，这些命题主要包括：国家情报的主要任务、“情报周期”概念的演变以及情报与决策的关系。

（一）共同保障“政策”（policy）与“行动”（operation）的情报需求

2009年《国家情报战略》报告明确指出国家情报工作的两项总体目标：“优化国家安全政策”与“支援维护国家安全的行动”,[①] 并指出要通过加强任务管理，融合对二者的支援。这是美国官方对国家情报主要任务的新看法，反映了国家情报理念的变化。

国家情报系统应该优先支援决策还是行动？这一问题一直困扰着冷战后的美国情报界。海湾战争以后，国家情报工作被打上战术性色彩，支援军事行动被视为国家情报工作的主要任务之一。[②]“9·11”事件发生后，国家情报的优先支援对象又发生了改变，为本土遭受的恐怖主义威胁提供战略和战术预警成为最高优先事项，同时，其他大国也是需要长期关注的重点目标。[③] 优先任务的不断调整与增多，给国家情报资源的分配制造了难题。而《情报改革与防止恐怖主义法》对“国家情报”的概念进行修正，美国不再根据来源对国家情报进行区分，而着重围绕任务组织情报力量，[④] 这为解决上述难题提供了思路。

在此基础上，国家情报战略提出通过加强任务管理，在整个情报界内灵活地调配资源，既支援高层决策，又支援一线的军事、执法、外交等行动。例如，国家情报主任丹尼斯·布莱尔就曾指出，国防部下属的国家安全局、国家地理空间情报局等机构都在辅助政

---

① Office of the Director of National Intelligence, The National Intelligence Strategy of the United States of America, August 2009, p. 2, http://www.dni.gov/reports/2009_NIS.pdf.

② Michael Warner & J. Kenneth McDonald, *US Intelligence Community Reform Studies since 1947*, Washington, D. C.: Central Intelligence Agency Center for the Study of Intelligence, 2005, p. 33.

③ Aris A Pappas and James M. Simon, "Daunting Challenges, Hard Decisions: The Intelligence Community: 2001 -2015," *Studies in Intelligence*, Vol. 46, No. 2, June 2002, https://www.cia.gov/library/center-for-the-study-of-intelligence/csi-publications/csi-studies/studies/vol46no1/article05.html.

④ Gregory F. Treverton, Seth G. Jones, Steven Boraz, Phillip Lipscy, *Toward a Theory of Intelligence*, Santa Monica, CA: RAND Corporation, 2006, p. 1, http://www.rand.org/pubs/conf_proceedings/2006/RAND_CF219.pdf.

策的制定，而中央情报局等文职情报机构也在支援一线的作战部队。所以，按照传统方式将情报界分为军事情报部门和国家情报部门已经没有意义，关键是根据任务的需要，融合各层级、各类型的情报活动。①

（二）通过“以任务为中心”的工作模式融合情报流程的各个环节

美国情报界从“情报周期”（Intelligence Cycle）的概念发展到“情报流程”（Intelligence Process），强调了不同情报生产环节之间的互动，更符合情报工作的实际情况。② 而国家情报战略则更进一步提出了加强任务管理的目标，逐步建立“以任务为中心”的工作模式。这意味着：第一，要在情报流程的各环节整合情报界的资源。例如，在搜集阶段，通过“一体化搜集架构”等工具，从各情报门类中挑选资源，形成针对某项任务的多门类情报搜集团队；在情报分析阶段，创造虚拟的“分析空间”，加强分析人员之间的合作。第二，情报流程各环节之间要更加密切地合作。例如，将搜集、分析资源一并整合到任务小组之中，使搜集人员和分析人员保持密切的交流，以便在情报生产的过程中，不断地对产品进行校正。同时，任务小组还要加强与用户的交流，迅速接受指导或提供服务。③ 美国希望通过整合情报流程的各个环节，将情报界整合为灵活反应的一体化团队，而不是呆板的工业流水线。

---

① Office of the Director of National Intelligence, “Media Conference Call with the Director of National Intelligence Mr. Dennis C. Blair: 2009 National Intelligence Strategy,” September 15, 2009, pp. 2 – 3, http: //www. dni. gov/interviews/20090915_interview. pdf.

② 从“情报周期”到“情报流程”概念的演变，参见张晓军：《美国军事情报理论研究》，军事科学出版社，2007 年版，第 67 – 77 页。

③ Office of the Director of National Intelligence, “Media Conference Call with the Director of National Intelligence Mr. Dennis C. Blair: 2009 National Intelligence Strategy, September 15, 2009, p. 3, http: //www. dni. gov/interviews/20090915_interview. pdf.

（三）情报工作必须贴近决策

国家情报战略提出要加深与用户的关系，与他们保持密切的联系。[①] 国家情报主任丹尼斯·布莱尔则进一步阐述，各任务小组必须接触上至内阁官员，下至战场士兵的各类用户，了解他们的情报需求，与他们迅速地进行交流。[②] 这种尽量贴近决策的思想突破了长期占据主流的“肯特模式”——即为了保持客观性，情报应该与政策保持一定的距离。[③] 新观点认为情报的客观性与相关性并不矛盾。如，《情报界构想2015》文件就指出：“有时，情报界的成员为了保持客观性，要使自己与用户保持距离，但是这种距离的代价可能是损失情报工作的相关性。这是一种错误的选择，我们必须使情报工作做到既客观又相关。”[④] 在新的环境下，新型情报用户则倾向于以自己喜欢的方式，更快、更便捷地从多种渠道获取信息，这就导致情报界面临其他媒体的挑战。[⑤] 因此，美国情报界认为，需要转变陈旧的工作方式，积极地与情报用户交流，根据情报用户的不同需求，为他们提供“量身定制”的情报服务。

---

① Office of the Director of National Intelligence, The National Intelligence Strategy of the United States of America, August 2009, p. 12, http://www.dni.gov/reports/2009_NIS.pdf.

② Office of the Director of National Intelligence, "Media Conference Call with the Director of National Intelligence Mr. Dennis C. Blair: 2009 National Intelligence Strategy," September 15, 2009, p. 3, http://www.dni.gov/interviews/20090915_interview.pdf.

③ Sherman Kent, *Strategic Intelligence for American World Policy*, Princeton: Princeton University Press, 1948, p. 180.

④ Office of the Director of National Intelligence, Vision 2015: A Globally Networked and Integrated Intelligence Enterprise, July 2008, p. 8, http://www.dni.gov/publications/vision_2015.pdf.

⑤ Anthony Olcott, "Revisiting the Legacy: Sherman Kent, Willmoore Kendall, and George Pettee: Strategic Intelligence in the Digital Age," *Studies in Intelligence*, Vol. 53, No. 2, June 2009, p. 32.

附　　录

附录一　2005 年美国国家情报战略①

（2005 年 10 月发布）

前　言

2004 年国会通过的《情报改革与防止恐怖主义法》提出了“国家情报”的新概念。概念的提出源自 2001 年发生的“9·11”惨剧以及布什总统的《美国国家安全战略》。总统签署新法律时所寄予的期望是“我们众多的情报机构将会更加统一、更加协调并且更加高效”。我们的任务十分明确，那就是：

- 整合国内外的美国各情报机构，使得我们对国家安全所面临的威胁不会出现认识上的空白；
- 增进情报分析的深度和准确性；
- 确保美国的情报资源能够催生未来能力与现实成果。

这些任务暗含着一个假定：按照新方法来推进“国家情报”工作，意味着要针对过去的情报实践和工作安排进行一场影响深远的

---

① 战略名称的完整表述是“美国国家情报战略：通过一体化与创新实现转型”。Office of the Director of National Intelligence, The National Intelligence Strategy of the United States of America: Transformation through Integration and Innovation, October 2005, http://www.dni.gov/publications/NISOctober2005.pdf.

改革。国家情报必须具有协作、敏锐和客观的特点，目光长远。它必须认识到它的各种机构文化之所以出现是有充分理由的，同时它也要接受这样一个事实：所有的文化，不发展就会消亡。眼下正是美国国内外的情报文化通过合作发展壮大的好机会。

美国国家情报必须适应21世纪的威胁，这些威胁很少符合敌对国家和联盟的传统特征。敌对国家已经学会掩盖其意图和能力，而恐怖分子和其他非国家行为体也在使用常规技术增强其打击能力和隐蔽性。

因此，美国国家情报工作的首要任务是向美国总统、内阁成员、国会、参谋长联席会议和战场指挥官、心脏地区的国内执法部门和国土安全部门以及国际盟友提供信息和预警。从这个意义上讲，正如布什总统所言，情报是美国的第一道防线，服务于美国的人民、利益、价值观和宪法。纵然未来美国国内外面临着危险的挑战，但是这也为美国促进民主、人权、经济发展、金融稳定和法治提供了机遇。我们必须把握这些实现民主转型的机遇，因为独裁国家和失败国家是滋生国际动荡、暴力和苦难的温床。对美国的国家安全而言，民主是最坚实的支柱。情报能够也必须用于辅助外交，在危机爆发前影响潜在对手，使战争成为最后运用的手段，并且在冲突不可避免时确保取得胜利。

从本质上讲，国家情报战略充分利用那些在职的和未来将加入的美国各类情报专家的杰出才能和爱国精神。本战略也依赖于美国的团队合作和技术创新的传统，从而将不同部门的工作整合起来，共同取得成功。该战略提出了两类战略目标——任务目标和能力目标——并呼吁出台考虑情报界每一个成员核心力量和能力的计划。最后，国家情报战略指出了制定自我评价方法的重要性，从而确保情报界能够满足决策者的需求并维护法治原则。此处对国家情报工作的强调反映出我们国家所面临的危险，但我们对公民自由和公民权利的承诺没有变。

一份战略是对基本价值观念、最重要事项和未来发展方向的声明，但它同时也是一份行动文件。对于美国国家情报而言，现在正是做出改变的时刻。对于当前正在思考的风险或是将出现的风险并没有一个简单的答案。因此，本战略将风险作为情报工作自然的和永久的行动领域，其前提是：在一个危险的世纪里保护美国的安全，光有警惕是不够的，美国国家情报必须做得更多。

约翰·D·内格罗蓬特

国家情报主任

我们的愿景——我们将变成什么

我们将成为一个由具有创新精神的情报专业人员组成的统一业界，我们共同的目标是保卫美国人民的生命和利益以及推广美国的价值观，我们将从美国的民主制度，多样性和智力及技术优势中获取力量。

我们的任务——我们必须做什么

- 搜集、分析和分发准确、及时和客观的情报，而不受政治考虑的影响，提供给美国总统以及制定和执行美国国家安全政策、参与作战、保护国家和执行法律的所有人员。
- 执行美国政府的国家情报计划和总统指示的特别活动。
- 开展能力转型，从而使能力始终领先于美国面临的不断发展的威胁，在认识到不能完全消除风险的同时对风险加以利用。
- 运用有效的反情报措施，加强和保护我们的情报活动从而确保情报系统、技术、武装力量和政府决策流程的完整性。
- 在尊重美国公民自由和隐私权的前提下依法履职尽责。

我们的战略——我们如何取得成功

21世纪美国面临的威胁要求我们比对方更加敏捷，更加足智多谋。我们的战略是利用情报政策、条令和技术整合情报界的不同机构。该战略不仅包含了当前的情报活动，还包含了未来的能力，从而确保未来几年我们将比现在更加高效。该战略概述的15个战略目标可分为任务目标和能力目标。

任务目标是指与我们预测和洞察国家安全威胁并提前采取行动，以及协助所有制定和执行美国国家安全政策、参与作战、保护国家和执行法律的所有人员落实国家政策目标相关的活动。

能力目标是指与我们保持对威胁美国安全的国家和力量的竞争优势相关的能力。

情报界的转型将在一体化的指导原则下推进。我们的转型将聚焦建设一支表现优秀的情报工作队伍，其特征包括：

- 聚焦结果
- 开展合作
- 敢作敢为
- 面向未来
- 自我评价
- 勇于创新

上述六个特征相互依赖，相互加强。它们将塑造情报界内部的政策、计划、机构和技术。

一、战略目标

任务目标：为了提供准确和及时的情报，并在总统的指示下开展各类情报计划和活动，我们必须支持《国家安全战略》提出的以下目标：

1. 通过瓦解恐怖分子的行动能力，在国内外击败他们，并通过倡导民主与自由，从他们手中夺回主动权。

2. 防止和应对大规模杀伤性武器的扩散。

3. 推动民主的发展，支持和平的民主国家。

4. 开发创新性的方法以了解和分析最困难的目标。

5. 预测战略问题发展态势，为决策者识别机遇和弱点。

能力目标：为了以比威胁出现更快的速度进行情报界能力转型，保护需要得到保护的目标，并依法履职尽责，我们必须：

1. 根据美国法律及保护隐私与公民自由的要求，建设一体化的情报能力，以应对美国本土面临的威胁。

2. 增强分析技艺、方法和实践能力，利用各领域的专业知识，并探索其他可供选择的分析观点。

3. 调整、整合和优化情报搜集能力，以满足情报用户和分析人员当前和未来的重点需求。

4. 吸引和招募人才，将其整合为一支勇于创新、注重实效的情报人才队伍。

5. 确保情报界成员机构和用户能够在需要时获得所需情报。

6. 强化现有的对外情报伙伴关系并建立新的伙伴关系，以帮助应对全球安全挑战。

7. 制定明晰而统一的保密措施和准则，从而使我们共同努力，保护国家秘密并能够开展进攻性的反情报活动。

8. 利用开创性的科研成果，使我们能够保持并扩展情报优势，以应对新兴威胁。

9. 从成功和错误中学习，预测新挑战并为之做好准备。

10. 削减冗余和那些无价值或低价值的项目，并将节约的资源投入到现有和新兴的国家安全重点事项中。

二、战略指导

（一）任务目标

1. 通过瓦解恐怖分子的行动能力，在国内外击败他们，并通过倡导民主与自由，从他们手中夺回主动权

美国目前正在开展反恐战争，在这场战争中，我们的第一要务是发现、瓦解和摧毁全球范围的恐怖组织，打击恐怖组织的领导、指挥、控制、通信以及物质支持和资金。因此，情报界的活动必须：

• 整合和激励美国所有情报活动，以发现和瓦解美国国内外的恐怖组织。

• 揭示恐怖分子的计划和意图，特别是那些可能涉及到获取或使用大规模杀伤性武器的情况。

• 通过在易受恐怖分子影响的地区支持民主化和法治进程，使恐怖分子无法获得行动避风港、避难所和政治合法性。

• 推动情报界以外的拥有高价值反恐信息的机构和人员为国家反恐活动做出贡献（例如，警察、政府官员、边境巡逻人员）。

• 打造一个信息共享环境，将涉恐信息访问权与所有参与反恐活动的机构的角色、职责和任务进行匹配，使信息可及时获取并与其需求相关。

国家反恐中心主任将制定一个全面的国家情报计划，以支持国家的反恐战争。该计划将明确情报界每个参与支持国家反恐活动的成员机构的角色和职责，包括与执法部门和国土安全部门的关系。信息共享环境项目主管将确保联邦、各州、地方政府、部落政府以及私营部门的信息需求得到确认和满足。

2. 防止和应对大规模杀伤性武器的扩散

美国政府应对大规模杀伤性武器的综合战略包括主动的反扩散行动，通过强化不扩散行动防止流氓国家和恐怖分子获得这些技术，以及有效的后果管理以应对恐怖分子或敌对国家使用大规模杀伤性武器的影响。

正如美国大规模杀伤性武器情报能力调查委员会在2005年3月的报告中所言："情报界无法采用任何单一的战略应对扩散威胁。"相反地，每一种破坏性能力——生物的、核的、化学的、放射学的或其他能力——都需要独特的专门方法以打击这些能力的运用。为实现这一目标，情报界的活动必须：

• 聚焦积极的和创新的搜集手段，从而缩小在大规模杀伤性武器技术以及相关武器项目上（特别是在生物恐怖活动领域）的知识空缺，发现它们的运输方法，并阻止这些武器进入美国本土。

• 向情报界以外的机构寻求与大规模杀伤性武器技术相关的信息和专业知识。

• 在国家反扩散中心的领导下，通过利用情报界每一个机构独特的专门技能和相对优势，对整个情报界的分析活动进行整合。

• 与外国情报机构密切合作，对威胁进行共同评估，并制定有效的应对方案。

• 确保涉及大规模杀伤性武器的情报信息与保护性应对措施信息关联起来，并被分发到参与作战、保护国家和执行法律的所有人员。

国家反扩散中心主任将制定一个全面的国家情报计划，用于支持国家预防和应对大规模杀伤性武器的开发和扩散。该计划将明确情报界每一个成员机构的角色和职责，包括与执法部门和国土安全部门的关系。

3. 推动民主的发展，支持和平的民主国家

我们已经从面临的危险中认识到，一个国家缺乏自由将威胁到其他国家的和平与自由，我们还认识到失败国家是极端主义的避难所和滋生地。独立的民主国家对于世界和平与发展非常重要。

因此，整个情报界——包括情报搜集人员、分析人员和行动人员——必须：

• 在需要加以干涉之时，支持外交和军事活动（包括冲突爆发前和结束后）。

• 发展与新的民主国家和处于初期发展阶段的民主国家的关系，

这能够帮助他们加强法治，击退对代议制政府的威胁。

• 为决策者提供更好的分析框架，以便他们确定对于促进民主发展（包括自由市场和经济发展）以及警示国家失败的威胁和机遇。

负责用户反馈的国家情报副主任为实现这些目标将制定一个计划。负责分析工作的国家情报副主任将调查情报界有关民主化和国家失败的分析技能和成果，分析情报界当前向决策者提供支持的水平，确定知识空缺及应对方法，提升对负责监控和帮助政治经济发展以及降低国家失败危险的机构和人员的支持，从而对该计划做出贡献。负责搜集工作的国家情报副主任将制定一个搜集计划，包括如何使用公开来源信息，以响应本综合计划中的信息需求。

4. 开发创新性的方法以了解和分析最困难的目标

美国最强大的敌人对美国的情报系统非常熟悉，他们正变得更加擅于隐藏其意图和能力。其中一些敌人是由少数领导骨干控制，并受到训练有素的安全机构和情报机构的保护。其他一些敌人是没有固定形式的团体或网络，他们可能拥有共同的目标、训练和方法，但各自独立开展行动。情报界需要通过以下方式获得了解上述两种类型领导者思想的能力：

• 充分利用有关最困难目标的全源情报，包括使用开源情报。

• 制定全新方法，包括开展专业化训练和职业发展，用于分析硬目标的能力和意图。

• 提升人力情报及相应的技术情报能力。

• 评估敌方的情报能力及行动，确保富有洞察力的反情报分析能力有助于渗透进硬目标并有助于理解其领导核心。

负责搜集工作的国家情报副主任将制定一个计划，以加强对硬目标的渗透。负责分析工作的国家情报副主任将制定一个计划，以评估当前对敌方的了解情况，确定并缩小知识漏洞，支持针对这些目标积累专门知识和开展研究，并制定全新的应对方法。国家反恐中心和国家反情报总监将制定计划，以加强对恐怖主义网络以及外国情报机构及活动的分析。负责分析工作的国家情报副主任制定的计划将包括把反情报与其他来源情报整合起来的手段，从而抓住机遇发动战略进攻。

5. 预测战略问题发展态势，为决策者识别机遇和弱点

当今世界，一个任何地方发生的事件都会很快影响到美国公民和美国国内外利益。因此，情报界必须在事态逐步升级之前向决策者发出警报，并就事态的成因和影响提供有价值的意见。分析工作应该不仅仅描述发生了什么及为什么发生，它还必须确定采取外交、军事、执法或国土安全行动的各种机遇（及可能的后果）。

为支持决策者，情报界应当形成、保有并访问关于每个地区、每个跨国安全问题和对美国人民的每种威胁的专门知识。情报界应：

• 确定和分析可能的机遇，并就可能出现的问题示警。

• 使各层次人员具备更深刻的文化理解，更熟练的语言能力和更丰富的科技知识。

• 确定情报工作覆盖范围的空缺，并通过招募人员、培训和咨询外部专业人士努力缩小这些空缺。

• 把注重远期分析和战略分析作为每名分析人员职责的一部分，训练分析人员预测可能影响美国利益的活动，确保他们对可能出现的情况保持警惕，从而能够及时采取行动。

负责分析工作的国家情报副主任将在国家情报委员会设立一个战略研究和分析小组；制定流程，对情报界关于所有地区、具体威胁和跨国问题的分析能力进行盘点；制定计划，以提升分析人员的语言技能、科学技术能力和文化洞察力；与情报界各机构的分析部门合作，以缩小空缺，促进合作，实现远期分析工作和当前分析工作的恰当平衡。

（二）能力目标

1. 根据美国法律及保护隐私与公民自由的要求，建设一体化的情报能力，以应对美国本土面临的威胁

无所不在的通信技术、便利的国际交通以及极端分子拥有伤害居住在任何地方的美国人的资源和意图，这些都迫使美国情报界重

新思考在国内开展情报搜集的方式及其与国外传统情报搜集方式之间的关系。根据美国法律和保护公民权利和隐私权的要求，美国各情报机构必须集中它们的能力以确保：

• 司法部和国土安全部的情报机构获得合适的资源，并且能够与更广泛的情报界密切融合。

• 情报界的所有机构协助推动关于恐怖分子、大规模杀伤性武器和美国本土面临的其他威胁的情报搜集和分析工作。

• 各州、地方和部落政府以及私营部门参与到我们的国土安全和情报活动。

负责管理工作的国家情报副主任将就情报界应对国内威胁的情报能力制定一个财政、信息和人力资源方面的计划，以确保司法部和国土安全部的情报界成员机构与情报界其他机构全面而合法的整合。信息共享环境项目主管将连同首席信息官制定一个计划，以推动在联邦、各州、地方、部落政府各部门以及私营部门之间进行恐怖主义信息共享。公民权利保护官将制定一个计划，以确保在提高这些能力的同时，应充分考虑到美国公民的隐私权和公民权利。

2. 增强分析技艺、方法和实践能力，利用各领域的专业知识，并探索其他可供选择的分析观点

为避免情报失误，提供给决策者的分析性判断必须是业界在尊重不同观点，培养并奖励专门技能，并灵活创新地部署和运用该技能的基础上产生的成果。

为增强和维持情报界分析能力，确保高效而有建设性地使用合适的专门技能，情报界必须：

• 建设和维持情报界分析员团队的专门技能和能力，利用每个部门的独特能力，促进各个层面的跨机构合作。

• 利用情报界以外的专门技能，为判断提供信息，加强情报界知识较为缺乏的领域。

• 改进整个情报界的分析方法和实践，确保严密性以及探索使用“可选择性分析法”。

负责分析工作的国家情报副主任将制定一个计划以确定政府内外的专门技能，建立由来自于整个情报界和美国政府的专家和感兴趣分析人员组成的虚拟团队，促进分析工作与搜集工作的合作，改进分析方法和实践，并确保分析的完整性。该计划还将提出新程序，以允许国家情报主任办公室管理关键情报问题，包括盘点用于重要情报问题的分析线索和活动，确定知识漏洞，并与搜集主管协作以缩小这些漏洞。

3. 调整、整合和优化情报搜集能力，以满足情报用户和分析人员当前和未来的重点需求

我们搜集信息的技术手段必须始终是无可匹敌的。这些技术手段使我们能够避免冲突，扩大和平，赢得战争。我们开发的技术系统如能用于多种目的，则国家也有收益。但是，漫长的开发计划和不断变化的要求削弱了我们的灵活性，并影响到资源配置。因此，情报界必须：

- 扩大对开源信息的搜集和分析，并将其作为一体化情报活动进行管理。
- 建立一个国家级秘密机构，根据职业精神及智力优势的优良传统，整合所有的人力情报搜集单位。
- 重新调整技术搜集的构架，以提升对用户需求的响应性，增强适应性和生存能力，并为当前目标和新目标提供新的情报来源和搜集方法。
- 扩展来自各州、地方和部落执法部门和私营部门利益攸关方具有情报价值的信息报告。

负责搜集工作的国家情报副主任将制定一个全面的计划，以实现情报界开源、人力和技术情报等各种搜集手段的新平衡，同时考虑到美国内部有关情报搜集的不同法律和政策框架。该计划将反映出情报界面临的威胁已经改变了的性质，信息时代的巨大机遇以及可以利用的新的非传统信息来源。外国拒止与欺骗委员会将制定一份计划，以针对我们的拒止与欺骗活动。

4. 吸引和招募人才，将其整合为一支勇于创新、注重实效的情报人才队伍

21 世纪美国面临挑战的复杂性要求情报界工作人员，包括军人和文职人员，将专门技能用于应对多种威胁之中，在获取、分析和交流决策者所需的知识方面更加熟练和更具创新性。

为了确保达到这些预期目标，情报界必须：

• 从各领域人才库招募优秀人才，针对他们将面临的挑战进行训练和培养，以适当的方式部署这些人才，使他们能够最大限度地发挥他们的才能和潜力。

• 奖励专门技能、优秀表现和积极投身工作；提供职业发展和领导能力提升的机会，鼓励情报界军人和文职雇员以及领导者形成主动、创新、机智和坚韧的品质。

• 建立覆盖整个情报界的文化。这种文化重视情报界每名工作人员的能力，并根据他们的才能和意愿，为他们提供在整个情报界发展的机遇。

通过与首席训练和教育官合作，首席人力资本官将制定一个情报界战略人力资本计划，使情报界各机构能够：确定对完成任务至关重要的人力资源需求；根据基于能力的严格标准，训练、培养和提升情报界专业人员；遴选一个大力倡导表现优异、人人参与、信息共享、精诚合作的高级领导班子；制定评价和奖励体制，推动专业人员及其领导者表现更加优异。

5. 确保情报界成员机构和用户能够在需要时获得所需情报

2004 年《情报改革与防止恐怖主义法》要求国家情报主任“确保情报信息最大程度的可利用性和可访问性”。我们必须确保在情报界内部最大程度的互操作性，同时与用户建立灵活有效的联系。情报界必须：

• 消除在情报界内部进行信息共享的障碍，制定体现出所有数据需要共享（而不是需要知道）的政策，取消情报机构对情报信息的“所有权”。

• 建立一个用户友好型系统，使用户可以找到所需要的情报并立即获取该情报。

• 开发灵活而安全的网络，该网络既能适应快速变化的环境，又能够将情报以非保密的形式提供给非传统用户，例如各州、地方、部落政府和私营部门。

• 创建一个情报“网络业界”，通过这个平台，情报分析人员、搜集人员和用户可以迅速便捷地就秘密信息进行互动。

负责用户反馈的国家情报副主任将在符合相关法律和保护公民自由和隐私权的前提下，监督计划的制定情况，以求最大限度地向情报界用户提供情报信息。信息共享环境项目主管将制定一项计划，确保信息共享环境能够在功能上与分散的分布式协作环境相对等，或者支持该环境，这一环境在2004年《情报改革与防止恐怖主义法》第1016（b）（2）节有描述。首席信息官将制定一项计划，以确保与信息技术基础设施和情报界的业界架构相关的活动和采购能够满足更广泛信息共享的需要。

6. 强化现有的对外情报伙伴关系并建立新的伙伴关系，以帮助应对全球安全挑战

由于我们面对的国家安全挑战是跨国的，因此情报界必须联合志同道合的国家以扩展我们的影响范围。正如《国家安全战略》所言，“没有一个国家能独力建设一个更安全更美好的世界”。为实现这个目标，我们必须：

• 参与和支持友好国家的情报机构的工作，以帮助确定和瓦解美国境内外恐怖组织的活动。

• 与外国情报机构密切协作，从而为共同评估威胁和应对措施提供信息。

• 确保从对外情报关系中获得的见识能够帮助情报决策和制定有效的应对措施。

负责用户反馈的国家情报副主任将指导制定一份对外情报关系战略计划，从而确保对外情报关系获得充分的协调和利用，以应对

国家安全威胁。这个计划将发现现存漏洞，确定是否需要建立新的对外情报关系，或巩固现有关系的方法。

7. 制定明晰而统一的保密措施和准则，从而使我们共同努力，保护国家秘密并能够开展进攻性的反情报活动

情报部门必须大幅改革其保密和反情报政策，从而保持其工作效率。我们必须严格评估威胁、弱点和推进保护需求，以推动情报部门总体目标的实现。情报部门必须：

• 重新定义保密指导方针，使大量的“敏感”信息能够获得灵活使用和共享，而小部分“秘密”信息则让更少的人掌握。

• 在共同关心的安全问题上建立统一、互惠的情报界指导方针，包括设施使用权和电子系统及资料库的访问权。

• 建立新机制，包括创新性的安全评估和可靠性监控，使情报机构能迅速对存在潜在弱点的人员进行评估。

• 确保情报界进行反情报活动的不同机构能够作为一个有机整体采取积极而统一的反情报行动。

负责管理工作的国家情报副主任将制定一项计划，以改变妨碍情报部门实现其任务目标和能力目标的实体政策、信息政策和人员保密政策。国家反情报总监在执行《国家反情报战略》的计划中，将描述情报界如何在统一行动的前提下，更加积极地开展反情报行动。首席信息官将制定新的保密政策，以促进整个情报界的信息共享。

8. 利用开创性的科研成果，使我们能够保持并扩展情报优势，以应对新兴威胁

全球化和加速发展的科学技术，有侵蚀情报部门的技术搜集手段的威胁，破坏了我们发现和获得世界一流科学专业技术的能力，降低了我们利用新兴技术的能力。

情报界发现和利用前沿科学技术研究成果的能力取决于我们预测科技发展趋势、与尖端研究人员进行交流和尽早获得最新理论和设计的能力。为此，情报部门必须：

• 在情报界的一切科技活动中建立集中领导、分工执行的流程。

• 在情报机构内部深化专业技能，加强尖端项目的研发。

• 通过国家情报主任办公室确定需要重点关注的高风险高回报研究项目，特别是在不同机构之间存在的“空白处”。

• 适时推动各情报机构的联合研发。

负责科技工作的国家情报副主任将制定一项计划，以领导情报界的科学技术资源和活动。该计划将明确情报界各成员在参与科技活动中的角色与责任。

9. 从成功和错误中学习，预测新挑战并为之做好准备

情报界必须不断提高对自我表现进行记录、评估并学习提高的能力。评估自我表现以及从成功和失败的经验中学习的过程，将会帮助其认识到自身缺点。除此之外，情报界还必须对行动准备进行评估。情报部门必须：

• 创建一个汲取经验教训的机制，对情报部门的工作效率进行评估，并将其作为一个支持国家政策目标的“系统之系统”。

• 建立严格的评价程序来判定单个战略规划在多大程度上实现了各自提出的目标，以及他们支持相关任务目标和能力目标的效果如何。

• 将处理危机和突发事件的应急方案纳入每个单位的战略规划。

• 为国家情报主任建立一个坚强的指挥与控制系统。

负责管理工作的国家情报副主任将制定一项计划，来评估情报界完成其任务目标和能力目标的表现，建立一个覆盖整个情报界的汲取经验教训的机制，并指导改善情报单位内部的准备活动。首席信息官将制定一项计划以确保国家情报主任的指挥控制系统在任何紧急情况下都能正常运转。

10. 削减冗余和那些无价值或低价值的项目，并将节约的资源投入到现有和新兴的国家安全重点事项中

情报界是一个庞大的业界，一些任务和专业技能相互重叠。某些情况下，重叠会提升价值，但在另外一些情况下，它会消耗过多

的资源，而这些资源本可用于执行任务的情报界成员，或用于应对新兴的国家安全威胁。

情报界必须根据近期和远期的国家安全重点来管理资源，并根据形势变化迅速进行调整。同时，情报界还必须修改其财政程序和步骤；目前的情报预算报告没有提供进行适当监管所需的较好连贯性。因此，情报部门必须：

- 实现财政报告的标准化、同步化和协调，以提供一份全面的、可供审计的情报界开支纪录。
- 对当前项目的进展进行评估，着重评估项目目标的实现情况。
- 取消毫无成效或收效甚微的多余任务或项目。
- 中止与国家安全重点不符或没有达到预期目的的项目或方案。
- 在统一的情报界领导下合并类似的项目和任务。
- 合并或取消一些项目后，把节省出来的资金进行重新分配，以应对当前的或新出现的威胁。
- 确保新系统的研发与情报界的业界架构相符。

负责管理工作的国家情报副主任将制定一项计划，以发现并取消情报界多余和低价值的项目。这个计划还将指出如何鉴别资金需要转移到哪些任务和项目中去，以应对新的国家安全威胁，并提高主要在美国活动的组织的安全情报能力。这个计划将明确涉及资源管理和项目开发的情报部门各成员的角色和责任，不断地对其项目和任务进行检查，并彼此协调以提出任务调整、项目合并或中止以及适合资源转移的领域等建议。计划同时还将描述如何加强情报界的财政管理系统，以实现对重大情报项目进行全面审计的目标。

（三）下一步计划

这些战略目标将指导情报界的情报政策、情报计划、情报搜集、情报分析、情报行动、投资规划、情报采购、预算编制及执行。这项战略目标将由国家情报主任办公室的高级官员监督，但战略的实施是由情报界统一利用各成员组织的比较优势而实现的。

- 负责管理工作的国家情报副主任将为情报界制定一个战略计

划和评估程序。

●2008 财年的计划制定、规划和行动指导将反映出这些任务目标和能力目标。正在进行的 2006 财年和 2007 财年的项目和预算活动将根据这些目标进行最大限度的调整。

附录二　2009年美国国家情报战略[①]

（2009年8月发布）

前　言

柏林墙倒塌后的二十年，“9·11”事件后的八年，美国已从后冷战时代及后“9·11”时代脱颖而出。我们清楚地认识到了当今的世界局势、威胁的性质与所面临的挑战和机遇，以及情报在支持制定促进国家利益的政策中所发挥的作用。

美国面对着一个错综复杂且飞速变化的国际安全环境。在科技发展和国际通信进步的推动下，国内外局势相互交织，变化莫测。国家安全重点也随之快速地进行着调整。情报界必须关注国家内部及国家间的长期性挑战，关注持续存在的跨国性问题，灵活应对出现的威胁并准确把握机遇。《国家情报战略》提出如下指导原则：准确迅速地洞察全球威胁和机遇，灵活机动地发挥情报界的能力。

《国家情报战略》体现了国家情报主任在国家情报计划和情报界中领导能力的若干进步。它不仅使我们更加清晰地认识到反恐行动中的挑战，而且使我们认清了网络空间与反情报威胁等各种挑战的严重性。在为未来情报界情报能力的发展提供指导的同时，该战略确定将重心集中在情报界未来四年的方案和行动上。《国家情报战略》强调了我们需要高度关注、投入资源和承担义务的各个领域。

---

① Office of the Director of National Intelligence, The National Intelligence Strategy of the United States of America, August 2009, http://www.dni.gov/reports/2009_NIS.pdf.

同时，它和实施计划一起，为确保情报界能够满足我们的战略目标，奠定了责任制基础。

该文件肯定了情报在国家安全方面发挥的重要作用。只有依靠专业人员的出众才能、不凡勇气和爱国精神，我们才能取得成功。

丹尼斯·C·布莱尔
国家情报主任

情报界的愿景

美国情报界必须坚持不懈地谋求和展现出有效履职尽责所必需的三个特质。必须整合统一：形成一个团队，使整体大于部分的简单相加。必须灵活机动：成为一个拥有勇于创新、积极主动、适应力强、来源多元、不断学习的任务驱动型情报人员的业界。此外，情报界还必须展现美国价值观：依法运作，符合美国民众对于保护公民隐私和自由的要求，尊重人权，保持美国民众的信任感。

战略环境

美国面临着一个复杂多变的国家安全环境，各个民族国家、具有较强能力的非国家行为体以及其他跨国势力将继续抗衡和挑战美国的国家利益。国内外敌对势力很可能采取非对称（全新的或者创新使用的）方法和技术对抗美国，但我们也有机会通过多边合作来应对这些挑战。

许多民族国家有能力通过传统（如军事力量和间谍活动）和新兴（如网络战）方式威胁美国利益。

- 伊朗：实施核武器和导弹计划，支持恐怖主义，对美国及其盟国的敌对势力提供致命性武器援助，对美国在中东及其他地区的安全目标构成一系列威胁。

• 朝鲜：坚持发展核武器和弹道导弹，并将这些技术输出到第三方，加之其反复无常的行动特点和庞大的常规军事力量，仍然对东亚地区的和平与安全构成威胁。

• 中国：尽管同美国有许多共同利益，但其日益推进的自然资源主导型外交和军队现代化等因素，使中国成为一个较为复杂的全球利益挑战国。

• 俄罗斯：是美国在保证核燃料安全和打击核恐怖主义等重要行动中的伙伴，但仍可能继续寻求展现其国力和影响力，从而威胁美国利益。

与此同时，我们也有机会同包括上述国家在内的多个民族国家合作，在推进法治进程、推动代议制政府、促进自由和公平贸易、解决能源及棘手跨国问题等事务中维护共同利益。

非国家和次国家行为体日益冲击美国国家安全。

• 暴力极端主义组织计划采用恐怖行动——包括使用可能获得的核武器或者核装置——来攻击美国。这些团体遍布多个地区，目的是扰乱法制、破坏社会秩序、攻击美国战略伙伴，挑战美国的全球利益。

• 叛乱分子试图颠覆美国战略利益所在地区的薄弱国家。

• 包括贩毒集团在内的跨国犯罪组织可能渗透和破坏具有重要战略意义的市场，动摇某些民族国家，为叛乱分子和暴力犯罪集团提供武器、硬通货或其他援助，从而对美国利益构成威胁。

影响多国的若干力量和趋势——从不断变化的全球人口分布到资源争夺——对美国利益形成战略挑战，但同时也为美国获得全球领导地位提供新机遇。

• 全球经济危机可能通过激起政治动荡促进或削弱美国安全。在一些发展中国家，持续的经济放缓可能导致社会与政治动荡，而在另外一些国家，有可能侵蚀对以市场为导向的自由民主主义的支持，为独裁主义的出现创造机会。

• 失败国家和失控地区成为恐怖组织和犯罪组织的安全区，并使其有可能获得大规模杀伤性武器，也可能引起或加剧饥饿、种族屠杀以及环境恶化。

• 气候变化和能源争夺可能对国家安全产生二级效应，因为各国正在为全球变暖的影响早做准备（例如在水资源有限地区争夺水资源），并设法保护新的能源来源、运输路线以及提出领土要求。

• 快速的科技进步和信息传播继续改变着社会、经济以及政治力量，为敌对势力和竞争对手提供新手段的同时，也为美国保持或获取竞争优势提供了新机遇。

• 2009 年暴发的 H1N1 流感清楚表明，大范围流行病的威胁是对全球的健康、商业及经济繁荣的一种持久挑战。

战略目标

情报界有四个战略目标。为了达成这些目标，无论情报归属于哪里，我们都必须以明确的法律框架为指导，高效完成工作。前两个战略目标，由六个任务目标构成，涉及到我们必须完成的任务；第三个和第四个战略目标，由七个能力目标构成，描述了为支持任务目标，作为情报业界我们应当取得的成果。

• 帮助制定合理的国家安全政策。具体做法是通过不断追踪和评估国际安全环境，为政策决策者提供威胁预警并通告行动时机。我们将为决策者提供战略情报，以帮助其了解相关国家、地区和问题及其决策可能产生的影响。

• 支持有效的国家安全行动。情报界将为外交官、军事单位、跨机构组织以及国内各级执法机构提供可行动情报支持。我们还不时按照总统指示，在美国法律界限以内忠实地开展秘密行动。

• 打造平衡的更好的情报能力。利用情报界独特能力的多样性，并不断发展能力，以支持新任务和行动理念。我们必须整合情报界的各类能力，协同增效，不断地重新评估和调整投资，以便在执行当前任务的同时能够为应对未来的挑战做好准备。

• 作为一个单一的一体化团队开展行动。建立协作小组，利用情报界的各种情报能力，以满足上至总统、下至在外部署的军事单位等各级情报用户的需求。

任务目标

1. 打击暴力极端主义
2. 打击大规模杀伤性武器扩散
3. 提供战略情报与预警
4. 整合反情报工作
5. 加强网络安全
6. 支持当前行动

能力目标

1. 加强情报界任务管理
2. 加强伙伴关系
3. 精简业务流程
4. 改进信息融合和共享
5. 加强科技/研发
6. 建设人才队伍
7. 改进采购工作

一、任务目标

1. 打击暴力极端主义

洞察、监控和摧毁那些企图给美国、美国人民、美国利益及盟国造成重创的暴力极端主义组织。

暴力极端主义组织——主要包括“基地”组织及其区域分支机构和地方恐怖主义团体——继续对美国公民及其国内外利益构成严重威胁。

情报界全力支持美国政府，保护国土安全、挫败恐怖分子及其能力、遏制暴力极端主义的传播、防止恐怖分子获得或者使用大规模杀伤性武器。情报界的任务是识别、评估暴力极端主义组织，发出袭击预警，并生产精确情报以切断其财政支持，瓦解、摧毁或挫败其行动。

我们将以自“9·11”以来所取得的重要进步为基础，持续改善情报能力，提高对情报用户需求的支持质量和反应速度。

• 提供预警。提供及时的、可行动的恐怖袭击预警。

• 瓦解计划。参与和支持针对恐怖组织的瓦解行动，切断恐怖主义和犯罪活动之间的联系。

• 防止大规模杀伤性武器恐怖袭击。支持美国正在进行的防止恐怖分子获得或使用大规模杀伤性武器的行动。

• 打击激进主义。确定恐怖分子的激进化行动，为打击暴力极端主义提供机会。

2. 打击大规模杀伤性武器扩散

打击大规模杀伤性武器扩散，并打击通过国家和非国家行为体进行输送的渠道。

为打击大规模杀伤性武器的扩散和输送，情报界必须支持五个长期的政策目标：劝阻、防止、击退、威慑以及后果管理。情报界将同政府内外的伙伴合作，改善情报能力，支持为实现上述目标所采取的各项行动。

情报界必须继续提高以下领域中的情报能力：

• 劝阻。寻找美国及其盟国可利用的机会和手段，使相关方丧失对大规模杀伤性武器的兴趣。

• 防止。协助美国政府，防止与大规模杀伤性武器有关的原料、技术、资金以及专门技术的流通，加大对决策者防止大规模杀伤性武器扩散行动的支持。

• 击退。寻找美国及其盟国可利用的机会和手段，终止或击退大规模杀伤性武器或值得严重关注的相关能力。

• 威慑。提高掌握敌对分子使用大规模杀伤性武器计划、意图以及原则的情报能力，提高拒止敌方影响的能力。

• 后果管理。支持对敌方大规模杀伤性武器能力的特征描述以及反大规模杀伤性武器使用的对策制定，提高情报能力，支持对针对美国及其盟国或友国的大规模杀伤性武器进行及时归因，从而为美国政府减少或管理大规模杀伤性武器后果的行动提供助力。

3. 提供战略情报与预警

对战略走向及重大事件发出预警，以便决策者、军方及民政当局有效地威慑、阻止或迅速应对威胁，并抓住机遇。

影响未来安全环境的各种事件及趋势——经济不稳定、国家的失败、民主化的盛衰、地区强国的崛起、人口分布和社会势力的变化、气候变化、太空使用权问题、大范围流行病以及颠覆性技术的扩散等等——将对情报界提供战略预警、避免遭遇突袭的能力提出严峻考验。情报界大部分的分析骨干队伍都将工作重点放在了评估当下与近期重要事件上面。情报界必须提高预知和识别新兴挑战与机遇的能力。

为达成这一目标，情报界必须更好地整合长期性分析、趋势分析、战略预警以及机遇识别能力。这将帮助实现其他多种目标，包括长远政策规划、战略制定以及政策制定。我们必须查找在国家最优先事项上的知识漏洞，从而集中情报分析力量、制定情报搜集战略、生产出具有深刻洞察力的情报产品。我们也必须评估和调整情报界的分析资源、能力、知识技能和业绩，从而确保覆盖所有战略分析优先事项。扩大诸如红队分析法等情报分析方法的应用，能够确保情报分析产品的质量和完整性，并有可能针对最棘手的难题为我们提供崭新的解决方案。

情报界尤其应当：

• 拓宽专门知识。提供更为宽广、更为深入、更为优质的情报分析，尤其在经济、能源和自然资源以及非军事技术等方面。

• 加深理解。更加深刻地理解战区范围内的文化、政治、宗教、经济、民族及种族因素。

• 扩大对外联系。开展战略对外联系工作，同情报界以外的关键知识和专业技术中心建立联系。

• 加强合作。发展和使用新技术和情报能力，以加强合作，营造覆盖全情报界的开展合理战略分析的文化。

• 提高语言技能。提高掌握外语人员的数量和熟练度。

4. 整合反情报工作

提供能够融入整个情报流程的反情报能力，帮助制定政策和开展各类行动。

一些外国实体，包括国家和非国家行为体、暴力极端主义组织、网络入侵者以及犯罪组织，正通过越来越多的各种手段，日益侵害美国在众多领域中的利益。市场全球化和现代信息网络的开放化使敌方有可能实现自身目的。战略上，这些行为体试图操纵美国的政策和外交努力，毁坏或降低美国军事计划和武器系统的效力，破坏美国的经济和技术优势。战术上，他们企图渗透美国的关键基础设施、信息系统以及主要工业领域。

反情报界必须在美国政府各级发起协调一致、全面协作的行动，同时采取进攻性和防御性反情报手段，以开展识别、欺骗、利用、破坏等行动，抵御这些威胁。反情报界必须同时服务于决策者和行动者。任务包括：渗透和利用敌方、减轻内部人员威胁、为战略预警提供支持、确认情报来源、加强网络防护、评估情报采购面临的风险。

反情报界必须重点关注以下四个领域：

• 探查内部人员威胁。探查利用其访问授权损害美国利益的内部人员。

• 渗透外国机构。渗透敌对的外国情报机构，确定其意图、能力及行动。

• 整合反情报工作和网络。在网络领域采取反情报手段以保护重要基础设施。

• 确保供应链安全。保护国家安全界的供应链不受外国情报部门的侵害。

5. 加强网络安全

了解、查明并应对敌方的网络威胁，保护国家信息基础设施的安全。

主要基于国际互联网的国家数字基础设施体系既不安全也不可恢复。民族国家和非政府组织正损害、窃取、篡改或破坏网络信息，并有可能破坏经济和国家安全所依赖的信息系统。通过探测敌方网络活动并对其进行归因，拓展对敌方能力、意图以及网络弱点要害的认识，情报界在增强网络安全方面发挥着不可或缺的作用。

为达到国家网络安全指南的要求，情报界已经在采取新举措、发展新能力方面取得了一些进步。但是在此基础上我们还必须：

• 利用伙伴关系。整合全情报界以及盟国情报机构、工业界和学术界的网络专业技术。

• 保护美国基础设施。针对网络安全威胁，查找我们在情报搜集能力和情报分析知识库方面存在的缺陷，对其轻重缓急排定优先处理顺序，并一一弥补相关缺陷。

• 打击针对非传统目标的网络威胁。将更多的资源集中到识别和消除针对非传统情报用户的网络威胁上来。

• 管理网络任务。加强整个情报界的任务管理流程，具体是指：实现协同规划与执行，以及为网络行动提供可升级的基础能力的流程。

6. 支持当前行动

支持当前的外交、军事及执法行动，尤其是反暴乱、安全、维稳、过渡及重建、国际反毒品和边境安全行动。

情报仍会在众多当前任务中扮演重要角色：击败阿富汗塔利班武装、稳定伊拉克局势、遏制贩毒集团、保护人员和货物的自由合法流通以及应对新的突发事件。这些当前行动已经大大拓展了情报界的任务范围，并对其资源和分析能力提出了很高的要求。

在为众多复杂和危险的情形提供可行动情报方面，情报界已经取得了显著的进步。然而，我们需要继续开发新手段，消除或减少影响工作效率和效力的障碍，秉承技术、分析、语言及操作方面的优势来支持军事、执法和民事行动。我们还必须继续改善情报部门和执法部门之间的合作，探查并积极应对威胁国土安全的行为。我们应重视：

• 监视时敏性目标。针对时敏性目标进行多学科、高保真的情报搜集和分析工作。

• 前沿部署情报搜集和分析力量。将情报界分析人员部署在作战环境中，作为整体业界方案的重要部分。

• 共享信息。增强同外国政府、联邦民事部门以及各州、地方、部落和私营部门合作伙伴之间共享情报的能力。

二、能力目标

1. 加强情报界任务管理

采用任务管理法作为理想的管理机制，以确保在处理优先事务时，组织和提供情报支援。

在执行具体任务时，情报界通过整合各部门的情报能力，发挥最大工作效能。任务管理为情报界提供了一种机制，使它可以集中力量应对最优先任务，但它不指挥各部门的工作。任务管理领导层加大情报分析和搜集的整合力度，这样可以找出情报漏洞，制定和实施综合解决方案，并为情报分析人员、决策者及行动人员提供更多的真知灼见。

我们必须利用近年任务管理的最佳实践，设法促进其发展进步，在整个情报界整合这些实践经验，并鼓励各级领导层主动运用这些实践经验。任务管理必须成为应对所有最具挑战性任务的规范，而不是例外。情报界进行任务管理的原则是：

• 创造整体合力。在统一指挥下，协同工作，调用一体化的、分工明确的多元情报队伍，从而确保情报界充分发挥全部能力来应对挑战。情报界任务管理有助于制定统一的战略，以确定完成任务所需的行动、资源以及政策。情报界各机构是合作伙伴关系，为了圆满完成任务，它们分享情报、能力以及资源。

• 确保责任落实。指定某个人、团队、中心或执行部门，代表国家情报主任，为情报界管理国家级任务。

• 量身定制情报支援。允许任务管理部门采用多种形式。没有任何一种方案能够适合所有的情况，所以我们需要采取灵活方法，提供量身定制的情报支援。有些形式的任务管理需要建立一个类似于国家反恐中心、拥有大量工作人员的大型中心；而另外一些只需类似于战略封锁小组的非正式、较小编制的小组。

• 培养灵活性。在所有任务中灌输任务管理法，鼓励各级主动满足任务需求。我们的体制必须使情报界能应对国家面对的最重大复杂挑战，包括突发事件和需要整个情报界下大力气解决的事件。各类任务中心必须迅速识别和满足情报需求，同各种政策及行动组织保持联系，并且提供及时、相关的情报支援。

• 加深联系。要加强与情报用户之间的互动，不管他们是决策者还是外派行动人员。各类任务中心必须与情报用户保持直接联系，同时向情报界各机构或国家情报主任通报最新进展和需求。

• 倡导任务管理。为应对复杂挑战，我们必须建立任务团队，这就需要在职责、任务分配，分析产品生产以及情报共享政策等方面进行大幅改革。情报界必须协同工作，鼓励各级领导采取任务管理法，确保任务团队能够得到所需的制度保障和必要资源，并且不断地审视建立团队或中心所产生的影响以及所取得的成效。

2. 加强伙伴关系

加强现有伙伴关系，同时与国外、国内、公共与私营实体建立新的伙伴关系，以更好地访问信息和情报来源，并确保情报界能够恰当地分发其所提供的产品与服务。

情报界必须利用伙伴关系，以获得成功完成任务所需的访问权限、专门技术和观点视角。伙伴关系对于解决那些超越传统组织界线的跨国问题尤其重要。在某些情况下，这意味着深化传统的合作关系，在另一些情况下，这意味着打造非传统新型关系。

我们的对策必须同更宽泛的国家政策相一致，并通过明确界定角色、职责和权力的政策，实现整个情报界内部的协调一致。伙伴关系的范围、紧密程度和持续时间各有不同，这反映了需求类型、预期收益及风险的不同。各种伙伴关系在任务区域、任务时机和任务强度等方面也可能存在差异。为满足这些数量众多有时甚至相互冲突的需求，我们应确定在何时，在何种情况下，建立何种伙伴关系，并对这些问题按照重要程度排序；协调情报界各机构之间的互动，以实现共同目标和优化利用各类资源；对各种伙伴关系的效用进行单独评估和整体评估，并针对性地做出相应调整。

为增强伙伴关系，我们必须注意以下几个方面：

• 建立相互了解。使合作伙伴更加深入地了解情报界及其能力，也使情报界了解合作伙伴所带来的好处。

• 拓展伙伴关系。同各种伙伴建立新的合作关系，并在合作伙伴之间建立联系，促进合作与情报分享。

• 建立新的伙伴关系。同新的伙伴，尤其是情报界传统上与其并无联系的伙伴，建立互信，并对情报需求、情报能力及任务达成共识。

3. 精简业务流程

精简情报界业务流程，利用通用业务服务来增强任务保障能力，并更加高效地使用纳税人的钱。

情报界面临着与其业务和安全系统环境相关的诸多严峻挑战：系统和基础设施冗余，通用性差；由于数据质量和完整性较差，无法完成财务审计；业务流程和安全审查流程各不相同，效率低下，界定不清，成果不明。我们需要更及时地获取关键信息，也需要更加便捷地在业界层面汇集特定的信息。

为了应对这些挑战，消除冗余，改革业界的业务和安全工作，情报界必须：

• 推动业务工作现代化。使用创新方法，集思广益，并采用能向情报界高级领导层通报关键资源和问题现状的公认最佳实践，以此来实现业务工作和流程的转型。

• 采用各类标准和流程。制定和运用业界业务标准和流程，实现行动和服务的现代化，并根据已经确立的绩效目标对其加以改善。

• 建设一个共享的业务/任务环境。建设一个共享环境，改进业务工作和服务能力，提高任务执行能力，简化情报界领导层获取业务信息的流程，优化纳税人资金的使用。

• 整合安全措施。确保安全措施得到简化，并将其整合进变革后的业务流程中，以保护国家情报、情报来源和手段。

• 展现健全的财务管理。遵循相应的法律和美国政府管理与预算办公室的指导方针，实现财务管理透明、责任落实明确、财务状况可审计。

• 促进强有力的咨询和监督。在工作流程、业务操作及服务方面，有效咨询监察长、法律顾问及各情报机构中负责保护隐私和公民自由的官员的意见，并接受其监督。

4. 改进信息融合和共享

从根本上改进信息技术的应用——包括信息管理、信息融合、共享经验、系统和体系结构（既包括情报界内部的共享，也包括与更广泛的情报用户和合作伙伴的共享）——在抵御危害风险的同时，履行提供信息和情报的职责。

情报界面临数据类型和数量的爆炸性增长，同时也面临情报处理速度和能力的指数级增长。对我方网络和情报完整性的威胁也已经急速增大。我们的合作伙伴和情报用户越来越希望我们在有限的时间内发现、获取、分析、分发情报信息。在保护情报来源和方法、尊重美国公民隐私和权利的同时，我们有责任共享情报。

我们的信息政策、程序及体系必须能够应对上述情况，与此同时还要提供一个可靠的环境支持行动的开展，即便在受到攻击时。必须加速推进与信息共享和信息系统相关的倡议和计划，并同步提供各类信息能力。此外，我们必须密切跟进技术和任务需要的变化。

情报界必须关注如下方面：

● 确保环境安全。建设通用、有效、可靠、安全的基础设施，保证无论情报界各机构或他们的情报用户地处何方，均可提供情报，并以此为基础，建设世界一流的、覆盖整个情报界的可靠的信息环境。

● 确保解决方案合理化。迅速采纳简单、合理、有效、跨领域的（装备和非装备）解决方案，必要时停用和淘汰老旧系统。

● 实现信息流动。在恰当的密级范围内及时传递定制信息的同时，整合信息发现和访问工作，确保获得授权的情报界工作人员能够安全地发现和访问信息。

● 改进信息聚合及分析工作。随着数据与信息数量和种类的急遽增加，情报界必须弥补其“获取资料”和“分析理解资料”这两种能力之间的差距。

● 提高网络安全意识。在整个情报业界（包括情报界合作伙伴和情报用户）中，提高人员的网络安全意识，加强网络安全培训。

5. 加强科技/研发

以足够的规模、范围和速度为情报界发掘、开发和应用科技/研发成果，使其保持对现有及新兴对手的优势，并在有些情况下获取新优势。

科技的迅猛发展为情报界提高生产率、效率以及机动灵活性提供了良机，但由于科技越来越易于获取，因此我们的敌人也能从中受益。历史证明，紧贴科技前沿对情报界提高自身情报能力发挥着关键作用。

情报界科技部门的工作重点取决于若干因素。技术的改造、采用和开发以“技术推动”“能力牵引”及“任务牵引”为综合依据。我们所面临的各种任务要求我们将创新方案用于诸多领域，从重要的长期情报信息搜集系统到高级分析技术，从秘密传感设备到安全可靠的网络与通信系统。我们的研发部门必须能够在大范围、往往高风险的长期对策和小范围、渐进式的能力提升之间保持平衡，前者可带来能力的大幅提升或者产生完全出乎意料的新能力，而后者可快速投入使用，并在使用过程中对其进行调整和改进。

我们必须在整个情报界统一管理科技/研发工作，以加速技术开发，加强部门合作，开发新的意料之外的解决方案，并保护诸如隶属于情报高级研究计划局的“高风险/高回报”项目。其他具体工作重点还包括：

• 转化新技术。适时推动科技解决方案向业务用户转化，并在主系统采购中更多运用科技解决方案。

• 拓展伙伴关系。同学术界、工业界、美国及伙伴国政府、任务客户以及非政府性质的技术卓越和创新中心建立联系。

• 关注最新趋势。评估全球技术趋势，发掘现有和可能的科技突破及新兴技术，并将其整合到情报界能力当中。

6. 建设人才队伍

吸引、培养并保留一支来源多样、专注结果、表现优异的情报人才队伍，他们需要掌握专业技术知识且具备杰出的领导能力，以应对美国面临的安全挑战。

在构建灵活机动的情报业界和营造协同工作的文化氛围过程中，人是核心要素。我们必须一如既往地打造一支具有专业技术、语言技能、文化理解力和专门知识的多样化情报队伍，能够进行跨机构工作并满足任务目标的不同要求。

为达成这一目标，情报界必须：

• 打造一支多样化的、均衡的员工队伍。雇用、培养并保留一支在各方面——文化、种族、血统、民族、性别、语言及经历——体现出多样化的员工队伍，并使其均衡分布在军事、非军事部门以及承包商中。

• 加强专业培养。培养、奖励并保留专业技术知识和专业领导能力，包括科技领域的专业技术知识和专业领导能力。

• 培养相关专门技术。以国家安全和情报优先事项为标准依据，教育和培训员工。

• 鼓励优良的业界风气。鼓励员工积极主动、勇于创新、协同工作、足智多谋和充满活力。

• 部署一体化的、灵活机动的工作团队。整合和部署跨功能领域、跨机构的员工团队，以达成任务目标。

• 营造领导人奋勇争先的文化。在各级组织营造并保持负责人事、专业、技术及管理的领导人奋勇争先的文化。

7. 改进采购工作

在主系统的采购领域，改进成本、进度、性能、规划、执行及透明度等方面的工作，同时鼓励创新、加强灵活性。

在达到既定的成本、进度及性能预期的同时，出色的采购工作需要灵活的决策和严格的执行，以充分发挥科技的作用。主系统采购工作可为满足未来任务需求提供重要的新能力。当需要时，它能够在具有较高成本效益的前提下提供情报能力，从而提高任务效率，使领导者更加灵活地使用资金，并弥补某些缺陷。

必须缩短情报采购与交付之间的时间差，以便进行技术创新并最大限度地利用新技术。灵活决策和严格执行要求我们：

• 培养合格的采购专业人才。为情报界规划和实施重要采购计划提供专门知识。情报界的采购队伍必须经验丰富，并在国家情报主任办公室的支持下，到上一级单位接受过情报采购最佳实践的教育与培训。

• 采用高效的采购流程。在执行情报采购的过程中，运用系统工程、合同订立、技术成熟、成本估算及财务管理等方面的最佳实践。情报界各机构必须严格记录和执行这些流程。国家情报主任办公室应确保最佳实践在整个情报界得到运用。

• 与其他补充性流程保持一致。将重要采购计划的设计、规划以及执行同情报界和国防部的其他流程保持同步。“需求”流程必须清楚地界定情报用户的预期；“成本估算”流程必须同年度预算的制定保持一致；而“人力资源”流程则必须为成功完成任务提供所需人员。

• 将决策权下放。赋予采购主管和计划主管管理各类项目的权力，并要求他们对结果负责。为了简化决策流程，国家情报主任将在最大程度上下放重要的法定决策权，但前提条件是相关情报界机构一向表现优异，工作透明度高，并向监管机构毫无保留地提供信息。

国家情报主任在执行《国家情报战略》中的作用

根据法律和行政命令，唯有国家情报主任才享有领导情报界、管理“国家情报计划”的权力。《国家情报战略》是国家情报主任代表总统和国家安全委员会履行职责的主要载体。国家情报主任领导情报界执行《国家情报战略》时所发挥的作用包括：

• 制定明确、可测的远期和近期目标。国家情报主任制定情报工作日程，将情报用户的需求转化为情报工作优先事项，并据此进行资源管理和进度评估。

• 领导解决跨域问题。在跨越情报界部门界限、需要进行协调的问题上，国家情报主任行使领导权，以统一不同部门的激励措施，并实现按照统一标准行事。

• 利用政策和预算提供指导。国家情报主任应发布政策指令，以明确情报界各机构的任务和职责，以便他们高效地达成《国家情报战略》远期和近期目标。尤为重要的是，国家情报主任可发布政策，实现或促成各个单位的合作，以达到其指示要求。国家情报主任还应确定提交给总统的“国家情报计划”预算清楚，并监督预算资金的使用，从而为国家层面的优先事项提供适当的资金支持。

• 推动各机构能力的整合。国家情报主任以“联合的”视角，整合各部门的情报能力，以促进各部门协同运作、提高工作效率，确保情报界的整体能力大于单个组成机构的能力。尽管各情报机构之间自然而然会存在一定程度上的合作，但国家情报主任尤为关注的是减少不必要的冗余和提升共同效率。

• 监督各机构及领导层的绩效。国家情报主任将设定并督促落实绩效指标，主要方式包括：审查情报界各机构的战略规划是否符合《国家情报战略》，对照《国家情报战略》设定的目标评估各部门和整个情报界的进度，批准明确规定情报界各机构领导人应如何负责落实《国家情报战略》的个人绩效责任书。

情报界各机构同样也有责任制定规划、方案和政策，发展各类情报能力，以支持本战略设定的目标。

结　语

《国家情报战略》为情报界指明了工作方向，它帮助情报界专注于国家赋予的任务，提高业界的灵活性，加深我们的理解，使我们可以更好地支援情报用户。现在，我们必须将该战略转化为倡议、计划和情报能力。关于规划、预算、政策、采购的决策以及情报界的一切行动，都应反映本战略的内容。我们应将本战略中的近期目标融入“情报规划指南”，并整合进有关综合项目开发以及预算方案的指令之中。制定服务于本战略各项目标的具体措施和方案，将确保我们在落实过程中能适时评估进度并调整方法。我们只有成为一个统一的业界，才能应对前所未有的诸多挑战，才能把握时机，确保美国及其盟国、朋友以及志同道合的国家的安全。

附录三　2014 年美国国家情报战略[①]

（2014 年 9 月发布）

前　言

我经常公开表示，我们正面临我 50 年情报职业生涯中最纷繁复杂的威胁，这是事实。但相比 13 年前，我们的组织结构更加合理，可以更好地应对这些威胁，这也是事实。“9·11”之后的 10 年里，在《国家情报战略》的指引下，我们对情报界进行了加强和整合。

这是我们的第三份《国家情报战略》，它将在未来 4 年指引我们更好地服务于情报用户的需求，支持国家安全事务决策，并最终使我们的国家更加安全。面对国内及全球环境的巨大改变，我们必须时刻准备迎接 21 世纪的挑战，并发现新的机遇。本战略旨在推动我们履行使命，并使我们的目标与国家战略相一致。《国家情报战略》给我们提供了机会，使我们可以把国家优先目标传达给我们的员工队伍、合作伙伴和用户——从政策制定者到作战人员，到危机反应部门，再到我们的民众。

为了妥善应对当今复杂动荡的战略环境，我们必须：（1）巧妙履行使命，找到方法，更有效地利用我们的伙伴和潜在合作伙伴的大量成果；（2）继续整合、转型并加强情报界对国家安全的支援；（3）保护隐私和公民自由并恪守“情报界职业道德准则”；（4）适

---

① Office of the Director of National Intelligence, The National Intelligence Strategy of the United States of America, September 2014, http: //www. dni. gov/files/documents/2014_NIS_Publication. pdf.

应不断变化的需求和资源条件，持续创新以提供独特的预测性和战略情报。

上一版《国家情报战略》发布以后的5年里，我们在推进情报一体化方面已取得巨大成就，这里面既有引人瞩目的行动成果，也有业界在各方面的显著改善。我们必须团结一致，在新版战略的指引下，以过去的成功为基础，努力降低风险。我们必须通过诸如“情报界信息技术业界”等倡议，作为一个一体化的情报界继续演变，继续提高我们的技术与专业能力，继续在任务管理和业界管理方面取得进步。

我们肩负重任。高层决策者依靠我们做出明智的国家安全决策，美国人民有赖于我们在增加透明度、保护隐私和公民自由的同时，保护我们的国家免受攻击。我们必须尽可能提供最好的情报以支援这些目标的实现，这是所有敬业的情报界专业人员的共同责任。我们将与合作伙伴们一道，实现我们的愿景。

感谢你们在共同为实现目标而奋斗的过程中忠诚使命、维护民众的安全。

詹姆斯·R·克拉珀

国家情报主任

目　的

为了支持《国家安全战略》中关于国家安全的优先目标，《国家情报战略》为情报界提供了国家情报主任有关未来四到五年情报界任务方向的指示。情报界的活动必须与国家安全优先目标相一致并对其做出及时反应，还必须遵守国家宪法和相关法律并接受国会的监督。《国家情报战略》应当配合《国家情报优先任务框架》和《统一情报战略》，以指导任务、计划、规划和预算工作的开展。

结构框架

《国家情报战略》主要有四部分组成：（1）“战略环境”部分描述了全球国家安全背景；（2）“任务目标”部分描述了重要优先任务和预期结果；（3）“能力目标”部分描述了保证任务成功所需的资源与能力水平；（4）“战略实施”部分为满足《国家情报战略》的要求提供了广泛的组织指导。

对整个情报界来说，衡量我们成功的标准既包括我们是否捍卫了美国的价值观，也包括我们是否成功完成了情报任务。下面简要描述情报界的任务和愿景，这是我们任务目标和能力目标的基础，而所有这一切都建立在“情报界职业道德准则”基础之上。

情报界的任务

提供及时、见解深刻、客观和相关的情报，以支持国家安全事务和重大事件决策。

情报界的愿景

建设一个高度一体化、灵活、坚韧、创新并体现美国价值观的情报界，使我们的国家更加安全。

情报界职业道德准则

作为情报从业人员，我们恪守以下基本行为准则。这些准则反映了情报界所有人员——不管他们担任何种角色、隶属哪个机构——需要遵守的职业道德标准。有些准则在其他一些指导文件中也有反映，如关于核心价值观的文件，以及《行为准则：政府官员与雇员职业操守准则》等。尽管如此，情报界在此统一重申一下这些基本准则还是非常重要的，因为是这些准则将我们团结起来，使我们有别于其他行业。

使命。我们为美国人民服务，我们明白自己的使命需要我们为国家安全做出无私奉献。

真理。我们寻求真理，向权力说真话，客观地搜集、分析并提供情报。

守法。我们拥护并捍卫美国宪法，遵守美国法律，确保在执行任务时尊重隐私、公民自由和人权。

正直。正直是我们的行为标准，我们时刻牢记，无论是我们的公开还是非公开行为，都应反映情报界总体上的正面形象。

服务。我们是值得公众信任、负责任的公仆。我们审慎使用情报权力与资源，努力保护情报来源与方法，通过恰当渠道报告不当行为，对自己负责，对监管机构负责，最终对美国人民负责。

卓越。我们将不断改进工作表现与业务技能，负责任地共享信息，与同事互相协作，灵活创新以应对新兴挑战。

多元。我们以我们国家的多元化为自豪，致力于提升我们队伍的多样化与包容性，鼓励思维的多元化。

一、战略环境

美国面临一个十分复杂、不断演变的安全环境。在这样的环境中，各种威胁危害极大，无处不在，难以捉摸。情报界仍需聚焦网络空间情报、反恐、反扩散和反情报任务，以及在全球范围内挑战美国国家安全和利益的国家和非国家行为体所构成的威胁。

主要民族国家继续挑战美国利益。东亚的稳定符合中国的利益，但中国的战略意图仍不明确，其军事现代化值得关注。俄罗斯可能继续重振其实力与影响力，从而损害到美国利益，但在有共同利益的方面，可能会愿意在重要安全事务上同美国合作。情报界仍将继续关注朝鲜的核计划和弹道导弹能力的发展，以及其在国际上的强硬立场。伊朗的核计划、导弹计划、对恐怖主义的支持、政权变迁及其他正在发展中的军事能力都仍将是情报界关注的重点。中东和北非地区的局势可能会愈发不稳，这也需要情报界持续保持警惕。最后，情报界还需对全球不时爆发、可能威胁美国利益的冲突持续保持警惕。

暴力极端主义集团和跨国犯罪网络威胁到美国的安全，对美国国内外利益提出挑战。“基地”组织及其分支机构和附属人员继续策划针对美国和西方国家的攻击，并寻求使用大规模杀伤性武器。跨国犯罪集团的活动可能对相关政府、市场乃至整个地理区域造成影响，导致动荡。情报界将更多地服务于维护国土安全和实现军事及外交政策目标。

国内环境。随着美国政府紧缩预算，情报界也面临财政挑战。我们必须以创新方式满足任务需求，在资源减少的情况下继续维持我们的核心能力。同样，我们的情报用户和合作伙伴也面临资源紧张的挑战。尽管资源的限制要求情报界接受并平衡风险，但应对这些挑战也为情报界加强伙伴关系、开展信息共享和对外合作交流创造了更多的机会。

美国将继续面临内部人员和其他人员非法泄露信息的威胁。这些行为将威胁美国的情报来源、方法、能力和行动，影响国际和国内政治形势，降低我们执行情报任务的能力，损害我们的国家安全。

全球环境。全球力量越来越分散。新的结盟和非正式网络——在传统力量集团和国家政府之外——将越来越多地对经济、社会和政治事务产生影响。要应对复杂的安全挑战，情报界需要关注更加广泛的各种行为体。私人、公共、政府、商业和意识形态领域的行为体在地区和虚拟世界里的影响力越来越大。全球中产阶级的未来崛起和他们日益增长的期望将引发经济与政治变革。有些国家和国际机构将面临挑战，无法有效地施政或运转。

面对人口变化、资源紧张、气候变化和全球流行疾病的暴发，许多政府将很难满足人民的基本需求。这将进一步加剧贫困、环境恶化、政治动荡和社会紧张所带来的威胁，导致恐怖活动和其他形式暴乱的滋生，使我们面临的威胁成倍增加。冲突和大规模暴行的危险可能会增长。

小规模地区性行为将产生意想不到的持续影响。各种组织会提出、鼓吹并实现其政治、社会和经济变革目标——而这些组织并没有集中领导。识别、理解并评估这样的运动对情报界来说既是持续挑战也是机遇。

技术。技术不断发展，既带来好处也带来挑战。技术的发展可以大大提高人的健康、就业、生产力、全球通信和投资水平。

技术也将导致各种难以预料、无从准备的变化快速出现。这些力量将考验政府的能力，并有可能威胁美国公民和海外利益的安全。技术发展也可能会增加系统的脆弱性，因为外国政府和非国家行为体企图利用新兴技术为自己谋取利益。

自然资源。针对稀缺资源（如食物、水和能源）的竞争将加剧国家内部以及国家之间的紧张关系，导致更多的局部或地区冲突，或加剧政府动荡。相比之下，美国以外的潜在资源和美国通过国内生产满足所需石油需求的可能性将可能极大影响全球能源市场，并改变美国和其他产油国之间的力量对比。

二、任务目标简介

下面七个任务目标主要描述了情报界为了向用户提供及时、有见地、客观和相关的情报，而需要优先达成的目标。情报包括对外情报和反情报。任务目标旨在应对情报界面临的所有地区性和功能性问题，情报界可通过《国家情报优先任务框架》获知他们的优先顺序。

情报用户

总统

国家安全委员会

行政部门各部、局负责人

参联会主席和高级军事指挥官

国会

国家情报主任认为合适的其他机构或个人

资料来源：1947 年《国安安全法》修订版

以下三个任务目标是情报界无论面对何种威胁或专题都必须完成的基础性情报任务：

一是战略情报，即帮助情报用户理解持续存在的国家安全事务并丰富该理解；

二是预测性情报，即侦测、识别问题苗头和异常现象并提供预警；

三是当前行动，即支援正在进行的活动和敏感情报行动。

以下四个任务目标指出了情报界必须完成的专题任务：

一是网络情报，即提供关于网络威胁的情报；

二是反恐，即了解并应对从事恐怖主义及相关活动的组织或个人；

三是反扩散，即打击大规模杀伤性武器的威胁与扩散；

四是反情报，即挫败外国情报实体的行动。

1. 战略情报：提供关于持续存在的安全事务的战略情报，以加深用户的理解，保证其决策优势。

战略情报是提供深入的背景、知识和理解以支持国家安全决策的过程和产品。

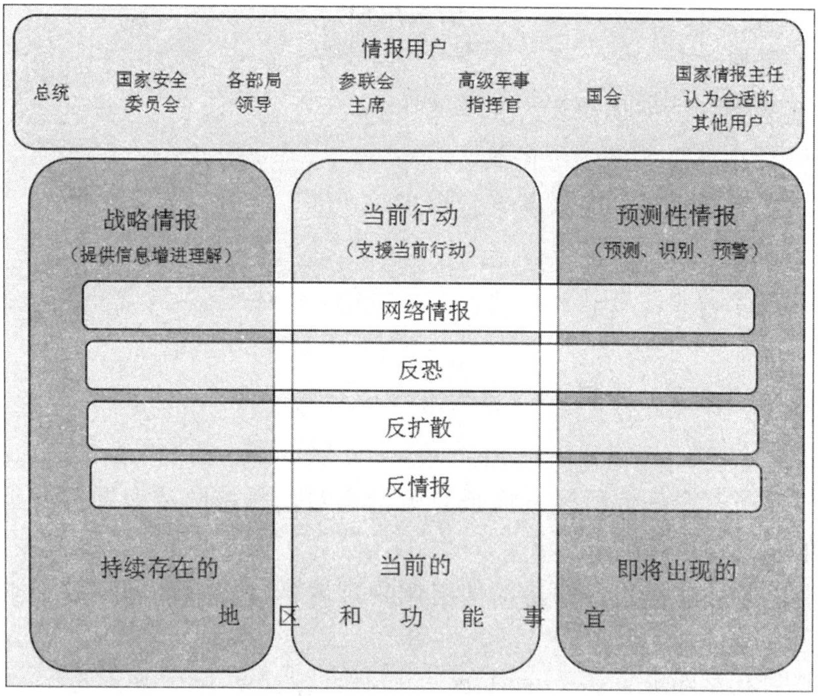

战略情报的根本在于理解国家和非国家实体的历史、语言和文化，他们的主要领导人及反对者，他们的目标和关切，以及他们的自然资源、技术和跨国事宜。情报界通过研究、知识生产、对外交流合作和各种技术手段透彻理解重要国家情报问题，从而为各种政策和战略部门提供深层背景知识。

为达成该目标，情报界将：

• 加深对战略环境的理解，以帮助情报用户实现国家安全目标以及特定的任务目标和专题目标；

• 了解并评估外国能力、活动和意图，使情报界用户对此有更深入的了解并能准确地把握；

• 提供深入的、基于背景的客观分析和专业知识，以支援美国国家安全政策和战略。

2. 预测性情报：感知并预测即将出现、可能会要求国家安全态势、任务重点发生快速变化的条件、趋势、威胁和机遇，并提供预警。

> 预测性情报是指聚焦各种趋势、事件、态势变化所进行的情报搜集与分析的产品，目的在于识别和描述可能影响美国国家利益的潜在或紧迫的异常现象、重大事件、重要机会或威胁。

战略环境变化的复杂度、规模和速度将考验情报界提供有见地的可行动情报的能力，这些情报必须真实、及时、覆盖面广，使美国能够有效消除威胁、利用机会。情报界将加大定量分析方法的使用力度，并加强其传统的定性分析方法，尤其是那些鼓励新视角、挑战传统假设的方法。随着情报需求的不断变化，预测性情报对于实现情报界资源的有效分配至关重要。情报界将提高其预见、预报和预警能力，提醒分析部门关注潜在事宜、为国家安全用户提供早期预警，确保他们拥有最佳行动机会。

为达成该目标，情报界将：

- 打造动态水平扫描及发现能力，以评估能够影响美国国家安全变化的及新兴的态势与事务；
- 加深对基本态势、重要议题和发展趋势的理解，以探测细微变化、评估其可能的发展轨迹并预测其对美国国家安全的影响，进而创造机会以发出警告或预警；
- 发展一体化能力，在情报界内部发出警告并为情报用户提供及时相关的预警。

3. 当前行动：提供及时的情报支援，实现行动和国家安全目标。

> 对当前行动的情报支援——无论是搜集、分析、反情报抑或是情报行动——存在于所有情报界机构，并涉及到情报界关注的几乎每个专题。对当前行动提供情报支援的主要特点是支援的紧迫性。除了反应迅速以外，此种支援也将影响到未来行动与调查活动。

情报界将适应不断演变的行动需求，为用户提供其所预期的强大支援并进一步增强自身能力。情报界不仅需要推动政府的全部力量来采取行动，以打击恐怖分子和跨国有组织犯罪、应对网络威胁和新兴危机（从地理政治危机到人道主义危机），还需要支持某些势在必行的政策，如亚太再平衡战略和阿富汗撤军。面对一系列支持军事、外交和国土安全行动的任务，情报界将区分轻重缓急并降低风险，在拒止区域开展行动，平衡好前沿存在和强大的回传能力，并提供良好的行动弹性，以更加全面地实现情报与行动的一体化。

为达成该目标，情报界将：

- 提供及时、灵活的可行动情报支援，以获得并保持行动决策优势；
- 与各种合作伙伴融合协作，最大限度地发挥情报能力效率，并扩大其运用范围，以支持各种行动；
- 开展敏感情报行动，以支持开展有效的国家安全活动。

4. 网络情报：侦测并理解各种网络威胁，以支持国家安全决策、网络安全和网络效果行动。

> 网络情报是指针对特定对象而开展的全源情报信息搜集、处理、分析和分发活动。具体工作对象包括：外国行为体的网络计划、意图、能力、研发、战术、活动和征候，以及这些对美国国家安全、信息系统、基础设施和数据的影响或潜在影响；网络特征，或针对外国信息系统的组成、结构、使用、弱点的见解。

国家和非国家行为体常利用数字技术获取经济和军事优势、激起动荡、加强对网络内容的控制以及达成其他战略目标——他们的速度非常之快，以至于我们还来不及理解其对于我国安全的影响并采取措施降低潜在的风险。为了达成国家目标，我们的用户越来越依赖情报界关注当前和潜在的网络威胁与意图，并及时提供可行动情报和更加深入的见解。情报界还提供保护美国政府网络、其他关键通信网络和国家基础设施所需的专门技能。为了更有效地开展工作，情报界将发展其网络能力，包括网络攻击归因能力。情报界将重点识别相关趋势并提供背景知识，以加深情报用户对网络威胁、弱点和影响的理解。

为达成该目标，情报界将：

- 增强我们对主要外国网络威胁行为体的防范意识并加深理解——包括他们的意图、能力和行动——以满足数量日渐增长、复杂性不断提升的网络相关需求；
- 扩大可行动网络情报的定制化生产与分发，以支持重要信息网络和关键基础设施的保护工作；
- 拓展我们支援网络效果行动的能力，以保卫国家和保障美国的国家利益。

5. 反恐：识别、理解、监控并打击从事恐怖主义相关活动，从而有可能伤害到美国国家、人民、利益和盟友的国家或非国家行为体。

恐怖主义威胁动态和多样化的本质将继续对美国及其利益构成挑战。情报界需要继续强调其目标定位、搜集和分析等重点工作。情报界支援政府在反恐方面的所有努力，包括：防止国土遭受恐怖袭击、打击威胁美国海外利益的恐怖分子、应对影响恐怖分子活动的暴力极端主义意识形态的扩散、摧毁非法金融网络和其他支持网络、打造国内外反恐能力等。我们的政府和合作伙伴必须预测、侦测、阻止并打击恐怖活动，无论其在何处，以何种方式威胁到美国的利益。情报界将继续监控恐怖主义威胁，以保卫我们的国家、评估可能引起未来恐怖图谋的战略因素并提供预警。

为达成该目标，情报界将：

- 进行创新性分析，以支持国家打击那些威胁美国及其利益的恐怖主义行为体；
- 提供有见地的分析，以遏制暴力极端主义意识形态的扩张；
- 预见新的、正在形成的恐怖活动威胁并寻找反制机会；
- 打造应对国内外恐怖活动的恢复力和适应力。

6. 反扩散：打击国家和非国家行为体所形成的大规模杀伤性武器威胁，以及大规模杀伤性武器及其运载工具的扩散。

打击大规模杀伤性武器扩散对情报界提出越来越多的需求和挑战。情报界需要支持相关各种目标的实现，既包括打击大规模杀伤性武器所构成的威胁，武器本身及其运载工具的扩散，也包括打击大规模杀伤性武器相关材料、技术和专业技能的威胁及扩散。情报界将与美国政府内外的合作伙伴一起努力，以更好理解和探测外国的大规模杀伤性武器能力、计划和意图，并提供预警，挫败大规模杀伤性武器的获取及使用，支持美国相关政策与倡议的提出。

为达成该目标，情报界将：

- 发展情报能力，提供信息支持美国各种相关政策和努力，包括劝阻或防止有关国家获取大规模杀伤性武器相关技术、材料或相关专业技能，或恢复其先前计划；
- 加深对既有的国家大规模杀伤性武器计划的了解，以支持美国相关反扩散决策、政策和行动，使有关行为体中止、取消或不敢使用大规模杀伤性武器；
- 支援跨机构行动，以保证全球大规模杀伤性武器库的安全，警告并阻止向恐怖分子、极端主义分子或其他非国家行为体转让大规模杀伤性武器相关材料、技术和专业技能；
- 提高美国预测和管理危机、支援政府采取一体化行动的能力，以减轻大规模杀伤性武器的使用或失去国家控制所带来的恶劣影响。

7. 反情报：识别、理解并挫败外国情报实体损害美国经济和国家安全的努力。

外国情报实体是指任何已知或被怀疑从事相关情报活动的外国机构、个人或（公共、私人或政府）集团，其所从事的情报活动包括：获取有关美国的信息，阻碍或破坏美国的情报搜集工作，非法影响美国的相关政策，或破坏美国的各类系统和计划。该术语包括外国情报与安全部门，以及国际恐怖主义分子。

传统和非传统对手的情报活动对美国的安全与繁荣持续构成巨大挑战。外国情报实体始终瞄准美国政府、私营部门和学术界，企图获取国家安全信息，并取得经济、外交、军事或技术优势。

情报部门将识别可能被对手利用的新兴技术，避免其危及美国的秘密信息与资产、制定并采取强有力的战略，减轻对手活动的影响。反情报活动必须融入情报流程的各个环节之中。

为达成该目标，情报界将：

- 理解、预测外国情报实体日益增强的能力并加以渗透；
- 发展并运用相关能力以侦测、威慑、降低内部人员威胁；
- 阻止针对美国关键技术、数据和信息的盗窃和利用行为；
- 挫败并/或减缓对手利用美国供应链和采购薄弱环节的企图。

三、能力目标简介

完成《国家情报战略》七大任务目标有赖于六大能力目标的实现，能力目标对实现任务目标必需的资源和能力进行了描述。

以下两个能力目标的重点是机构整合以及优化资源管理和决策：

一是任务管理一体化，即优化能力建设，实现统一行动；

二是业界管理一体化，即加强情报界的整合与互操作性。

以下四个能力目标阐述了夯实关键能力基础的战略：

一是信息共享与安全保障，即保护信息的同时加强协作；

二是创新，即改进研发工作、情报手段和业务流程；

三是人才队伍，即培养一支更加灵活、多元、包容、专业的情报人才队伍；

四是合作伙伴，即通过伙伴关系提高情报工作能力。

能力目标旨在解决任务整合与业界整合的问题，并以“情报界职业道德准则”为基础。

1. 任务管理一体化：在整个情报界范围内优化情报搜集、情报分析和反情报能力与活动，实现统一行动和统一效果。

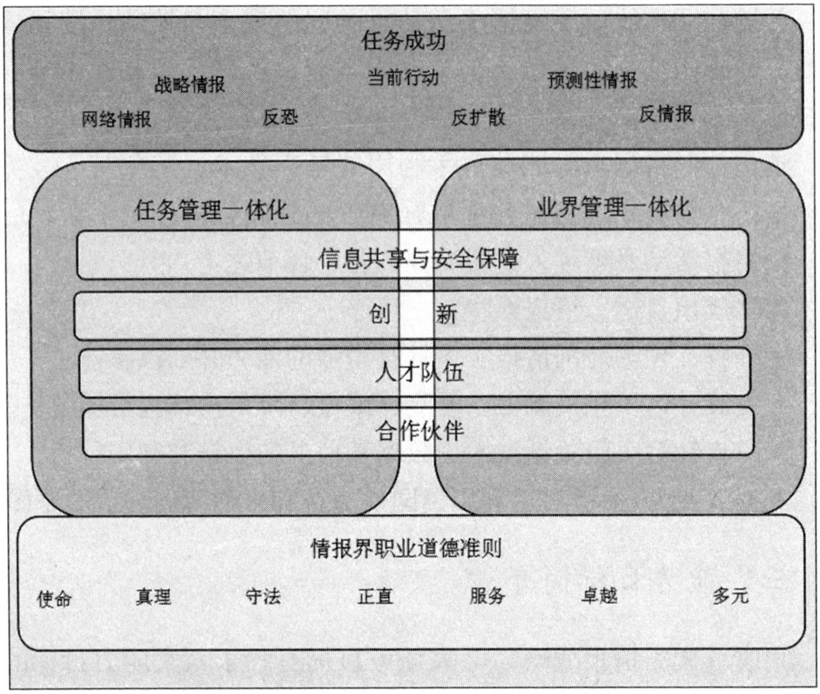

任务管理一体化就是确定情报活动的战略重点、对情报活动进行协调、消除可能存在的冲突，从而实现情报搜集、情报分析、反情报这三个相互关联的情报门类的协调统一。

- 情报搜集活动响应情报分析需求，同时也指引情报分析需求；
- 情报分析活动做出情报判断、找出情报缺口，并为指导搜集人员提供基本依据；
- 反情报活动是对情报搜集和分析活动的补充，能找出情报来源、方法和活动中的薄弱环节。

任务的有效执行需要各部门打破部门界限，采取变通性强、反应灵敏、富有弹性的行动，以实现知识、信息和能力的适度共享。情报界内部将加强整合与协作，以高效地满足用户需求。在此过程中，情报界将在统一行动与保留各门类、各职能的特点之间找到平衡点，以发挥其各自最大优势满足任务需求。应当根据需求生产定制化的情报产品，情报产品的密级尽量定低。

在统一管理、联合程序、更高能力的支持下，情报分析、情报搜集、反情报专业人员将相互协作来界定问题和解决问题。

为达成该目标，情报界将：

• 合理利用整个情报界各门类专业知识和各种能力，共同界定并预测情报问题，制定行动方案，理解方案执行过程中要进行的权衡；

• 加强并整合管理机构，以优化资源、管控风险；

• 推动情报界联合开展计划制定、目标选择、任务分配和成效评估等业务流程，以协调情报活动、持续提高情报能力；

• 推动投资决策一体化，提供多种情报门类的整合能力，为成功完成任务提供最佳方案。

2. 业界管理一体化：制定、执行并管理面向整个情报界的方法，加强情报界核心能力的整合和互操作性。

> 业界管理一体化是指对情报界业务实践进行战略协调，以优化资源管理水平和业务流程相关决策。

有效管理业界资源能使情报界高效、全面地履行使命。具体来说，情报界将在持续性、安全、采购、财务、设施及后勤等诸方面寻求提高效率的方法。在整个情报界范围内开展绩效评估和基于数据的审查——与战略和预算相一致——将有助于提高绩效、加强监督和落实，进而形成客观的审计意见、得到更好的结果并降低成本。情报界将加强信息安全，与合作伙伴及时共享情报，并教育情报用户正确使用和处理秘密信息。

为达成该目标，情报界将：

• 推进人员安全基础设施建设，通过开展持续评估和推广情报界普遍认可的做法和标准，打造整个情报界通行的方法；

● 在整个情报界推行相关采购战略和程序，提高通用产品和服务采购的成本效益和效率；

● 采纳政府和工业部门的最佳实践经验，执行情报界的业界财务标准、流程、工具和服务；

● 在整个情报界范围内推动基于战略的绩效与评估手段的不断成熟，以支持主动的、平衡的科学决策；

● 合理使用情报界现有与未来设施以及物理基础设施，以支持联合使用功能并提高能源效率；

● 采取能保证情报行动持续性的风险管控方法，确保在任何条件下都能够不间断地提供国家情报；

● 继续采取措施，保持合理的透明度，保护隐私和公民自由，加强监督和依法办事。

3. 信息共享与安全保障：加强、整合并合理利用情报界的各项能力，加强协调并改进信息的发现、访问、检索、保存和安全防护机制。

> 情报界信息技术业界将以部门为中心的信息技术转化为整个业界通用的平台，通过这个平台可以在整个情报界范围内简单、安全地共享技术、信息和能力。

任务的成功有赖于正确的人在正确的时间得到正确的信息。提高我们的信息共享与安全保障能力（这两者相互促进），需要强化我们的人员素质、工作流程和技术手段。情报界将继续查找并填补信息共享漏洞，协调行动以减少情报界信息技术业界中的重复建设，以期更高效地取得更好效果。

情报界认识到其提供情报的职责和不断增长的情报共享需求，也将加强安全防护手段以保护信息安全，建立合作伙伴间的信任。致力于保护隐私和公民自由的一体化信息共享环境能够确保情报界有效履行使命，抵御内外威胁，保持公众的信任。

为达成该目标，情报界将：

• 将情报界当前及未来的信息技术需求整合进高效的信息技术基础设施，以加强情报界的融合、信息共享与安全保障；

• 使情报界工作人员能够基于任务需求发现和访问信息，以及时交付定制化的可行动信息；

• 适时整合整个业界范围内的信息，以增强信息发现能力、提高关联能力、应用高级分析方法，同时保护隐私和公民自由；

• 推行政策驱动的互操作方法和基于属性的访问，在此基础上强化并统一新的和现有情报信息系统的安全及数据保护标准，以构建安全可靠、覆盖整个情报界的信息环境；

• 打造尊重隐私及公民自由，体现、支持和推进负责任的信息共享的文化。

4. 创新：寻找并应用科学新发现与新技术，培育创新思维，完善情报技艺与流程，实现任务优势。

研发是科技突破的种子，注重研发是创新的起点。为使创新取得成果，情报界将进一步开发、支持和培养求知欲，鼓励创造性解决问题。情报界必须承认失败是成功之母，在合理条件下愿意承担一定风险以取得高价值的成果。情报界将合理利用任何方面的创新，吸收科学领域的突破和尖端技术，以出色完成任务。情报界将通过采用新流程与自动化技术，提高情报业务工作效率，从而将创新拓展到日常工作中。

为达成该目标，情报界将：

• 开展和利用基础研究，并在最敏感的应用科学与社会科学、技术和数学等领域继续从事核心独立研究，以取得突破性成果；

• 将创造性理念和有潜力的创新付诸实践，以改进情报界的各类业务和流程；

• 加强并激发员工队伍的创新天赋，使他们勇于承担风险、提高情报技艺、大胆应用新技术与新流程。

5. 人才队伍：打造一支更加灵活、多元、包容、专业的情报人才队伍

> “包容”描述的是这样一种文化：将每一个员工与组织联系起来，提倡协作、灵活与公平，充分利用组织成员思维的多元性，做到人尽其才，为完成情报界任务做贡献。
>
> 员工队伍规划是为平衡整体人员结构（文职人员、军人、核心承包商雇员）而提供的框架，旨在确保情报界拥有掌握正确技能的正确人选，并使他们出现在正确的时间和正确的地点，组成高绩效的团队和组织以完成任务。
>
> “多元”是指在广阔的背景中、在联系任务的前提下考虑问题时，所发现的那些能够使每个人独一无二、能够让美国强大的所有因素，包括种族、肤色、民族、原国籍、性别、年龄、宗教、语言、残障、性取向、性别认同、传统等。

情报界人员团结起来致力于保卫和维护国家安全，如果没有这支信奉情报界核心价值观和职业道德准则的员工队伍，国家安全将无法实现。为此，情报界将继续吸引、培养、雇用并保留既具备应对当前和未来危险能力，又具备诚实正直品格的情报人员。尽管预算受限，情报界将对员工队伍进行长期战略性投资，以期提高雇员职业生涯中的灵活性和流动性。对于掌握诸如外语、科学、技术、工程、数学等有助于成功完成情报任务的关键技能的人员，情报界要重点招募、保留、培养和激励。

情报界需要有效的工具用于支持人才队伍建设规划、转型性学习项目、技能评估与知识共享、创造联合岗位任职以及其他积攒经验的岗位任职机会，还需要一定的资源来鼓励情报人员在工作与生活之间找到平衡。

所有情报界从业人员都有责任营造绩效驱动的文化，这一文化鼓励合作、灵活与公平且不必担心遭到报复。

为达成该目标，情报界将：

• 打造一支多元、包容、具备当前及未来所需技能和能力的人才队伍；

• 在管理者和雇员共同努力的基础上，提供持续不断的学习和发展项目，以提高人才队伍的能力、适用性和灵活性；

• 培育创新、灵活的文化，倡导能够适应环境变化的理念交流和资源共享，在整个情报界推广最佳实践；

• 建设没有歧视、没有骚扰、不必担心报复的工作场所，所有人都享有尊严、受到尊重，拥有平等机会来发挥他们的全部潜力。

6. 合作伙伴：加强合作伙伴关系，拓展情报能力。

> 合作伙伴包括所有致力于保护美国安全利益的要素，包括美国军队、盟友、外国情报与安全部门、联邦其他各部局，以及各州、地方、部落政府和私人实体。

情报界的合作伙伴关系对维护国家安全至关重要。我们的合作伙伴是力量倍增器，为我们提供门路、专业知识、能力和视角，丰富了我们的情报能力，协助我们成功完成共同的任务。情报界将深化现有的伙伴关系，同时建立新的合作伙伴关系以提高情报能力、为决策提供依据。

加强伙伴关系的做法要与更大范围的国家政策指导保持一致。我们将推出各类政策、程序和实践，以明确界定相关角色、责任和权力，进而协调情报界合作伙伴的各类倡议行动。在与政府、外国、军方和私营伙伴合作时，情报界将继续关注并致力于保护隐私与公民自由、维护公众的信任。

为达成该目标，情报界将：

• 加强情报界与所有合作伙伴之间以及合作伙伴彼此之间的责任分担，吸纳他们的真知灼见，以推动情报工作；

• 制定适用整个情报界的建立伙伴关系的方法，以推动协调、全面的对外交往；

• 深化合作以增进我们对合作伙伴的了解，有效地为决策提供依据、支援行动的开展。

四、战略实施

情报界是一个融合的业界，致力于促进国家安全这一共同愿景。《国家情报战略》为情报界完成任务、实现这一愿景提供顶层框架设计。在国会监督下，情报界将根据其法定权力来实施《国家情报战略》。

国家情报主任和情报界各机构将共同努力、协调一致地实施《国家情报战略》。“功能主管”负责监管重要情报能力是否健康运行；“任务主管”负责对照不同任务关注的具体领域，对情报搜集、情报分析、反情报的方方面面进行检查；“计划主管”负责审查情报经费的使用情况。情报界各类主管负责协调支援功能，使各项任务得以开展。情报界各机构负责招募、培训、装备情报团队，执行情报任务。总监察长、法律顾问、隐私与公民自由保护官负责确保情报界依法办事并接受适当监督。

国家情报主任办公室为情报界提供全面指导与协调。情报界各机构在各自法律权限内执行任务。总之，情报界每个成员都有责任理解如何各尽所能，在保护隐私和公民自由的前提下，为完成情报界任务做贡献，并履行各自的职能使命。

1. 国家情报主任

（1）担任首席情报顾问。作为总统的首席情报顾问，国家情报主任必须确保情报能够有效应对国家安全面临的威胁。国家情报主任要确立情报界的战略重点，指明情报界需要具备哪些能力才能成功完成《国家情报战略》规定的任务。

（2）确立情报界的战略重点。《国家情报战略》与《国家安全战略》及《国家情报优先任务框架》一起，明确了情报界的任务重点。国家情报主任需向国会报告对任务重点做出的重大调整及相关行动。

（3）协调国家情报计划。《国家情报战略》是国家情报主任对“国家情报计划”进行协调的机制，也是指导国家情报主任向国会报告资源使用情况和工作绩效的机制。此外，“国家情报计划”要与

“军事情报计划”进行协调，还要与国家情报主任为情报界制定的联合年度计划与规划指导保持一致。

2. 情报界各机构

（1）确保各类战略、计划和行动步调一致。《国家情报战略》列出的任务目标和能力目标应纳入情报界各机构的战略与规划。情报界各机构负责人及“功能主管”应努力找到实现这些目标的整体性方法，以完成情报界任务。

（2）通报资源分配情况。《国家情报战略》应为各类计划、预算、政策、采购等方面的决策提供依据，以发展并维持各项能力。情报界各机构负责人及“计划主管”在制定年度战略计划简报时要充分考虑《国家情报战略》的各类目标，并在年度计划与规划制定中表达减小风险的意图。

（3）开展成效评估。情报界需要用同样的标准持续评估《国家情报战略》各项目标的实施过程。情报界各机构将通过现有流程汇报相关情况，明确说明各机构是如何参照《国家情报战略》规定的目标和情报界优先目标开展工作的。这两类参照目标针对的是长期存在的国家安全问题，主要用于评估相关工作进展情况。对照《国家情报战略》评估工作进展情况，对提高情报界的总体绩效至关重要。

结　语

《国家情报战略》为推进情报一体化提供支撑，并帮助情报界提供及时、深刻、客观和相关的情报，从而为国家安全事务和事件的决策提供依据。情报界各机构必须全面参照《国家情报战略》制定本机构的战略规划、年度预算申请及关于国家情报计划的立项说明。国家情报主任将对照《国家情报战略》规定的各类目标对情报界各机构的建议和计划进行评估，以实现情报界的愿景，即建设一个高度一体化、灵活、坚韧、创新并体现美国价值观的情报界，使我们的国家更加安全。

“情报界之所以存在，就是要为军政领导人提供最大限度的决策优势。当前，我们比以往任何时候都深刻体会到，实现我们目标的最佳方法就是充分整合国家的所有情报能力。”

——詹姆斯·R·克拉珀
国家情报主任

2014年《国家情报战略》路线图

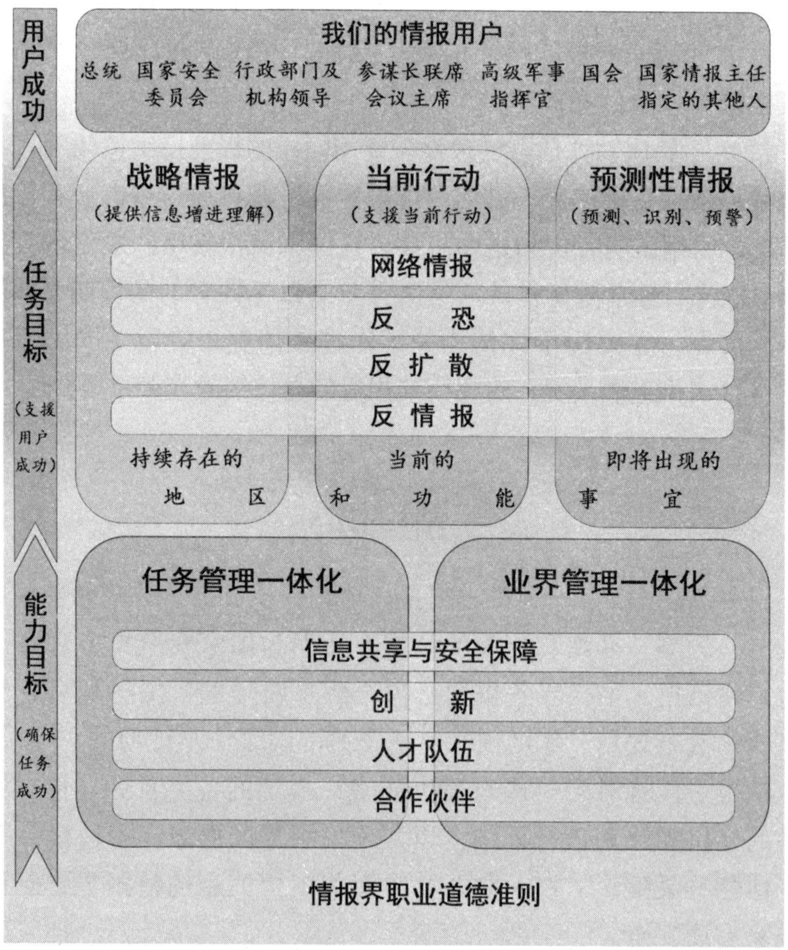

附录四　2019年美国国家情报战略[①]

（2019年1月发布）

情报界愿景

建设一个高度一体化、灵活、坚韧、创新并体现美国价值观的情报界，使我们的国家更加安全。

情报界任务

提供及时、见解深刻、客观和相关的情报，以支持国家安全决策，保护我们的国家及其利益。

未来4年，这份《国家情报战略》将为情报界提供来自国家情报主任的战略指导。它支持《国家安全战略》以及其他国家战略所列出的国家安全优先处理事项。在执行《国家情报战略》时，所有情报界开展的活动必须与国家安全优先处理事项保持一致，并且必须严格遵守宪法、相关法律法规，以及国会的监督要求。

所有的情报活动都将遵循以下指导原则：通过提供富有清晰度、客观性和独立性的独特而又及时的见解，提升我们的国家安全、经济实力和技术优势；以无可比拟的方式获取对手全力保护的信息，

---

① Office of the Director of National Intelligence, The National Intelligence Strategy of the United States of America, January 2019, https://www.dni.gov/files/ODNI/documents/National_Intelligence_Strategy_2019.pdf.

进而准确掌握其意图和能力；保持全球态势感知，以提供战略预警；利用他人优势，为国家增添独特价值。

国家情报主任致辞

作为国家情报主任，我很荣幸能够领导一个由最优秀和最聪明的专业人士组成的情报界，他们的职业生涯致力于保护我们的国家安全。情报界是一个全年365天、每周7天、每天24小时工作不停歇的组织，其监控全球，并以清晰、客观和独立的方式提供最独特、最及时的见解，以提升我们的国家安全、经济实力和技术优势。

这是我们发布的第四版《国家情报战略》，是我们未来4年的工作指南，旨在更好地满足情报用户需求，帮助他们在国家安全问题上做出明智的决策，并最终确保我们的国家安全。《国家情报战略》旨在推动我们完成使命任务，确保我们的目标与国家战略保持一致，并提供机会将国家优先工作目标通报给我们的情报工作人员、情报合作伙伴、情报监督者、情报用户，乃至美国民众。

我们面临着国内和全球环境的重大变化；我们必须准备迎接21世纪的挑战，并认识到新出现的威胁和机遇。要驾驭当今动荡复杂的战略环境，我们必须采用不同的工作方式。这就意味着我们必须：

- 推进情报活动的一体化和充分协调，以在执行任务过程中取得最佳效果和价值；
- 加强创新，以不断改进我们的情报工作；
- 更好地利用强大、独特和有价值的情报合作伙伴，以支持和实现国家安全工作成效；
- 增加透明度，同时保护国家安全信息，以加强情报问责工作和增进公众信任。

《国家情报战略》强调了这些领域的重要性，更好地整合了反情报和安全工作，更好地将情报界的工作重点聚焦到了解决网络威胁问题上，并为保护个人隐私、公民自由和增加情报工作透明度，提供了清晰明确的政策指引。

我们有重要的工作要做。我们的情报用户需要依靠我们帮助他们做出明智的国家安全决策，美国民众指望我们在保护国家的同时保护他们的个人隐私和公民自由。我们必须尽一切可能提供最好的情报来支持这些目标；这样做是我们所有献身情报事业的情报界专业人员的集体责任，而与情报合作伙伴共同努力，我们就能实现我们的愿景目标。

目前，我们的目标是继续成为全世界最优秀的情报界。感谢您献身情报事业，感谢您为此投入了全部聪明才智和无私承诺，您所从事的工作每天都在维护我们的国家安全。感谢您与我们并肩前行，专注使命任务、保护民众安全。

丹尼尔·R·科茨
国家情报主任

一、战略环境

战略环境正在迅速发生变化，美国所处的世界变得越来越复杂和充满不确定，威胁变得越来越多样化，并且彼此关联。虽然情报界仍然专注于应对我们的对手对美国国家安全所构成的一系列常规挑战，但是技术的进步正在推动多个方面的进化和革命性变革。情报界必须变得更加敏捷、更具创新性和弹性，才能有效地应对这些威胁以及塑造它们的动荡不定的世界。这些威胁日益复杂、相互联系且具有跨国属性，从而进一步凸显了继续推进情报界与国际伙伴和盟友合作的重要性。

传统对手将继续尝试获取和施加影响力，利用国际环境中不断变化的条件——包括持续削弱的二战后国际秩序和西方民主价值观的支配地位，西方日益增长的孤立主义倾向，以及全球经济的动荡。这些对手在传统的、非传统的、混合的和不对称的军事、经济和政治领域中构成了挑战。俄罗斯可能会持续增加其影响力和权威，并可能在多个领域与美国设定的目标和优先事项产生冲突。伊朗虽于2015年宣布致力于发展和平的核计划，但其追求更先进的导弹和军事能力，以及持续支持恐怖组织、武装分子和其他美国对手，这些都将继续威胁美国利益。美国的多个对手继续寻求对美国利益造成灾难性破坏的能力，其手段是获取和使用包括生物、化学和核武器在内的大规模杀伤性武器。

除这些熟悉的威胁外，我们的对手正越来越多地利用技术的快速发展来构成新的和不断演变的威胁——特别是在外层空间、网络空间、计算和其他新兴的颠覆性技术领域。技术的进步将使更多参与者获得极为复杂的能力，以前只有资源充足的国家才能获得此类能力。

外层空间不再仅仅是美国的专属领域，空间民主化对美国和情报界构成了重大挑战。美国的对手正在增加他们在这个领域的存在，计划在某些领域达到或超过美国实力。现在，外层空间的商业化进程正在持续加快，其所提供的能力曾经仅限全球大国才能拥有，现如今，任何有能力购买的人都可获得。现代社会的许多方面——包括我们开展军事行动的能力——依赖于我们访问太空的能力以及在太空中的各类装备。

网络威胁已经在挑战公众对我们的全球性机构、治理能力和各类规范的信心，同时在美国国内和全球范围内造成了大量的经济损失。随着我们对手的网络能力的增长，他们将对美国的安全构成越来越大的威胁，包括关键基础设施、公共健康和安全、经济繁荣和稳定。

人工智能、自动化和高性能计算等新兴技术正在推进计算能力的进步，并带来了可观的经济收益，但这些进步也为我们的对手提供了新的和改进的军事和情报能力。纳米和生物技术的进步具有治愈疾病和改善人体功能的潜力，但如果无法通过共同遵守的道德标准和共同享有的利益来管理这些技术进步，它们有可能对美国的利益和安全构成重大威胁。此外，这些技术的发展和普及仍然很不平衡，这就很有可能使所谓“富人”和“穷人”之间的差距大幅扩大。

通信技术的进步和其他技术的民主化，也催生了一种创建和共享大量且呈指数级增长的信息的能力，与以往相比，其信息传输距离更远、处理速度更快。这些丰富的数据为情报界提供了重要的机会，包括提供新的情报搜集渠道和为提出更深刻的见解奠定基础，但它也挑战了情报界快速搜集、处理、评估和分析如此庞大数据、以为情报用户提供相关、有用见解的能力。

这些通信技术方面的进步和其他技术的民主化赋予了非国家行为体相关权力，并将继续以指数增长的方式扩大其对人和事件的影响，影响范围可能从美国国内拓展到全球。

个人和群体在政治、军事、经济、意识形态领域能够产生比以往任何时候都更大的影响力，并正在破坏传统制度。群体和个人权力的增长正在提升种族、宗教和其他身份实体的影响，改变冲突的性质，挑战传统政府满足民众日益增长的需求的能力，增加不稳定性因素。一些暴力极端主义团体将继续利用这些不稳定因素的源头和驱动力来占领领土，推动进一步的叛乱，制定对外攻击计划，并激励世界各地的追随者在当地发动攻击。

越来越多的人口迁移和城市化也使世界各国政府的治理能力不堪重负，并可能导致社会进一步破裂，从而可能成为孕育激进主义的温床。政府面临的压力包括：越来越多的移民、难民和逃离冲突地区的国内流离失所者；经济局势紧张或资源稀缺的地区；受气候变化、传染病暴发或跨国犯罪组织威胁的地区。

所有这些问题将继续以前所未有的规模推动全球环境的变化。情报界必须能够对其产生的战略影响发出预警，并在这个愈发不稳定的环境中适应不断变化的任务需求。美国可能会需要更多的国内安全情报支援，部分原因是出于对下述威胁的担忧，包括恐怖主义威胁、跨国非法毒品走私和人口贩运网络构成的威胁，以及对美国关键基础设施的威胁。应对这些威胁的情报支援工作必须按照情报界的要求进行，向公众展现适当的透明度，以及充分保护公民自由和隐私。

二、任务目标

七个任务目标大体上描述了情报界所需开展的活动和取得的成效，目的是为其用户提供及时、深入、客观和相关的情报支援。任务目标规定了情报界需要处理的涵盖内容广泛的地区性和功能性专题，并通过“国家情报优先任务框架”将任务的优先处理排序通报给整个情报界。

前三个任务目标规定了情报界的基本任务，这些任务并不涉及个体威胁、专题或地理区域，而是在其之上。这与基础军事情报不同，后者是关于外国军事实力的情报。因此，基础性任务目标共同规定了情报界需要完成的范围最广和最基本的情报任务。

1. 战略情报：应对事关国家安全长远利益的问题。

2. 预测性情报：应对新兴发展趋势，不断变化的客观条件，以及未被充分认识的发展情况。

3. 当前行动情报：为计划中的和正在开展的各类行动提供情报支援。

接下来的四个任务目标规定了情报界需要完成的具体专题任务。专题性任务目标以上述三个基础性任务目标为依据和参照，可能包含这些目标的相关要素。其他具体的地区性和功能性问题，如冲突地区和跨国犯罪组织，都隐含在任务目标中。

4. 网络威胁：应对从事恶意网络活动的国家和非国家行为体。

5. 反恐：应对从事恐怖主义和相关活动的国家和非国家行为体。

6. 反扩散：应对从事大规模杀伤性武器及其运载工具扩散活动的国家和非国家行为体。

7. 反情报和安全：应对来自外国情报机构和内部人员的威胁。

> 国家情报和事关国家安全的情报：意味着所有情报，无论源自何种情报来源，包括在美国境内或境外搜集到的信息。前提条件是：符合总统发布的任何一份政策文件的规定，或国家情报主任认为访问相关信息需要涉及不止一个政府机构，涉及对美国民众、财产或利益的威胁，大规模杀伤性武器的发展、扩散或使用，以及其他影响美国国家安全或国土安全的事务。
>
> （第 12333 号总统行政命令）

1. 战略情报

识别与评估国家和非国家行为体的能力、活动和意图，以深入理解战略环境，警惕事关长远利益的各类问题的未来发展走向，支援美国国家安全政策和战略决策。

> 战略情报是为深入理解战略环境及其背景和相关知识而推进的业务流程和由此得到的产品，旨在支持美国国家安全政策和规划决策。这项工作包括识别和评估国家和非国家行为体的能力、活动和意图，以发现美国国家安全利益面临的风险和机遇。战略情报需要汲取各种信息——包括关于政治、外交、经济和安全发展的知识——以深入理解对美国而言始终重要的问题。战略情报还针对未来发展趋势进行深入评估，以识别和警告与此相关的、有可能影响未来战略环境的变化情况。

生产战略情报的基础是要时刻保持对战略环境的深刻理解，包括恐怖主义和跨国有组织犯罪等跨国问题，以及国家和非国家行为体的能力、活动和意图，用以支持美国国家安全政策和规划决策。情报界必须全面掌控战略情报问题。工作方式包括与情报界内部专家合作开展研究、知识开发，与学术界和商业领域专家建立密切联系，以及使用先进的情报分析技术，旨在为决策层和战略界提供深入的评估和战略背景分析。

为了实现这一目标，情报界将：

● 发展和保持获取与评估数据的能力，以深入了解全球政治、外交、军事、经济、安全和信息环境。

● 发展和保持特定的专业技能，深入理解对美国具有长期战略重要性的问题，评估与这些问题相关的发展趋势和动态，以发现可能影响美国国家安全利益的变化，并识别战略风险和机遇。

● 提供有关战略环境的深入评估、背景分析和专业知识，包括关键国家和非国家行为体的能力、活动和意图，以为美国国家安全政策和战略的制定提供信息保障。

2. 预测性情报

识别和评估新兴发展趋势，不断变化的客观条件和未被充分认识的发展态势，以挑战长期形成的假设，鼓励变换新视角，发现新机遇，并对威胁美国利益的活动发出预警。

> 预测性情报涉及搜集和分析信息，以识别新兴发展趋势、不断变化的客观条件和未被充分认识的发展态势，挑战长期形成的假设，鼓励变换新视角，发现新机遇，并对威胁美国利益的活动发出预警。预测性情报通常采用跨学科研究方法，并且经常利用特殊研究技艺从“微弱信号”中发现潜在问题，经常需要应对高度不确定性，经常需要评估关于未来的多种可选择方案。
>
> 预测性情报展望未来的方式主要包括“预见”（识别新出现的问题）、“预测”（描绘可能出现的情境）或“预警”。预测性情报主要探讨连锁反应事件或活动发生的潜在可能性，因为它们可能强化、扩大或加速冲突。预测性情报可能会揭示出以前从未有过联系的团体或地区存在的问题，而且随着发展趋势的改变，引入新的指标或基准点，以识别重要发展动态。通过评估特定事件发生的可能性和特定国家安全事件的潜在影响，预测性情报能够评估风险，发现情报工作漏洞和存在的不确定因素。

全球态势变化的复杂性、规模和速度正在考验情报界的能力。情报界要能够生产有深刻见解的、可操作性强的情报，此类情报应具备最佳的准确度、覆盖范围和传输速度，用以消除威胁和发现机遇。情报界将更多地使用定量分析方法，同时加强定性分析方法的应用，特别是要鼓励从新的视角研究问题，鼓励人们挑战长期形成的假设。随着情报需求的不断变化，预测性情报对于我们高效地分配情报界资源至关重要。情报界将提高其对潜在问题的预见、预测和预警能力，并为我们的国家安全用户提供最佳的行动机会。

为了实现这一目标，情报界将：

- 研发定量分析方法和数据分析技术，以提高情报界识别、分析和预测多领域中变化的客观条件和新兴发展趋势的能力。
- 在整个情报界范围内，增进对预测性情报的范围、定义、技能和方法的共同理解，以提高情报人员的业务熟练程度。
- 发现和消除在文化、技术、人力资本和其他方面存在的障碍，将预测性情报纳入到情报界的日常分析工作中。
- 生产和提供情报信息和产品，突出显示新兴发展趋势，不断变化的客观条件，以及在情报用户较少关注的领域中出现的机遇或威胁，以最大限度地提高决策优势。
- 建设一体化的能力，以在情报界内发出预警，并向情报用户提供及时、相关的警报和机遇。

3. 当前行动情报

为已规划的和正在开展的行动及时提供情报支援。

> 当前行动情报是情报界各机构开展的搜集、分析和计划支持等活动，旨在保障成功规划的和正在开展的行动。当前行动情报不仅在冲突或危机时期为军事、外交、国土安全、政策领域的情报用户提供时间敏感性情报支援，也为塑造未来行动和达成预期行动成效提供机会。

情报界将适应不断变化的行动需求，持续为情报用户提供其所期望的坚强情报保障，并进一步增强情报能力。为保障军事、外交和国土安全活动，包括解决跨国有组织犯罪问题，情报界需要开展的情报活动涉及极为宽广的领域。因此，情报界将为其工作排定优先处理顺序，并降低风险，在不被允许进入的地区开展情报行动，提供从后方获取情报的强大能力以平衡前沿存在，提升行动上的灵活性以更好地推动情报与行动的全面融合。

为了实现这一目标，情报界将：

- 为已规划的和正在开展的行动及时提供情报支援。
- 建设和维护一个覆盖整个情报界的强大情报体系，提供可直接支援行动的、及时、灵敏的情报支援，以实现和确保行动决策优势。
- 扩大和加强与国内及全球伙伴的合作，最大限度地提高情报能力的有效性和覆盖范围，以支援各类行动。
- 开展具有敏感性的情报行动，为确保国家安全行动的有效性提供支援。

4. 网络威胁情报

发现和了解从事恶意网络活动的国家和非国家行为体构成的网络威胁，以为国家安全决策、网络安全和各种应急反应行动提供情报支援。

> 网络威胁情报是搜集、处理、分析与分发多源情报信息的活动，其关注外国实体的网络计划、意图、能力、研发、战术、目标、活动和指标，以及对美国国家安全利益的现实或潜在影响。网络威胁情报还包括有关网络威胁行为体的信息系统、基础设施和数据的信息，以及网络特征，或关于外国网络计划信息系统的组成部分、体系结构、实践应用和安全漏洞的深入分析。

尽管人们防范网络威胁的意识逐渐增强，并改进了网络防御工作，但未来几年内几乎所有的信息、通信网络和系统都将面临风险。我们的对手越来越善于利用网络空间能力来威胁我们的利益，并推动实现自己的战略和经济目标。随着信息技术广泛应用于关键基础设施、重要的国家网络和情报用户设备，网络威胁将对公共健康、安全和经济繁荣构成越来越大的风险。情报界必须持续增强自身情报能力，以应对这些不断变化的网络威胁，作为综合网络应对工作的一部分，为国家的战略和战术级应急反应指明方向。

为了实现这一目标，情报界将：

- 提高我们对对手开展的网络活动的警觉和认识——包括其领导计划、意图、能力和活动——为决策提供信息并支援行动。
- 扩大定制化的情报生产，恰当分发可直接支援行动的网络威胁情报，以为防护重要信息网络和关键基础设施提供情报支援。
- 增强我们的情报能力，使外交、信息、军事、经济、金融、情报和执法部门的计划和行动能够阻吓和打击恶意网络行为体及其活动。

5. 反恐

识别、了解、监控和破坏参与恐怖主义及相关活动的国家和非国家行为体，以消除其对美国、民众、利益和合作伙伴的威胁。

美国面临的恐怖主义威胁本质上是动态变化的，这就需要继续强化情报搜集和分析能力。因此，情报界是美国“整体政府”的不可或缺的重要组成部分，旨在保护美国免遭恐怖袭击。情报界与各机构以及国内外伙伴共同合作，破坏、摧毁和击败威胁美国国土、人民、利益及海外伙伴的恐怖分子。

情报界发现和协助消除恐怖主义的安全庇护所，并遏制资助恐怖主义活动的非法金融网络。情报界在更广泛的领域支持美国政府工作，以制止可能催生恐怖活动的暴力极端主义意识形态的扩散，并利用国内和国外的伙伴关系和能力来加强美国自身的能力和恢复力。威胁的持久性和不断演变的性质，包括掌握大规模杀伤性武器的恐怖主义威胁的性质，意味着情报界必须继续寻求情报搜集和分析方法创新，以确保反恐工作的有效、高效和完全一体化。

为了实现这一目标，情报界将：

● 搜集和分析情报，以破坏恐怖袭击活动和袭击计划，以及与恐怖主义相关的活动。

● 识别并警告新出现的和不断变化的威胁、发展趋势，以及暴力极端主义意识形态，以创造应对威胁的机会。

● 拓宽和深化关于全球恐怖主义态势的战略知识，为情报用户提供背景信息。

6. 反扩散

发现、描述和破坏参与大规模杀伤性武器及其运载工具扩散的国家和非国家行为体的活动，以击败对美国、民众、利益和合作伙伴构成的大规模杀伤性武器威胁。

> 扩散是大规模杀伤性武器、相关技术、材料或专门知识及其运载手段的研制和传播，包括本地研制和转让。
>
> 反扩散致力于打消任何实体对大规模杀伤性武器的兴趣，拒绝或破坏相关装备采购，抑制相关研究计划和能力，阻吓大规模杀伤性武器的使用，并减轻可能产生的后果。

情报界必须继续落实“整体政府”计划，以推进美国长期反扩散政策目标，即打消任何实体对大规模杀伤性武器的兴趣，拒绝或破坏相关装备采购，抑制相关研究计划和能力，包括切断资助大规模杀伤性武器扩散活动的资金网络，阻吓大规模杀伤性武器的使用，并减轻可能产生的后果。随着地区安全态势的动态演变，以及各国、恐怖分子和扩散者开始利用快速涌现的技术进步，这一问题变得日益重要。

许多对手继续寻求获取和使用大规模杀伤性武器，以拥有对美国利益造成灾难性破坏的能力。一旦他们拥有这些能力，将会对美国的国家安全、海外利益、盟友和全球秩序产生重大影响。随着参与活动的行为体变得更加复杂、与大规模杀伤性武器相关的信息能够被广泛获取、大规模杀伤性武器扩散机制的增多、以及政治层面的不稳定因素正在侵蚀大规模杀伤性武器库的安全，打击大规模杀伤性武器和先进常规武器扩散所面临的情报挑战日益增多。

为了实现这一目标，情报界将：

• 加强美国政府在下述方面做出的努力：在全球范围内确保大规模杀伤性武器库的安全，破坏对手的相关计划，以及阻止大规模杀伤性武器、相关技术、材料或专业知识的转让。

• 增强美国预测和管理大规模杀伤性武器危机的能力。此类危机包括可能出现的泄露、丢失、盗窃，或使用与大规模杀伤性武器有关的材料或武器。

• 建设、维护和增强情报能力，以增进对外国的大规模杀伤性武器计划、相关技术、材料或专业知识的了解，从而有效地支援跨机构反扩散战略计划和行动。

7. 反情报和安全

发现、理解、威慑、破坏和抵御来自外国情报实体和内部人员的威胁，以保护美国的国家安全和经济安全。

外国情报实体是指任何已知或被怀疑从事相关情报活动的外国或非国家组织或个人，其所从事的情报活动包括：获取与美国相关的信息，阻止或损害美国的情报搜集活动，影响美国政策或破坏美国的相关系统和计划。该术语包括外国情报与安全机构，以及国际恐怖分子。

内部威胁是指内部人员——任何有权访问美国政府资源的人，此类政府资源包括人员、设施、信息、设备、网络或系统——利用他/她的授权访问权限有意或无意地损害美国国家安全。这种损害美国利益的威胁包括间谍活动、恐怖主义、未经授权披露国家安全信息，或部门资源或能力的丧失或退化。

美国面临着越来越复杂、多样的反情报和安全挑战。快速的技术进步使得众多外国情报实体掌握日益复杂的能力，并积极地将目标锁定在美国政府、私营部门合作伙伴和学术界身上。外国情报实体非常积极主动，他们采用创新性方法——包括使用网络工具、利用心怀恶意的内部工作人员、开展间谍活动、充分利用美国的供应链——来获取自身利益及对美优势。这些活动加剧了传统的外国情报实体威胁，使美国的关键基础设施面临风险，侵蚀了美国的竞争优势，削弱了美国的全球影响力。为了减轻这些威胁，情报界必须推出创新性的反情报和安全解决方案，进一步将反情报和安全门类纳入到情报界的业务实践中，并为此类工作提供有效的资源保障。虽然反情报和安全工作的众多管理机构及其推出的计划各具特色，但是这些行动必须得到同步、协调和整合。

为了实现这一目标，情报界将：

- 推动情报界活动的一体化，以预测和增进情报界对不断变化的外国情报实体威胁和安全漏洞的理解。
- 建设和应用新型能力，以发现、阻止和破坏外国情报实体开展的活动和内部威胁。
- 推进反情报和安全工作，以保护情报界的人员、技术、信息、基础设施和其他相关设施免受外国情报实体和内部威胁的影响。
- 在主要合作伙伴和利益相关方之间，加强关于外国情报实体威胁和安全漏洞的信息交流，以协调一致地推出减轻威胁的方法。

三、能力目标

七项能力目标为全面、有效和高效地管理完成任务所需能力和业务功能奠定基础。

前两个能力目标重点关注情报界的一般使命和业务实践。

1. 任务管理一体化：解决情报界完成任务目标所需的能力、活动和资源问题，以形成整体合力。

2. 业务管理一体化：解决情报界所需的业务功能和实践问题，确保成功完成任务。

接下来的五个能力目标重点关注在特定领域集中整个情报界的力量，以成功完成任务目标。

3. 人才队伍：力求打造并保持一支多元、包容、专业的人才队伍。

4. 创新：利用新兴技术、创新思维和谍报技术的进步，改进工作任务和业务实践流程。

5. 信息共享与安全保障：在保护信息的同时，推动合作与一体化。

6. 伙伴关系：通过伙伴关系寻求情报能力的增强。

7. 隐私、公民自由和透明度：旨在保护美国的价值观并提升公众的信任。

1. 任务管理一体化

针对情报界完成任务目标所需的各类能力、活动、资源，排定优先次序、协调问题、做出调整、化解冲突，以形成整体合力，并在落实情报界任务目标的过程中达到最佳效果。

有效地执行任务需要情报工作变得灵活、反应迅速和适应力强，以便跨越机构界限恰当地共享知识、信息和能力；以任务为中心的各类情报中心已被证明能够有效实现这些目标。情报界的领导者将在各类需要优先处理的任务领域中开展整合、合作、交流反馈信息，以满足情报用户需求。

情报界必须在形成整体合力和保持个体专业能力之间寻求平衡，利用彼此优势来实现任务目标。任务管理一体化可促进互相协作、提高工作效率并最大限度地减少冗余，从而使情报界能够有效地使用可用资源。

为了实现这一目标，情报界将：

• 提供统一领导和情报界层面的管理，以推动相互合作，简化业务流程，有效管理资源，进而实现情报界的任务目标。

• 开展一体化的情报计划、分析、搜集、生产和分发，以同步推进各类情报活动。

• 利用情报界的各类能力和多学科专业知识，在预测可能出现的情报问题、落实解决方案、推动创新方面开展合作。

• 加强和整合情报界的管理机构，以提高透明度，为各类资源排定优先顺序并优化利用，妥善处理各类需要权衡的问题和管控风险。

• 推动投资决策一体化，提供多种情报门类的、一体化的情报能力，以确保成功完成情报任务。

2. 业务管理一体化

为整个情报界提供和优化各类业务功能和实践，以确保成功完成情报任务。

> 情报界的业务功能和实践使整个情报界能够执行其任务，开展活动和行动。这些业务功能和实践包括在充分协调的基础上制定、调整、化解冲突、执行和监控各类情报战略、政策、计划和程序，以管理和保护情报界及其工作人员、信息技术和物理基础设施。

有效管理整个情报界的业务功能和实践有助于推动彼此沟通和协作，保障资源的有效利用，形成较强适应力，并加强整合。情报界管理机构内部只要能够遵循共同标准、共享服务和总结最佳实践经验，就可以提高情报工作的效率、效能与合规性，也可以成功地管控和降低风险，并通过数据驱动的业务审查和绩效评估来改进业务流程。情报界将推广和持续发现最佳业务实践和功能，以优化情报问题解决方案并加强协作，从而在整个情报界中营造一种持续学习、创新与合作的文化氛围。情报界还必须制定一套灵活的、风险得到严格管控的采购流程，按照情报任务推进进程，适时提供创新性的情报能力、数据和专业知识。

为了实现这一目标，情报界将：

• 采用一种动态研究方法，研究如何开展持续性评估、形成通用安全实践及标准，以强化情报界基础设施的安全。

• 在整个情报界的采购领域，寻求采用共同遵循的战略指导和最佳实践，以提高情报界产品和服务采购的成本效益、效率和灵活性。

• 落实情报界范围内的财务标准、流程、工具和服务，以实现资金利用的高效性、合规性和安全性。

• 在整个情报界的范围内，加强基于战略的绩效评估，利用政府和行业最佳实践，为情报界的业务决策提供信息保障，并指导资源的有效利用。

• 探索创新性方法，推进情报界的设施、后勤、环境和能源计划，以使其具备“联合使用”的功能；提高效率、可持续性和可支持性；实现对于总体资产的有效管理。

• 通过整个情报界的持续努力，形成在所有条件下的强大适应力，以管控情报能力方面存在的风险。

3. 人才队伍

打造和保持一支多元、包容、专业的情报人才队伍，以满足持续存在的和新兴的情报需求，确保成功完成情报任务。

> 多元是个体属性的集合体，能够帮助情报界各机构高效地实现其组织机构目标。这些属性包括但不限于诸如国籍、语言、民族、肤色、精神或身体残疾、种族、性别、年龄、宗教、性取向、性别认同或表达、社会经济地位、退伍军人身份和家庭结构等特征。包容是一种将每名工作人员与组织机构联系起来的文化；鼓励合作、灵活性和公平；利用整个组织机构的多样性，使所有个体都能参与其中并发挥其全部潜力。
>
> 多元和包容共同关联起来，就能够推动创新，确保情报界能够吸引和保留完成任务所需的高素质情报人才。

在保护和维护国家安全方面，情报界应团结起来，实现这一目标只能依靠正直、可信、机敏且得到良好领导的人才队伍。情报界工作人员，包括所有文职、军人和承包商，必须遵守《情报界职业道德准则》。需要寻找有效的方法来招募、保留、发展和激励情报工作人员，他们拥有完成任务所需的至关重要的技能，此类技能包括批判性思维、外语、科学、技术、工程学和数学。领导和整合情报界人才队伍的责任需要落实到整个情报行业，不仅限于情报界内部的人力资本建设、提供平等就业机会、维持多样性和包容性等计划。同样，所有情报界工作人员都有责任培养一种鼓励协作、灵活性和公平性的绩效驱动型文化。

情报界必须拥有有效的工具和资源，以全面整合人才队伍规划、领导方式变革、持续学习、信息共享、绩效管理和问责机制。此外，情报界还将在人才队伍建设领域进行长期战略投资，以提高情报人员职业生涯的灵活性和流动性，此类投资计划包括推动联合任职轮岗，并在可行的情况下确保充分考虑和实施员工福利、薪酬、在工作与生活之间找到平衡等计划。

为了实现这一目标，情报界将：

• 创建一个包容性的环境，使各级管理人员和员工能够承担各自职责，共同创建一个多元性的组织。

• 采取必要措施，积极主动地防止出现受到歧视、遭到骚扰和担心报复的现象，使情报人员能够在工作中发挥自身最大潜力。

• 塑造一支多元化的人才队伍，他们要有能力满足持续存在的和新兴的情报需求。

• 投资支持中层管理人员和领导者，确保他们得到适当的培训、保障并接受监督。

• 在人力资本建设、维持多元性和包容性、提供平等就业机会等计划中，寻求通用业务功能和实践，以确保情报界在人力资源领域做出明智的投资和决策。

4. 创新

寻找、创造并应用科学新发现与新技术，培育创新思维，改进情报技艺，并不断改进任务和业务流程，以在快速变化的环境中推动情报界的发展。

创新——通过技术进步和改进业务实践——对于确保情报界能够提供决策者和作战人员所需的战略和战术决策优势至关重要。为了持续迎接未来挑战，情报界必须积极开发和快速吸纳突破性的以及持续涌现的新技术、新创意和新观念，进而提升创新水平。情报界还必须推动非传统性思维和实验，以提供新的、更好的方法来完成情报界使命，特别是那些强调速度性、简易性和高效性且不牺牲质量、不影响结果的方法。一旦人工智能、自动化和增强技术得以运用，这些方法应能够提升情报洞察力、知识和运行速度。为实现这一目标，情报界领导者必须准备大胆接受计算得出的各类风险，以获得高价值的成果，并接受这样一个事实，即成功之前可能会遭遇初期失败。

为了实现这一目标，情报界将：

- 开展、利用、保护突破性研究，并应用其研究成果，以使情报界具备灵敏的、革命性的情报能力。
- 在整个情报行业内营造一种创新氛围，这种氛围能够使情报界快速、动态地适应新挑战和新机遇。
- 探索技术和其他资源的新型应用方式，以推进情报技艺并实现情报任务优势。
- 不断开发和应用最先进的情报任务和业务流程，以改进情报能力和服务。

5. 信息共享与安全保障

开发、增强、整合和利用情报界的各项能力和活动，以加强合作并合法地发现、访问、检索和保护信息。

> 情报界信息环境包括相关个人、组织和信息技术功能，它们能够搜集、处理或共享敏感隔离信息，或情报界管理的无论是何密级的信息。

任务的成功依赖正确的人在正确的时间获得正确的信息，以为决策提供信息保障。为此，情报界将采用最先进的方法来恰当地访问信息，且不用管信息位于何处。为提高信息的质量和可用性，应更好地将信息组织成适当的数据格式，并用元数据加以标记，这将有助于推动传统情报流程转化为以信息为中心的情报流程。一体化的情报界信息环境将使情报界能够抵御外部和内部威胁，维护公众信任，保护个人隐私和公民自由，并履行其情报使命。为此，情报界必须继续采用现代数据管理实践经验，应用安全、现代化的系统和标准，使情报界的数据实现可发现、可访问、可使用。

为了实现这一目标，情报界将：

- 识别、验证、确定优先等级和解决情报界信息环境的功能和政策要求问题，以增强情报一体化，并使整个情报界能够安全、有效和高效地运转。

- 提高情报界信息系统风险评估的速度、可移植性和可信度，以增强利益相关方对情报界信息环境的信心，并加快向情报用户提供完成任务所需能力。

- 强化基础性情报界信息技术能力和基础设施，以提高情报任务完成效率并减少重复建设。

- 根据法律和政策规定，创新工作方法并加以落实，以管理、共享和保护情报信息。

- 采用具备现代数据提取、关联和富集功能的先进情报分析技术，以最大限度地提高情报界数据的价值。

6. 合作伙伴

优化合作伙伴关系，以提高情报能力，并更好地为决策提供信息依据。

> 合作伙伴包括与美国合作推进国家安全优先处理事项的组织和实体，包括美国军方、盟国、外国情报和安全部门、其他联邦部门和机构，以及视情况而确定的美国各州、地方和部落的官员以及私营部门。

情报界的合作伙伴关系对维护国家安全至关重要。有效利用合作伙伴集体形成的情报能力、情报数据、专业知识和深刻见解，就能使其变为力量倍增器。情报界将优化现有合作伙伴关系，打造新型合作关系，以提高情报能力并为决策提供信息依据。

为了实现这一目标，情报界将：

• 加深合作伙伴之间的相互理解和合作，有效地为决策提供信息依据并支援行动的开展。

• 根据相关适用法律，加强现有合作伙伴关系，发展新型合作伙伴关系，以拓宽信息获取渠道，满足情报任务需求。

• 从战略层面推动合作伙伴参与的情报合作制度化，以促进相互合作和理解。

7. 隐私、公民自由和透明度

保护隐私和公民自由，并保持合理的透明度，以加强监督和提升公众信任。

情报界情报透明度原则为情报界提供了开展下述工作必须遵循的一般性规范，此类工作包括为增强公众对情报活动的理解而开展的信息公开工作，以及旨在防止泄露信息而损害国家安全的持续性信息保护工作。

情报界必须接受美国人民的监督，其执行国家安全任务的方式要有助于维护美国的国家价值观。在情报工作中保护隐私和公民自由的核心原则，以及保持情报工作合理透明度的核心原则，无论是针对情报界内部的，还是面向公众的，都必须纳入到情报界的各类计划和活动之中。为获得并保持公众对情报界的信任，这样做是必要的，也将直接影响情报界的权威、能力和资源。任务的成功取决于情报界对这些核心原则的承诺。

为了实现这一目标，情报界将：

• 将保护隐私和公民自由的要求纳入到情报界的政策和各类计划之中，以确保情报任务能够体现美国的国家价值观。

• 积极主动地与监督机构及合作伙伴建立密切联系，以增进公众对情报界的理解和信任。

• 在情报界内部保持和提升合理的透明度，在公开信息的同时，避免出现危及国家安全的情况。

四、情报界情报透明度原则

情报界情报透明度原则旨在帮助情报界做出下述决策：公开信息以增强公众对情报活动的理解，持续保护信息以防止因泄露信息而损害国家安全。这些原则无法修订或取代相关适用法律、总统行政命令和指令，包括第 13526 号总统行政命令“秘密国家安全信息”。与此相反，它们明确了情报界各机构在落实上述法规要求时应遵循的一般性规范。

情报界将：

1. 保持合理的透明度，以使公众能够更好地理解下述内容：

（1）情报界的任务以及为完成任务而做的工作（包括情报界的体系结构和工作效率）；

（2）情报界开展情报活动应遵守的法律、指令、法规及政策；

（3）确保情报活动依法开展的控制与监督框架；

2. 通过法定渠道积极主动且清晰明确地面向公众公开信息，包括采用积极的方法，旨在：

（1）及时保持透明度，回应公众关切问题；

（2）确保公开的信息足够清晰明确且包含来龙去脉，以使公众能够轻易理解；

（3）确保公众能够通过多种通信方式获取情报界公开的信息，例如公众应能够通过新技术手段获取此类信息；

（4）与利益相关方保持沟通，以更好地解释情报界公开的信息以及从多个角度来理解；

（5）在适当情况下解释为何不能公开披露相关信息；

3. 保护信息，以避免未经授权披露信息而导致情报来源、获取手段及相关活动的暴露，确保情报界的职业情报人员能够持续、勤奋地履行各自职责，旨在：

（1）只加密特定信息，这类信息具备下述特征，即一旦未经授权而对外泄漏，就可能会造成可识别或可描述的国家安全危害；

(2) 绝不通过加密信息的方式来掩盖违法行为、工作效率低下行为，或行政管理上错误行为、防止出现尴尬局面；

(3) 使用部分标记或其他类似手段，将加密信息和非加密信息区分开来；

(4) 在决定加密信息时，应在最大程度的可行范围内考虑公众关切，同时根据需要持续保护信息，以维持情报工作的有效性，保护那些为情报界工作的或与情报界合作的个人的人身安全，或在其他方面保护国家安全；

4. 在遵守相关法律、总统行政命令及指令的情况下，调整情报界的角色、资源、流程及政策，以确保上述原则的强力落实。

五、影响情报界工作成效的因素：取得的成就，面临的风险和挑战

情报界是一个日益趋向一体化的情报业界，始终坚守着一个共同目标，那就是建设一个高度一体化、灵活、坚韧、创新并体现美国价值观的情报界，使我们的国家更加安全。为实现这一目标，情报界已经在落实《国家情报战略》目标方面取得了诸多重大成就，但仍有许多工作要做。

（一）取得的成就

通过整合各项工作，提出情报人才队伍建设倡议，推动情报界合作伙伴关系，保持情报工作透明度，以及推动技术创新，情报界的领导者和管理者推动创建了一个更加高效、有效和敏捷的情报业界，使美国能够在充满挑战的世界中维护我们的国家利益。

1. 情报一体化

持续推进的情报一体化使情报界能够更好地优化相互支持的情报搜集和分析活动，并更有效地管理其资源，从而为成功开展军事、外交、人道主义和其他相关行动提供至关重要的情报支援。通过情

报一体化的方式成功完成情报界任务的例子包括：监视伊朗核计划，调查马来西亚航空公司 MH－17 航班飞机被击落的情况，监视朝鲜核武器的发展，以及应对西非埃博拉病毒的暴发。

2. 情报界人才队伍

情报界之所以能够成功完成任务，得益于其拥有一个具备强大包容性的工作环境和一支才华横溢、多元化的人才队伍。这支队伍持续关注发展和利用人才的多元性，进而有机会推动个人职业发展。因此，情报界长期被评为联邦政府最佳工作场所。

通过实施情报界联合任职计划，成千上万的文职情报人员获得了专业知识，与伙伴机构的同事共同投入了情报事业，拓宽了职业发展前景，加强了协作和信息共享，提升了透明度和合作关系。通过实施这个内容充实的计划，我们的情报专业人员队伍得到了壮大，也积累了更多的实践经验和专业知识，并帮助完成了情报界的使命任务。

3. 情报界合作伙伴关系

在与美国国内外合作伙伴的能力建设、标准化实践和信息共享方面取得了重大进展，这些进展有助于抵御和应对国内外针对美国利益的外国威胁和外国支持的威胁。情报界一方面与外国合作伙伴开展情报共享，特别是在打击恐怖主义和支援军事行动方面，另一方面还与国内重要合作伙伴开展情报共享。

4. 透明度

《情报界情报透明度原则》有助于做出下述决策：公开信息以增强公众对情报活动的理解，持续保护信息以防止因泄露信息而损害国家安全。因此，情报界建立了一个公开的网络数据库，用于存储解密文件、官方声明、讲话和证词。目前，情报界已正式发布了数千页的文档，所有文档均存放其中。

5. 技术创新

通过应用科学新发现与新技术，培育创新思维，改进情报技艺和流程，情报界已经在重要问题上取得更大的任务优势。例如，情报界的领导者和管理者已经营造了一种共享与整合的文化，实现了情报活动的一体化，进而在整个情报界范围内推动信息技术服务和能力的全面共享。这种一体化的方法将使情报界能够恰当地访问情报界内任何地方的信息和工具。利用元数据更好地组织和富集后的信息将有助于推动情报流程转变为以信息为中心，同时简化集成数据、应用程序和各类服务。

情报界已经推出了一项开创性的计划，并研究出了新方法来对各种情报问题进行准确和及时的概率预测。这些预测成果已被用于《国家情报评估》和其他情报产品。为了改进情报技艺，机器学习领域的研究已经推出了新的自动化情报工作方法，用于分析社交媒体、新闻、经济数据、网络搜索问题以及数以千计的其他数据流，进而预测政治领域的不稳定性。这些创新型的技术应用正在改变情报工作的未来，以更好地为决策者提供信息保障。

（二）面临的风险和挑战

《国家情报战略》指出了情报界各机构需要共同应对的各种风险和挑战的来源。风险是一种不确定的事件或条件，它能够对情报界完成任务的能力产生负面影响。风险因素可能有其内部（情报界可控区域）和/或外部（情报界不可控区域）原因，这就需要制定定制化的缓解风险策略。

- 战略风险是指特定的影响因素，其能够影响情报界为国家安全决策提供充足情报保障的能力。此类影响因素包括可能恶化的情报工作环境、国家安全威胁的数量和复杂性，以及资源短缺等，这些都可能会对情报界全面监控局势的能力，以及针对所有发展动态向决策者发出警报的能力提出挑战。情报界需要采用新方法来更好地识别和通报各类存在风险的领域，同时保持一种兼具预见性和灵活性的姿态来应对新出现的威胁。

- 机构风险是指特定的影响因素，其能够影响情报界有效执行任务和业务管理实践的能力。例如，未来可能还会出现未经授权而披露信息的情况，这是一种已知的风险，一旦出现此类情况，可能会对情报搜集、与国内外合作伙伴的关系以及公众的信任产生负面影响。更好地开展管理、审计工作和落实各类安全程序是必要的，其能够降低风险并将影响降至最低。情报界必须吸引和保留合适的、可信赖的、敏捷的情报人才队伍，这些人应拥有批判性分析、科学、技术、工程、数学、网络和外语技能，以应对当前和未来任务挑战。这就需要持续推进情报人员的招聘和雇用工作，以获取更加多元化的情报人才。这些人的素质标准要比其他外部评价标准更具可比性，例如联邦劳动力、私营部门劳动力和美国人口的相关标准。

• 计划（财政）风险是指计划外的或不可预见的因素影响了情报预算资金的有效使用，进而导致情报界出现丧失各类能力和资源的情况。随着联邦预算资金的不确定性持续存在，情报界制定审慎的、快速响应的资源规划的能力也将受到诸多限制。结果可能是预算被过度开支，或在解决情报问题方面缺乏经济有效的解决方案。情报界需要研发能够有效调动资源的新方法，以减轻计划（财政）风险，避免重要计划、能力和资源投资的损失。

• 技术风险是指影响情报界的科学和创新方法、实践、工具和技能的因素。一些影响因素是已知的，而其他影响因素可能是无法预知的。由于技术和行业标准的快速变化而无法跟进最新进展，可能会影响情报界的竞争优势。缓解此类风险可能需要完善数据战略、软件和改善基础设施，以保持最先进的情报能力。

六、情报界的组织机构

情报界是一个由行政部门之下的 17 个机构和组织（通常称为“情报界各机构”）所组成的一体化的业界，他们开展各类情报活动，并共同努力促进国家安全。国家情报主任是情报界的领导者，通过发布《国家情报战略》来确定整个情报界的战略优先处理事项。为落实战略规定，每个情报界成员都需依据法定职责完成各自组织的使命任务。

情报界由以下 17 个机构组成：

• 两个独立机构——国家情报主任办公室和中央情报局。

• 八个国防部下属机构——国防情报局、国家安全局、国家地理空间情报局、国家侦察办公室，以及各军种的情报和反情报机构（空军情报机构、海军情报机构、陆军情报机构、海军陆战队情报机构），这些情报机构同时也接受负责情报事务的国防部副部长的指导和监督。

• 其他行政部门下属的七个机构——能源部情报与反情报办公室，国土安全部的情报与分析办公室以及海岸警卫队的情报和反情报机构，司法部的联邦调查局和毒品管制局国家安全情报办公室，国务院情报与研究局，以及财政部情报与分析办公室。

除搜集、分析和生产情报外，情报界各机构还扮演着其他角色。功能主管监督和协调特定的情报门类或能力，并向国家情报主任提出建议，在单个情报机构内部和多个情报机构之间提升其所负责的情报门类的工作绩效。国家情报主管担任国家情报主任的主要顾问，负责需要关注的特定领域，并针对相关领域的所有情报搜集、分析和反情报工作提出建议。计划主管由情报界各机构领导兼任，负责执行情报任务并监督其所领导的情报机构的预算工作。情报界管理者负责使情报能力和业务功能实现有效对接，确保完成情报任务。

七、战略实施

通过国家情报主任办公室，国家情报主任负责为情报界提供整体层面的监督、指挥、引导和协调。情报界各机构负责执行与其法定职责一致的情报任务。情报界的所有情报人员都有责任了解他们应如何为情报界的使命任务做出贡献，并尽最大努力履行其所肩负的特定职责，同时保护隐私和公民自由，并保持适当的透明度。

1. 国家情报主任

（1）为情报界提供战略指导。通过制定《国家情报战略》，国家情报主任为情报界设定了战略方向，将情报界各机构整合起来，以应对单个情报机构无法独立应对的挑战。国家情报主任为建设和维持各类情报能力提供指导，以确保成功完成情报任务。

（2）领导情报一体化。在国家情报主任的指导下，国家情报主任办公室的核心使命是领导和支持情报界的一体化建设；提供真知灼见，推动情报能力的生成，以及面向未来开展情报投资。情报界的治理就是通过推动情报一体化来管理情报任务和情报界活动。情报一体化是指同步推进情报搜集、分析和反情报工作，使它们能够融为一体，像一个团队一样有效运转。国家情报主任制定了各类情报政策和标准以推动实现情报一体化。

（3）确保情报界严格执行任务。国家情报主任领导整个情报界的任务执行工作，主要方式包括建立情报界的各类决策机构，制定情报界的各类战略，管理情报界的预算和资源，打造情报界的各类能力，推动信息共享与安全保障，以及与国内外合作伙伴开展情报合作。

（4）管理情报界预算。国家情报计划就是情报界的预算。国家情报主任依据《国家情报战略》来调整国家情报计划内的各类资源，以及向国会报告情报资源的支出情况和工作绩效情况。国家情报主任能够汇集整个情报界的努力，共同制定一个综合性的国家情报计划，密切关注战略重点和跨机构预算流动，以确保国家情报计划的各类投资能够以最佳方式保障国家安全目标的实现。国家情报主任还能够参与制定军事情报计划，该计划包括国防部下辖的情报界各机构的年度情报预算。在面对国会及其他外部机构时，国家情报主任是整个情报界的代言人。

2. 情报界各机构

（1）确保各类战略、计划和行动步调一致。《国家情报战略》为情报界各机构的战略计划提供保障。《国家情报战略》中的任务目标和能力目标应纳入到情报界各机构的各个层级的战略和计划中。功能主管、国家情报主管、计划主管和情报界各类管理者将依据《国家情报战略》来协调、同步和整合各自负责的情报工作。

（2）通报资源分配情况。计划主管是情报界各机构的领导，负责执行情报界的各类任务。他们负责监督各自情报机构的情报预算，投资打造各类情报能力，并在情报界预算执行过程中，负责执行国家情报计划和军事情报计划内的相关预算开支。每年他们都会向国家情报主任提交一份战略计划简报，并向国会报告各自负责计划的实施情况。

（3）开展成效评估。为落实《国家情报战略》规定的任务目标和能力目标而开展的各类活动、倡议和行动都需要持续评估其工作成效。情报界各机构将记录其所开展的各类活动、倡议和行动的具体影响，这种影响在多大程度上有助于实现更广泛的《国家情报战略》目标，以及阻碍其推进《国家情报战略》目标的任何影响因素。评估实现《国家情报战略》目标的进度对于提高情报界的整体工作效能至关重要。

结束语

《国家情报战略》为情报界提供了国家情报主任指导下的未来 4 年的战略方向，使情报界的优先处理事项与其他国家战略保持一致，支持情报界的使命，即提供及时、深入、客观和相关的情报以支持国家安全决策，并保护我们的国家及利益。情报界各机构必须全面参照《国家情报战略》制定本机构的战略规划、年度预算申请，以及关于国家情报计划的立项说明。国家情报主任将依据《国家情报战略》规定的各类目标评估情报界各机构的各类提案、项目和计划，以实现情报界的愿景，即建设一个高度一体化、灵活、坚韧、创新并体现美国价值观的情报界，使我们的国家更加安全。

“我们必须变得更加灵活，更具创新性，更具创造力。”

——丹尼尔·R·科茨

国家情报主任

情报界职业道德准则

作为情报从业人员，我们恪守以下基本行为准则。这些准则反映了情报界所有人员——不管他们担任何种角色、隶属哪个机构——需要遵守的职业道德标准。有些准则在其他一些指导文件中也有反映，如关于核心价值观的文件，以及《行为准则：政府官员与雇员职业操守准则》等。尽管如此，情报界在此统一重申一下这些基本准则还是非常重要的，因为是这些准则将我们团结起来，使我们有别于其他行业。

使命。我们为美国人民服务，我们明白自己的使命需要我们为国家安全做出无私奉献。

真理。我们寻求真理，向权力说真话，客观地搜集、分析并提供情报。

守法。我们拥护并捍卫美国宪法，遵守美国法律，确保在执行任务时尊重隐私、公民自由和人权。

正直。正直是我们的行为标准，我们时刻牢记，无论是我们的公开还是非公开行为，都应反映情报界总体上的正面形象。

服务。我们是值得公众信任、负责任的公仆。我们审慎使用情报权力与资源，努力保护情报来源与方法，通过恰当渠道报告不当行为，对自己负责，对监管机构负责，最终对美国人民负责。

卓越。我们将不断改进工作表现与业务技能，负责任地共享信息，与同事互相协作，灵活创新以应对新兴挑战。

多元。我们以我们国家的多元化为自豪，致力于提升我们队伍的多样化与包容性，鼓励思维的多元化。

美国国家情报战略

情报界愿景　建设一个高度一体化、灵活、坚韧、创新并体现美国价值观的情报界，使我们的国家更加安全。

情报界任务　提供及时、见解深刻、客观和相关的情报，以支持国家安全决策，保护我们的国家及其利益。

用户成功

我们的情报用户

总统	国家安全委员会	国会
行政部门及机构领导	参谋长联席会议主席及高级军事指挥官	国家情报主任指定的其他人
作战人员、决策者、外交官、谈判专家，以及国土安全、执法与国际官员	指定的州、地方、部落及领地政府与第一响应者	

任务目标

战略情报	当前行动情报	预测性情报
长久利益	当前和计划中的行动	即将出现的事情

- 网络威胁情报
- 反恐
- 反扩散
- 反情报和安全
- 其他地区性和功能性事宜

能力目标

任务管理一体化	业务管理一体化

- 人才队伍
- 创　新
- 信息共享与安全保障
- 合作伙伴
- 隐私、公民自由和透明度

附录五　美国情报界构想2015[①]

（2008年7月发布）

使命：创造决策优势

构想：成为一个全球网络化、一体化的情报业界

战略：通过政策、人事和技术举措，整合国外、军队和国内情报能力，为决策者、作战人员、国土安全官员和执法人员提供决策优势

价值观：奉献、无畏、协作

国家情报主任寄语

情报专业的同仁们：

我们正处在一个动荡多变的全球环境中，变化的速度、范围和复杂程度前所未见。这是一个网络化的世界，在白沙瓦[②]发生的事件

① 该文件名称的完整表述是"构想2015：成为一个全球网络化、一体化的情报业界"。Office of the Director of National Intelligence, Vision 2015: A Globally Networked and Integrated Intelligence Enterprise, July 2008, http://www.dni.gov/publications/vision_2015.pdf.

② 译者注：白沙瓦是巴基斯坦开伯尔普赫图赫瓦省的省会和最大城市，靠近巴基斯坦与阿富汗边境。1988年8月，本·拉登在白沙瓦宣布成立"基地"组织，并在后来解释说："我们把这个营地称为Al－Qaeda，意思是指它是一个训练基地，"基地"组织这个名字就是这样来的。""9·11"后，美国发现多名恐怖嫌犯都曾在白沙瓦接受过恐怖袭击训练或执行过恐怖袭击任务。阿富汗塔利班政权倒台后，不少塔利班残余势力也盘踞于此，策划发动过多起恐怖袭击。

会波及皮奥里亚[①]，反之亦然。无法预料的危机和隐蔽而诡谲的威胁，愈加凸显情报人员工作的重要性和挑战性。我们的国家安全靠的是预见危机并先机制敌，而不仅仅是强于对手。因此，情报比以往任何时候都更加重要。我们必须整合国防、国土安全、外交、发展、情报等所有国力要素，共同应对这些危险和威胁。然而，情报界在很大程度上采用的仍然是为以前的时代而优化设计的组织体制、人员配置和运作模式。我们面对的基本挑战是如何使情报界适应新环境。这份构想文件旨在根据一体化、协作和创新的原则，描绘一条通向 21 世纪全球网络化、一体化的情报业界的前进道路。

情报界的使命是为决策者、军事指挥员、执法人员和国土安全官员等用户创造决策优势。这意味着我们搜集和分析情报的目的是提高用户的决策能力，同时拒止敌人获取相同优势。为促进情报界转型并创造决策优势，我们要完成下列工作：

• 发展一体化能力，以应对来自网络空间的新兴挑战，支持能源安全之类的新任务。

• 构建用户驱动型情报模式。

---

① 译者注：美国国内有两个城市都叫皮奥里亚，一个在伊利诺伊州，一个在亚利桑那州。此处应指伊利诺伊州的皮奥里亚市，因为该构想发布时美国情报界发现伊利诺伊州皮奥里亚市的一名男子系“基地”组织潜伏在美国的重要成员，曾在巴基斯坦接受“基地”组织训练，意图发动新的恐怖袭击。具体情况如下：2001 年 12 月，美国在调查“9·11”事件的行动中逮捕了伊利诺伊州皮奥里亚市布拉德利大学的一名在读研究生，此人名叫阿里·萨利赫·马雷，卡塔尔人，逮捕理由是他的电脑中存储有大量信用卡信息及其他信息，涉嫌欺诈。随后，上述罪名被撤销。然而，2003 年 6 月，马雷再次被逮捕，美国政府官员将其称为“敌方战士”。美国情报部门认为，马雷是“基地”组织潜伏在美国的重要成员，正在策划类似于“9·11”事件的恐怖袭击。联邦调查局在其家中发现了数十张可疑信用卡、有毒化学物质资料，还有包括水坝与铁路在内的潜在袭击目标目录。此后，马雷被拘押在南卡罗来纳州的一处美国海军监狱大约 6 年时间。2009 年 4 月，马雷签署认罪协议，承认自己密谋向“基地”组织提供物质支持或资金。他承认 1998 年到 2001 年在巴基斯坦接受“基地”组织的训练，还见过“9·11”恐怖袭击事件的策划者哈立德·谢赫·穆罕默德。2009 年 10 月 29 日，伊利诺伊州皮奥里亚市的美国联邦地区法院法官迈克尔·米姆裁定马雷入狱 8 年零 4 个月。参见：《美称“敌方战士”卡塔尔男子策划新的“9·11”袭击》，2003 年 6 月 25 日，http：//www. people. com. cn/GB/guoji/1029/1934140. html；《“基地”潜伏者在美获刑 8 年，流泪悔过但遭质疑》，2009 年 10 月 31 日，http：//www. news. ifeng. com/mil/3/detail_2009_10/31/498777_0. shtml。

- 通过全球感知和战略前瞻能力的提高，增强我们预见和防范战略突袭的能力。

- 打破各机构和职能之间的界限，以任务为中心开展工作，对情报界进行一体化整合。这还要求我们实现搜集资产的网络化，使它们能近实时地自主协同工作，渗透最难对付的目标。

- 开辟一个以网络为中心的信息业界，使终端用户能够以安全、定制化的方式发现、存取和利用情报信息。

- 整合情报界的人力资本、教育训练、业务系统、基础设施、科学技术以及采购等战略要素，消除那些阻碍跨机构协作的障碍。

没有路线图的构想只是空想。为实现这一构想，我要求情报界参与制定本构想的高层领导行动起来，制定一个清晰的路线图，细化我们目前要做的工作和未来几年的工作步骤，让这一构想成为现实。尽管这一构想将延伸至2015年，但我们必须尽早取得实质性进展。我们将在优先预算和实施计划里，明确体现我们对这一构想的支持。

1996年，时任参谋长联席会议主席的约翰·沙利卡什维利将军颁布了《联合构想2010》，详细阐述了我国军事力量建设的初步设想。该文件简明扼要，提纲挈领却颇富争议。但事实证明，它不愧是形成美国现在所拥有的超级军事能力的指南。我诚邀所有情报专业人士投身于情报界向情报业界的根本性转型，准备在可预见的未来不断夺取胜利。

J. M. 麦康奈尔

第一部分　不断变化的战略格局

> “当组织机构的外部环境变化速度超越了组织机构的内部调整速度，其离末日就不远了。”
>
> ——杰克·韦尔奇，通用电力公司前首席执行官

我们生活在一个动态变化的世界，变化的速度、范围和复杂性与日俱增。全球化的持续推进，独立行为体日渐增多以及技术的不断进步，提高了全球关联性、相互依赖性和复杂性，造成更大的不确定性和系统风险，使未来更加难以预测。这些变化导致预警时间缩短、决策周期压缩。虽然这个相互关联的世界提供了更多的技术创新和经济增长机遇，但也带来了独特的挑战和威胁。在这样的环境中，取得持久战略优势的关键是具备迅速、准确地预见和适应复杂挑战的能力。

20 世纪国际政治和经济一体化的速度超过了美国整合其制度的速度。数十年来，我国不断采用新的政策制度适应形势发展。未来仍将不断出现来自非传统行为体、新型袭击方式以及更致命效果的新威胁。情报工作必须更加一体化、更加灵活，以帮助制止并应对这些挑战。

一、不确定的时代

众多动因和趋势——人口结构和社会发生变化、经济一体化和竞争加剧、技术创新和推广加速、环境压力和能源需求日益增长、地缘政治明显变化以及新的治理形式出现——正在塑造情报界工作的未来全球环境。每个动因和趋势自身都将引发特有的转变和挑战；这些因素一旦相互交织，常常会增强并放大变化的影响，产生一系列复杂的、通常无法预见的、超越地理边界和组织机构界线的威胁

和危机。

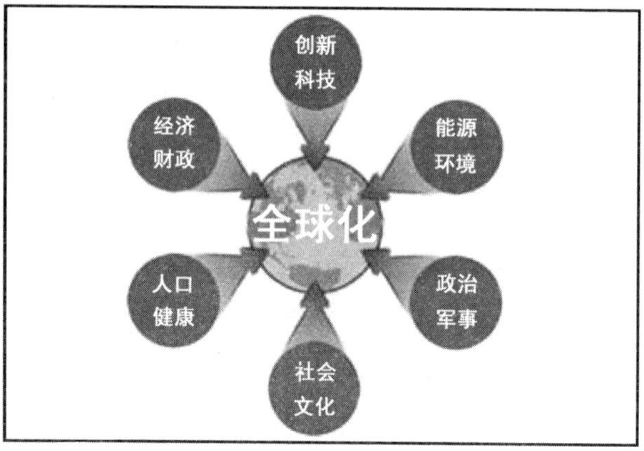

图 1　动因与趋势

全球的信息、金融、商务、运输和人际网络孕育并壮大了这些威胁。这些基础设施正日益成为国家或非国家对手利用、潜在破坏或摧毁的目标，而且这些国家或非国家对手的数量还在不断增加。

> “我们将全球化——信息、技术、资本、服务、人员的全球流动量日益增加，彼此关联程度日益提升——视为一个重要的大趋势和一支无所不在的力量，它将会从根本上塑造整个世界在 2020 年的其他主要发展趋势。”
>
> ——国家情报委员会，《描绘全球未来，2020》

（一）持续威胁

在可预见的未来，我们将采取行动防范恐怖分子的下一次突袭，同时设法消除助推极端主义扩散的根源。我们要追踪使个人、组织或流氓国家获得大规模杀伤性武器的技术扩散情况。我们要与敌对国家的情报机构展开竞争，阻止其利用我们安全防护工作的薄弱点。在我们开展搜集活动时，会遇到对手巧妙的拒止和欺骗行为。最后，我们要监视地区大国的经济、军事、政治和意识形态方面的动态变化，发现即将来临的挑战并做出预警。

（二）新兴任务

除应对上述持续威胁外，我们还有大量关乎国家安全（因而也关乎情报）的新兴任务，包括传染病、科技突袭、金融腐败、经济竞争、环境问题、能源相互依赖与安全、网络攻击、全球商业威胁以及跨国犯罪等。这些挑战中最重要的是，原来将国外情报同国内情报分开的界线正在模糊，国土安全的重要性日益增长。这就要求我们必须与众多新的合作伙伴进行互动，但也必须尊重和维护所有美国人的隐私和公民自由。

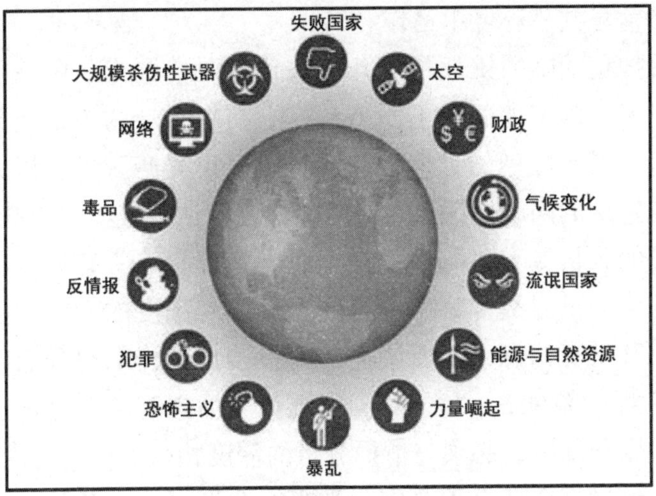

图 2　持续威胁与新兴任务

老问题呈现新面孔：以网络空间为重点的信息作战、政治或军事的非对称反应以及非法贩运等。最终，我们面对的挑战是在一个全新的环境下开展工作，这个环境的时敏性更强，信息流动更加开放，情报来源与情报分析将在全球媒体带来的公开环境里展开竞争。到 2015 年，我们要具备预见广泛大量威胁和危机并做出快速反应的一体化协作能力。

二、对情报界的影响

在这个新环境里，地理边界与管辖界线日益模糊；情报与作战、战略与战术、国外与国内的传统界线正在消失；情报与信息、分析者与搜集者、情报用户与情报生产者、私营与公众、竞争对手与同盟者的定义正在发生改变。仅仅把情报与非情报问题区分开来都可能是一大挑战。

情报界要在这种快节奏、复杂的环境中取得成功，就必须进行重大改革。其影响已经显而易见。例如，我们的反情报工作面对大量新的和传统的敌人，但我们必须在一个挑战现有安全观和风险观、受保护的信息共享环境中运作。

情报搜集面临的挑战将从开辟一条重要来源或利用一个重要数据流，扩展到确定如何使不同平台、不同来源步调一致地共同对付转瞬即逝、界定模糊的目标，以及利用搜集资产激发、探查和响应搜集系统发现的问题。深入而持续的渗透是情报搜集的关键。

我们的分析专家将与学术界、商界、智库等所有拥有相似知识和人际网络的世界级专家开展合作。形成有深度的专门知识需要广泛接触公开来源信息，需要我们的情报搜集工作取得独有结果，需要一个外部专家网络。我们对国家政策、情报理论、全球态势感知了解的广度和深度，必须与情报分析的深度相一致。

我们的最高层情报用户十分重视综合性报告。此类报告需要融合两大要素：一是与政策议程相关的有深度的专门知识，二是对全球态势细微变化的理解。情报用户对分析的最低要求是准确和正确；我们的分析必须清晰、明确、客观并富有见地。

情报用户的构成结构和期望值将发生改变。到 2015 年，典型的情报用户将是新一代的政府决策者，他们习惯于获得即时情报保障，对科技变化应付裕如，对“把情报视为一种特权资源”的观念并不熟悉。这样的用户希望情报提供交互式、基于用户要求的“有求必应”式保障，同时希望被视为合作伙伴——既是信息输入源，也是最终的情报终端用户。

> 进化与调适的传统
>
> 长久以来，美国情报系统能够根据战略和技术的变化而变化。20 世纪前半期，美国组建了包括联邦调查局和战略情报局在内的新机构，以及时跟进空中图像、分析、密码学和人力情报领域的发展进步。
>
> 冷战期间，情报界研发了各类高空（例如 U－2/A－12 飞机）、天基（例如“科罗娜”卫星侦察计划）、地基传感器和平台，以窥视社会主义阵营中无法进入的领土。与全球化相关的持续加速的变革将再次推动情报界以创新手段加以应对。

到 2015 年，一个全球网络化的情报业界对能否满足更深谋远虑和更高战略灵活性的要求至关重要。现有的以机构为中心的情报界必须发展成为一个建立在服务共享、以任务为中心的工作模式和一体化任务管理基础上开展协作的真正的情报业界，而实现这些目标靠的是人员、思想和活动跨越情报界各成员机构的边界顺畅流动。建设这样的情报业界，要求领导坚持不懈，讲求实效。必须实现包括信息技术、人力资源、安全、设施、科学技术、教育训练在内的全面服务共享。

第二部分　创造决策优势

为有效应对不断变化的战略环境，我们需要调整组织结构、人员和系统，确保行动一致，以更大的灵活性做好应变准备。我们在适应新的挑战和用户时，要重申我们永恒不变的使命：提供客观和相关的情报保障，帮助我们的用户达成决策优势。

一、情报的作用

情报就是利用秘密手段提高我方决策能力，同时破坏敌方的决策能力。我们在幕后工作，向外交、军事、执法部门的用户及其他用户提供信息，以利他们采取行动。我们力求使他们尽可能多地了解某一情况，力求使他们的倡议有最大的成功几率。与此同时，情报还有助于削弱敌方决策的可靠性、速度和效率。

尽管情报提供的优势可能是逐渐积累和稍纵即逝的，但这些优势可以产生诸如挫败恐怖分子阴谋、发现非法账户或制止敏感技术扩散等重大成果。情报提供许多可能错失的线索和机遇。这类优势具有脆弱性，因此更有必要保护我们的情报来源和手段。

历史档案提供了情报为美国和盟国决策者提供竞争优势的案例：

中途岛，1942 年：美国密码破译人员在第二次世界大战最黑暗的岁月里为我军提供了掌握敌方意图和能力的决定性情报。情报工作使美军指挥官洞悉日本海军设下的圈套，为我军扭转战局、取得太平洋地区的战略主动提供了保障。

古巴导弹危机，1962 年：图像情报和分析提供了对莫斯科危险的核布局的战略预警。情报界提供了出色的态势感知和有关苏联可能做出的反应的预测，为美国总统避免一场几近毁灭性的对抗并成功化解危机提供了极大的帮助。

六日战争，1967 年：情报界全源分析专家准确预测阿以危机的爆发时间、持续时间和结果。他们精辟、缜密的分析使总统对美国的干预活动做出调整，避免了美苏之间的对抗升级。

二、决策优势

决策优势可使美国具备以国家强力手段应对挑战、化解危机或新兴威胁的能力。这些优势不会是长期或绝对的。

> “情报驱动型胜利的关键可能不是尽可能多地搜集关于对手的‘真相’，而是获得信息优势或是竞争优势。这种优势能够帮助决策者摆脱困境并借以开展行动。确保决策者能够顺利做出选择，这才是情报工作的真正目标。”
>
> ——詹妮弗·西姆斯，乔治敦大学情报研究主任

应对未来挑战，重要的是要理解情报如何影响决策者。情报的目的不仅是确定事实，还要使决策者在应对自己无法掌控的外力时能够做出更好的选择。情报可帮助降低做出重要决策时面临的不确定性和风险。衡量我们成功与否的标准很简单：我们的服务是否使我方获得真正明显的优势？

这一方法巧妙地解决了情报的客观性与相关性之间的潜在矛盾，这一矛盾通常概括为情报界要“向权力讲真话”的公理。情报界成员有时为了保持客观性，会选择与用户保持距离；而这种距离可能会损失情报的相关性。这样的选择是错误的，我们必须既要客观性也要相关性。我们将通过获取对胜利更为至关重要的信息、防止竞争对手获取相同信息（如通过拒止和欺骗）来做到“既要客观性也要相关性”。我们将利用各方面的情报，在不混淆职能与要素的前提下，实现这一承诺。例如，有人认为，保密是情报任务的固有属性。但是，保密只是有助于获取决策优势的一种方法，而速度、相关或协作也是获取决策优势的方法。在创造决策优势时，我们绝不能仅靠单个“历史悠久”的方法。

三、全球感知与战略前瞻

创造决策优势的另一个重要方面是使决策者做好防范战略突袭的准备，这些势力或问题不在决策者的议事日程范围，却可能对我们的预期结果构成挑战。情报的一个重要作用是预见变化的能力，即识别重要预兆并提醒决策者。尽管我们监控已知威胁的能力经过

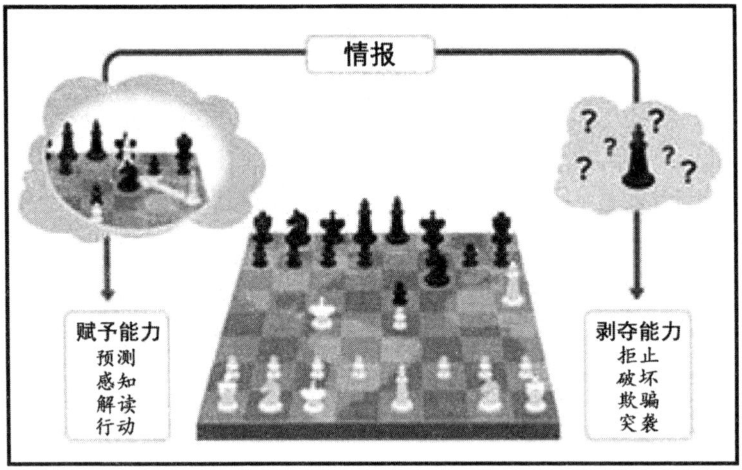

图3　创造决策优势

千锤百炼（因为我们通常有专职的任务主管负责督导处理最严重的威胁），但情报的适应性要求我们具备察觉、解读“微弱信号”以及新兴问题和安全风险的其他征兆的战略能力。防止遭受战略突袭是1947年美国情报界初创的主要目的之一。美国超级大国地位的崛起，伴随着正在变化的战略格局带来的复杂性和相互关联性，要求我们的情报业界提供全球感知和战略前瞻。

冷战时期的标准工作方式是开展战略预警和征兆评估，毕竟那时的环境很少呈现出动态变化的色彩。我们预期的战略环境模式接近于混沌理论：初始条件是关键，趋势是非线性的，由于无法预测的系统行为导致挑战突然出现。在这样的环境里，决策优势的一个先决条件是全球感知：开发、整理、处理当今世界大量不同数据流的能力。另一个必备条件是战略前瞻：把握现有情况、根据各种反应提出多种假设和设想并确定其相关性和可能性的能力。我们相信，如果我们能够把我们提供的战略突袭信息置于更大的背景下，并能表明我们分析复杂事物的方法是严谨缜密的话，我们的用户就会想方设法得到这类信息。

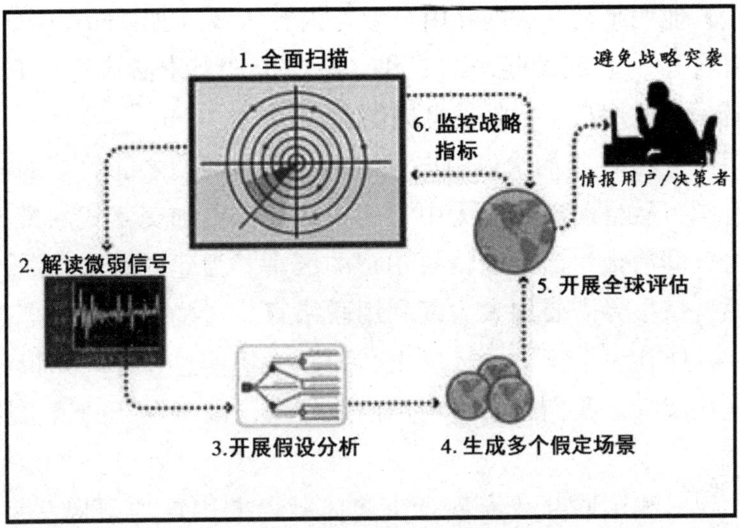

图4 全球感知与战略前瞻

情报业界要在这样一个日益动荡复杂的全球环境中履行职责，就必须提升评估影响我国国家安全的全球风险的能力。随着众多系统相互关联性的增强，识别多系统连接处的薄弱点（如重要信息基础设施、能源供应中断、脆弱的金融市场以及气候变化引起的疾病传播等）和识别多种可能同时出现的危机的必要性大大增加。战略预测与系统弱点评估是拥有各种专门知识和深刻见解、不断更新的各界所使用的方法，全球感知和战略前瞻能够将这些方法结合起来，从而为应对上述挑战提供解决方案。由于这类专业知识大部分来自情报界外，所以我们将与商界、学术界以及其他政府和非政府部门开展合作。

四、用户驱动型情报

到2015年，预计情报界将向更多用户针对更多问题提供更多详情。我们预测，将出现抱有更大期望值的不同种类的用户和新需求，这要求我们改变为他们服务的基本模式。

虽然没有典型用户，但我们提供情报的对象将是能使用计算机的一代，他们是与互联网和用户参与内容生成（如 YouTube、博客、维基百科）一起成长起来的一代。在一个“有求必应”的环境里，他们既是信息用户，也是信息提供者。

因此，2015 年的情报用户对情报业界与他们之间关系的界定将极大不同：从目前以产品为中心的模式转向更加交互式的模式，该模式将模糊情报生产者与情报用户的区别。为建立并保持深入的合作关系，情报界需要加大力度利用联络官。这些联络官能搭建合作关系，并能在一个流动的环境里利用网络将信息、专门知识和情报需求连接起来。我们还需要利用商业技术，以研发新的情报服务提供方式。

不仅是我国联邦政府现行决策体制内的用户类型将发生改变，而且用户的范围将扩展到联邦政府其他部门（如卫生与公共服务部、农业部和商务部）、州和地方政府机构、国际组织、私营部门和非政府机构等。

2015 年 Y 世代人的思维模式

·1980 年前后出生，他们对里根时代或冷战时期印象模糊。

·“数字化时代的居民”，他们在成年后始终拥有一部自己的手机。

·总是从互联网上获取大部分新闻。

·2001 年 9 月 11 日彻底改变了他们的大学生活。

·习惯于处理多种任务并以团队方式工作。

·目前正在从事第三份职业（而非工作）。

·远程办公是一种生活方式，而非一家机构的倡议。

·擅于快速获取和评估公众领域的知识。

（一）定制化保障

不是所有用户都希望与情报业界进行同一水平的互动。我们为创造决策优势而采取的向用户提供定制化保障的方法，将横跨 3 种用户类型，即合作伙伴、情报客户、情报用户。我们的合作伙伴将需要最强有力、最富个性化的情报保障，并希望与我们开展积极合作，共同得出结论。合作伙伴将努力向我们提供他们的专门知识、开放他们的网络或提供来自于他们的行动和政策的反馈意见。情报客户更愿意充当顾问的角色：围绕关乎他们议事日程的结果开展紧密而持久的互动。情报用户则更愿意与情报业界保持一种交易关系：他们提出问题，并希望得到快速、直截了当的答复。三类用户的共同点将是使用的技术日趋先进。

（二）用户关系

未来用户的重要性明确要求情报界用最佳实践保障用户。为有效服务用户，我们必须采用尖端技术探出他们的需求，评估我们的工作绩效。我们将问用户“你打算完成哪些工作?”而不是问“什么是你的情报优先需求?”。对用户的情报保障将更多地表现为一种关系而不仅是一个事件。

图 5　用户驱动型情报

我们将首先推广自身保障用户的成功经验（如《总统每日简报》）。我们必须为多个级别的用户（不仅为最高级用户）提供服务，并密切跟踪工作进展，以便为未来变革提供依据。我们必须建立一种途径，使我们的情报专业人员接触用户，使新用户了解我们的能力和局限性。这样做的关键是研发一种用户交往与管理模式，指定若干“渠道主管”保障特定的用户，并根据用户类型、主要职能或其他方式确定渠道管理职能。

我们的分析产品将日益接近定制化服务，强调发挥最大效益而不是单纯的发布能力。在以效果为基础的分析理念指导下，我们除了帮用户得出“是什么?”的结论之外，还帮他们思考“如果……会怎么样?”。要做到这点，我们的分析专家要利用不同的数据、分析工具和服务，在以任务为中心的分布式分析网络中工作。

我们还预料，公众的情报需求将会增长。大部分情报工作仍然具有保密性质，情报分发范围仍将十分有限，这样做是为了确保情报为美国政府客户创造预期的决策优势。但是，情报界把其分析产品向美国公众公开，情报界对此必须适应。这一需求不断增长。

虽然用户的类型、期望值以及参与模式将发生改变，但人们仍然期待情报界提供客观、相关和及时的情报，给予我们用户持续的决策优势，以达成我国国家安全目标。

五、以任务为中心的工作模式

过去，情报界按照互不相连的情报门类（如信号情报、人力情报、地理空间情报、反情报）和职能（如任务分派、搜集、分析、分发），呈竖井式工作。这些相互隔绝的竖井常常导致竞争和重复。尽管以机构为中心的工作模式在冷战时期运行良好，但在当前快速变化的环境下，它不能保证我们取得成功。我们需要的是以任务为中心的工作模式，它十分灵敏、精干、灵活，能够适应动态变化的环境。新的工作模式必须使我们的长期任务适应新的挑战，将新技术与作业流程吸纳进来，并建立在我们整合与协作的先期成果之上。

一方面，我们必须保持不同情报门类的各自优势；另一方面，我们必须进行更大的职能整合。具体来说，我们必须超越目前以机构为基础的线性工作模式（下达任务、搜集、处理、利用、分发），形成一种主要以任务为基础的工作模式，这种不固定的模式可同步开展情报搜集，实时协作开展情报分析，拓宽我们的合作伙伴战略。

图 6　以任务为中心的工作模式

因此，这种一体化的工作模式将把传统的情报周期转变为一系列更加动态化的互动活动，并坚持 4 项重要工作原则：一体化任务管理、适应式搜集、协作式分析、战略伙伴关系。这种工作模式的设计目的是提高情报的准确性、速度和灵敏度，打破机构体制或职能框架的桎梏。这种新模式的目标很简单，就是把情报业界运转起来，把以任务为中心的工作从单位或机构一级提升到整个情报界层面。为此，我们需要明确任务和职责，简化决策权，制定整个业界的管理方法，使这个新模式具备运作能力。这一目标一旦成为现实，情报业界将变得灵活强干，我们的合作伙伴用户将受益于以情报为基础的决策优势。

（一）一体化任务管理

除了某些例外，情报界目前的体制结构和运行方式不是围绕优先任务，而是以机构、情报门类和特定职能来确定的。为应对21世纪动荡复杂的威胁环境，我们的工作模式必须强调任务一体化——一种网络化的知识共享模式，它将分散的各种专门知识和资源迅速集中起来完成具体任务。这种模式的表现形式可以是一系列网络，如国家情报中心、任务主管、特遣部队以及利益群体等。

一体化任务管理将通过减少垂直层级和明确任务下达权限，提高搜集和分析的速度；通过不同思想火花的相互碰撞增强创新能力；通过利用适当的专门知识确保情报的完整性；通过加强协作减少重复。任务主管将负责监管与他们各自任务领域相关的国家情报工作的方方面面，并担任各自任务职能的用户接口。历史上，情报界曾经把以任务为中心的工作模式作为前沿部署情报支援的最佳做法。现在是把这一“成功经验”引进我们国内机构及其活动的时候了。要做到这点需要坚强的领导，因为它需要我们对机构如何设置、如何训练、如何运作等重大概念进行重新定义。

图7　一体化任务管理

（二）适应式搜集

为减少不确定性，搜集界不得不对未来目标和技术“多头下注”，以快速适应挑战和抓住机遇；反应时间是取得成功的关键。我们的目标神出鬼没、转瞬即逝的特性，以及不断增长的信息需求与我们搜集能力之间的不平衡，都要求搜集系统实现多样化和一体化。每个搜集门类——人力情报、信号情报、计算机网络利用、地理空间情报、测量与特征情报、公开来源情报、声学情报以及外国资料搜集等都将继续发挥重要作用，不过它们的相对重要性肯定将随着时间而改变。我们要取得未来的成功，就必须整合所有层级的搜集能力。

适应式搜集的原则强调动态配置和重新配置搜集、处理和加工工作。它还要求为公开和秘密情报搜集手段排定优先次序，毕竟有些目标无法通过使用更加高效的方法（如公开来源）加以渗透，因此必须预留秘密情报来源和手段来对付这些目标。搜集方面没有比公开来源信息更需要予以考虑，也更有前途的了；把我们的搜集方法向公开来源渠道转型对适应式搜集取得未来成功至关重要。

适应式搜集建立在一个全球搜集网络上，它由许多网络传感器组成，可以近实时地自动协同工作。搜集资产将进出特定关注地域，利用已搜集的信息指导自己的活动，继而重点搜集那些用其他手段无法获取的信息。这些搜集资产将向我们的信息技术主干网络“推送”并从中“拉回”原始数据、半成品数据和最终数据。搜集到的数据将属于情报业界，任何机构都不能“拥有”它搜集的数据。我们将通过交叉提示和关联，增强态势感知能力，缩短搜集时间，扩大目标覆盖范围，提升强大搜集能力，提高情报准确性。

第一，衡量搜集界的工作必须以它是否具备深入持久的渗透能力为依据，这种能力对掌握外国领导人的意图、外国核计划、恐怖组织及大规模杀伤性武器扩散网络至关重要。第二，更加强调多机构团队实施“多样化情报”搜集策略。第三，我们设想的搜集界，应是由那些掌握我们任务活动领域的语言、谙熟其文化的人员组成。

第四，我们设想的搜集界，有能力快速应用科技创新成果，以获取所需信息。最后，我们设想的搜集界应具有完全一体化的情报处理、加工和分发架构，使信息快速流向用户。这种架构将具备自动搜集处理和“用户参与”搜集处理的双重特征。它还将带来搜集业界的现代化，便于全盘掌握传感器状况、了解所有搜集系统的任务分派和配置情况，以更好地响应用户需求。最重要的是，要让信息在用户需要的时候，以用户容易吸收的方式，到达那些需要它的人手中。

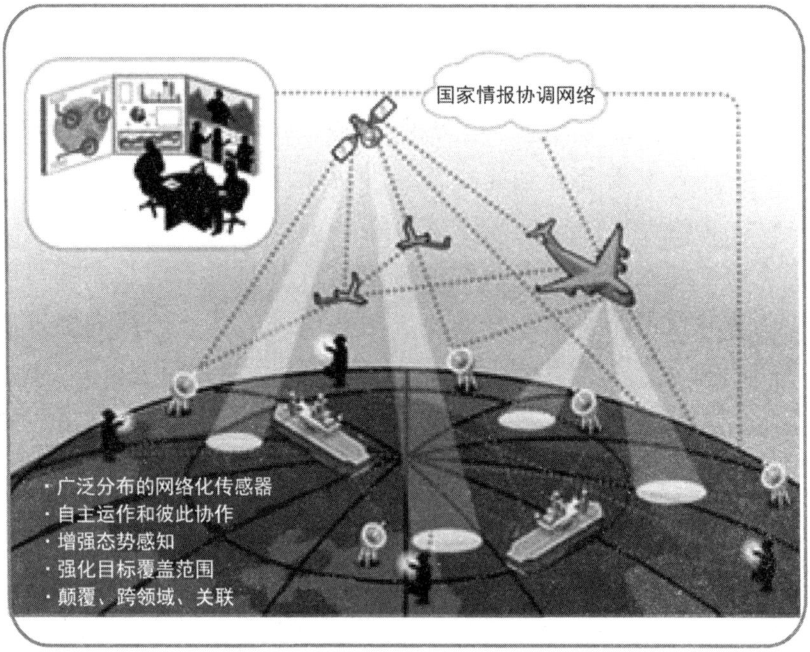

图 8　适应式搜集

（三）协作式分析

人们期待分析界对有关国家安全威胁的众多问题了如指掌并做出判断，保障更加多样化的用户，处理好前所未有的信息数量和信息种类。信息过载已经给我们的业务模式带来了巨大挑战。面对这些挑战，分析界别无选择，只有努力寻求能力上的重大突破。协作式分析的基本原则将分析人员解放出来，以一种完全不同的形式在以共同任务为中心的分布式网络中工作。

为此，分析机构要进行重大转变，从传统的强调“自力更生”向更多强调协作活动转变。这一转变将使分析界作为一个整体，以过去达不到的高度履行日常职责。分析人员既独立开展工作，又作为分析界团队的成员开展工作——回应用户查询、推动搜集工作、尝试新的方法、协同构建共同知识。在研究的初期阶段，他们合作的焦点将从协调生产初步情报产品转为对数据和假设的定期探讨。自动更新的专业知识登记表将支持这种合作。任务主管将利用这些登记表，通过智能网络把用户需求直接发送给分析界最有能力解答该问题的分析人员。主动要求解答问题的分析人员将被派往一个协作工作站，准备提供情报保障。

使用先进的数据准备和工具，将能够避免信息过载。到 2015 年，新的信息将被标注，以使工具能在我们的数据宝藏中查找相关数据。分析人员将利用这种工具去挖掘数据，验证假设并提出关联建议。分析专家将在日常工作中使用先进的分析技术，包括以基于想定场景的分析、可选择性分析和系统思维等。协作式分析的核心是向广泛利用数据、工具和系统建模转变。

分析协作还将有助于更加智能的情报搜集。国家情报库和当前研究的共享辑录，将把我们所知道的不断记录在案，这有助于避免新的不必要的搜集。到 2015 年，国家情报库将存储 5 年间分发的情报，分析专家可以从中发现所有可用的报告——如果他们能获得批准，可以马上读取；如果未获得批准，会给他们提供下一步行动指南。分析专家新的搜集建议将对外公布，供大家共同审查。搜集人员将挖掘这类数据，以改进他们的搜集规划。许多搜集人员将在保密环境中与分析专家共享新搜集的大量数据，这些数据已经进行了标注以便于发现和关联。把分析人员和搜集人员更紧密地联系起来，将使整个分析界加深对搜集知识的了解，从而进一步改进搜集需求的质量、提高分析判断的水平。

随着分析的一体化程度不断提高，将出现齐心协力为用户服务的局面。我们的产品和服务将发生变化，以满足用户以个性化方式获取及时的信息和见解的需要。每个客户的要求都有不同，包括虚拟会议、建模仿真、移动存取以及不同保密级别的可供用户选择的版本等。把重要客户的需求、满足他们需求的计划、实际提供的情报和收到的反馈意见等信息进行及时协作共享，将推动实现新的突破。

图 9　协作式分析

分析界将不掩盖重大意见分歧，使用户摆脱自行进行情报对照、情报综合和消除情报出入的负担。一体化的分析界与用户之间的密切联系，将使分析界实时了解和弄清用户的需求。到 2015 年，我们将对照优先任务主题词，以标准化方式跟踪分析界的工作情况。任务主管将能看到局部分析意见对整个情报界支持重要用户的影响，并利用这一信息不断改进工作，以迅速适应不断变化的用户需求。

（四）战略伙伴关系

考虑到威胁的广泛性和迫在眉睫的预算限制，以及对高水平分析专门知识的渴求，情报业界不得不超越传统的情报界边界向外扩展其网络。情报的全球化性质迫使我们继续寻找机会与盟国和外国合作伙伴开展协作。我们的战略伙伴将包括传统的国际盟友、机会性合作者、跨国机构、民间社团、学术界和工业部门。

图 10　战略伙伴关系

美国情报业界将明显受益于全球侦察覆盖面的扩大、局部的专门知识以及协同配合的改进。这些益处横跨各种伙伴关系，但根据关系的广度和深度而互有不同，这些关系包括：历史悠久的双边合作伙伴关系、联盟关系、联合项目、契约关系以及特别关系等。为充分发挥这些战略伙伴关系的潜力，情报界需要统一的战略和政策，强有力的关系主管和联络官，以及一个灵活、保密的信息共享环境。我们的伙伴关系是建立在由政策和规程支持的一系列人际关系基础上的。我们必须监督我方开展的一切合作活动，但合作能否取得成功最终将取决于我方代表能否在合作中展现出灵活性和有效性。在开展合作活动时，必须使我方代表充分理解我方活动的“指挥官意图”。

六、以网络为中心的信息业界

秘密信息和公开来源信息是助推情报的“燃料”。仅仅共享情报产品是不够的，搜集人员和分析人员有责任提供比他们生产的最终报告更多的东西。为此，情报业界必须建立在一个坚实的信息基础设施之上，这个信息基础设施的根基是信息共享文化，并以广泛的通用服务为支撑，从而使末端分析用户把海量数据转化为预测性的可行动情报。

最终目标是实现在多个机构和数据库之间无缝隙地访问所有情报信息、工具和流程。我们的信息体系架构将经历一场根本性转变：从基于特定情报门类的信息搜集、分析和分发的若干“星状拓扑结构”模式，转变为一个将我们的信息存储在通用“云”（即分布式对等互联网络）上的统一架构。这个信息基础架构允许获得授权的终端用户利用从联合查询到一体化分析工具组件等一系列服务，去发现、访问和利用数据。

（一）通用信息基础设施

目前，各个情报机构都在运行和维护各自的网络和信息基础设施：供电、散热、电路、开关、路由器、数据库、信息管理系统、数据中心、安全和业界系统管理工具等。到2015年，我们将过渡到一个通用“云”服务模式，其基于一个主干网络和计算机机群系统。这些计算机机群系统主要配置在各类可升级的分布式中心之中，用于存储、处理和管理数据。这些数据共享中心的设备和地点是为了方便通信和电力供应而专门选择的。采用更加坚固、安全、有效的手段来组织、更新和检索所有搜集到的信息，情报业界将从中获得极大收益。各中心将在整个情报界范围内推广和应用各类经验和技术，集中稀有技术资源，降低成本。

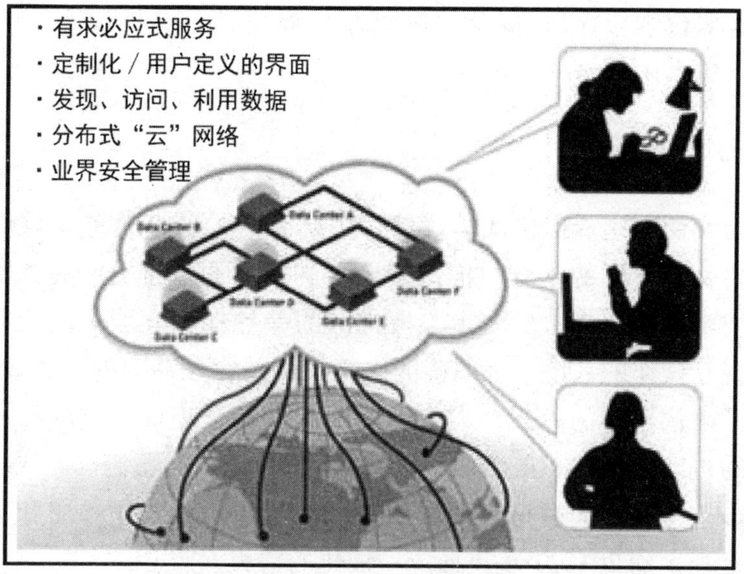

图 11　以网络为中心的信息业界

（二）有求必应式服务

过去 20 年，情报界一直面临着同步跟进快速发展的信息技术的挑战。尽管装备采购开发系统不够敏捷是部分症结所在，但情报界也为自己的基本工作方式所累。我们要保持技术领先，就必须在全业界采取一种以服务为导向的体系架构，这种架构可以与联邦政府其他部门的系统交互运作，能够与非传统合作伙伴共享信息。以服务为导向的体系架构提供了一种行之有效的方法，在适应新技术发展的同时又能响应用户不断变化的需求。通过推出“软件即服务”的工作模式，这种体系架构能够共享开发样式、统一标准和通用接口，进而降低系统的复杂性和使用风险。通过使用复合应用软件，即从中央数据库“拉”取并投入到用户指定工作空间的分离式服务，我们能够实现由用户来界定分析环境。

到 2015 年，整个情报业界应展开的服务范围包括：通信服务（如通用电子邮件、目录、日历、协作）；数据服务（如联合查询与搜索、标注、基本要素提取、存储）；安全服务（如单点登录、访问控制、监视和审计）；以及分析服务（如端口、数据挖掘、可视化、建模与仿真工具）。

七、业界一体化

为我们的用户提供决策优势，围绕我们的核心任务领域展开合作需要一个牢固的基础，把情报业界的重要组成部分——人员、流程和技术整合起来。历史上，机构间的差异如相互竞争的文化、无法实现互操作的系统、不明确的决策权以及相互冲突的业务规则等，形成了机构合作的障碍，大大削弱了我们的适应能力，降低了我们机构的机动灵活性。虽然从“9·11”事件以来，我们已经取得了一些进步，一些重大举措正在实施中，但我们仍需要领导层和各机构予以重视，到2015年真正形成一体化的情报业界。

图12　业界一体化

（一）人力资本与知识管理

2015 年情报业界的核心是人。我们面临的最大挑战之一是能否吸引、培养和保留高素质的、富有创新和适应能力的人才队伍。未来的情报队伍将比过去任何时候更分散化、虚拟化和弹性化；这对我们的信息技术基础设施和设备影响重大。我们需要的是具备精湛语言技能、深刻文化理解能力、精通“人文地形”的专业人员。未来情报人才队伍的关键是文化、语言和技术的多样性。此外，为应对不断变化的战略环境，我们需要打造一支更加企业化的、以用户为中心的人才队伍，情报人员要能够把丰厚的专业知识、技术与广泛的关系网络和协作技能结合起来。必须把严格的分界线，如搜集人员和分析人员之间的界限，变成可渗透的区分线，突出强调各类情报专业人员在情报事业中发挥的不同作用，而不是突出强调排他性的成员资格。

> 未来的回响：联合任职
>
> 2017 年，在六家相关政府部门领导的支持下，国家情报主任签署“联合任职政策指南”，正式将“联合任职”作为情报界高级官员晋升职务的必要条件。该政策设立了一个明确的标准，首次营造了一种奖励型文化，即奖励那些从整体业界视角思考问题的人。

我们的领导者要超越传统的、独立的、以机构为中心的定位，向基于跨机构协作和有多个情报门类任职经历的领导风格转变。具体而言，这要求领导层把实现任务目标作为共同目标，行动一致，开创跨机构和多种文化的联合。管理者将扮演一种新的角色，更多关注专业发展和衡量单位工作质量，少关注对产品的监督和评估。我们要有覆盖整个情报业界的领导人培养计划、绩效评估系统和一套激励机制。

到 2015 年，工作重点将从信息共享（如互操作系统、信息发现与访问）转向知识共享（如捕获与分发无论是清晰的还是隐含的知识)。目前我们正在拆除信息领域互不相连的“竖井”，我们将架起连接明天知识“群岛”的桥梁，通过系统方法，在一个有求必应的环境里将内容与背景知识结合起来。这需要强大的社会关系网络能力——专业知识定位、无处不在的协作服务、综合远程教育手段、可视化工具以及业界内容管理系统等。更重要的是，必须把包括经验汲取、概念和条例制定在内的知识共享和知识管理的战略方法纳入进来。

（二）现代化的业务惯例

情报界要发展尖端技术，运用新的能力和维持当前工作运转，不能指望财政预算不断增加。我们必须采用现代化的业务惯例，使我们效率更高、能力更强、更灵活敏捷、更有责任感。目前的业务模式囿于陈旧的规章制度、各自不同的做法、不能互操作的业务系统等。我们要优化有限的资源，就必须推动现有模式转型。我们的计划、规划、预算和人员安全管理的程序和系统必须彻底改变。

1. 业务体系现代化

使体制具备适应性、行动具备灵活性的关键，是把计划、规划、预算、业界管理和财务制度整合起来，把战略与预算、预算与能力、能力与绩效统一起来。我们需要的是能使我们预见未来、做长远计划、规划和预算，也能使我们迅速应对时间紧迫问题的流程和体系。一个一体化的业务管理体系必须支持这些业务流程。高层管理人员必须得到及时、精确、可靠的财务和工作绩效信息。我们必须拥有简单、可信的绩效标准和衡量尺度，这些绩效标准和衡量尺度能够展现出我们为完成目标取得了哪些进展。

作为业务现代化的一部分，我们将采用核心财务系统，把预算和绩效数据整合起来，使一些通用业务流程（如采购、差旅、购置、人力资源）标准化和简单化。这将使我们采用业务分析方法去推动以事实为依据的决策，更加有效地管理我们的资源。

2. 安全转型

到 2015 年，情报业界的安全职能部门将发生改变，同时重要性也将提升。我们的安全工作必须在步调和方向上与我们的技术和全体人员的努力相一致。人员安全必须从一种屏障法转变为全程工作周期法。由个人安全、信息技术安全、物理安全措施构成的网络将确保所有专业人员在其情报生涯中保持最高的安全标准。未来的安全官员将经过分析训练、技术娴熟，能够运用多种安全策略适应不断变化的技术或用户需求。情报业界将采纳通用安全标准，以保持连续不断的监视。与战略伙伴共享知识的需求，将推动安全职能部门承担新任务：确定保密等级，监视和管理所有秘密信息的生产。安全人员的主要职责将是确保我们的“秘密”真正保密，并一直保密。安全工作的这一新任务将要求大幅简化保密系统和大量代码及警示标志。最终，保密的根基将继续成为可能危害我国安全的潜在因素。

3. 灵活的基础设施

到 2015 年，来自不同机构的雇员将被派到更远的工作地点同地办公，远离中心司令部。未来需要类似联合任职的跨机构合作和跨职能的工作团队和工作项目，因而需要更加灵活的基础设施。鉴于此，我们意在建议制定一个深思熟虑的战略，实现由以机构为中心、大量统一设施向更加分布式、一体化的模式转变，该模式采用旅馆式办公法，创造愈加开放和协作的工作空间。灵活的基础设施基于两项原则：一是根据项目或特殊任务组成的跨职能团队同地办公（如各门类情报搜集人员、科技人员、分析人员和任务主管）；二是虚拟同地办公，分散办公的全体人员可以迅速集合起来迎接新任务。要制定既重视实际同地办公也重视虚拟同地办公的设施战略；要采纳通用章和认证系统，使全体情报人员在各设施间无缝隙移动。

（三）科技创新

大部分基础技术来自私营部门，技术的更新周期正在缩短，技术创新的源头出自许多国家。因此，情报界需要从根本上更新观念、重新设计我们的采购、购置政策和规程，突出适应性、速度和灵活性。此外，由于维护经费占预算的比例越来越大，我们需要的是能获取能力的采购政策和做法，而不是单纯购买“保修时间”。我们需要的是基于效能的创新性采购方案。这些方案必须奖励私营部门的合作伙伴开展创新、重视效能、勇担风险。

尽管我们将继续依靠商用最佳技术和实践，但情报界仍将研究、开发和使用颠覆性技术，保持对敌竞争优势。我们不能按照“S 曲线”循序渐进地发展下一代技术，我们需要革命性的方法途径。我们需要创新性突破、颠覆性技术并迅速将技术成果转向终端用户，同时敢于承担风险和失败。我们要鼓励和奖励政府雇员及私营部门合作伙伴的勇担风险、敢于创新的企业家行为。我们需要通过组建机构（如创建一个情报界版的洛克希德公司臭鼬工厂）和改进流程（如以人才队伍的多样化促进认知能力的多样化）来培养我们想要的创造力。我们必须与国会负责监管的同僚密切协作，营造一种有利于创新的文化。

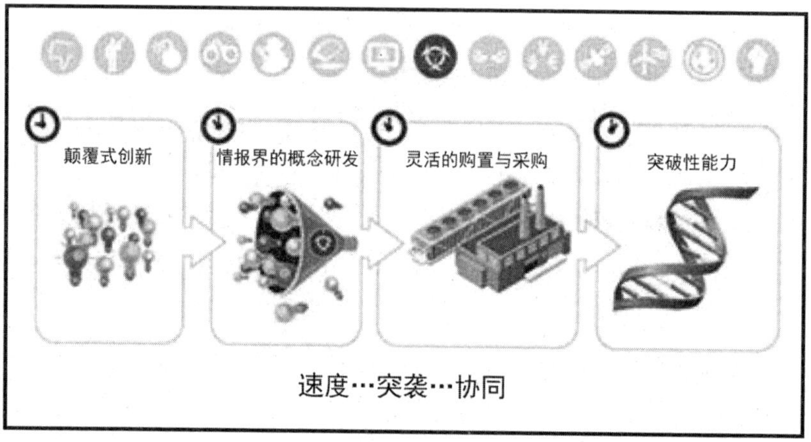

图 13　科技创新

营造创新文化要更加注重先进概念、技术和理论，以提高领导能力、机构协作和资源利用率。我们要建立一种机制，使我们不断审视未来，捕捉任务的潜在影响，开发试验新的一体化的情报概念和情报技术。

第三部分　让构想成为现实

> “能够生存下来的物种，并不是那些最强壮的，也不是那些最聪明的，而是那些最能适应变化的。”
>
> ——查尔斯·达尔文

今天的情报界由最富于奉献精神、最有能力的公务员组成，他们持续推动着情报改革的进程。然而，我们已经进入一个快速发展和动态变化的环境，渐进式地改进现有工作模式和提高现有能力将远远不够。

2001 年以来，我们取得的许多进步都得益于获得了更多的亟须资源，但预期的财政预算压力很可能使我们在未来无法继续享受这一好处。我们不能满足于按部就班地改进工作或简单采取一些提升效能的举措，因为这将导致我们落后更多。除了转型，让我们的事业沿着新型工作模式的方向前进之外，我们别无选择。

一、未来之路

我们的国家安全机构有一种趋向，那就是重点关注他们的权限和专业技术领域，但缺少足够能力组织跨领域的联合行动。情报界长期为这一问题带来的后果所困扰。当我们学会利用联合跨机构行动倡议把国家所有强力手段整合起来时，我们会发现，对于国家安全团队的新成员而言，情报变得益发重要。

2005 年 10 月发布的《国家情报战略》称，情报界的愿景是——成为“一个由创新型情报专业人员组成的统一业界……”，却没有进一步界定这一最终目标。《构想 2015》勾勒了成为一个业界的基本原则，详细描述了我们新的工作模式的不同之处。我们的情报业界将沿着适应性、一致性和灵活性的特色道路前进。

二、关键设计原则

要在新的环境中取得成功，情报界必须着手对组织机构和文化进行根本性改革，从官僚化的指挥与控制模式向一体化、协作化、网络化的业界转型。我们在构建这个情报业界时，必须遵循一些简单的设计原则——适应性、一致性和灵活性。

适应性是一个机构成功地预见、感知和应对环境变化的能力。它是一个过程，期间要求我们不断审视外部环境，识别突发威胁或机遇，认识挑战与能力之间的差距，尝试新思想以及在实践中学习。适应性的关键是主动接触并以开放心态面对外部观念和影响。

一致性是一个机构的核心战略、系统、流程和通信之间连贯一致的程度。一致性发生在战略指导的背景下，它可以确保我们排定各项工作的优先顺序，以实现某一特定构想，但同时又不会预设实现该构想的具体方式。它是一种控制机制，可以确保将战略目标、近期目标、分散配置的能力以及机构的工作绩效等明确关联起来，将完成任务作为工作重点。实现一致性面临的关键挑战是既要确保团结一致，又不强求想法一致。

灵活性是一个机构投入最少的努力和资源，快速重组工作流程和组织结构，进而抓住机遇、应对战略危机的能力。在复杂多变的环境中，即使有再多的预测，也不可能预见到每种变化。我们需要创建一个机构，以快速、准确地应对无法预料的事件。灵活的机构拥有灵活的模块化的设计、共享的基础设施和勇于创新、容忍风险的文化。

上述设计原则要成为互为补充的统一体。仅有适应性而无一致性，将引发混乱，在重复劳动和工作冲突中造成资源浪费；仅有适应性而无灵活性，将导致一个机构“看着火车开过来”，却无法躲开。我们必须确保我们新的机构模式和情报理念遵循这些设计原则。

三、战略路线图

情报界需要制定一个详细计划，以明确这个构想，并成为一个情报业界。国家情报主任将成立一个高级别的设计小组，制定一个包含具体行动和关键节点的路线图，以实现我们的构想。该路线图将细化行动步骤，确保我们实现战略适应性、加强一致性、提高我们的机构灵活性。

（一）适应性方面采取的行动

1. 研发各类方法手段，以预测未来环境，预见未来威胁和任务，斟酌并部署创新性预备情报能力。

2. 设计、试验新的工作理念和战术，支持一体化工作模式。

3. 把改革创新与科学实验（如伽利略）结合起来，支持实现战略适应性。

4. 试验并验证多种任务管理模式，以确定如何在实际工作中发挥它们的最佳效益。

5. 构建特定的组织实施能力，针对我们整个工作流程（如分析、搜集、任务管理等）开展演练、建模和仿真，以创新和验证新概念、新技术。

6. 把历史经验教训与教育训练活动（适当）结合起来，为我们汲取成功经验和失败教训打基础。

7. 利用与用户交往的最佳实践，在业界范围设立渠道主管，使他们积极与合作伙伴用户交往，发展我们的对外交往模式。

8. 建立一个与国家情报大学链接的情报专业知识分子之“家”，充当情报业界的思想领袖。

（二）一致性方面采取的行动

1. 重塑情报界，承认各成员机构与国家情报主任办公室的不同关系，以政策规范这些不同关系。

2. 制定情报业界战略，使目的、途径和手段保持一致。

3. 研发一个单一、透明、严格的战略管理流程，推动情报业界战略、能力、计划和预算的一体化整合。

4. 建立一个从战略到计划的年度工作架构，用实实在在的衡量标准使机构和单位把工作重点放在实现特定目标和分目标上，确保我们在完成任务和实现构想方面取得进步。

5. 通过更加严格的政策、法规、标准和技术整合我们的反情报能力，使反情报工作与《国家情报战略》的更广泛目标保持一致。

6. 制定政策、程序和基础结构，让新的、临时的、以任务为中心的单位成为情报业界的行动利器。

7. 推崇一种涵盖个人、机构和情报业界的绩效文化。

（三）灵活性方面采取的行动

1. 重塑情报业界，探求层级扁平化和降低保障与作战人员比率的途径。

2. 创建情报业界的运行概念，细化一体化工作模式的各组成部分。

3. 通过制定政策、程序和精简流程，阐明职责、任务、职能和决策权。

4. 在整个情报业界的范围内，从运作和管理层面显著改善关键信息的访问和流动情况。

5. 从大型、昂贵的搜集平台向小巧、网络化的搜集系统转变。

6. 确定并强化共同关注的服务（如人力资源、金融、公共事务、首席法律顾问、立法事务），以精简和简化情报业界的支援行动。

7. 通过一体化运作（涉及多个机构）、实践（条例、专业技术等）和支援服务（交换工作地点，旅馆式办公），探求提升业界文化的新方法。使这些能力与已有能力并行不悖，努力寻求提高工作绩效的更好方法。

8. 奖励那些采纳新举措以提高工作业绩或效率的机构、领导者或情报专业人员，营造一种“允许冒险”的文化。

四、引领变革

贯彻实施本构想，首要和最大的障碍是内部文化方面的：我们这个构想正在挑战曾经行之有效的工作模式，支持原有模式的人将以“没必要、有风险或赶时髦”为借口反对变革。这些反对者断言，正在发生循序渐进的改变，环境并没有那么大的变化，新方法没有经过检验。

第二个障碍是构成阻力的现行制度障碍。没有什么比各级官僚的低效无能更能销蚀改革的决心和努力了。烟囱式的“后勤部门”职能使简单的人事或运作活动变得困难，使转型的几乎各方面工作变得复杂。

第三个障碍是经费预算方面的。情报界的重大转型需要稳定和预期的财政预算支持。虽然通过合理化改革和调整合并能使效率得到一些提高，但廉价不能催生变革。直面这一挑战首先必须依靠可靠的内部各级管理措施，并以详细的战略路线图为指导，加强与拨款部门和审批部门的交流和沟通。

第四个障碍是环境方面的：不可抗拒的直接压力。近 40 年来，由于情报界不能持之以恒地落实改革举措，情报改革多数都流于形式。情报界高层领导不断面临着放弃深思熟虑的方法去处理日常紧急挑战的压力。

要把我们的构想变为现实，仅有构想和好意是不够的。第一，我们需要高效的外向型合作交流，给情报业界的各组成机构注入活力。我们需要强有力的领导层，以百折不挠的责任感和强大的改革动力去动员全体人员。第二，我们必须通过一个新的《国家情报战略》把情报业界联合起来，这个战略路线图要确立跨 2011—2016 财政年度计划和规划的重要能力指标，制定和管理年度实施计划，以确保责任明确和稳步推进。第三，我们需要把实现本构想的职责落实到情报业界的各重要领域：任务（如反恐、反扩散、反情报等）、机构、计划主管和功能主管（如首席信息官、人力资本主管、科技主管等）。第四，我们需要将变革制度化，具体做法是以本构想为标准，衡量和表彰工作绩效，确保取得阶段性成果；通过情报业界高层领导的季度报告和评估会议，确保不断向前推进。最重要的是，高层领导必须尽力创建一种敢冒风险的文化，使本构想成为现实。

情报界向情报业界的转型不可能一蹴而就。假如它是一个轻松的过程，我们的情报专家们很久以前就完成了。尽管变革本身的特性令人不安，但本构想阐述的变革对我们继续取得胜利、保家卫国是必要的。我们会遇到前进中的犹豫徘徊和偶然的挫折，但我们最终会成功地将当今最好的情报界重塑为世界上前所未有的最好的情报业界。

图 14　引领驱动转型

附录六　美国情报界构想 2025[①]

（2018 年 7 月 9 日发布）

我们致力于确保情报界始终处于领先地位，以应对国家面临的各种分散、复杂和不断增长的威胁，支持总统发布的《国家安全战略》。为了实现这一目标，我们与整个情报界共同推出了“情报界 2025”倡议，为推进情报工作确定了指导原则和基础性优先处理事项。这些优先处理事项也反映在为 2020 至 2024 财年情报预算而制定的《综合情报指南》中。我们希望分享我们的构想和优先处理事项，并让您知道您将扮演的重要角色。

情报界的领导者坚守着共同的构想。我们知道情报界从来没有比现在更好或更加一体化，但是我们目前的最好水平可能不足以应对未来竞争。在过去的一年里，情报界的领导团队了解了情报界面临的挑战和机遇，评估了我们需要走向何处，并确定了如何才能达到更高的情报工作效率。“情报界 2025”提出了新的情报工作指导原则，描述了情报界未来工作模式的属性，并设立了一系列战略重点。

我们的指导原则决定了能够取得什么样的成果以为国家服务：我们提供清晰、客观、独立、独特、及时的见解，以提升国家安全、经济实力和技术优势。为此，我们利用无与伦比的特殊方式获取对手严加保护的信息，透彻了解对手的意图和能力，保持全球态势感

---

① 该文件名称的完整表述是“情报界 2025 构想与基础性优先处理事项”，由国家情报主任与常务副主任联合发布。IC2025 Vision and Foundational Priorities, July 9, 2018, https：//fas. org/irp/news/2018/07/dni - ic2025. html.

知以随时发出战略预警，利用他人优势以为国家增添独特价值。

我们正在改变整个情报界和单个情报机构的运作方式：情报界的领导者已经发现，一个统一、灵活、值得信赖的情报界应具备完成任务所需的各类属性。打造这些属性对于任务成功至关重要。我们将共同开展计划和行动，以充分利用情报界多样化的专业知识。我们将不断创新、迅速行动——每个情报界团队必须以行动为导向，并承担适当风险。每一天，我们都将保护重要秘密，同时赢得美国人民的信任。

我们将共同追求以下基础性优先处理事项：

- 运用机器增强情报能力
- 正直、值得信赖、灵活的情报人才队伍
- 综合性网络态势
- 现代化的数据管理和基础架构
- 私营部门的合作伙伴关系
- 灵活的采购工作

这些关键倡议得到了情报界各领导的一致同意，我们必须共同努力，以实现我们的构想和完成使命任务。

我们需要您尽自己的一份力量。在国家情报主任办公室，我们认真研究了如何领导情报界，正在推进转型以打造这些属性，更好地调整组织机构以做出示范引领。我们希望每位情报界官员都能够认真思考这一构想，并将其应用于工作实践。找出改进流程和扩大创新的机会；将各类功能应用于最高优先处理事项；共享和融合信息；在情报界内部、整个美国政府、私营部门以及与国外同行发展和利用合作伙伴关系；分享您的想法、知识和数据；清楚地意识到需要减轻风险和接受风险，尤其是失败的风险，以引领我们走向更美好的未来。我们知道我们需要做什么。现在，我们需要勇气和目标一致才能完成任务。

最终，通过共同努力，我们必将实现上述共同构想。感谢您为维护国家安全而做的工作。

参考文献

一、美国官方文件与报告

（一）法律文件

1. Public Law No. 108 – 458：Intelligence Reform and Terrorism Prevention Act of 2004，December 17，2004. http：//www. intelligence. senate. gov/laws/pl108 – 458. pdf.

2. Office of the Director of National Intelligence，Intelligence Community Legal Reference Book，Fall 2007. http：//www. dni. gov/reports/IC_Legal_Reference_Book. pdf.

3. National Security Act of 1947（as amended），2002. http：//www. intelligence. gov/0 – natsecact_1947. shtml.

4. National Security Act of 1947（as originally enacted），July 26，1947. http：//www. intelligence. senate. gov/nsact1947. pdf.

（二）调查委员会发布的报告

1. National Commission on Terrorist Attacks upon the United States，*The 9/11 Commission Report：Final Report of the National Commission on Terrorist Attacks upon the United States*，Washington，D. C.：Government Printing Office，2004. http：//www. 9 – 11commission. gov/report/911Report. pdf.

2. The Commission on the Intelligence Capabilities of the United States Regarding Weapons of Mass Destruction，*Report to the President of the United States*，Washington，D. C.：Government Printing Office，

March 31, 2005, http: //www. wmd. gov/report/wmd_report. pdf.

3. Commission on the Roles and Capabilities of the United States Intelligence Community, *Preparing for the 21st Century: An Appraisal of U. S. Intelligence*, Washington, D. C.: Government Printing Office, 1996. http: //www. gpoaccess. gov/int.

4. U. S. Senate Select Committee on Intelligence and House Permanent Select Committee on Intelligence, *Report of the Joint Inquiry into the Terrorist Attacks of September* 11, 2001, Washington, D. C.: Government Printing Office, December 20, 2002. http: //www. gpoaccess. gov/serialset/creports/pdf/fullreport. pdf.

5. United States Senate Select Committee on Intelligence, *Report on the U. S. Intelligence Community's Prewar Intelligence Assessments on Iraq*, Washington, D. C.: Government Printing Office, July 9, 2004.

6. United States Senate Select Committee on Intelligence, *Postwar Findings about Iraq's WMD Programs and Links to Terrorism and How They Compare with Prewar Assessments*, Washington, D. C.: Government Printing Office, September 8, 2006.

7. United States Senate Select Committee on Intelligence, *The Use by the Intelligence Community of Information Provided by the Iraqi National Congress*, Washington, D. C.: Government Printing Office, September 8, 2006.

8. United States Select Committee on Intelligence, *Prewar Intelligence Assessments about Postwar Iraq*, Washington, D. C.: Government Printing Office, May 31, 2007.

9. United States Senate Select Committee on Intelligence, *Report on Whether Public Statements Regarding Iraq by U. S. Government Officials Were Substantiated by Intelligence Information*, Washington, D. C.: Government Printing Office, June 5, 2008.

10. United States Senate Select Committee on Intelligence, *The Intel-*

ligence Activities Relating to Iraq Conducted by the Policy Counterterrorism Evaluation Group and the Office of Special Plans within the Office of the Under Secretary of Defense for Policy, Washington, D. C. : Government Printing Office, June 5, 2008.

（三）行政系统发布的文件

1. The White House, The National Security Strategy of the United States of America, September 2002. http: //www. globalsecurity. org/military/library/policy/national/nss – 020920. pdf.

2. The White House, The National Security Strategy of the United States of America, March 2006. http: //georgewbush – whitehouse. archives. gov/nsc/nss/2006/nss2006. pdf.

3. The White House, National Security Strategy, May 2010. https: //obamawhitehouse. archives. gov/sites/default/files/rss_viewer/national_security_strategy. pdf.

4. The White House, National Security Strategy of the United States of America, December 18, 2017. https: //www. whitehouse. gov/wp – content/uploads/2017/12/NSS – Final – 12 – 18 – 2017 – 0905. pdf.

5. The White House, National Strategy for Information Sharing: Successes and Challenges in Improving Terrorism – Related Information Sharing, October 2007. http: //ftp. fas. org/sgp/library/infoshare. pdf.

6. The White House, National Strategy for Homeland Security, 2002. http: //www. dhs. gov/xlibrary/assets/nat_strat_hls. pdf02.

7. The White House, Bush Administration Actions to Implement WMD Commission Recommendations, June 29, 2005. http: //georgewbush – whitehouse. archives. gov/news/releases/2005/06/WMD – Commission – Matrix – 6 – 29 – 05. pdf.

8. The White House, National Strategy to Combat Weapons of Mass-Destruction, December 2002. http: //www. fas. org/irp/offdocs/nspd/nspd – wmd. pdf.

9. The White House, Cyberspace Policy Review: Assuring a Trusted and Resilient Information and Communication Infrastructure, 29 May 2009. http://www.whitehouse.gov/assets/documents/Cyberspace_Policy_Review_final.pdf.

10. Office of the Director of National Intelligence, The National Intelligence Strategy of the United States of America: Transformation through Integration and Innovation, October 2005. http://www.dni.gov/publications/NISOctober2005.pdf.

11. Office of the Director of National Intelligence, The National Intelligence Strategy of the United States of America, August 2009. http://www.dni.gov/reports/2009_NIS.pdf.

12. Office of the Director of National Intelligence, 2009 National Intelligence Strategy Frequently Asked Questions, September 15, 2009. http://www.dni.gov/reports/2009_NIS_FAQ.pdf.

13. Office of the Director of National Intelligence, The National Intelligence Strategy of the United States of America, September 2014. http://www.dni.gov/files/documents/2014_NIS_Publication.pdf.

14. Office of the Director of National Intelligence, The National Intelligence Strategy of the United States of America, January 2019. https://www.dni.gov/files/ODNI/documents/National_Intelligence_Strategy_2019.pdf.

15. Office of the Director of National Intelligence, Vision 2015: A Globally Networked and Integrated Intelligence Enterprise, July 2008. http://www.dni.gov/publications/vision_2015.pdf.

16. IC2025 Vision and Foundational Priorities, July 9, 2018. https://fas.org/irp/news/2018/07/dni-ic2025.html.

17. Office of the Director of National Intelligence, The US Intelligence Community's Five Year Strategic Human Capital Plan, June 2006. http://

www. dni. gov/ publications/ DNIHumanCapitalStrategicPlan18October2006. pdf.

18. Office of the Director of National Intelligence, The 2006 Annual Report of the United States Intelligence Community, February 2007. http: //www. dni. gov/electronic _ reading _ room/2006Annual ReporttoCongress. pdf.

19. Office of the Director of National Intelligence, Report on the Progress of the Director of National Intelligence in Implementing the "Intelligence Reform and Terrorism Prevention Act of 2004", May 2006. http: //www. dni. gov/reports/CDA_14 –25 –2004_report. pdf.

20. Office of the Director of National Intelligence, ODNI Progress Report – WMD Commission Recommendations, July 27, 2006. http: //www. dni. gov/reports/WMDCommissionReport. pdf.

21. Office of the Director of NationalIntelligence, United States Intelligence Community Information Sharing Strategy, February 22, 2008. http: //www. dni. gov/reports/IC _ Information _ Sharing _ Strategy. pdf.

22. Office of the Director of National Intelligence, 100 Day Plan: Integration and Collaboration, April 11, 2007. http: //www. dni. gov/100 – day – plan/100_day_plan. pdf.

23. Office of the Director of National Intelligence, 100 Day PlanFollow – Up Report, July 27, 2007. http: //www. dni. gov/100 – day – plan/100_FOLLOW_UP_REPORT. pdf.

24. Office of the Director of National Intelligence, 500 Day Plan: Integration and Collaboration, October 10, 2007. http: //www. dni. gov/500 – day – plan. pdf.

25. Office of the Director of National Intelligence, 500 Day Plan Follow – Up Report, January 16, 2009. http: //www. fas. org/irp/dni/500 – day – follow – pt1. pdf.

26. Office of the Director of National Intelligence, Intelligence Classi-

fication Guidance Findings and Recommendation Report, January 2008. http: //fas. org/sgp/othergov/intel/class. pdf.

27. Office of the Director of National Intelligence, Analytic Transformation: Unleashing the Potential of a Community ofAnalysts, September 1, 2008. http: //www. dni. gov/content/AT_Digital 2020080923. pdf.

28. Office of the Director of National Intelligence, An Overview of the U. S. Intelligence Community for the 111th Congress, January 16, 2009. http: //www. dni. gov/overview. pdf.

29. Office of the Inspector General of ODNI, Critical Intelligence Community Management Challenges, November 12, 2008.

30. Office of the National Counterintelligence Executive, The National Counterintelligence Strategy of the United States, March 2005. http: //www. ncix. gov/publications/policy/FinalCIStrategyforWebMarch21. pdf.

31. Office of the National Counterintelligence Executive, The National Counterintelligence Strategy of the United States of America of 2007, April 24, 2007. http: //www. ncix. gov/publications/policy/CIStrategy. pdf.

32. National Counterintelligence and Security Center, National Counterintelligence Strategy of the United States of America 2020 – 2022, February 10, 2020. https: //www. dni. gov/files/NCSC/documents/features/20200205 – National_CI_Strategy_2020_2022. pdf.

33. Office of the Director of National Intelligence, Reforming Intelligence: The Passageof the Intelligence Reform and Terrorism Prevention Act of 2004, February 2009. http: //www. fas. org/irp/dni/reform. pdf.

34. Offices of Inspectors General of the Department of Defense, Department of Justice, Central Intelligence Agency, National Security Agency, Office of the Director of National Intelligence, Unclassified Report on the President's Surveillance Program, July 10, 2009. http: //www. fas. org/irp/eprint/psp. pdf.

35. Information Sharing Environment Program Manager, Information

Sharing Environment: Annual Report to the Congress, June 2009. http: //www. ise. gov/docs/reports/ISE_2009 – Annual – Report_FINAL_2009 – 06 – 30. pdf.

36. Information Sharing Environment Program Manager, Information Sharing Environment Interim Implementation Plan, January 2006. http: //www. ise. gov/docs/reports/ise _ interim _ implementation _ plan – 20060109. pdf.

37. Central Intelligence Agency, Strategic Intent 2007 – 2011: One Agency, One Community, April 9, 2007. http: //www. cia. gov/about – cia/strategic_intent. pdf.

38. Office of the Under Secretary of Defense for Intelligence, Defense Intelligence Strategy, March 31, 2008. http: //www. au. af. mil/au/awc/awcgate/dod/def_intell_strat_080501. pdf.

39. Office of Management and Budget, Security and Suitability Process Reform, December 17, 2008. http: //www. whitehouse. gov/omb/assets/omb/reports/joint_security_dec2008. pdf.

40. The Joint Chiefs of Staff, Joint Publications 2 – 0: Joint Intelligence, June 22, 2007, http: //fas. org/irp/doddir/dod/jp2_0. pdf.

41. National Security Council, National Security Council Intelligence Directive No. 3: Coordination of Intelligence Production, January 13, 1948. http: //www. fas. org/irp/offdocs/nscid03. htm.

42. The White House, Executive Order 13354: National Counterterrorism Center, August 27, 2004. http: //www. fas. org/irp/offdocs/eo/eo – 13354. htm.

43. The White House, Executive Order 13355: Strengthened Management of the Intelligence Community, August 27, 2004. http: //www. fas. org/irp/offdocs/eo/eo – 13355. htm.

44. The White House, Executive Order 13356: Strengthening the Sharing of Terrorism Information to Protect Americans, August 27,

2004. http: //www. fas. org/irp/offdocs/eo/eo – 13356. htm.

45. The White House, National Security Presidential Directives 48: Nuclear Materials Information Program, August 28, 2006. http: //www. fas. org/irp/offdocs/nspd/nspd – 48. html.

46. The White House, Executive Order 13467: Reforming Processes Related to Suitability for Government Employment, Fitness for Contractor Employees, and Eligibility for Access to Classified National Security Information, June 30, 2008. http: //www. fas. org/irp/offdocs/eo/eo – 13467. htm.

47. The White House, Executive Order 13470: Further Amendments to Executive Order 12333: United States Intelligence Activities, July 30, 2008. http: //www. fas. org/irp/offdocs/eo/eo – 13470. htm.

48. Department of Defense, Establishment of a Subordinate Unified U. S. Cyber Command under U. S. Strategic Command for Military Cyberspace Operations, June 23, 2009. http: //docs. govinfosecurity. com/files/external/OSD – 05914 – 09. pdf.

49. The White House, Barack Obama, Responsibly Ending the War in Iraq, February 27, 2009. http: //www. whitehouse. gov/the_press_office/Remarks – of – President – Barack – Obama – Responsibly – Ending – the – War – in – Iraq.

50. Office of the Director of National Intelligence, *United States Intelligence Community Strategic Intent for Information Sharing* 2011 – 2015. Washington, D. C. : Government Printing Office, August 1, 2011.

51. Office of the Intelligence Community Chief Information Officer, *Intelligence Community Information Technology Enterprise Strategy* 2012 – 2017. Washington, D. C. : Government Printing Office, 2011. http: //www. dni. gov/files/documents/IC_ITE_Strategy. pdf.

52. Office of the Intelligence Community Chief Information Officer, *Intelligence Community Information Technology Enterprise Strategy* 2016 –

2020. Washington, D. C: Government Printing Office, 2014. https://www.dni.gov/files/documents/CIO/IC% 20ITE% 20Strategy% 202016 – 2020. pdf.

53. Office of the Director of National Intelligence, *FY2015 – 2019 IC S&T Investment Landscape: Ensuring Future Capabilities Align to Mission Needs.* Washington, D. C.: Government Printing Office, February 2014.

54. Office of the Director of National Intelligence, *Industry Snapshot: Summary of Partner Responses to the FY2015 – 2019 IC S&T Investment Landscape.* Washington, D. C.: Government Printing Office, March 2015.

55. Office of the Director of National Intelligence, *FY2016 – 2020 Intelligence Community Science and Technology Strategic Plan: Managing Risk to Ensure Intelligence Advantage.* Washington, D. C.: Government Printing Office, May 2015.

56. Office of the Director of National Intelligence, The U. S. Intelligence Community's Human Capital Vision 2020, March 5, 2014. https://www.dni.gov/files/documents/CHCO/US_IC_Human_Capital_Vision_2020_Strategy%202020_5_March_2014_U. pdf.

57. Office of the Director of National Intelligence, Intelligence Community Information Environment Data Strategy 2017 – 2021, 2017. https://www.dni.gov/files/documents/CIO/Data – Strategy_2017 – 2021_Final. pdf.

58. Office of the Director of National Intelligence, The AIM Initiative: A Strategy for Augmenting Intelligence Using Machines, January 16, 2019. https://www.dni.gov/files/ODNI/documents/AIM – Strategy. pdf.

59. Office of the Director of National Intelligence, Strategic Plan to Advance Cloud Computing in the Intelligence Community, June 26, 2019. https://www.dni.gov/files/documents/CIO/Cloud_Computing_Strategy. pdf.

60. Office of the Director of National Intelligence, Improving Cybersecurity for the Intelligence Community Information Environment Implementation Plan, August 2019. https://www.dni.gov/files/documents/CIO/Improving_Cybersecurity-IC_IE_ImpPlan-August_2019_reduced_web.pdf.

(四) 立法系统发布的文件

1. Richard A. Best Jr. and Alfred Cumming, *Director of National Intelligence Statutory Authorities: Status and Proposals*. Washington, D. C.: Congressional Research Service, January 15, 2009.

2. Richard A. Best, *Intelligence Issues for Congress*. Washington, D. C.: Congressional Research Service, January 9, 2009.

3. Richard A. Best, *Proposals for Intelligence Reorganization*, 1949–2004. Washington, D. C.: Congressional Research Service, September 24, 2004.

4. Stephen Daggett, *The U. S. Intelligence Budget: A Basic Overview*. Washington, D. C.: Congressional Research Service, September 24, 2004.

5. Catherine Dale, *National Security Strategy: Legislative Mandates, Execution to Date, and Consideration for Congress*. Washington, D. C.: Congressional Research Service, December 15, 2008.

6. John Rollins and Anna C. Henning, *Comprehensive National Cybersecurity Initiative: Legal Authorities and Policy Considerations*. Washington, D. C.: Congressional Research Service, March 10, 2009.

7. Michael E. DeVine, *Intelligence Community Spending: Trends and Issues*. Washington, D. C.: Congressional Research Service, June 18, 2018.

8. Michael E. DeVine, *The Director of National Intelligence (DNI)*. Washington, D. C.: Congressional Research Service, May 1, 2018.

9. House Permanent Select Committee on Intelligence, Initial Assessment on the Implementation of the Intelligence Reform and Terrorism Pre-

vention Act of 2004, July 27, 2006. http://www.fas.org/irp/congress/2006_rpt/hpsci072706.pdf.

10. U. S. House of Representatives, Intelligence Authorization Act for FY2006, June 2, 2005. http://www.fas.org/irp/congress/2005_rpt/hrpt109-101.htm.

11. U. S. House of Representatives, Reining in the Imperial Presidency: Lessons and Recommendations Relating to the Presidency of George W. Bush, January 13, 2009. http://www.house.gov/delahunt/imperialpresidency.pdf.

二、国外学者的著作

1. Richard Betts, *Enemies of Intelligence: Knowledge & Power in American National Security*. New York: Columbia University Press, 2007.

2. Michelle Van Cleave, *Counterintelligence and National Strategy*. Washington, D. C.: National Defense University Press, April 2007.

3. Kenneth J. Conboy and James Morrison, *The CIA's Secret War in Tibet*. Lawrence, KS: University Press of Kansas, 2002.

4. Roger Z. George and James B. Bruce (ed.), *Analyzing Intelligence: Origins, Obstacles, and Innovations*. Washington, D. C.: Georgetown University Press, 2008.

5. Daniel M. Gerstein, *Securing American's Future: National Strategy in the Information Age*. London: Praeger Security International, 2005.

6. Peter Gill, Stephen Marrin and Mark Phythian (eds.), *Intelligence Theory: Key Questions and Debates*. New York: Routledge, 2009.

7. Jan Goldman, *Words of Intelligence: A Dictionary*. Maryland: Scarecrow Press, 2006.

8. Loch K. Johnson (ed.), *Handbook of Intelligence Studies*. New York: Routledge, 2007.

9. Loch K. Johnson (ed.), *Strategic Intelligence*. London: Praeger

Security International, 2007.

10. Sherman Kent, *Strategic Intelligence for American World Policy*. Princeton: Princeton University Press, 1948.

11. Joseph S. Nye Jr, *The Paradox of American Power: Why the World's only Superpower Can't Go It alone*. New York: Oxford University Press, 2002.

12. Richard A. Posner, *Countering Terrorism: Blurred Focus Halting Steps*. New York: Rowman & Littlefield Publishers, August 2007.

13. Jeffrey T. Richelson, *The US Intelligence Community* (*Fifth Edition*). Boulder, Colorado: Westview Press, 2008.

14. Jeffrey T. Richelson, *The US Intelligence Community* (*Seventh Edition*). Boulder, Colorado: Westview Press, 2015.

15. Abram N. Shulsky and Gary J. Schmitt, *Silent Warfare: Understanding the World of Intelligence*. New Delhi: Manas Publications, 2006.

16. Amy Zegart, *Spying Blind: The CIA, the FBI, and the Origins of* 9/11. Princeton and Oxford: Princeton University Press, 2007.

17. John D. Bansemer, *Intelligence Reform: A Question of Balance*. Maxwell Air Force Base, Alabama: Air University Press, 2006.

18. Stansfield Turner, *Secrecy and Democracy: The CIA in Transition*. New York: Harper and Row Publishers, 1985.

19. Heather Lehr Wagner, *The Central Intelligence Agency*. New York: Chelsea House Publishers, 2007.

20. Gregory F. Treverton, *Reshaping National Intelligence for an Age of Information*. Cambridge: Cambridge University Press, 2001.

21. Gregory F. Treverton, *Intelligence for an Age of Terror*. Cambridge: Cambridge University Press, 2009.

22. Loch K. Johnson, *The Threat on the Horizon: An inside Account of America's Search for Security after the Cold War*. Oxford: Oxford University Press, 2011.

23. Tim Weiner, *Legacy of Ashes: The History of the Central Intelligence Agency*. New York: Doubleday Broadway Publishing Group, 2007.

三、国外学者的研究报告与论文

（一）研究报告

1. David Aaron (ed.), *Three Years After: Next Steps in the War on Terror*. Santa Monica, CA: RAND Corporation, 2005. http://www.rand.org/pubs/conf_proceedings/2005/RAND_CF212.pdf.

2. Deborah G. Barger, *Toward a Revolution in Intelligence Affairs*. Santa Monica, CA: RAND Corporation, 2005. http://www.rand.org/pubs/technical_reports/2005/RAND_TR242.pdf.

3. Gregory F. Treverton and C. Bryan Gabbard, *Assessing the Tradecraft of Intelligence Analysis*. Santa Monica, CA: RAND Corporation, 2008. http://www.rand.org/pubs/technical _ reports/2008/RAND_TR293.pdf.

4. Gregory F. Treverton, Seth G. Jones, Steven Boraz and Phillip Lipscy, *Toward a Theory of Intelligence*. Santa Monica, CA: RAND Corporation, 2006. http://www.rand.org/pubs/conf_proceedings/2006/RAND_CF219.pdf.

5. Gregory F. Treverton, *The Next Steps in Reshaping Intelligence*. Santa Monica, CA: RAND Corporation, 2005. http://www.rand.org/pubs/occasional_papers/2005/RAND_OP152.pdf.

6. Douglas F. Garthoff, *Directors of Central Intelligence as Leaders of the U.S. Intelligence Community 1946 – 2005*. Washington, D.C.: Central Intelligence Agency Center for the Study of Intelligence, 2005. https://www.cia.gov/library/center – for – the – study – of – intelligence/csi – publications/books – and – monographs/directors – of – central – intelligence – as – leaders – of – the – u – s – intelligence – community/dci_leaders.pdf.

7. William J. Lahneman, *The Future of Intelligence Analysis* (*Vol. I & Vol. II*). Center for International and Security Studies at Maryland, March 2006. http://www.cissm.umd.edu/projects/nic.php.

8. The Markle Foundation Task Forceon National Security in the Information Age, *Creating a Trusted Network for Homeland: Security Second Report of the Markle Foundation Task Force*, December 2003. http://www.markle.org/downloadable_assets/nstf_report2_full_report.pdf.

9. The Markle Foundation Task Force on National Security in the Information Age, *Nation At Risk: Policy Makers Need Better Information to Protect the Country*, March 2009. http://www.markle.org/downloadable_assets/20090304_mtf_report.pdf.

10. Michael Warner (ed.), *Central Intelligence: Origin and Evolution*. Washington, D. C.: Central Intelligence Agency Center for the Study of Intelligence, 2001. https://www.cia.gov/library/center-for-the-study-of-intelligence/csi-publications/books-and-monographs/Origin_and_Evolution.pdf.

11. Michael Warner and J. Kenneth McDonald, *U. S. Intelligence Community Reform Studies since* 1947. Washington, D. C.: Central Intelligence Agency Center for the Study of Intelligence, April 2005. https://www.cia.gov/library/center-for-the-study-of-intelligence/csi-publications/books-and-monographs/US%20Intelligence%20Community%20Reform%20Studies%20Since%201947.pdf.

（二）论文

1. D. Calvin Andrus, "Dancing with the Red Queen: Linear Intelligence in an Exponential World," Office of the Director of National Intelligence, September 14, 2007. http://www.acadac.net/wiki/images/9/9b/RedQueen_2007-09-14_V1.0.pdf.

2. D. Calvin Andrus, "The Wiki and the Blog: Toward a Complex Adaptive Intelligence Community," *Studies in Intelligence*, Vol. 49, No. 3,

September 2005.

3. Deborah G. Barger, “It Is Time to Transform, Not Reform, U. S. Intelligence,” *SAIS Review*, Winter 2004. http://proquest.umi.com/pqdweb? did=608276031&sid=2&Fmt=3&clientId=10772&RQT=309&VName=PQD.

4. Bruce Berkowitz, “Intelligence Reform: Less Is More,” *Hoover Digest*, 2004. http://www.hoover.org/publications/digest/3042191.html.

5. Matthew S. Burton, “Connecting the Virtual Dots: How the Web Can Relieve Our Information Glut and Get Us Talking to Each Other,” *Studies in Intelligence*, Vol. 49, No. 3, September 2005.

6. Ned F. Carmody, “National Intelligence Reform,” Carlisle Barracks, Pennsylvania: U. S. Army War College, March 18, 2005. http://handle.dtic.mil/100.2/ADA432487.

7. Michelle Van Cleave, “Strategic Counterintelligence: What Is It and What Should We Do about It?” *Studies in Intelligence*, Vol. 51, No. 2, June 2007.

8. Denis Clift, “From Semaphore to Predator: Intelligence in the Internet Era,” *Studies in Intelligence*, Vol. 47, No. 3, September 2003.

9. Helen Fessenden, “The Limits of Intelligence Reform,” *Foreign Affairs*, November/December 2005. http://www.foreignaffairs.com/articles/61204/helen-fessenden/the-limits-of-intelligence-reform.

10. John Lewis Gaddis, “Grand Strategy in the Second Term,” *Foreign Affairs*, Vol. 19, No. 1, January/February 2005.

11. Arthur Hulnick, “Intelligence Reform 2008: Where Do We Go from here?” Paper Presented at the Annual Meeting of the ISA’s 49th Annual Convention, Bridging Multiple Divides, Hilton San Francisco, San Francisco, CA, USA, 26 Mar 2008. http://www.allacademic.com/meta/p252529_index.html.

12. Richard Kerr, “Collection and Analysis on Iraq: Issues for the

US Intelligence Community," *Studies in Intelligence*, Vol. 49, No. 3, September 2005.

13. Gustavo Díaz Matey, "The U. S. Intelligence Reform and the National Intelligence Strategy of October 2005," *UNISCI Discussion Papers*, January 2006. http://redalyc.uaemex.mx/redalyc/pdf/767/76701022.pdf.

14. Mike McConnell, "Overhauling Intelligence," *Foreign Affairs*, July/August 2007. http://www.foreignaffairs.com/articles/62643/mike-mcconnell/overhauling-intelligence

15. Barack Obama, "Renewing American Leadership," *Foreign Affairs*, July/August 2007. https://www.foreignaffairs.com/articles/62636/barack-obama/renewing-american-leadership.

16. Anthony Olcott, "Revisiting the Legacy: Sherman Kent, Willmoore Kendall, and George Pettee—Strategic Intelligence in the Digital Age," *Studies in Intelligence*, Vol. 53, No. 2, June 2009.

17. Aris A. Pappas and James M. Simon, "Daunting Challenges, Hard Decisions: The Intelligence Community: 2001 – 2015," *Studies in Intelligence*, Vol. 46, No. 2, June 2002.

18. Paul R. Pillar, "Great Expectations: Intelligence as Savior," *Harvard International Review*, Winter, 2006. http://proquest.umi.com.library.ramapo.edu:2048/pqdweb? index=6&sid=6&srchmode=1&vinst=PROD&fmt=6&startpage=-1&clientid=44880&vn.

19. Michael Warner, "Wanted: Adefinition of 'Intelligence'," *Studies in Intelligence*, Vol. 46, No. 3, September 2002.

四、中译本著作

1. 阿尔文·托夫勒、海迪·托夫勒:《第三次浪潮》，黄明坚译，中信出版社，2006 年版。

2. 阿尔文·托夫勒、海迪·托夫勒:《未来的战争》，阿笛、马秀芳译，新华出版社，1998 年版。

3. 薄富尔：《战略绪论》，钮先钟译，内蒙古文化出版社，1997年版。

4. 丹尼斯·德鲁、唐纳德·斯诺：《国家安全战略的制定》，王辉青等译，军事科学出版社，1991 年版。

5. 菲利普斯·夏夫利：《政治科学研究方法》，新知译，上海世纪出版社，2006 年版。

6. 弗雷德·大卫：《战略管理：概念部分》，李青译，清华大学出版社，2008 年版。

7. 汉密尔顿、杰伊、麦迪逊：《联邦党人文集》，程逢如等译，商务印书馆，2004 年版。

8. 克劳塞维茨：《战争论》，中国人民解放军军事科学院译，解放军出版社，2005 年版。

9. 理查德·福肯瑞斯等：《美国的致命弱点》，许嘉等译，上海人民出版社，2005 年版。

10. 美国国家情报委员会：《大趋势：2020 年的世界》，相蓝欣译，华东师范大学出版社，2007 年版。

11. 托马斯·巴尼特：《五角大楼的新地图：21 世纪的战争与和平》，王长斌等译，东方出版社，2007 年版。

12. 托马斯·弗里德曼：《世界是平的：21 世纪简史》，湖南科学技术出版社，2006 年版。

13. 托马斯·帕特森：《美国政治文化》，顾肃等译，东方出版社，2007 年版。

14. 约瑟夫·奈、约翰·唐纳胡主编：《全球化世界的治理》，王勇、门洪华等译，世界知识出版社，2003 年版。

15. 约瑟夫·奈：《硬权力与软权力》，门洪华译，北京大学出版社，2005 年版。

16. 《先发制人与美国的战争方式：美国参联会主席奖战略论文获奖作品精选》，许斌编译，解放军出版社，2008 年版。

17. 唐纳德·拉姆斯菲尔德：《已知与未知：拉姆斯菲尔德回忆

录》，魏骍译，华文出版社，2013 年版。

18. 戴维·罗特科普夫：《美国国家安全委员会内幕》，孙成昊、赵亦周译，商务印书馆，2013 年版。

19. 斯坦菲尔德·特纳：《读后销毁》，孙伊译，华中科技大学出版社，2014 年版。

20. 罗伯特·M. 盖茨：《亲历者：五任美国总统赢得冷战的内幕》，刘海青、吴春玲译，江苏凤凰文艺出版社，2014 年版。

21. 马克·洛文塔尔：《情报：从秘密到政策》，杜效坤译，金城出版社，2015 年版。

22. 迈克尔·华纳：《情报的兴衰：一部国际安全史》，黄日涵、邱培兵译，社会科学文献出版社，2016 年版。

23. 戴维·弗罗斯特：《美国政府保密史：制度的诞生与进化》，雷建锋译，金城出版社，2019 年版。

24. 蒂姆·韦纳：《中情局罪与罚》，杜默译，海天出版社，2009 年版。

25. 约书亚·瑞夫纳：《锁定真相：美国国家安全与情报战略》，张旸译，金城出版社，2016 年版。

26. 伯特·查普曼：《国家安全与情报政策研究：美国安全体系的起源、思维和架构》，徐雪峰、叶红婷译，金城出版社，2017 年版。

27. 布鲁斯·施奈尔：《数据与监控：信息安全的隐形之战》，李先奇、黎秋玲译，金城出版社，2017 年版。

28. 杰弗瑞·理查尔森著：《美国情报界（第 7 版）》，石莉译，金城出版社，2018 年版。

29. 唐·麦克道尔：《战略情报：情报人员、管理者和用户手册》，陈烨译，金城出版社，2019 年版。

30. 爱德华·斯诺登：《永久记录》，萧美惠，郑胜得译，民主与建设出版社，2019 年版。

五、国内学者的著作

1. 张晓军主编：《美国军事情报理论著作评介》，时事出版社，2005 年版。

2. 张晓军等：《美国军事情报理论研究》，军事科学出版社，2007 年版。

3. 张长军：《美国情报失误研究》，军事科学出版社，2006 年版。

4. 任国军编著：《美国军事情报文选》，军事科学出版社，2007 年版。

5. 蔡翠红：《美国国家信息安全战略》，学林出版社，2009 年版。

6. 高金虎：《美国战略情报与决策体制研究》，陕西师范大学出版社，2004 年版。

7. 军事科学院战略研究部编：《战略学》，军事科学出版社，2001 年版。

8. 李际军：《新版军事战略思维》，长征出版社，2013 年版。

9. 刘国平：《美国民主制度输出》，社会科学文献出版社，2006 年版。

10. 梅孜编译：《美国国家安全战略报告汇编》，时事出版社，1996 年版。

11. 钮先钟：《西方战略思想史》，广西师范大学出版社，2003 年版。

12. 钮先钟：《战略研究》，广西师范大学出版社，2003 年版。

13. 谢海星：《美国国家情报一体化改革研究》，时事出版社，2019 年版。

14. 翟金一：《美国反情报工作》，江苏人民出版社，2017 年版。

15. 吴春秋：《论大战略和世界战争史》，解放军出版社，2002 年版。

16. 许嘉：《美国战略思维研究》，军事科学出版社，2003 年版。

17. 杨毅主编：《国家安全战略理论》，时事出版社，2008 年版。

18. 资中筠：《20 世纪的美国》，三联书店，2007 年版。

19. 中国现代国际关系研究所选编：《冷战后的美国与世界》，时事出版社，1991 年版。

20. 沈志华、杨奎松主编：《美国对华情报解密档案（1948—1976）》（第八卷），东方出版中心，2009 年版。

图书在版编目（CIP）数据

美国国家情报战略研究／谢海星，钟思礼著．—北京：
时事出版社，2020.12
ISBN 978-7-5195-0376-5

Ⅰ.①美…　Ⅱ.①谢…②钟…　Ⅲ.①情报工作—战略—研究—
美国　Ⅳ.①D771.236

中国版本图书馆 CIP 数据核字（2020）第 201345 号

出版发行：时事出版社
地　　址：北京市海淀区万寿寺甲 2 号
邮　　编：100081
发行热线：（010）88547590　88547591
读者服务部：（010）88547595
传　　真：（010）88547592
电子邮箱：shishichubanshe@sina.com
网　　址：www.shishishe.com
印　　刷：北京朝阳印刷厂有限责任公司

开本：787×1092　1/16　印张：24　字数：322 千字
2020 年 12 月第 1 版　2020 年 12 月第 1 次印刷
定价：140.00 元
（如有印装质量问题，请与本社发行部联系调换）